Kritische Studien zur Geschichtswissenschaft 13

KRITISCHE STUDIEN
ZUR GESCHICHTSWISSENSCHAFT

Herausgegeben von
Helmut Berding, Jürgen Kocka,
Hans-Christoph Schröder, Hans-Ulrich Wehler

Band 13
Elisabeth Fehrenbach
Traditionale Gesellschaft
und revolutionäres Recht

GÖTTINGEN · VANDENHOECK & RUPRECHT · 1983

Traditionale Gesellschaft und revolutionäres Recht

Die Einführung des Code Napoléon
in den Rheinbundstaaten

VON

ELISABETH FEHRENBACH

3., unveränderte Auflage

GÖTTINGEN · VANDENHOECK & RUPRECHT · 1983

Dem Andenken meines Vaters

CIP-Kurztitelaufnahme der Deutschen Bibliothek

Fehrenbach, Elisabeth:
Traditionale Gesellschaft und revolutionäres Recht: d. Einf. d. Code Napoléon in d. Rheinbundstaaten / von Elisabeth Fehrenbach. – 3., unveränd. Aufl. – Göttingen : Vandenhoeck und Ruprecht, 1983.
(Kritische Studien zur Geschichtswissenschaft; Bd. 13)
ISBN 3-525-35964-0
NE: GT

3., unveränderte Auflage 1983

© Vandenhoeck & Ruprecht, Göttingen 1974. – Printed in Germany. Ohne ausdrückliche Genehmigung des Verlages ist es nicht gestattet, das Buch oder Teile daraus auf foto- oder akustomechanischem Wege zu vervielfältigen. Druck und Einband: Hubert & Co., Göttingen

Vorwort

Die vorliegende Arbeit wurde im Winter 1972/73 abgeschlossen und dem Fachbereich Geschichtswissenschaften der Justus Liebig-Universität Gießen als Habilitationsschrift vorgelegt. Zahlreiche Gespräche voller Anregungen und Hinweise haben die Entstehung des Buches begleitet und die Verbesserung des Manuskripts gefördert. Ich danke dafür vor allem Prof. Lothar Gall, derzeit Berlin, der mich während seiner Tätigkeit in Gießen auf die Bedeutung der umfassenden inneren Reformen der Rheinbundzeit für die deutsche Geschichte des 19. Jahrhunderts aufmerksam machte und dessen freundschaftliche Kritik diesem Buch sehr zugute kam. Die Herausgeber der Reihe haben mit viel Sorgfalt und Mühe die ursprüngliche Fassung der Arbeit gelesen und mir wertvolle Ratschläge für die Überarbeitung gegeben. Ihnen und namentlich Prof. Helmut Berding, Gießen, bin ich zu großem Dank verpflichtet. Danken möchte ich sodann sehr herzlich Prof. Volker Press für viele Ermunterungen und Hilfen, die mir sehr wichtig waren. Christa Reinhardt und Peter Zweigel danke ich für freundliches Mitlesen des Manuskripts. Nicht zuletzt gilt mein Dank der Deutschen Forschungsgemeinschaft für großzügig gewährte Sachbeihilfen und die Ermöglichung des Drucks dieser Arbeit sowie allen Beamten der Archive und Bibliotheken, die mir bei der Auffindung des Quellenmaterials behilflich waren.

Gießen, im Juli 1974   Elisabeth Fehrenbach

Vorwort zur 3. Auflage

Die Neuinterpretation der rheinbündischen Reformen, die vor zehn Jahren, als dieses Buch zum ersten Mal erschien, noch in den Anfängen steckte, ist mittlerweile in die Handbuchdarstellungen eingegangen. Es ist üblich geworden, die vielschichtigen Modernisierungsvorgänge in Deutschland an der Wende vom 18. und 19. Jahrhundert vergleichend am Beispiel der preußischen und rheinbündischen Reformzeit zu untersuchen und jenen Entwicklungen zuzuordnen, die von der westeuropäischen Doppelrevolution ausgehen. Die Geschichte der Rechtsrezeption im Übergang vom ständischen Rechtspartikularismus zum liberalen Rechtsstaat stellt nach wie vor ein wichtiges Thema dar, das die vielfältigen politisch-sozialen Probleme der Umbruchszeit paradigmatisch widerspiegelt.

Der Text der Neuauflage blieb unverändert. Die 1977 erschienene juristische Habilitationsschrift von Werner Schubert (Französisches Recht in Deutschland zu Beginn des 19. Jahrhunderts. Zivilrecht, Gerichtsverfassungsrecht und Zivilprozeßrecht, Köln 1977) widmet sich in erster Linie den einzelnen Rechtsinstituten (Eigentumsordnung und -übertragung, Hypothekenrecht, Personenstands- und Eherecht, Recht der nichtehelichen Kinder und der Vormundschaft, Erbrecht) sowie den verfahrensrechtlichen Institutionen (Gerichtsverfassung, Anwaltschaft, Notariat und Zivilprozeß); sozial- und verfassungsgeschichtliche Implikationen der Rezeption werden mehr am Rande behandelt. Wie ein Rezensent vermerkte, verfügt die Forschung „nunmehr über zwei sich trefflich ergänzende Darstellungen, deren Reiz nicht zuletzt in ihrer gegensätzlichen Konzeption liegt" (E. Wadle, in: Blätter für deutsche Landesgeschichte. 117, 1981, S. 703).

Für die seit 1973 erschienene Literatur sei auf die einschlägigen Handbücher und Sammelwerke verwiesen:

E. Weis, Der Durchbruch des Bürgertums 1776–1847, Frankfurt 1979 (Propyläen Geschichte Europas, Bd. 4);

K. O. Frhr. v. Aretin, Vom Deutschen Reich zum Deutschen Bund, Göttingen 1980 (Deutsche Geschichte, Bd. 7);

K. v. Raumer u. Manfred Botzenhart, Deutsche Geschichte im 19. Jahrhundert. Deutschland um 1800: Krise und Neugestaltung. Von 1789 bis 1815, Wiesbaden 1980 (Handbuch der Deutschen Geschichte, Bd. 3/1 a);

E. Fehrenbach, Vom Ancien Régime zum Wiener Kongreß, München 1981 (Oldenbourg Grundriß der Geschichte, Bd. 12);

H. Berding u. H.-P. Ullmann (Hg.), Deutschland zwischen Revolution und Restauration, Königstein 1981;

E. Weis (Hg.), Reformen im rheinbündischen Deutschland, München 1983.

Saarbrücken im Juni 1983   Elisabeth Fehrenbach

Inhaltsverzeichnis

Vorwort

- I. Zur Fragestellung 9
- II. Napoleons Rheinbundpolitik und die Expansion des französischen Rechtssystems 14
- III. Die programmatische Begründung der Rezeption
  1. Zentren der Diskussion 29
  2. Das gesellschaftspolitische Programm 36
  3. Das verfassungspolitische Programm 55
  4. Das nationalpolitische Programm 70
- IV. Französisches Recht und vorrevolutionäre Gesellschaftsordnung
  1. Die uneingeschränkte Rezeption des Code Napoléon in den Modellstaaten Berg und Westphalen 79
  2. Die Kompromißlösung in den Großherzogtümern Baden und Frankfurt: Der Einbau der Feudalverfassung in den Code . . . 104
  3. Modifikation oder Suspension? Die Rezeptionspläne der Gießener Konferenz 121
  4. Die feudal-aristokratische Opposition gegen die Rezeption des Code Napoléon in Bayern 133
- V. Zusammenfassung und Ausblick 146
- VI. Anhang
  1. Abkürzungsverzeichnis 153
  2. Anmerkungen 154
  3. Quellen- und Literaturverzeichnis 214
  4. Personenregister 224

I. Zur Fragestellung

Die Rezeption des Code Napoléon verbindet die rheinbündische Reformära nach 1806 mit der welthistorischen Epoche der französischen Revolution. In seinen Anfängen galt der Code, das erste bürgerliche Gesetzbuch eines ständelosen Staates, als ein Werk der revolutionären Nation. Cambacérès' Entwurf von 1793 bildete die Grundlage für den von Tronchet, Portalis, Bigot de Préameneu und Malleville ausgearbeiteten Gesetzesvorschlag, der nach langen Diskussionen im Staatsrat und in den gesetzgebenden Körperschaften am 21. März 1804 unter dem programmatischen Namen „Code civil des Français" proklamiert wurde. Auch wenn das Zivilgesetzbuch 1807 den Namen „Code Napoléon" erhielt und auf das napoleonische Herrschaftssystem übertragen wurde, so sollte es doch dokumentieren und bestätigen, daß die Macht des neuen Kaisertums auf den Grundlagen der Revolution beruhte. Der Code Napoléon bot die Garantie, daß die bürgerliche Eigentumsordnung, die neue Güterverteilung und der von feudalen Bodenlasten befreite Güterverkehr erhalten blieben und daß keine Gegenrevolution sie rückgängig machen konnte. Das bürgerliche Recht bewahrte die revolutionären Errungenschaften von 1789: die Freiheit der Person und des Eigentums, die Vertrags- und wirtschaftliche Betätigungsfreiheit, die Rechtsgleichheit aller Bürger und die Laizität des Staates. In dieser Eigenschaft ist der Code Napoléon in Europa als das Symbol der Revolution angesehen worden und hat überall, wo er verbreitet wurde, den ständischen Rechtspartikularismus zurückgedrängt und die Liberalisierung der Gesellschaft gefördert. Hierin liegt die große geschichtliche Bedeutung der französischen Rechtsexpansion. Der Kampf um die Einführung des Code Napoléon in den Rheinbundstaaten war zugleich ein Kampf um die Durchsetzung der bürgerlichen Freiheitsrechte.

Es ist deshalb um so erstaunlicher, daß die Rezeption des Code Napoléon und die Verbreitung der französischen Revolutionsideen, die er vermittelte, bisher in der Forschung noch kaum untersucht sind[1]. Die Geschichte der Reformära vor 1815 ist in der älteren nationalen Historie meist auf die Darstellung der preußischen Reformen verengt worden, die man gerade als Beginn einer „eigenständigen" deutschen Entwicklung im Gegensatz zum „undeutschen" Parlamentarismus und unabhängig von den Einflüssen der französischen Revolution interpretierte[2]. Die Rheinbundzeit hingegen galt als das schmachvollste und dunkelste Kapitel der deutschen Nationalgeschichte, das gekennzeichnet war durch die „klägliche Ohnmacht und Knechtschaft" der Rheinbundstaaten unter der napoleonischen Fremdherrschaft[3]. Die „geschichtlosen neuen Mittelstaaten des Südens", wo abstrakte „Vernunft" und „naturrechtliche Willkür" nach französischem Vorbild herrschten, wurden in scharfem Kontrast zu jenem Preußen der Reformzeit gesehen, das scheinbar so organisch Tradition und Fortschritt miteinander zu verbinden wußte, um auf diesem Wege „einer gesunden deutschen Politik" die „Stunde der Befreiung" vorzubereiten[4].

Zwar sind die nationalen Vorurteile in diesem Geschichtsbild heute längst revidiert worden, aber das Entwicklungsdenken des Historismus, das die Synthese von Tradition und Fortschritt und damit das Beispiel der preußischen Reformen zum Wertmaßstab erhob, bestimmt nach wie vor in vielerlei Hinsicht das historische Urteil. Auch da, wo die gleichrangige Bedeutung der umfassenden inneren Reformen in den Rheinbundstaaten frei von nationalen Vorurteilen anerkannt wird[5], blieb bis heute die These unumstritten, daß auch die rheinbündischen Reformen keine bloße Kopie des französischen Vorbilds darstellten, sondern eine ebenso in der deutschen Geschichte angelegte und vorbereitete Verwirklichung des Staatsideals des 18. Jahrhunderts in einer Spätphase des bürokratischen aufgeklärten Absolutismus[6]. Die politische Notwendigkeit, die durch Säkularisation und Mediatisierung neu erworbenen Territorien mit dem Kernland zu einem einheitlichen Staatskörper zu verschmelzen, führte demnach auch in Süddeutschland zu „einem posthumen Sieg des absolutistischen Prinzips"[7].

Man hat in diesem Zusammenhang das napoleonische Herrschaftssystem selbst in die Tradition des aufgeklärten Absolutismus eingeordnet, ungeachtet der einschneidenden Zäsur, welche die vorrevolutionäre von der „modernen" Welt trennt, und von hier aus die Ansicht vertreten, daß es sich gar nicht um eine Rezeption des französischen Systems und einen Anstoß zu Reformen von außen gehandelt habe, sondern um „die gleichzeitige Entwicklung von Maximen und Praktiken aufgrund der gleichen Anschauungen und der gleichen autokratischen Tendenz"[8].

In dieser Deutung wird die territoriale Revolution in Süd- und Mitteldeutschland und in ihrer Folge der Ausbau zu zentralistischen, nach den Prinzipien der Rationalität und Zweckmäßigkeit verwalteten Einheitsstaaten als entscheidendes Resultat der Übergangsperiode von 1806 bis 1813 hervorgehoben. Die Durchsetzung der „Staatssouveränität" wird zum eigentlichen Signum der Epoche. So gesehen gilt jedoch die Rheinbundzeit eher als Abschluß des Zeitalters der absoluten Monarchie denn als Ausgangspunkt einer neuen Ära säkularer Veränderungen, die zutiefst von den Ideen der französischen Revolution beeinflußt wurde.

Eine Darstellung der Wirkungsgeschichte des Code Napoléon in Deutschland wird hier von vornherein die Akzente anders setzen und stärker jene Tendenzen herausarbeiten, die einen bruchlosen Übergang zum Rechts- und Verfassungsstaat und eine Verschmelzung mit dem westeuropäischen Freiheitsbegriff vorzubereiten schienen, bevor der Umschwung zur Restauration diese Entwicklung jäh abbrach. Es wird zu zeigen sein, inwiefern der Code Napoléon dazu beitragen konnte, die feudalständische in eine bürgerliche Gesellschaft umzuformen, ein Wandlungsprozeß, der mit seinen verfassungspolitischen Konsequenzen das soziale und politische Gefüge des Ancien Régime sprengte[9]. Insbesondere wäre zu untersuchen, wie sich die Übernahme der neuen Rechtsnormen auf die ländliche Sozialverfassung auswirkte und wieweit es gelingen konnte, die Besitzrechte, die

Abgaben und Fronden der Bauern bzw. die feudalen Eigentumstitel der Grundherren auf eine neue überregionale und überständische Rechtsbasis umzustellen.

Gewiß läßt sich ein ähnlicher Vorgang auch schon am Beispiel der Rechtskodifikationen des aufgeklärten Absolutismus beobachten. Im theoretischen Entwurf hat auch das preußische Allgemeine Landrecht von 1794 die vernunftrechtlichen Prinzipien anerkannt und den Übergang von der „Societas civilis" korporativer Prägung zu einer staatsbürgerlichen Gesellschaft vorbereitet[10]. Aber das Bestreben des absolutistischen Monarchen, sich Gesellschaft verfügbar zu machen und die Stände mit ihren korporativen Einrichtungen dem zentralistischen Staat und seiner Verwaltung unterzuordnen, ging nicht so weit, die politischen und sozialen Privilegien selbst zu beseitigen. Das Allgemeine Landrecht ist noch gekennzeichnet durch eine dualistische Rechtsstruktur, in der sich staatliches und herkömmliches gesellschaftlich-ständisches Recht gegenüberstanden. Die generellen Rechtsnormen wurden durch ständische Sonderrechte und fortgeltende Provinzstatuten wieder eingeschränkt. Erst bei der Übertragung des französischen Gesetzbuches auf die deutschen Verhältnisse trat der Kontrast zur alten Sozialverfassung mit aller Schärfe hervor.

Der Code Napoléon unterscheidet sich von der preußischen Kodifikation aber nicht allein durch die radikale Beseitigung der ständischen Privilegien. Die bürgerlichen Rechte des Code waren vielmehr zugleich auf eine nachrevolutionäre politische Ordnung zugeschnitten, die von dem Pathos neu errungener Volkssouveränität und Rechtsteilnahme des Citoyen auch dann noch bestimmt blieb, als Napoleon längst auf dem Wege der Plebiszite eine autokratische Staatsform errichtet hatte, die den Anteil der Bürger an der Bildung des Staatswillens völlig wertlos machte und eine Volksvertretung nur dem Scheine nach bestehen ließ. Aber selbst noch die Aufrechterhaltung der Fassade bewies, daß Frankreichs Rechtskodifikation die Einführung einer Verfassung voraussetzte. Für die rheinbündischen Zivilrechtsreformer war die Trennung von privatem und öffentlichem Recht, bürgerlicher und politischer Freiheit nicht mehr so selbstverständlich wie für die preußischen Landrechtsautoren, die gerade daran festgehalten hatten, daß bürgerliche Freiheit mit politischer Rechtslosigkeit durchaus vereinbar sei[11]. Mit der Einführung des Code Napoléon sind deshalb konstitutionelle Forderungen eng verbunden, die sich gegen die absolutistische Staatsauffassung richteten.

Eine andere Frage ist es, wie sich das Rezeptionsprogramm zur durchgeführten Kodifikation verhielt und wie die Rezeption und ihr gesellschafts- und verfassungspolitisches Modell zur damals herrschenden Sozial- und Verfassungswirklichkeit. Wie die preußischen Justizaufklärer stießen auch die Rheinbundreformer auf die Gegnerschaft der alten privilegierten Führungsschicht, die ihre traditionellen Rechtsansprüche verteidigte. Hinzu kamen die nationalpolitischen Widerstände gegen die Einführung eines ausländischen Gesetzbuches.

Vor dem Hintergrund dieser Auseinandersetzungen stellt sich zugleich die Frage nach den politischen Motiven Napoleons und der Bedeutung des Code Napoléon für die Organisation des Grand Empire. Das antifeudale Programm des Code, die Zerstörung der grundherrlichen Agrarstrukturen und die Schaffung einer freien Eigentümergesellschaft, diente der Homogenisierung sozialer Verhältnisse und der Egalisierung wirtschaftlicher Bedingungen zwischen verschiedenen gesellschaftlichen Schichten und politisch getrennten Staaten. Insofern erfüllte der Code eine herrschaftsichernde und einheitstiftende Funktion. Andererseits war Napoleon in den eroberten Ländern auf die adlige Führungsschicht angewiesen, deren militärische und finanzielle Leistungen beim Ausbau seiner Machtstellung unentbehrlich waren. Der Zusammenstoß von alten und neuen Rechtsansprüchen wurde geradezu herausgefordert. Die Rezeptionsgeschichte des Code ist somit verknüpft mit dem allgemeinen Problem der Verflechtung von Herrschaftstechnik und Gesellschaftspolitik. Die Analyse dieses komplexen Vorgangs steht in engem Zusammenhang mit der Frage nach dem Grundcharakter des Rheinbundes und seiner Bestimmung im Herrschaftssystem des Empire. War der Rheinbund eine militärische Präfektur[12] der Hegemonialmacht Frankreich oder eine Station der Revolutionierung Europas? Was bezweckte Napoleon mit der Expansion des französischen Rechtssystems, und welche Erwartungen knüpften sich auf deutscher Seite an die Rezeption des Code?

Im Mittelpunkt der Darstellung — so ließe sich die leitende Fragestellung des Themas zusammenfassen — steht die Konfrontation eines revolutionären Gesetzbuches mit einer vorrevolutionären Rechts- und Gesellschaftsordnung, mithin ein typisches Problem, dessen Analyse einen Beitrag leisten könnte zur vergleichenden Erforschung von Gesellschaften unterschiedlicher sozialer, ökonomischer und politischer Entwicklung[13]. Insofern gewinnt das Thema eine paradigmatische Dimension, die über die Spezialuntersuchung eines singulären Phänomens hinausweist. Einige der schon angedeuteten Konfliktsituationen, die durch die Übertragung fremder Rechtsnormen und Rechtsinstitutionen entstanden, erinnern an typische „Entwicklungskrisen". Es handelt sich — in sozialwissenschaftliche Kategorien übersetzt — um die Probleme der „Distribution" neuer Funktionen bei der Ausweitung zentraler Behörden im Widerstreit mit den alten lokalen Gewalten und um die Konflikte, die beim Auswechseln von Eliten entstehen: z. B. die Herausforderung nationaler Widerstände im Gefolge einer „Identitätskrise" oder der Konflikt über die „politische Mitwirkung", die Ausweitung der Rechte auf Konsultation und Repräsentation jener Schichten, die von dem sozialen Wandlungsprozeß erfaßt werden[14].

Allerdings stößt die Durchführung eines solchen Vergleichs auf die Schwierigkeit, daß quantifizierbare Daten nicht zur Verfügung stehen. Die höchst komplizierte und heterogene Rechts- und Sozialverfassung der einzelnen Rheinbundstaaten ist statistisch kaum erfaßbar, zumal Vorarbeiten zu einer Sozialgeschichte des Rheinbundes fehlen. Statistisches Material über die Eigentumsverhältnisse, die Verteilung des Grundbesitzes, die unterschiedliche Rechtslage der Bauern und die Stellung des Adels in der lokalen und zentralen Verwaltung liegen für die Rheinbundzeit nicht vor[15]. Wenn überhaupt, so lassen sich Daten über die Höhe der Abgaben und Dienste der Bauern bzw. die Anteile der adligen Grundherren am Landbesitz nur für das ausgehende 18. Jahrhundert oder die Zeit der Bauernbefreiung im Vormärz ermitteln, Daten, die sich meist auf regionale Untersuchungen stützen[16]. Dagegen gibt es keinerlei präzise Angaben über die sozialökonomische Lage der verschiedenen Bevölkerungsschichten unter den veränderten Bedingungen der napoleonischen Herrschaft. Die Auswirkungen der Kriegskontributionen und Truppenstationierungen oder die wirtschaftlichen Folgen der Kontinentalsperre sind im Detail erst wenig erforscht[17]. Es ist zahlenmäßig nicht belegbar, ob die Beseitigung etwa der Steuerprivilegien der adligen Grundherren im Gegenzug den Abgabendruck für die Bauern erhöhte, ob es also eine „réaction seigneuriale" gegeben hat, die die Durchsetzung des agrarischen Reformprogramms des Code zu verhindern suchte.

Dies vorausgesetzt, wird es nicht immer möglich sein, Aussagen über Strukturen quantifizierend zu präzisieren. Dennoch bietet die Rezeptionsgeschichte einen Ausschnitt aus der Rechts- und Sozialgeschichte des Rheinbundes, der im Spiegel der Auseinandersetzungen über den Code Napoléon und der verschiedenartigen Reformbestrebungen, sein Programm zu realisieren, die Strukturprobleme der Zeit deutlich hervortreten läßt, auch wenn in der vergleichenden Problemanalyse — was methodisch in Kauf genommen wird — die „reale" Sozialgeschichte noch nicht hinreichend berücksichtigt werden kann.

Als Quellen wurden außer der Publizistik und den Rechtskommentaren vorzüglich Justizakten der Zentralbehörden und der Departementsverwaltungen benutzt. Die Akten der Außen-, Innen- und Finanzministerien, Staatsratsprotokolle sowie gedruckte Gesetzestexte wurden zur Ergänzung herangezogen. Leider sind die Justizakten der Archive in München und Darmstadt und die Bestände für das Großherzogtum Würzburg[18] während des Krieges verbrannt. Für die bayerische Zivilgesetzgebung konnten deshalb nur die — allerdings sehr ergiebigen — Staatsratsprotokolle und für Hessen-Darmstadt die Verhandlungsprotokolle der Gießener Konferenz über die Rezeption des Code, die teils im hessischen Archiv in Wiesbaden und teils im bayerischen Archiv in Würzburg lagern, ausgewertet werden. Die Abschnitte über die Rezeptionsgeschichte im Königreich Westphalen stützen sich auf die Präfekturakten des Marburger Staatsarchivs; die Akten der westphälischen Zentralbehörden im Deutschen Zentralarchiv in Merseburg wurden nicht eingesehen.

Abgesehen vom Königreich Sachsen und einigen norddeutschen Kleinstaaten, die sich an den Rheinbundreformen nicht beteiligten, stellt auch das Königreich Württemberg für unser Thema einen Sonderfall dar. Unter der Selbstherrschaft König Friedrichs, auf die die These vom posthumen Sieg des absolutistischen Prinzips zutrifft, hat Württemberg nie daran gedacht, das französische Gesetzbuch einzuführen, und lediglich am 1. Januar 1807 das altwürttembergische Landrecht auf den Gesamtstaat übertragen. Der Vorgang war anscheinend so selbstverständlich, daß sich die Akten hierüber ausschweigen[19]. Die Auseinandersetzungen über die Einführung des Code Napoléon wurden in erster Linie in den Königreichen Bayern und Westphalen, in den Großherzogtümern Baden, Hessen-Darmstadt, Berg und Frankfurt, sowie im Herzogtum Nassau ausgetragen[20].

II. Napoleons Rheinbundpolitik und die Expansion des französischen Rechtssystems

Als Napoleon im Oktober 1807, nach dem Frieden von Tilsit auf dem Höhepunkt seiner Macht, Champagny den Auftrag gab, in den Hansestädten den Code einführen zu lassen und beim Fürstprimas Dalberg sowie bei den Regierungen in Bayern, Baden und Hessen-Darmstadt die Rezeption des Zivilgesetzbuches anzuregen[1], verfolgte er gleichzeitig den militärischen und organisatorischen Ausbau der Rheinbundverfassung und die Schaffung von Modellstaaten in Berg und Westphalen[2]. Die Motive dieser Politik und der Rheinbundpolitik überhaupt sind bis heute in der Forschung umstritten. Seit Hölzles Arbeit von 1933 über das napoleonische Staatensystem in Deutschland ist die Frage immer wieder diskutiert worden, ob es Napoleons Ziel gewesen sei, „aus dem Rheinbund einen politischen Gesamtkörper und liberalen Überstaat im Sinne der sozialen und europäischen Utopie werden zu lassen"[2a]. Hölzle hatte die These vertreten, daß Napoleon im Rheinbund keineswegs nur eine lose Allianz militärisch und außenpolitisch abhängiger Vasallenstaaten — „une agence de recrutement, une machine de guerre" nach Chateaubriands berühmter Charakterisierung — sah, sondern „als Vollender des organisatorischen Werks der Revolution über ganz Europa hin"[3] des öfteren versucht hat, die Konföderation in ein engeres Bundessystem umzuwandeln, vor allem in der Zeit nach Tilsit bis hin zum Erfurter Fürstenkongreß vom Oktober 1808. Er sei dabei jedesmal am Widerstand der auf ihre Souveränität pochenden Rheinbundstaaten, besonders der beiden einflußreichsten, Bayern und Württemberg, gescheitert[4]. Vor die Alternative zwischen der sicheren militärischen Gefolgschaft der Einzelstaaten und der Durchführung des Dominats über den Bund gestellt, „vertagte" der Kaiser schließlich die in der Rheinbundakte bereits vorgesehene Schaffung eines Fundamentalstatuts und die Einberufung der Frankfurter Bundesversammlung als Zentralorgan des Rheinbundes.

Neuere Untersuchungen zur Verfassungsgeschichte des Rheinbundes[5] haben in der Tat ergeben, daß nicht nur Dalberg und sein Kreis in Anknüpfung an die alte Reichsverfassung zahlreiche Entwürfe zum Ausbau des Rheinbundes vorlegten, die vor allem die Errichtung eines Bundesgerichts in Analogie zum ehemaligen Reichskammergericht und die Erweiterung des französischen Protektorats ähnlich der Stellung des Kaisers im alten Reich vorschlugen[6], sondern daß auch das französische Außenministerium sehr konkrete politische Pläne hierzu entwickelte, die allerdings wenig gemeinsam haben mit jenem organisatorischen Neuordnungsplan Europas, den Hölzle dahinter vermutete. Ausschlaggebend war vielmehr die machtpolitische Effizienz des Systems, d. h. die Absicht, die Hegemonialmacht Frankreich soweit als möglich militärisch abzusichern. Neben der Errichtung eines höchsten politischen Gerichtshofs (tribunal politique) als Kontrollorgan des Protektors und Schiedsgericht für die Streitigkeiten unter den Bündnispartnern, der Übernahme des französischen Verwaltungs- und Justizwesens durch die einzelnen Bundesstaaten, der Vereinheitlichung des Verkehrs- und Münzwesens sowie der Postverwaltung, regeln die Hauptbestimmungen des französischen Bundesstatutsentwurfs bezeichnenderweise vor allem das Militärwesen. Über die Verfügungen der Rheinbundakte hinaus, die bereits das Recht, Allianzen abzuschließen, Krieg zu erklären und Friedensverhandlungen einzuleiten, ausschließlich dem Protektor delegierte, trat nun an die Stelle eines Kontingentheeres ein einheitlich organisiertes, siebzehn Divisionen starkes Bundesheer unter dem Oberbefehl eines vom Protektor ernannten französischen Marschalls, in dessen Zuständigkeitsbereich zugleich die wichtige politische Aufgabe fiel, die Urteile des tribunal politique zu vollziehen[7].

Die Alternative zwischen dem organisatorischen Ausbau des Rheinbundes und der militärischen Ausnutzung der Allianz bestand in Wirklichkeit gar nicht: vielmehr war das eine bedingt durch das andere. Auch der Verfassungsplan war nicht als Grundlage eines Musterstaats für das neue europäische Staatensystem gedacht, sondern diente in erster Linie der politischen und militärischen Vormachtstellung des Protektorstaats. Man hat deshalb mit einigem Recht und unter dem Eindruck zeitgeschichtlicher Erfahrungen im Rheinbund „eines der ersten modernen europäischen Beispiele" dafür sehen wollen, „wie ein imperialer Staat ohne formelle Annexion die Souveränität in fremdem Staatsgebiet an sich zu bringen und diesen Sachverhalt hinter völkerrechtlichen Scheinformen zu verbergen vermag"[8].

Es ist freilich mit dieser Charakterisierung des Rheinbundes noch keineswegs geklärt, wie sich die Expansion des französischen Rechts- und Verwaltungssystems, die ja mit den militärischen Ausbauplänen eng verknüpft war, die Einführung des Code Napoléon und die Errichtung von Modellstaaten in diese hegemonialpolitische Konzeption einfügen. Gerade das Scheitern der institutionellen Organisation des Rheinbundes hat diesen Teil des Programms mehr und mehr in den Vordergrund geschoben. Nicht nur die von Napoleon neu geschaffenen Modellstaaten Berg und Westphalen, beide von Mitgliedern des Hauses Bonaparte regiert, sondern auch die süddeutschen Staaten, die, unter einheimischer Dynastie stehend, sich ein größeres Maß von Unabhängigkeit bewahrten, wurden angehalten, die französische Ministerialverfassung mit dem Ressort- und Bürosystem, die Departement- und Präfekturverwaltung, die französische Gerichtsorganisation und das französische Verfassungssystem einzuführen[9]. Die in der Mailänder Konferenz vom Herbst 1807 mit Montgelas, dem leitenden bayerischen Minister, ausgehandelten „dispositions générales" verpflichteten zur Annahme einer Konstitution, zur Rezeption des Code Napoléon und zum Ausbau einer zentralistisch-bürokratischen Verwaltung, auch wenn die Realisierung der Rheinbundverfassung mißlang[10]. Es stellt sich also von neuem die Frage, wie sich die machtpolitische Ausnutzung des Rheinbundes zu der intendierten Reformpolitik verhält.

Der Code bildete für diese Politik gleichsam ein Propagandainstrument zum Zweck moralischer Eroberungen. In seinem berühmten Begleitschreiben zur Übersendung der Konstitutionsakte an den König von Westphalen bezeichnete Napoleon die „Wohltaten" des Code Napoléon und der Konstitution als Errungenschaften, die mehr für die Ausdehnung und Befestigung seines Systems in Europa bedeuteten als die größten Siege seiner Waffen. „Welches Volk wird unter die preußische Willkürherrschaft (le gouvernement arbitraire prussien) zurückkehren wollen", schrieb er am 15. November 1807 an Jérôme, „wenn es einmal die Wohltaten einer weisen und liberalen Verwaltung gekostet hat. Die Völker Deutschlands, Frankreichs, Italiens, Spaniens verlangen die staatsbürgerliche Gleichheit und liberale Ideen."[11] Gemeint waren damit die revolutionären Errungenschaften von 1789, die der Code bestätigt und fixiert hatte: Die Revolution hatte die Privilegien und Standesunterschiede beseitigt; der Code zog daraus die Konsequenzen für den Bereich des bürgerlichen Rechts. Mit der Freiheit der Person und des Eigentums ermöglichte er die Mobilisierung des Grundbesitzes und gab dem Eigentümer das Recht „de jouir et disposer des choses de la manière la plus absolue". Die Revolution hatte die droits féodaux aufgehoben; ins Zivilrecht übertragen bedeutete dies den Sturz des Obereigentums des Grundherrn und die Aufhebung aller Beschränkungen des Besitzes durch Lasten und Dienstbarkeiten. Die volle Vertragsfreiheit und wirtschaftliche Betätigungsfreiheit wurden garantiert, jede beständige Grundrente für ablösbar erklärt und jede einer Person oder zum Vorteil einer Person auferlegte Servitut verboten. Alles Eigentum war teilbar. Das Fideikommiß wurde abgeschafft. Mit der Trennung von Staat und Kirche übte auch das religiöse Bekenntnis keinen Einfluß mehr auf die bürgerlichen Rechte aus: die Ehe galt fortab als ein bürgerlicher Vertrag[12].

Mit der Propagierung dieses Programms gab sich Napoleon selbst als der Vollender der französischen Revolution aus — ganz im Sinne jener berühmten Konsulatsrede vom Dezember 1799, in der es hieß: „La Constitution est fondée... sur les droits sacrés de la propriété, de l'égalité, de la liberté... Citoyens, la révolution est fixée aux principes qui l'ont commencée. Elle est finie."[13] Von der sozialgeschichtlichen Entwicklung innerhalb Frankreichs her gesehen, bedeutete dies vor allem ein Zugeständnis an die Bourgeoisie, deren Vorherrschaft der Code konsolidierte, indem er die Interessen des Bürgertums wahrnahm und vor allem das Eigentumsrecht, das weiterhin als natürlich, absolut und individualistisch angesehen wurde, sanktionierte.

Eben diese bourgeoise Fundierung[14] der napoleonischen Politik traf aber für den Bereich der Außenpolitik nicht zu. Zwar war der Aufbau des Kontinentalsystems bedingt durch den Weltgegensatz Frankreich—England, d. h. den wirtschaftlichen Kampf des französischen gegen das englische Bürgertum. Aber mit der Ausweitung des Empire Français zum Grand Empire veränderten sich zugleich die gesellschaftlichen Grundlagen der napoleonischen Herrschaft. Der Rheinbund war ein Fürstenbündnis, und die gesellschaftliche Führungsschicht in den Mitgliedstaaten war nach wie vor der Adel, dessen wirtschaftliche und soziale Privilegien die Rheinbundakte zumindest für die Standesherren ausdrücklich bestätigte[15]. Das Revolutionspathos, das Napoleon nach außen verkündete, klang hohl — nicht nur in dem erwähnten Schreiben an Jérôme, das als ein „klassisches Dokument für die Regierungsmethoden" des Kaisers bezeichnet worden ist[16]. In den Memoiren von Sainte-Hélène ist nicht mehr allein von dem „Glück der Völker" die Rede, sondern vor allem von der „gloire" des Kaisers der Franzosen, der die Erbschaft des römischen Rechts angetreten habe: „Ma gloire n'est pas d'avoir gagné quarante batailles. Ce que rien n'effacera, ce que vivra éternellement c'est mon code civil."[17] „Les Romains donnaient leurs lois à leurs alliés", schrieb Napoleon an den König von Holland, „pourquoi la France ne ferait-elle pas adopter les siennes en Hollande."[18] Ideologie als politische Taktik zur Gewinnung eines Bürgertums, das als einflußreiche Schicht noch gar nicht existierte, oder ruhmvolle Verklärung der eigenen Herrschaft — worin lag der eigentliche machtpolitische Effekt für die Außenpolitik?

Über die Werbekraft eines ideologischen Programms hinaus erfüllte das soziale Revolutionierungsprogramm des Code zugleich eine politische Funktion. Mit der Durchsetzung der Hauptideen des Code sollten die Voraussetzungen für eine gesellschaftliche Assimilation überhaupt erst geschaffen werden. Die Idee des Grand Empire verlangte als Gewähr seiner Stabilität, daß die in ihm zusammengeschlossenen Staaten soweit als möglich mit der gesellschaftlichen und politischen Verfassung des Empire Français übereinstimmten. Insofern entsprach das Rezeptionsprogramm den neuartigen Methoden der französischen Hegemonialpolitik, die in den Revolutionskriegen erstmalig die funktionale Bedeutung der Innen- für die Außenpolitik entdeckte. Die Einführung des Code in den Mitgliedstaaten des Rheinbundes, die zugleich eine Homogenität der sozialen Prinzipien intendierte, diente auch und in erster Linie der politischen Einheit in einem staatenübergreifenden Herrschaftssystem[19].

In Paris erklärten Napoleons Propagandisten mit dieser gesellschaftspolitischen Zielsetzung den Code zum Gesetzbuch Europas: „Möchte er bald ganz Europa beherrschen", verkündete Chabot am 3. September 1807 vor dem Tribunat, „neue Annäherungen zwischen den Völkern des Kontinents hervorbringen und sie durch gleiche Verhältnisse des bürgerlichen Lebens ebenso vereinigen, wie sie schon durch politische Verhältnisse vereinigt sind." Ebenso Bigot de Préameneu als Sprecher des Staatsrats am 27. August 1807: „Die Verschiedenheit der bürgerlichen Gesetze ist gleich der Verschiedenheit der Religion und der Sprache eine Scheidewand, welche benachbarte Völker einander entfremdet; sie verhindert sie, Verträge und Verbindungen aller Art untereinander zu vervielfältigen und dadurch wechselseitig zur Vermehrung ihres Wohlstandes zu wirken."[20]

Im gleichen Sinne, wenn auch mit deutlicher Warnung vor der damit heraufbeschworenen Gefahr für die einzelstaatliche Souveränität, hat man im rheinbündischen Lager die politischen Absichten des Kaisers und die veränderten Methoden seiner Außenpolitik interpretiert. Die Rezeption des französischen Gesetzbuches, so argumentierte etwa Anselm von Feuerbach im bayerischen Staatsrat, sei eine politische Notwendigkeit im Hinblick auf „die größeren politischen

Weltverhältnisse": „Das schwankende zweideutige System des Gleichgewichts der europäischen Staaten ist dem System des entscheidenden Übergewichts, welches jetzt seiner Vollendung naht, gewichen. Das westliche Europa bildet ein System konföderierter Staaten, die sich um ihren Mittelpunkt, Frankreich, vereinigen. Dieser Verein ist in dem Sinne seines Stifters nicht ein bloßer Völkerbund, der durch das äußere Band der Verträge lose zusammengehalten wird, sondern ein wahres Staatensystem, welches zugleich innerlich verknüpft ist, und in welchem Frankreich als der durch physische und geistige Macht überwiegende Staat, mit den Rechten des Protektors bekleidet, den letzten Schlußstein bildet. Ein solches System kann bloß dadurch bestehen und innere Konsistenz gewinnen, daß alle konföderierten Staaten in ihrer äußeren Form, in den Hauptgrundsätzen der Staatsverfassung und Verwaltung, so wie in allen Prinzipien der Gesetzgebung, welche auf den Völkerverkehr Einfluß haben, sich dem Hauptstaate assimilieren, und dadurch sowohl unter sich, als im Verhältnisse zu diesem Protektorstaate jene Gleichförmigkeit herstellen, ohne welche ein steter Konflikt, eine ewige, dem Ganzen Gefahr drohende Reibung, eine unversöhnliche innere Feindseligkeit der Elemente, die ruhige Einheit des Systems untergraben und zerrütten würde."[21] Auf die Proteste einiger Staatsräte hin, die meinten, Feuerbachs Ansichten über die politische Lage Europas und die Entwicklung der Hegemonie Frankreichs hätten „aus Klugheit" besser verschwiegen werden sollen[22], fügte er unwidersprochen hinzu, daß es nicht mehr möglich sei, die Augen vor der Wirklichkeit zu verschließen und es dem Vogel Strauß gleichzutun, „der seinen Kopf in einem Busch versteckt und nun meint, von dem Jäger nicht gesehen zu werden, weil er den Jäger nicht sieht". Das beste Mittel, um „Gefahren" zu begegnen, sei, die „Gefahr" zu kennen[23]. Das war eine sehr nüchterne Beurteilung der politischen Verhältnisse, die ebenso weit entfernt war von Revolutionspathos wie von der utopischen Erwartung eines napoleonischen „Friedensreiches", wie sie sich bisweilen in der Flugschriftenliteratur über den Code niederschlug[24], auch wenn Feuerbach sehr deutlich neben der „physischen" die „geistige" Übermacht Frankreichs hervorhob und anerkannte.

Die übrigen Rheinbundstaaten reagierten nicht viel anders. Johann Nikolaus Brauer, der einflußreichste Politiker in der ersten Phase der Reformzeit in Baden und Initiator der badischen Konstitutionsedikte, hatte bereits kurz nach der Gründung des Rheinbundes prophezeit, daß fortan das „Machtwort des Protektors" den Ausschlag geben werde und daß die deutschen Fürsten, „die an ihrem alten Kaiser die kleinste Machtanmaßung nicht dulden konnten", nun lernen müßten, „das Gewicht des Wortes Caesar sich zu vergegenwärtigen"[25]. Die Einführung des Code Napoléon, schrieb er im Februar 1808, könne er nicht anders „als für politisch rätlich halten": „Es liegt klar vor, daß bei der Umtaufung desselben mit dem Namen Code Napoléon die Absicht ausgesprochen wurde, daß er gleiche Ausbreitung erlangen und gleiche Namensverewigung wirken solle, wie in alten Zeiten der Kode Justinians."[26] Als Nassau, Hessen-Darmstadt und die fürstprimatischen Staaten eine gemeinsame Konferenz zur Beratung über die Rezeption planten, konstatierte der führende nassauische Jurist, Ludwig Harscher von Almendingen, mit der gleichen nüchternen Skepsis, daß Napoleon mit der „Universalisierung französischer Gesetze" beabsichtige, die Einheit des Rechts in allen „unter Frankreichs Diktatur (!) konföderierten Staaten" herzustellen und sie unter den „Zwang einer fremden Gesetzgebung" zu beugen: „Es ist nicht sowohl seine Absicht, durch die im Code Napoléon niedergelegten Aussprüche der Weisheit die Völker des europäischen Kontinents zu *erleuchten*, als vielmehr sie unter der Herrschaft gleichförmiger Zivilgesetze zu *vereinigen*."27

Die taktische Verwendung der politischen Ideologie und die hegemonialpolitischen Absichten schließen allerdings noch nicht aus, daß das Revolutionierungsprogramm selbst durchaus ernst gemeint war. Die Verkündigung „staatsbürgerlicher Gleichheit und liberaler Ideen" bildete nicht nur die propagandistische Außenseite der Rheinbundpolitik, sondern war mit der höchst realistischen Überlegung verbunden, daß die Beseitigung der Adelsprivilegien und Feudalrechte die Voraussetzung schuf, eine freie Gesellschaft zu entfalten, die fähig sein sollte, die militärischen und finanziellen Reserven der eroberten Länder rascher zu mobilisieren als das Ancien Régime mit seiner chaotischen und langsamen Verwaltung. Die Priorität der bürgerlichen Gleichheit vor dem, was Napoleon sehr vage „liberale Ideen" nannte, d. h. der Vorrang der Gleichheit vor der bürgerlichen und erst recht der politischen Freiheit, zeigt deutlich genug, worauf es ankam: Herstellung der Gleichheit hieß in erster Linie Aufhebung der Steuerprivilegien und Militärexemtionen sowie aller Vorrechte des Adels auf staatliche Ämter. Die Auflösung der ländlichen Sozialverfassung in Richtung auf eine freie Eigentümergesellschaft erleichterte zugleich die Einführung eines generellen Steuersystems, das die Unterschiede zwischen Stadt und Land, zwischen Bürger, Bauer und Adel aufheben sollte. Eigentumsverleihung, Ablösung der Abgaben und Dienste, freier Güterhandel und Gewerbefreiheit dienten auch der Geld- und Kreditbeschaffung und garantierten die volle Steuer- und Arbeitsleistung der Bürger. Über die ideellen Ziele der Reformpolitik hat sich der Kaiser — von der offiziellen Propaganda abgesehen — oft genug verächtlich und mißtrauisch geäußert: „Diese Doktrinen, die man die Prinzipien von 1789 nennt, werden ewig eine gefährliche Waffe in der Hand der Unzufriedenen, der Ehrgeizigen und der Ideologen aller Zeiten bleiben." Die Sozial- und Wirtschaftsreformen und nicht zuletzt der Aufbau einer zentralistisch organisierten und perfekt technisierten Verwaltung hingen aufs engste zusammen mit Zweckmäßigkeitserwägungen, die weit stärker noch als am Ursprung der preußischen Reformen die napoleonische Politik bestimmten.

Dennoch und trotz der herrschaftssichernden und machtpolitischen Motive der Rechtsexpansion hat Napoleon das Programm des Code nicht konsequent verfolgt. Die Assimilierungspolitik des Kaisers war von Anfang an doppeldeutig. In den agrarisch strukturierten und noch halbfeudalen Staaten des Rheinbundes war der Adel als Eliteschicht nicht sofort auswechselbar. Im Gegensatz zu den linksrheinischen von Frankreich annektierten Gebieten, zu Italien, Holland und der Schweiz, die schon die Regierungen der Revolution besetzt und teilweise umgebildet hatten, öffnete sich das Deutschland jenseits des Rheins erst nach dem Krieg von 1805 den Neuerungen. Die Hindernisse waren demnach größer als anderswo und mit dem verstärkten Widerstand des Adels mußte von vornherein gerechnet werden. Die napoleonische Herrschaftstechnik, ständische Gegensätze auszuspielen und „bonapartistisch" zu steuern, war nicht anwendbar, solange ein politisiertes Bauerntum fehlte und das politische Bewußtsein des Bürgertums noch kaum entwickelt war. Beim Aufbau seines Imperiums war der Kaiser deshalb zunächst einmal auf die Mitwirkung der alten Führungsschichten angewiesen.

Aus diesem Grunde blieb der Assimilierungsprozeß auf halbem Wege stecken. Die napoleonische Gesellschaftspolitik war sozusagen doppelgleisig angelegt, d. h. die Homogenität der sozialen Prinzipien wurde auch erstrebt durch Anpassung an die gesellschaftlichen Traditionen der verbündeten Staaten. Mit der Konsolidierung des Kaisertums und dem Beginn einer dynastischen Familienpolitik vermehrten sich die sozialkonservativen Tendenzen, die eher auf eine Assimilation Frankreichs an die aristokratische Gesellschaft Europas hinzudeuten schienen. Die Errichtung des Erbkaisertums war zwar noch durch ein Plebiszit legitimiert worden, aber die Adelspolitik der Folgezeit bewies deutlich, daß Napoleon bestrebt war, auf der Grundlage dynastisch-monarchischer Legitimität den Anschluß an die alte europäische Aristokratie wiederzugewinnen. Das Kaisertum von 1804 schuf so die Voraussetzung für die rheinbündische Fürstenallianz.

Als Talleyrand im November 1805 die ersten Pläne zur Rheinbundgründung entwarf[28], behandelte eines der drei in engem Zusammenhang stehenden Projekte bezeichnenderweise die Neuorganisation des Adels in Frankreich und leitete jene Rearistokratisierung ein, welche die Abschaffung des Privilegienstaates teilweise wieder rückgängig machte[29]. In dieselbe Richtung weist die adelsfreundliche Schonung der Standesherren in der Rheinbundakte[30] und die Politik der napoleonischen Landschenkungen in der Form von lehnsähnlichen Majoraten an die französische Notabelngefolgschaft des Kaisers in den Modellstaaten Berg und Westphalen[31].

Die Begründung, die Talleyrand in seinem Projekt über die Neukonstituierung eines erblichen Adels anführt, versucht allerdings von vornherein möglichen Vorwürfen, es handle sich lediglich um eine Restauration der Aristokratie, vorzubeugen. Mit Rücksicht auf den „esprit d'égalité" wird vor allem betont, daß nur Verdienst und Leistung die Verleihung des Adelstitels durch den Monarchen rechtfertigen. Der eigentlich strittige Punkt, nämlich die Erblichkeit des Titels, die dieser Prämisse widerspricht, wird mit dem Argument umgangen, die Kürze und Schicksalhaftigkeit des Menschenlebens — la brièveté de la vie de l'homme et la fatalité des choses humaines — mache zugleich die Erblichkeit des Lohns für Verdienste um das Vaterland notwendig. Ebenso versucht Talleyrand wenigstens in der Theorie das Prinzip der Volkssouveränität und die plebiszitär-demokratische Legitimierung der Monarchie aufrechtzuerhalten und mit der Lehre Montesquieus vom Erbadel als „pouvoir intermédiaire" zu verquicken. Ausgehend von Montesquieus Maxime, daß nur ein Erbadel die zu große Schwäche oder

Übermacht einer monarchischen Gewalt ausgleichen könne[32] — eine mittlerweile längst verbreitete Ansicht der Zeit, die auch Napoleon teilte[33] —, stellt er fest, daß das französische Volk mit der Zustimmung zur Errichtung einer erblichen Monarchie zugleich das gewollt habe, was zu ihrem Wesen gehöre, eben die Bildung eines erblichen Adels.

Tatsächlich rekrutierte sich der neue Adel in erster Linie aus dem Bürgertum, dem der soziale Aufstieg über die militärische oder zivile Dienstlaufbahn ermöglicht wurde und zwar nach einer fest bestimmten Rangfolge, in der die Zuordnung zu verschiedenen Adelsklassen der jeweiligen Bedeutung der Charge in der Ämterhierarchie entsprach. Auf diese Weise sollten staatliche und gesellschaftliche Funktionen eng miteinander verknüpft werden[34], ein „Verbundsystem von Adelsgesellschaft und Staatsverwaltung", das in manchen Zügen an die Bemühungen der russischen Reformkaiser erinnert, sich durch Herstellung landschaftlicher Adelsverbände Gesellschaft verfügbar zu machen[34a]. Talleyrand hat in dieses System auch den Adel des Ancien Régime einzuordnen versucht. Der zwölfte Artikel des Projekts bestimmte, daß auch die Mitglieder des alten Adels, sofern sie der Nationalversammlung angehört hatten, zu „chevaliers" ernannt werden sollten, damit, wie Talleyrand in einem Brief an Napoleon kommentierte, nicht zwei Arten von Adel nebeneinander bestehen „L'une créée par les lois, l'autre reconnue par l'opinion"[35]. Das Ziel, den neuen Verdienstadel mit der alten Aristokratie zu verschmelzen, läßt erkennen, wie sehr man bestrebt war, die inneren Brüche und Gegensätze im Gesellschaftssystem des Empire auszugleichen. An dieser Stelle wird zugleich der Zusammenhang zu den beiden Projekten über die Rheinbundpolitik deutlich: Die Rearistokratisierung erschien notwendig wegen der Anpassung an die herrschende Gesellschaftsschicht der verbündeten Länder[36].

Napoleon hat nicht in allen Punkten den Vorschlägen seines Außenministers zugestimmt. Vor allem hat er mit Rücksicht auf die jakobinische Opposition in Frankreich die Rearistokratisierung zunächst über Dotationen im Ausland betrieben und im Dekret vom 30. März 1806 erstmalig verfügt, zwölf Herzogtümer in Italien als Lohn für Verdienste in der Form von Majoraten „en toute propriété et souveraineté et comme fief immédiat de notre couronne", wie die doppeldeutige Formulierung lautete, an die neuen Würdenträger, darunter auch Talleyrand als Herzog von Benevent, zu übergeben[37]. Bereits der Senatus-consulte vom 14. August 1806, in welchem das Fürstentum Guastalla dem Königreich Italien gegen Übertragung der Einkünfte an Frankreich einverleibt wurde, ging darüber hinaus. Die Einkünfte sollten zur Beschaffung von Liegenschaften in Frankreich selbst dienen, als Grundlage für den erblichen Besitz der Schwester Napoleons, Pauline Bonaparte, und ihres Gatten, des Fürsten Borghese. Ausdrücklich sahen die Artikel 3 und 4 des Senatsbeschlusses ähnliche Tauschverfahren für die Zukunft vor[38]. Damit waren die Barrieren zur Errichtung von Majoraten auch innerhalb Frankreichs gefallen.

Wenngleich vorerst und aus naheliegenden Gründen die materielle Ausstattung des neuen Güteradels den Vasallenstaaten aufgebürdet wurde, so war als

Fernziel doch vorgesehen, die auswärtigen Dotationen gegen Grundbesitz in Frankreich umzutauschen und die von der Revolution eingeleitete Besitzumverteilung zumindest teilweise zugunsten eines privilegierten Majoratsadels rückgängig zu machen.

Im Jahre 1808 folgten zahlreiche Dotationen in den deutschen Ländern, vor allem im Königreich Westphalen, wo die Hälfte der Staatsdomänen mit einem jährlichen Gesamtertrag von sieben Millionen Francs vom Kaiser zu Landschenkungen verwendet wurden[39]. Die Summe entsprach etwa den Einnahmen aus den direkten Steuern, die der spätere westphälische Finanzminister Malchus für das Jahr 1808 auf 6 923 158 Francs veranschlagte[40]. Es wird deutlich, daß der sogenannte „Modellstaat" in erster Linie für die wirtschaftliche Absicherung des neuen Adels gedacht war, nachdem Napoleon, wohl auf den Einspruch Talleyrands hin, seinen ursprünglichen Plan aufgegeben hatte, die Besitzungen der Ritterorden und anderer geistlicher Institutionen in Südwestdeutschland, also im Gebiet der souveränen, von deutschen Fürsten regierten Rheinbundstaaten, als Dotationen zu verwenden[41].

Die neuen Domänen waren von vornherein von den Erbrechts- und Eigentumsbestimmungen des Code civil ausgenommen. Im Widerspruch zu Artikel 896, der fideikommissarische Substitutionen verbot, konnten sie weder veräußert, verpfändet oder mit Beschlag belegt werden. Entgegen den Erbteilungsbestimmungen nach dem Prinzip der Gleichberechtigung der Kinder waren sie zusammen mit dem Titel nach dem Erstgeburtsrecht in männlicher Linie erblich, wenngleich der Senatskonsult vom August 1806 abmildernd am Schluß die Klausel hinzufügte, daß Rechte über Person und Besitz der Untertanen ausgeschlossen blieben. Herrschaftsrechte und politische Privilegien sollten demnach mit dem Majorat nicht verbunden sein. Auch die begrenzten Souveränitätsrechte, die Napoleon zunächst den italienischen Lehnsherzogtümern übertragen hatte, wurden wieder aufgehoben. Dennoch erinnert das Heimfallsrecht der Krone und die Verleihungszeremonie, die mit dem Treueid der Herzöge, Grafen, Barone und Ritter, denen die Errichtung von Majoraten gestattet wurde, verknüpft war, nur allzu deutlich an das alte Lehnsrecht, das der Code gerade abgeschafft hatte[42]. Überdies wurde der Eid seit dem Statut vom 1. März 1808, mit dem der Aufbau der neuen Adelshierarchie seinen Abschluß fand, nicht mehr auf das Reich und seine Verfassung, sondern auf den Kaiser und die von ihm gegründete Dynastie geleistet. In der Neuauflage des Code civil von 1807, die zugleich die Umbenennung in „Code Napoléon" vornahm, erhielt der Artikel 896 den Zusatz, daß die Stiftung von Majoraten durch den Kaiser zugunsten eines „chef de famille" erlaubt sei.

Die restaurativen Tendenzen, mit denen Napoleon selbst das Programm des Code umstieß, haben von vornherein die Verkündigung „liberaler Ideen" durchkreuzt. In den Rheinbundstaaten wurden die Majoratsstatuten des Kaisers ebenso wie der Artikel 27 der Rheinbundakte über die Privilegien der Standesherren mit Vorliebe als Beispiel dafür zitiert, daß es durchaus möglich sei, durch Modifikationen und Zusätze das Feudalsystem in den Code einzubauen. Als im Großherzogtum Frankfurt die Frage erörtert wurde, ob das deutsche Lehnsrecht noch dem „Geist der Zeit" entspräche und mit der Rezeption des Code Napoléon vereinbar sei, berief sich das Gutachten über die praktische Anwendung des neuen Gesetzbuches bezeichnenderweise auf das Vorbild Napoleons: „Man durchgehe die Gesetzgebungs-Epochen der französischen Revolution vom Jahre 1789 bis zum Jahre 1807 und vergleiche die Sprache der Gesetzgeber mit den neuesten Ereignissen im französischen Kaiserreiche!" empfahl der Berichterstatter nicht ohne Ironie: „Wer hätte noch im Jahre 1805 das Kaiserliche Statut vom 30. März 1806 und das Senatuskonsult desselben Jahres über die Wiederauflebung des Adels und der adeligen Stammgüter im Jahre 1807 vorherkündigen mögen! Und doch ist es geschehen... In Ansehung des Lehnssystems und seiner Ausflüsse ist nun noch der besondere Fall eingetreten, daß der Geist der Zeit seit der Wiederauflebung der Monarchie in Frankreich ganz anders spricht und die alten Institute im modernisierten Gewande wieder zur Erhaltung des Staats und des Glanzes der Monarchie unentbehrlich findet."[43]

Wie das ganze Werk Napoleons, zeigt aber auch der Code selbst einen Januskopf[44]. Das bürgerliche Gesetzbuch, dessen Abfassung im Jahr der Kaiserkrönung Napoleons vollendet wurde, ließ sich reaktionär interpretieren und den rückläufigen Tendenzen bis zu einem gewissen Grad anpassen. Jedenfalls sind die Auslegungen, die ihm Napoleon gab, in vielerlei Hinsicht doppeldeutig. Das erste Gesetzbuch eines ständelosen Staates war zugleich ein bürgerlich-patriarchalisches Gesetzbuch, in dem Napoleon wie im Staat so auch im privaten Bereich des Ehe- und Familienrechts das Autoritätsprinzip aufrechterhielt. Im Staatsrat kritisierte er die individualistische Gesellschaft, welche die Revolution erzeugt hatte: das sind nur „Sandkörner", „man muß über den Boden Frankreichs Granitblöcke auswerfen", um „dem öffentlichen Geist eine Richtung zu geben"[45]. Die Familie zählte zu jenen sozialen Körperschaften, die ein Gegengewicht zur unbeschränkt individualistischen Freiheit bildeten, die der cäsaristischen Herrschaft gefährlich werden konnte. Deshalb wurde die Autorität des pater familias verstärkt: er konnte seine Kinder für eine Dauer von sechs Monaten ohne Kontrolle der Justizbehörden einsperren lassen; er hatte die Vermögensgewalt über den Besitz, auch über den seiner Frau in der gesetzlichen Gütergemeinschaft. Die Frau stand unter der Vormundschaft ihres Mannes im Hinblick auf alle Verhältnisse des bürgerlichen Lebens. Alle diese Verfügungen des Code unterschieden sich nur insofern von der patriarchalischen Auffassung des Ancien Régime, als sie Folge von gesetzlichen Verbindlichkeiten waren und die Rechtspersönlichkeit von Frau und Kindern nicht vernichteten. Ebenso beschränkte der Code die Freiheit der juristischen Person bzw. die Vereinsfreiheit. Zwar favorisierte der Kaiser die Bildung von sozialen Körperschaften — Beispiele sind die neuen Adelsklassen und ihr Gegenstück: die „Ehrenlegion", welche die „Anhänger der Revolution" zusammenfassen sollte, die gesetzgebenden Versammlungen, die Wahlkollegien, die neuen Berufskammern wie Anwaltskammern und Notarskammern, die Handelskammern, Wechselagentengesellschaften usw. —, aber ihre Genehmigung hing einzig und allein vom Kaiser selbst ab.

Statt Vereinsfreiheit herrschte das Konzessionssystem. Das Strafgesetzbuch, der Code pénal von 1810, ging später so weit, jede Gesellschaft von mehr als 20 Personen von der Konzession des Kaisers abhängig zu machen.

Eine andere antiliberale Tendenz ist mit der Aufrechterhaltung des Autoritätsprinzips eng verknüpft: Die Betonung der wohlfahrtsstaatlichen Prinzipien im Sinne des absolutistischen Polizei- und Verwaltungsstaates. Vor allem die Generaldebatte über das Hypothekenrecht, in die Napoleon bezeichnenderweise selbst sehr entschieden eingriff, zeigt deutlich wohlfahrtsstaatliche und verkehrsfeindliche Züge. Bei der Verteidigung der Legal- und Generalhypotheken der Ehefrauen und Minderjährigen, die im Gegensatz zu der vorgesehenen neuen Regelung der Inskription in die Hypothekenbücher nach den Prinzipien der Spezialität (Verzeichnis jedes einzelnen Grundstückes) und der Publizität (Öffentlichkeit der Grundbücher und Gutglaubensschutz) standen, wiederholte er unermüdlich die Formel, „que la sureté de la femme et du mineur doit être préférée à celle des acquéreurs et des prêteurs"[46]. Denn der Staat sei verpflichtet, durch seine Gesetze die Schwachen zu schützen, die sich selbst nicht helfen könnten[47]. Den verkehrsfeindlichen Argumenten gegen die Mobilisierung und Kapitalisierung des Grundeigentums, die gerade durch das Inskriptionssystem und die vermehrte Sicherheit des Kredits gefördert wurden, hat Napoleon zumindest nicht widersprochen. Cambacérès sprach von einem System, „qui n'a rien d'avantageux pour l'État, lequel trouve au contraire sa garantie dans la fixité des propriétés dans les mêmes familles"[48].

Der Eigentumsbegriff selbst blieb am Grundbesitz und nicht am Kapitalbesitz orientiert. Der Code hielt deshalb ausdrücklich an dem Grundsatz fest: mobilium vilis possessio. Der Landbesitz, an dem nach wie vor auch das städtische Bürgertum interessiert war, bildete die Grundlage des sozialen Reichtums und bestimmte immer noch das Sozialprestige innerhalb der Gesellschaft[49]. Diese Bindung an das Grundeigentum — und nicht an das Eigentum überhaupt — bewahrte eine agrargesellschaftliche Komponente, die der Entfaltung einer liberalisierten Wirtschaftsgesellschaft eher entgegenwirkte.

Aber auch die Hauptidee des Code, die Freiheit und Sicherheit des Eigentums, hat Napoleon mehr in einem staatsinterventionistischen als in einem liberal-bürgerlichen Sinne ausgelegt. Zwar garantierte der Code die „absolute" Verfügungsgewalt über den Besitz, aber doch mit der Einschränkung „pourvu qu'on n'en fasse pas un usage prohibé par les lois ou par les règlements"[50], wobei vor allem der Ausdruck „règlements" ganz unbestimmt blieb.

Ähnlich vage klang der Artikel 545 des Code über die Expropriation, der den Grundsatz der Staatsraison aufrechterhielt: „Niemand kann gezwungen werden, sein Eigentum abzutreten, wenn es nicht *des öffentlichen Wohles wegen* und gegen eine angemessene und vorgängige Entschädigung geschieht."[51] Portalis' berühmte Rede über das Eigentum, das als „l'âme universelle de toute la législation", als Fundament aller sozialen Einrichtungen und als kostbarstes Gut für jeden einzelnen, ebenso kostbar wie das Leben, bezeichnet wurde, schloß doch mit dem Appell an den Gesetzgeber, das allgemeine Wohl über das des einzelnen

Individuums zu stellen: „En sanctionnant le nouveau Code civil, vous aurez affermi, législateurs, toutes nos institutions nationales... On ne peut aimer sa propriété sans aimer les lois qui la protègent. En consacrant des maximes favorables à la propriété, vous aurez inspiré l'amour des lois; vous n'aurez pas travaillé seulement au bonheur des individus, à celui des familles particulières; vous aurez créé un esprit public; vous aurez ouvert les véritables sources de la prospérité générale, vous aurez préparé le bonheur de tous."[52] An anderer Stelle heißt es noch deutlicher: „La vraie liberté consiste dans une sage composition des droits et des pouvoirs individuels avec le bien commun."[53] Die Gerichtshöfe der großen Städte, die vor allem die Ansichten des liberalen Bürgertums vertraten, haben in ihrer Kritik des Gesetzestextes dann auch eine sehr viel deutlichere Anerkennung der „plénitude de la propriété" mit der entgegengesetzten Begründung gefordert: „parce que le maintien de la plénitude de la propriété doit être le guide et la base fondamentale des lois"[54].

Wirksam wurde die Auffassung über das Eigentum vor allem in den Erbrechtsbestimmungen des Code, die sich nach dem Leitgedanken richteten: „La loi règle l'ordre de succéder..."[55], ein Prinzip, gegen das der Gerichtshof von Lyon den bezeichnenden Einspruch erhob: „Ce n'est pas la loi qui défère les successions, c'est la nature."[56] Zur Debatte stand vor allem die Frage, wie weit die Testierfreiheit durch die vorgesehene Realteilung des Erbguts und die Einführung des „Pflichtteils" eingeschränkt werden sollte. Aber der Prinzipienstreit, ob nun die liberté des Vaters, über sein Eigentum frei zu disponieren, oder die égalité der Kinder mehr zu beachten sei, bildete doch nur die Folie für die Durchsetzung der eigentlichen Staatsinteressen. Napoleon, der auch in diese Debatte persönlich eingriff, verteidigte nicht nur die Realvererbung der Pflichtteile nach dem Prinzip der Gleichberechtigung der Erben, sondern vor allem die Einschränkung der Testierfreiheit und der sogenannten disponiblen Quote bei Großgrundbesitz, während er bei den mittleren und kleineren Vermögen die Quote bis zur Hälfte des Besitzes zu erhöhen empfahl: „Le législateur, en disposant sur cette matière, doit avoir essentiellement en vue les fortunes modiques. La trop grande subdivision de celles-ci met nécessairement un terme à leur existence..."[57] Das gesellschaftspolitische Ziel war die Zersplitterung und Parzellierung des Großgrundbesitzes durch die Erbteilungen. In lapidarer Weise formuliert Portalis' Discours préliminaire den Grundsatz: „Dans toutes ces questions *l'intervention de l'Etat est indispensable.*"[58]

Eben diese staatsinterventionistische Tendenz verbindet zugleich die Agrarpolitik des Code mit der neuen Adelspolitik der Majoratsstatuten. Der Errichtung einiger weniger, staatlich genehmigter Majorate und der wirtschaftlichen Absicherung einzelner treu ergebener und vom Kaiser abhängiger Familien entsprach die Zerschlagung des großen Landbesitzes, deren Inhaber sich möglicherweise allzu selbständig dem Einflußbereich des Herrschers entzogen. So ausgelegt, diente auch der Code als Mittel, eine neue Adelsgefolgschaft des Monarchen zu formen. Während die großen Vermögen durch die Erbgesetze des Code vermindert wurden, konnte der Kaiser gleichzeitig mit Hilfe des Majoratsrechts eine neue Eliteschicht etablieren, die dazu ausersehen war, seine Herrschaft sozial abzusichern und der Monarchie als Stütze zu dienen. Auf diese Weise wurde es möglich, den Prozeß der Eigentumsbildung staatsinterventionistisch in legalen Formen zu steuern. Napoleon selbst hat die Expansion seines Gesetzbuches in die Vasallenstaaten in diesem Zusammenhang gesehen; so schreibt er am 5. Juni 1806 an seinen Bruder, den König von Neapel: „Je veux avoir à Paris cent familles, toutes s'étant élevées avec le thrône et restant seules considérables, puisque ce ne sont que des fidéicommis et que ce qui ne sera pas à elles va se disséminer par l'effet du Code civil. Etablissez le Code civil à Naples. Tout ce qui ne vous est pas attaché va se détruire alors en peu d'années, et ce que vous voudrez conserver se consolidera. Voilà le grand avantage du Code civil ... Il faut établir le Code civil chez vous; il consolide votre puissance, puisque par lui tout ce qui n'est pas fidéicommis tombe, et qu'il ne reste plus de grandes maisons que celles que vous érigez en fiefs. C'est ce qui m'a fait prêcher un Code civil et m'a porté à l'établir."[59]

Die hier vorgetragene Intention zeigt wiederum, daß die Expansion des Code keinem *doktrinären* Schema folgte, sondern in erster Linie ein Mittel zum Zweck der *Herrschaftssicherung* darstellte. Ein Herrschaftsinstrument aber ist auswechselbar. Es stellte sich sehr bald heraus, daß in der vorrevolutionären Rechts- und Gesellschaftsordnung Europas die revolutionären Errungenschaften von 1789 und die Neustrukturierung des Adels sehr viel schwerer miteinander zu verbinden waren als im nachrevolutionären Empire Français. Abgesehen einmal von den Modellstaaten, wo sich vor allem der französische Militäradel etablierte, war die herrschende landsässige Adelsschicht nicht austauschbar, und die Majoratsdekrete bewirkten lediglich, daß die bereits bestehenden Fideikommisse nachträglich die staatliche Genehmigung erhielten, wenn auch, wie in Westphalen und Bayern, mit der Einschränkung, daß ein bestimmtes Maximum bzw. Minimum an Revenüen die Voraussetzung bildeten[60]. Anders als in Frankreich spielte das städtische Bürgertum als Grundherr noch kaum eine Rolle[61]. Seine Eigentumsvorstellungen und ökonomischen Interessen waren nicht am Landbesitz orientiert. Eine Rekrutierung des Majoratsadels aus dem Bürgertum fand also nicht statt. Hinzu kam, daß allein mit dem Erbrecht des Code die ländliche Sozialverfassung nicht aufzulösen war. Ohne eine radikale Beseitigung des geteilten Eigentums — eine Form der Bodenbeherrschung, in der weder der Obereigentümer (der Grundherr) noch der Untereigentümer (der Grundholde) frei über den Boden verfügen konnte — waren die Erbteilungen gar nicht durchführbar. Eine volle Eigentumsverleihung an die Bauern kam jedoch einem revolutionären Eingriff in die adligen Besitzrechte gleich, den man gerade vermeiden wollte. Es wird noch zu zeigen sein, zu welchen Komplikationen, ja Konfusionen alle Versuche führten, die Gesetzesbestimmungen des Code mit der Adelspolitik in Einklang zu bringen. Angesichts all dieser Schwierigkeiten erlahmte das Interesse des Kaisers an dem „kühnen Plan" einer gesellschaftlichen Assimilation. Die „liberale" Gesellschaftspolitik des Code war nur so lange wirksam, wie sie ihre Funktion für die Machtpolitik erfüllte. „Es gibt keine vernünftige Erklärung, welche die Außenpolitik Napoleons auf eine einheitliche Konzeption zurückführt", hat einer der besten Kenner des napoleonischen Zeitalters geurteilt: „Bonaparte improvisierte ... wie die Umstände es gerade geboten."[62]

Seit der Erhebung Spaniens, die Napoleon, nachdem er sie selbst provoziert hatte, nicht mehr ersticken konnte, war der Kaiser zu keinem Zeitpunkt mehr in der Lage, sich den Widerstand der Fürsten und die Opposition des Adels in den Rheinbundstaaten leisten zu können. Alle Versuche, den Rezeptionsplänen Nachdruck zu verleihen und den Verfassungsausbau des Rheinbundes voranzutreiben, scheiterten an den Erfordernissen der Kriegspolitik, die zur Schonung der Verbündeten zwang. Dem Krieg auf der Pyrenäenhalbinsel folgte die österreichische Erhebung von 1809; 1811 begannen die Vorbereitungen zum russischen Feldzug. In der kurzen Zwischenperiode von 1810, die dem Ausbau der Kontinentalsperre diente, erklärte Napoleon schließlich selbst, er lege nur noch Wert auf die Militärallianz: „Die Zeit der Institutionen ist noch nicht gekommen, Sie werden dem allgemeinen Frieden folgen ..."[62a]

Napoleon begnügte sich mit der pünktlichen Abstellung der Truppen aus den Rheinbundstaaten. Für das Empire Français blieb der Rheinbund eine militärische Präfektur.

Die unmittelbare Rückwirkung auf die Rheinbundstaaten lag zunächst einmal darin, daß der Rezeptionsvorgang in den Jahren 1810/11 überall ins Stocken geriet. Die konservative Wende zur dynastischen Außenpolitik, zumal nach der für die Rheinbundstaaten höchst unerwarteten Heiratsverbindung Napoleons mit dem österreichischen Herrscherhaus, verstärkte den Eindruck der adelsfreundlichen Tendenzen, die in der Rheinbundakte schon angelegt waren. Auf Anfragen in Paris hin erfuhren die Regierungen, der Kaiser habe eingesehen, daß der Code auf die deutschen Verhältnisse nicht passe[63]. Der hessische Gesandte meldete sogar, daß der Code in Frankreich selbst kritisiert werde, weil er — wie Locré, einer der Autoren des Gesetzbuches, bestätigt habe — „viele Mängel (zeige), die man jetzt verhindern würde, falls man es noch einmal zu tun hätte". Der Umbau der französischen Justizorganisation 1810, anläßlich der Einführung des Code pénal, verstärkte die allgemeine Unsicherheit über die weitere Entwicklung, von der niemand mehr vorauszusagen wagte, welche Veränderungen noch anstanden. Jedenfalls erschien es ratsam, erst einmal abzuwarten. Lediglich Baden, die Modellstaaten Berg und Westphalen, das Großherzogtum Frankfurt sowie die von Napoleonverehrern regierten Kleinstaaten Aremberg und Anhalt-Köthen[64] rezipierten den Code tatsächlich. Der von Frankfurt, Hessen-Darmstadt und Nassau unternommene Versuch, auf einer gemeinsam einberufenen Konferenz in Gießen einen modifizierten Code auszuarbeiten, der dann von allen Rheinbundstaaten gemeinsam angenommen werden sollte, schlug im Frühjahr 1810 fehl. Die immer wieder hinausgeschobenen Einführungstermine für Hessen-Darmstadt[65], Nassau[66] und Würzburg[67] wurden schließlich von den Zeitereignissen überholt. Bayern, das nach der Mailänder Konferenz von 1807 ein bayerisches Zivilgesetzbuch „nach den Grundzügen des Code Napoléon" plante, schwenkte 1811 um und entschied sich für eine Revision des 1756 von Kreittmayr verfaßten Kodex[68].

Andererseits hatte sich aber längst zwischen Anhängern und Gegnern der Rezeption eine rege Diskussion über die Ideen des Code Napoléon entzündet, die weit über juristische Fachkreise hinausreichte. Unabhängig von den politischen Motiven der Rechtsexpansion und den Wandlungen der napoleonischen Herrschaftspolitik wurde das Revolutionierungsprogramm in den Rheinbundstaaten selbst ernst genommen, sei es ablehnend oder zustimmend. Übertragen auf die rückständigen deutschen Verhältnisse übte das napoleonische Gesetzbuch trotz seiner sozialkonservativen Komponenten tatsächlich eine revolutionierende Wirkung aus, eine Paradoxie, die schon Savigny 1814 in seiner berühmten Kontroverse mit Thibaut hervorhob: „Für Deutschland aber, das der Fluch dieser Revolution nicht getroffen hatte, war der Code, der Frankreich einen Teil des Weges zurückführte, vielmehr ein Schritt vorwärts in die Revolution hinein."[69] Auch da, wo die Rezeption scheiterte, setzte der Code Maßstäbe, an denen die eigenen Reformvorstellungen und -programme entwickelt wurden. Die exemplarische Bedeutung der Diskussion über den Code Napoléon liegt darin, daß sie fast alle Teilgebiete der einzelstaatlichen Rheinbundreformen berührte: Die Durchsetzung der bürgerlichen Freiheitsrechte, die Gleichheit vor dem Gesetz, die Sozialreform durch die im Code propagierte Abschaffung des Feudalsystems, die verwaltungsorganisatorischen Probleme am Beispiel des Ausbaus der Justizbehörden und der Trennung von Justiz und Verwaltung, die Säkularisierung des bürgerlichen Lebens durch die Einführung der Zivilehe und der Zivilstandsregister, und vor allem die Verbindung der Privatrechtsreform mit der Reform des öffentlichen Rechts. Der Code wurde zum Manifest par excellence jener Rheinbundreformer, die mit der Neuorganisation des Staates zugleich eine Erneuerung der Rechts- und Gesellschaftsordnung erstrebten.

III. Die programmatische Begründung der Rezeption

1. Zentren der Diskussion

Die Auseinandersetzung über die Einführung des Code Napoléon läßt sich auf sehr verschiedenen Ebenen verfolgen. Mit Ausnahme Sachsens und der kleineren norddeutschen Staaten, die an der überlieferten monarchisch-altständischen Gesellschaftsordnung festhielten, sowie Württembergs, das unter der Selbstherrschaft König Friedrichs noch ganz dem Absolutismus verpflichtet blieb[1], wurden in fast allen Rheinbundstaaten, einschließlich der Zwergstaaten wie Lippe-Detmold[2] und Waldeck[3], Gesetzes- oder Staatsratskommissionen zur Vorbereitung der Rezeption eingesetzt und an den meisten Landesuniversitäten Vorlesungen über französisches Recht angeordnet. Zum anderen nahmen die publizistischen Organe die Diskussion auf, sowohl mit kritischen Kommentaren als auch mit Veröffentlichungen von wichtigen Gesetzestexten und Gesetzesvorschlägen, darunter vor allem Winkopps Zeitschrift „Der Rheinische Bund", das Sprachrohr des Dalbergkreises[4], die bei Cotta erscheinenden „Europäischen Annalen", die „Jenaische" und „Hallische Literaturzeitung", die in Hamburg von Johann Wilhelm von Archenholtz herausgegebene „Minerva"[5] sowie die von Crome und Jaup in Gießen redigierte Zeitschrift „Germanien"[6]. Einige Zeitschriften wurden nach französischen und linksrheinischen Beispielen[7] neu gegründet mit der Absicht, die neue Gesetzgebung einem „gebildeten Publikum" und den „Geschäftsmännern", worunter vor allem die Beamtenschaft verstanden wurde, auf allgemein verständliche Weise zu erläutern: die beiden wichtigsten waren die in Gießen und Wetzlar von Harscher von Almendingen mitherausgegebene „Allgemeine Bibliothek für Staatskunst, Rechtswissenschaft und Critik" und das von Nikolaus Thadäus Gönner in Landshut redigierte „Archiv für die Gesetzgebung und Reform des juristischen Studiums", das trotz seines fachbezogenen Titels in erster Linie für ein breiteres Publikum gedachte Beiträge über den Code civil lieferte. Hinzu kamen eine Fülle von Flugschriften, die weniger wissenschaftlich fundiert das Pro und Contra der Debatte in oft überschwenglichem Stil bewundernd oder ablehnend popularisierten[8].

Schließlich, aber keineswegs ausschließlich[9], spielte sich die Diskussion in juristischen Fachkreisen ab, wobei sich fast alle bekannten Juristen der Zeit zu Wort meldeten. In rascher Folge erschienen eine ganze Reihe von Kommentaren, meist in enger Anlehnung an die französischen Autoren Locré und Malleville, deren Werke teilweise ins Deutsche übersetzt wurden[10], und das häufig zitierte und benutzte vierbändige Handbuch des linksrheinischen Juristen Franz von Lassaulx[11]. Am meisten verbreitet, vor allem auch als von der Regierung empfohlene Lektüre für die Justizbeamten[12], waren die Kommentare des Jenaer Professors Seidensticker[13], des herzoglich sächsischen Geheimen Rats Karl Ernst Schmid[14], das Handbuch „zum Gebrauch wissenschaftlich gebildeter deutscher Geschäftsmänner" des hessischen Oberappellationsgerichtsrats und Gießener Professors Grolman[15], die Lehrbücher des Marburger Professors Bauer[16] und die Materialiensammlung des Staatsministers Dabelow aus Anhalt-Koethen[17].

Der badische Geheime Rat Brauer, Vorsitzender der Badischen Gesetzeskommission, veröffentlichte in sechs Bänden seine „Erläuterungen über den Geist des Code Napoléon und die Großherzoglich Badische bürgerliche Gesetzgebung"[18]. Gleichzeitig schrieb der berühmte Heidelberger Professor und Staatsrechtler Karl Salomon Zachariä einen Kommentar zum badischen Landrecht[19]. Sein erst nach 1815 vollendetes „Handbuch des französischen Civilrechts" wurde ein mehrfach aufgelegtes Standardwerk, das in französischer Übersetzung auch in Frankreich große Anerkennung fand[20] und Feuerbachs Postulat erfüllte, daß die deutschen Juristen als bessere Kenner des römischen Rechts die Aufgabe hätten, den Code Napoléon „mit den Resultaten deutscher Wissenschaft zu bereichern, und wo möglich das ausgeliehene Kapital unsern Nachbarn nicht ohne Zinsen zurückzubezahlen"[21]. Neben den Kommentatoren wetteiferten mehrere Übersetzer des Code um eine der französischen Eloquenz angemessene Übertragung des Gesetzbuches in deutsche Sprache[22].

In Westphalen bildete sich ein enger juristischer Mitarbeiterkreis, darunter der Marburger Professor Mackeldey und Friedrich von Strombeck, der Leiter der westphälischen Zivilgesetzgebungskommission, um die von Osterley und Spangenberg herausgegebene Fachzeitschrift: Magazin für das Civil- und Kriminalrecht des Königreichs Westphalen[23]. Hugo las in Göttingen, Mackeldey in Marburg, Seidensticker in Jena, Thibaut in Heidelberg, Gönner in Landshut, Grolman und Jaup in Gießen, Kleinschrod in Würzburg französisches Recht. Für das Großherzogtum Frankfurt wurde eine eigene Rechtsschule in Wetzlar gegründet[24]. Die seit 1807 regelmäßig gehaltenen Universitätsvorlesungen haben mit dazu beigetragen, die zukünftigen Beamten nicht nur mit den Gesetzesparagraphen, sondern auch mit dem vieldiskutierten „Geist" des Code Napoléon vertraut zu machen. Nicht von ungefähr hielt man dies in Frankreich für so wichtig, daß der Moniteur eine Liste der deutschen Universitätsvorlesungen über französisches Zivilrecht veröffentlichte[25].

Es ist bezeichnend, daß der westphälische Innenminister von Wolffradt in einer der programmatischen Reden vor der Ständeversammlung über die „Lage des Königreichs" für den Sektor Kultur und Unterrichtswesen hervorhob, daß die Literatur Westphalens eine „gemeinnützlichere Tendenz" genommen habe: „Ein sehr großer Teil der erschienenen Schriften hat die Napoleonische Gesetzgebung und unsere neue Prozeßordnung zum Gegenstande."[26]

Endlich haben auch die Staatsrechtler — Wilhelm Joseph Behr, Professor in Würzburg; Johann Ludwig Klüber, Professor in Heidelberg und wiederum Zachariä — von ihrem Thema her in die Debatte eingegriffen und vor allem den Zusammenhang zwischen Privatrecht und öffentlichem Recht untersucht. Klüber hat als erster anläßlich der Einführung des Code Napoléon im Königreich Westphalen auf den Widerspruch zwischen dem Artikel 27 der Rheinbundakte über die Privilegien der Standesherren und dem antifeudalen bürgerlichen Gesetzbuch aufmerksam gemacht[27], ein Problem, das Zachariä dann in seinem „Staatsrecht" von 1810 ausführlich behandelte, auch im Hinblick auf die französischen Majorate in Deutschland[28]. Behr, der eifrigste Befürworter eines rheinbündischen Föderativsystems, betonte vor allem den nationalpolitischen Aspekt und die Bedeutung des Code Napoléon für die Herstellung einer gleichförmigen Staatsverfassung, Gesetzgebung und Rechtspflege in den jeweiligen Einzelstaaten[29].

Die eigentlichen Zentren der Diskussion aber bildeten die Gesetzeskommissionen, vor allem in Düsseldorf, Karlsruhe, München und Gießen, dem gemeinsamen Konferenzort von Hessen, Nassau und den fürstprimatischen Staaten[30]. Zumindest die Vorsitzenden der Kommissionen standen miteinander in Verbindung: Harscher von Almendingen, der eine Zeitlang im bergischen Justizdienst angestellt war, hielt den Kontakt zum bergischen Innenminister Nesselrode und zum Vorsitzenden der Düsseldorfer Staatsratskommission Hazzi aufrecht[31]. Wäre es nach ihm gegangen, so hätte Berg an der Gießener Konferenz teilgenommen, ein Plan, den die nassauische Regierung aus Furcht vor zu großer Abhängigkeit von Frankreich und dem benachbarten französischen Vasallenstaat ablehnte[32]. Feuerbach, der Vorsitzende der bayerischen Gesetzeskommission, stand im Briefwechsel mit Almendingen und Grolman, dem Vertreter Hessen-Darmstadts in Gießen, mit denen er zu Beginn seiner Laufbahn gemeinsam die „Bibliothek für peinliche Rechtswissenschaft und Gesetzeskunde" herausgegeben hatte[33]. Vor allem mit Almendingen war Feuerbach eng befreundet, so daß er ihm einige seiner Denkschriften und Entwürfe zum Code civil zur vertraulichen Kenntnisnahme übersandte und um kritische Stellungnahme bat, ohne daß allerdings, wie beide im Gegensatz zu ihren Regierungen wünschten, Pläne und Kritik öffentlich zur Diskussion gestellt wurden[34].

Die Frankfurter und die nassauische Regierung pflegten den Kontakt zu französischen und linksrheinischen Juristen, abgesehen einmal von Berg, das ohnehin gezwungen war, mit dem Pariser Staatssekretariat für das Großherzogtum unter Roederer eng zusammenzuarbeiten. In Paris konferierten der nassauische Minister Hans Christoph von Gagern und der Fürstprimas persönlich mit dem Generalsekretär des Staatsrats Locré, dem bekannten Kommentator des Code, und mit dem Erzkanzler und ehemaligen zweiten Konsul Cambacérès, dem Redakteur des ersten Entwurfs des Code civil[35]. Offenbar war sogar eine Reise Cambacérès' nach Deutschland geplant, die aber im August 1808 wieder abgesagt wurde, — ein erstes Indiz für das allmählich abnehmende Interesse der Franzosen an der Einführung des Code[36]. Der Plan einer gemeinsamen Konferenz möglichst aller Rheinbundstaaten zur Vorbereitung der Rezeption, den dann Almendingen aufnahm und auch in der Presse propagierte, stammte von dem Leiter der linksrheinischen Koblenzer Rechtsschule, Franz von Lassaulx, mit dem Almendingen wie auch mit einigen Mainzer Juristen eng zusammenarbeitete[37].

Am meisten isoliert blieb Baden, das die Einladung zur Gießener Konferenz im November 1808 mit der Begründung ablehnte, man sei mit der Arbeit in der eigenen Gesetzeskommission schon zu weit fortgeschritten und habe bereits die Prinzipien für die notwendigen auf die badischen (!) Verhältnisse zugeschnittenen Modifikationen festgelegt[38]. Ohne einen „Wink" im Moniteur, meinte Almendingen hierzu, seien wohl Baden und erst recht Bayern, Würzburg oder gar Württemberg nicht bereit, der Initiative eines Kleinstaats wie Nassau zu folgen[39]. Tatsächlich zog es die badische Regierung vor, unter der Hand Erkundigungen in Bayern einziehen zu lassen, ob und in welcher Form das mächtigste Bundesland den Code einzuführen gedenke[40]. Dahinter stand die rein außenpolitisch interessierende Frage, wie weit sich Napoleon in die bayerischen Rezeptionspläne eingemischt habe. Immerhin hat aber Brauer die Publikationen Almendingens verfolgt und sie in seinen „Erläuterungen" kritisch kommentiert[41]. Almendingen seinerseits reiste nach der erfolgten Einführung des Code in Baden nach Heidelberg, um sich an Ort und Stelle über Praxis, Gesetzgebung und Anwendung des neuen Gesetzbuches zu informieren[42].

Die Arbeit in den einzelnen Gesetzeskommissionen spielte sich freilich mehr oder weniger hinter verschlossenen Türen ab. Der politische Einfluß war unterschiedlich. In Berg erreichte die Staatsratssektion zwar bei der Vorbereitung der mit dem Code Napoléon verbundenen Agrarreformdekrete, daß ihre Vorschläge sich durchsetzten[43], aber die Modifikationspläne zum Gesetzbuch selbst wurden in Paris nicht akzeptiert[44]. Die Zustimmung zu den Dekretentwürfen war wohl in erster Linie dem Gewicht des Namens Beugnot zu verdanken, der in Berg als kaiserlicher Kommissar und Statthalter Napoleons sich besonders nachdrücklich für das gesellschaftspolitische Programm des Code Napoléon einsetzte[45]. Beugnot wie auch der westphälische Justizminister Siméon, beide während der Revolution gemäßigte Liberale und unter dem Konsultat hervorragende hohe Verwaltungsbeamte in Frankreich, gehörten zu den vom Kaiser als „Ideologen" verdächtigten Politikern, welche die Modellstaatenkonzeption aus Überzeugung und nicht nur aus machtpolitischen Erwägungen ernst nahmen[46]. Siméon hatte bereits in Frankreich maßgeblich bei der Abfassung des Code civil mitgearbeitet.

In der badischen Gesetzeskommission besaß der Geheime Rat Brauer, gleichzeitig Verfasser der Konstitutionsedikte, neben seinen Mitarbeitern — den Referendaren Zyllenhard, von Gulat, Geheimrat Fein und Regierungsrat Dühnig — einen so überragenden Einfluß, daß der badische Code praktisch das Werk eines einzelnen darstellt[47]. Brauer war im Gegensatz zu dem späteren leitenden Minister, Sigismund von Reitzenstein, dem eigentlichen „Begründer des badischen Staates"[48], eher ein Traditionalist, ein vorsichtig gemäßigter und kompromißbereiter Reformer, der, wenn irgend möglich, die überkommenen Verwaltungs- und Gesellschaftsstrukturen mit den neuen Erfordernissen der Zeit in Übereinstimmung zu bringen suchte. Dennoch hat man wohl mit Recht festgestellt, daß Brauer mit der Adaption des Code ein „Meisterwerk"[49] vollbracht habe, bei dem es besser als in den ungefügen Konstitutionsedikten gelungen sei, eine zeitgemäße Sprache zu finden und in den „Zusätzen" näher zu bestimmen, „was nötig ist, um eine sichere, dem Geist dieses Gesetzes stets gemäße und zugleich der hierländischen Landesart und Sitte nicht nachteilige Anwendung zu begründen"[50].

Auch die bayerische Gesetzeskommission besaß mit Anselm von Feuerbach eine ebenso eigenwillige wie in der Fachwelt berühmte Persönlichkeit an ihrer Spitze[51], ohne daß es freilich gelang, die weitgesteckten Ziele, die Feuerbach mit der Realisierung der liberalen „Hauptideen" des Code Napoléon verfolgte, gegen die feudalaristokratische Opposition im bayerischen Staatsrat durchzusetzen[52]. Als Begründer des modernen deutschen Strafrechts, der in Weiterführung Kantischer Gedanken die zeitgenössische Naturrechtslehre kritisierte und für die Trennung von Recht und Moral und die Autonomie der sittlichen Persönlichkeit eintrat, hat Feuerbach erstmalig die rechtsstaatlichen Prinzipien, vor allem den Grundsatz nulla poena sine lege, in die Strafgesetzgebung eingeführt[53]. Auch den Code Napoléon interpretierte er als Gesetzbuch eines Rechtsstaats, als „eines der schönsten Ehrendenkmale des französischen Namens", wie er 1810 an seinen Vater schrieb, „des Resultats einer großen, zum Teil aus politischen und liberalen Ideen hervorgegangenen Revolution, des gemeinsamen Werks der gelehrtesten und zugleich welterfahrensten Männer eines geistreichen Volkes"[54]. Feuerbachs politischer Standort, ein gemäßigt liberaler Konstitutionalismus, der sich in den Jahren der französischen Revolution herausgebildet hatte, verband ihn mit Männern wie Beugnot, Siméon, Harscher von Almendingen, aber auch mit Montgelas und seinem reformerisch gesinnten Mitarbeiterkreis. Der unlängst erschienene erste Band einer Montgelasbiographie hat gezeigt, wie stark auch der „größte bayerische Staatsmann"[55] mindestens in seinen Anfängen von den Ideen der französischen Revolution beeinflußt worden war[56].

Neben Feuerbach war Ludwig Harscher von Almendingen, der Initiator der Gießener Konferenz, einer der engagiertesten Verteidiger der Rezeption eines modifizierten, den deutschen Verhältnissen angepaßten Code. Zeitweilig Professor an der Hohen Schule von Herborn, wurde er, nach kurzer Tätigkeit in Berg, als Oberappellationsrat beim Appellationsgericht in Hadamar beratender Referent des nassauischen Staatsministeriums und enger Mitarbeiter des Weilburger Ministers Hans Christoph von Gagern. Die Geschichtsschreibung hat ihn bisher kaum beachtet, und erst in jüngster Zeit wurde die verfassungsgeschichtliche Bedeutung seiner 1814 zunächst anonym erschienenen Rheinbundapologie mit dem Titel „Politische Ansichten über Deutschlands Vergangenheit, Gegenwart und Zukunft" neu entdeckt, ein geistreich und brillant geschriebenes Buch, das man als „Paradebeispiel für einen Verfassungsliberalismus westlichen Zuschnitts" zu Beginn des Vormärz angeführt hat[57]. Seine Aufsätze über den Code Napoléon in Winkopps „Rheinischem Bund", seine teilweise in der „Allgemeinen Bibliothek für Staatskunst, Rechtswissenschaft und Critik" publizierten Gießener Vorträge, die noch unveröffentlichen politischen Berichte und Denkschriften, darunter die Ausarbeitung eines Organisationsentwurfs von 1811/1812, der sich eingehend mit der Frage der Einführung einer Konstitution für Nassau beschäftigte[58], blieben bisher so gut wie unbekannt.

Die von Almendingen geplante und von September 1809 bis zum Frühjahr 1810 durchgeführte Gießener Konferenz war als vorbereitender Kongreß für eine gemeinsame Gesetzgebung aller Rheinbundstaaten gedacht mit dem erklärten Ziel der nassauischen Regierung, allgemeine Richtlinien für die Modifikationen des Code auszuarbeiten und so ein isoliertes Vorgehen jedes einzelnen Bundesstaates zu verhindern[59]. Ein Resultat kam freilich nicht zustande, auch deshalb, weil die beiden anderen Teilnehmerstaaten Frankfurt und Hessen-Darmstadt die Konferenz in erster Linie als ein bloßes Forum politischer und wissenschaftlicher Diskussion betrachteten. Hierin lag dann auch die eigentliche Bedeutung der Versammlung, die nicht nur den einzelnen Kommissionsmitgliedern — neben Almendingen die Professoren Grolman und Jaup aus Hessen-Darmstadt sowie Appellationsrat Danz, Professor Stickel und Landesdirektionsrat von Mulzer aus Frankfurt — eine Fülle von Anregungen vermittelte[60], sondern die darüber hinaus mit der Veröffentlichung der Vorträge der nassauischen Kommission auch die „Publizität" der Gesetzesarbeit förderte[61]. Die Frankfurter Regierung folgte dem nassauischen Beispiel und genehmigte ihrerseits die Drucklegung des Grundsatzreferats Mulzers über die praktische Anwendung des Code Napoléon[62], das die allgemeinen Prinzipien für die Arbeit der im Großherzogtum eingesetzten Spezialkommissionen bestimmte. Auch Feuerbach veröffentlichte 1812 seine „Betrachtungen über den Geist des Code Napoléon", einen Staatsratsvortrag, den er im Januar 1808 in „amtlicher Beziehung", wie er angab, geschrieben hatte[63].

Die Forderung nach Publizität der Gesetzgebungsarbeit, die zugleich eine kritische Kontrolle durch die „Öffentlichkeit" gewährleisten sollte, entsprach einer liberalen Losung der Zeit. Auch wenn man über diese Forderung vorerst nicht hinausging, so wurde damit doch mindestens der Anspruch auf Mitbeteiligung der „Nation" an der Legislative angemeldet. Insofern wurde für Deutschland das französische Gesetzgebungsverfahren als Fortschritt und nicht — wie in Frankreich — als Rückschritt empfunden. Die Redaktion des Code civil mit der Veröffentlichung der Staatsratsprotokolle, der Vorträge vor dem Tribunat und der Bekanntgabe der Gutachten der Gerichtshöfe galt als vorbildlich. „So stark setzten Frankreichs Machthaber die Zivilgesetzgebung unter die Garantie der Publizität", schrieb der Landshuter Jurist Nikolaus Thadäus Gönner über die Entstehungsgeschichte des Code. „Bedächtlicher, mit höherer Achtung für die öffentliche Meinung und mit humanerer Aufforderung an die Weisen der Nation ist wohl noch kein Gesetzbuch abgefaßt worden, als Napoleons Zivilkodex."[64]

Harscher von Almendingen rühmte die „liberalen Prinzipien" seiner eigenen Regierung, die sie mit ihrem Einverständnis zur Veröffentlichung der Gießener Vorträge bewiesen habe[65]. Schon in seiner ersten Denkschrift über die Rezeption vom Januar 1808 hatte er selbst dazu aufgefordert, die Gesetzesentwürfe „dem ganzen sachkundigen Publikum, dem gebildeten und achtungswürdigen Teil der Nation" zur Prüfung vorzulegen[66]. Diese neue Auffassung von der kontrollierenden und korrigierenden Funktion der „öffentlichen Meinung" hat in erster Linie dazu beigetragen, daß über eine juristische Fachkontroverse hinaus eine öffentliche programmatische Diskussion über den Code Napoléon entstehen konnte.

Es ist freilich damit noch nichts über die Breitenwirkung dieser Diskussion ausgesagt. Die Beteiligten waren Justizminister, Geheime Räte, Beamte und Professoren, die in vielen Fällen nicht einmal die Unterstützung ihrer Regierungen besaßen. Über die Popularität des neuen Gesetzbuches gab man sich in diesen Kreisen keiner Täuschung hin. In den „Umgangsangelegenheiten des gemeinen Lebens", meinte Brauer in Baden, fände man „der Verfechter des Alten zehen gegen einen", weshalb er auch mit einiger Skepsis dem öffentlich ausgetragenen pro und contra der Diskussion über den Code gegenüberstand, einer Diskussion, die möglicherweise nur dazu diene, die „Unruhe und Besorglichkeit im Volke" zu steigern[67]. Auch Almendingen klagte in seinen Berichten immer wieder über die „kalte Apathie" aller „Stände" gegen Reformen: „Jede Neuerung erregt bei der ersten wie bei der letzten Klasse des Volkes Widerwillen."[68] Einige Modifikationen des Code wurden nur deshalb vorgeschlagen, weil es notwendig sei, die „Vorurteile des Volkes" zu schonen, gerade auch, weil keine andere Gesetzgebung als die bürgerliche so tief in die Verhältnisse jedes einzelnen eingreife. Almendingen warnte mehrmals nachdrücklich vor einer „revolutionären Umbildung" des bürgerlichen Lebens: „Die Zivilgesetzgebung eines Volkes ist ein Heiligtum, welches eine ungerechte Hand nie ungestraft verletzt. Wie sie mit allen ihren Mängeln und Unvollkommenheiten besteht, ist sie dennoch das unsichtbare Archiv, in welchem jeder Einzelne die Urkunden seiner Rechte aufbewahrt findet. Eben dadurch wird sie zu einem Kleinod der Nation. Die bürgerliche Existenz jedes Einzelnen, der Wohlstand ganzer Klassen, das Zutrauen Aller zu Allen hängt von der Unverbrüchlichkeit, der Publizität, der Gemeinverständlichkeit der Zivilgesetzgebung ab... Eine Veränderung der Erbfolge vernichtet den Stand des reichen und großen Gutsbesitzers, ein neues Hypothekenrecht erschüttert die Sache des Kapitalisten, ein neues Handelsgesetz kann den öffentlichen Glauben kompromittieren..."[69]

Die mangelnde Reformbereitschaft und die geringe Resonanz, die der Appell an die „Öffentlichkeit" fand, hängt offensichtlich damit zusammen, daß „die bürgerliche Existenz jedes Einzelnen" immer noch eingebunden war in eine ständisch gegliederte Rechts- und Gesellschaftsordnung, auch wenn die alte Schichtung in die drei Hauptstände des Adels, der (Stadt)bürger und der Bauern sich allmählich in eine berufsständische Klassenschichtung umwandelte[70]. Nicht anders als die preußischen Reformer machten die rheinbündischen Verteidiger des Code die Erfahrung, daß die „öffentliche Meinung" noch gar nicht eindeutig bestimmbar war, sondern sich weiterhin nach ständisch differenzierten Interessen und Rechtsansprüchen richtete. Der Adel protestierte als Stand; die Bauern rebellierten in eigener Sache gegen die Grundherren oder hielten an „Vorurteilen" fest, d. h. sie nahmen an politischer Willensbildung noch nicht teil; die „Kapitalisten", d. h. die Eigentümer von Kapitalvermögen, bildeten gegenüber den Grundbesitzern einen „Stand" für sich; die Stadtbürger waren mit wenigen Ausnahmen[71] an der Gewerbefreiheit gar nicht interessiert. Almendingens Rücksicht auf die

„Vorurteile des Volkes" erinnert an die Mahnung eines preußischen Landrats, „den gemeinen Mann so zu nehmen, wie er gegenwärtig ist und nicht wie er sein kann und was die Zukunft erst bilden muß"[72]. Eine individualisierte Staatsbürgergesellschaft konnte nicht vorausgesetzt, sondern mußte erst geschaffen werden.

Dieses Problem berührt zugleich das komplexe Verhältnis von Revolution und Reform. Die Durchsetzung der sozialen Revolutionierung auf dem Wege der Reform konnte in einer politischen Situation, in der ein revolutionärer Wille von unten fehlte, nur von jenen ausgetragen werden, deren Interessen nicht unmittelbar betroffen bzw. nicht ständisch eingebunden waren, d. h. von der kleinen Schicht der Reformwilligen aus den Kreisen von Beamtenschaft und Wissenschaft. Gegenüber dem ständischen Pluralismus bildete die Beamtenschaft eine sozial relativ homogene Führungsschicht, die nach Hegels berühmter Definition den „allgemeinen Stand" schlechthin repräsentierte, dessen persönliches Engagement mit den Interessen der Allgemeinheit zusammenfalle[73]. Auf die Auflösung der alten ständisch-feudalen Gesellschaft bezogen, traf diese Definition zu. Wenngleich die Gefahr einer Erstarrung des bürokratischen Apparats die Kehrseite dieser Entwicklung bildete, so gilt doch für den Reformstaat des frühen 19. Jahrhunderts, daß die aufgeklärt-liberale Beamtenschaft den Prozeß überhaupt erst in Gang brachte, der die bürgerliche Gesellschaft von korporativen Bindungen emanzipierte.

In den Rheinbundstaaten fiel diese Rolle anders als in Preußen[74] weitgehend den Justizbeamten und Zivilrechtsreformern zu, die nicht selten mit der Verwaltungsbürokratie, die dem Ausbau einer rationalen Administration vor der Liberalisierung der Gesellschaft den Vorrang gab, in Konflikt gerieten[75]. Die zentralistische Verwaltungsreform war sicherlich das Kernstück der Rheinbundreformen[76], aber die Diskussion über den Code Napoléon zeigt doch, daß es gesellschafts-, verfassungs- und nationalpolitische Tendenzen gab, die über eine bloße „Verwaltungsleistung"[77] hinauswiesen.

Freilich tut man gut daran, die sozialen Voraussetzungen und die erst entstehende „öffentliche" Relevanz dieser Diskussion im Auge zu behalten. Die „Zentren der Diskussion" gruppierten sich in erster Linie um einzelne Persönlichkeiten[78]. Es handelt sich um theoretische Konzeptionen, die in einem kleinen Kreis von Zivilrechtsreformern entworfen und propagiert wurden, womit nicht ausgeschlossen bleibt, daß die Reformideen selbst im Dienste bestimmter Interessen verwendbar waren, wie es das napoleonische Beispiel deutlich genug beweist. Es wird zu zeigen sein, ob und inwiefern es gelang, diese Pläne mit der sozialen Wirklichkeit, den Ergebnissen der Erfahrung und den gegebenen Möglichkeiten abzustimmen. In diesem Sinne sollen die theoretischen Entwürfe als durch die politisch-sozialen Verhältnisse bestimmt interpretiert werden.

2. Das gesellschaftspolitische Programm

Im Mittelpunkt der Diskussion über das gesellschaftspolitische Programm des Code Napoléon standen die antifeudalen Bestimmungen des bürgerlichen Gesetzbuches: die Aufhebung der Teilung des Eigentums in Obereigentum und Nutzeigentum, d. h. die Beseitigung der Grund- und Lehnsherrschaft, und die Abschaffung der die Freiheit der Person einschränkenden Servitute und Abgaben[1].

Bekanntlich hat sich nun aber gerade die Agrarreform in den Rheinbundstaaten nur unvollkommen durchgesetzt[2]. Der Adel als einflußreichste und noch unersetzbare gesellschaftliche Schicht behielt weiterhin seine grundherrlichen Rechte, auch wenn die Proklamation der Gleichheit aller Untertanen vor dem Gesetz zur Folge hatte, daß er seine Steuerprivilegien und die Vorrechte auf Ämter und Würden im zivilen wie militärischen Dienst verlor. Die Patrimonialgerichtsbarkeit, das neben der Grundherrschaft wichtigste Herrschaftsrecht, wurde — außer in Berg, Westphalen und Württemberg — nicht beseitigt, sondern der staatlichen Aufsicht unterstellt. Dem mediatisierten standesherrlichen Adel, also denjenigen ehemaligen Fürsten und Herren, die im alten Reich mit Viril- oder Kuriatsstimme auf dem Reichstag vertreten waren, garantierte die Rheinbundakte sogar ausdrücklich seine „seigneurialen und feudalen Rechte", darunter die niedere und mittlere Zivil- und Kriminalgerichtsbarkeit.

Zwar wurden die Lehen allodifiziert, die Leibeigenschaft, wo sie noch bestand, aufgehoben und die Fideikommisse in staatlich genehmigte Majorate umgewandelt, aber die Erb- und Zeitpachtgüter mit ihrem vielfältigen Abgabensystem und den Fronverpflichtungen blieben bestehen. Mit Ausnahme der ungemessenen und der Zwangsdienste[3] sowie einiger Leibeigenschaftsabgaben wurden die Servitute und Feudalgefälle lediglich für ablösbar erklärt und zwar — außer in Berg und Westphalen, wo ein fester Ablösungsmaßstab gesetzlich festgelegt wurde[4] — nur nach gegenseitigem Einverständnis zwischen Grundherren und Grundholden. Das heißt: für den Bauer, der weiterhin den Zehnt, seine Gülten, Grundzinsen und Erbpächte zahlte, Dienste verrichtete und Naturalprästationen abzuliefern hatte, änderte sich auch da, wo der Code eingeführt wurde, vorerst gar nichts, zumal der in Kriegszeiten herrschende Kapitalmangel sowie die Unmöglichkeit einer Entschädigung durch Landabtretung bei der Streulage der Güter und den Besitzverhältnissen der westdeutschen Grundherrschaft[5] eine Ablösung in der Praxis verhinderten. Noch 1811 klagte der französische Geschäftsträger in Frankfurt, Bacher, in einem Brief an Champagny: „Der Rheinbund wird niemals konsolidiert sein, bevor nicht die Mehrheit der Einwohner jedes Bundesstaates die Kirchengüter und Staatsdomänen erworben oder ihre Real- und Personaldienstbarkeiten abgelöst hat, sowie den größten Teil ihrer feudalen und seigneurialen Pflichten."[6]

Die chaotische Vielfalt der bäuerlichen Leistungen und die nahezu unüberschaubare Heterogenität der rechtlichen, wirtschaftlichen und sozialen Verhältnisse, auf die die neuen Rechtsnormen trafen, erschwerten in hohem Maße eine einheitliche Agrarreform. Es gab die verschiedenartigsten Besitz- und Eigentumsrechte: das Zinsgut, das ein ungeteiltes, wenn auch mit Grundzins belastetes Eigentum darstellte; das weit verbreitete Erbzinsrecht — nach der Rezeption des römischen Rechts auch emphyteutisches Besitzrecht genannt —, bei dem der Erbzinsmann das vererbliche Untereigentum (dominium utile) und der Erbzinsherr das Obereigentum (dominium directum) besaß; die Erbpacht, die kein Eigentumsrecht, sondern nur ein dingliches Nutzungsrecht gewährte, und das der Erbpacht ähnliche Meierrecht; das Leibrecht, d. h. ein Nutzungsrecht auf Lebenszeit des Bauern bei sog. Leibgewinngütern und Todbeständen; das Baurecht, d. h. ein auf drei oder mehr Jahre gewährtes Besitzrecht; das jährlich aufkündbare Freistift und das Neustift, das beim Tode des Ausgebers, meist eines Geistlichen, endete. Hinzu kamen die bäuerlichen Lehngüter, die zu Lehnrecht — ursprünglich z. B. gegen die Verpflichtung, bespannte Heerfahrtswagen zu stellen — ausgegeben wurden. Manchmal wurden auch die Erbzinsgüter als Lehen bezeichnet, weil man Lehen oft gleichbedeutend mit Erbleihe auffaßte. Dementsprechend hießen dann Leib- und Zeitgewinngüter Fallehen oder Schupflehen. Im Südosten und Südwesten, in Baden, in den schwäbischen, fränkischen und altbayerischen Gebieten waren Erbzinsrecht und Leibrecht vorherrschend, in einigen oberbayerischen Gegenden das Freistift und Neustift, im Hessischen das Leibrecht, im Nordwesten das Meierrecht, in den Gebieten der mitteldeutschen Grundherrschaft die Besitzform der Zinsgüter[7].

Auch die soziale Stellung der Bauern war höchst unterschiedlich. Mit der Einteilung in unfreie und freie Bauern war es nicht getan. Die letztere Gruppe zerfiel nach dem Gemeinderecht in Gemeindegenossen, die einen Hof besaßen und ortsübliche Rechte und Pflichten wahrnahmen, und die Schutzgenossen, die rechtlich außerhalb der Gemeinde standen, meist zugewanderte Leute, die über gar keinen Besitz oder nur ein Haus verfügten (Bloshäusler, Häusler, Einlieger, Anbauern). Schließlich bezeichnete man die Inhaber spannfähiger Bauernstellen je nach der Anzahl der Zugtiere als Vollbauern, Vollmeier, Halbbauern, Viertelbauern usw. und die Handfröner als Köbler, Kötter oder Söldner. Der gesellschaftliche Unterschied wurde streng beachtet: es kam selten vor, daß ein Köblerskind oder gar ein Bloshäusler in eine Vollmeierfamilie einheiratete[8].

Die Qualität des Besitzrechtes und die Stellung der Bauernfamilie blieben nicht ohne Einfluß auf die Höhe der bäuerlichen Belastungen. Die Erbzinsen lagen bis zu 25 % niedriger als die Meierzinsen[9], und die Höfe zu Leib- oder Baurecht mußten höhere Besitzwechselabgaben bei Erbanfall zahlen als die Höfe zu Erbzinsrecht, auch wenn im übrigen die Leib- und Zeitgewinngüter faktisch ebenso erblich waren wie die Zinsgüter[10].

Die leibeigenen Bauern oder „Eigenbehörigen" in der Gegend von Münster hatten z. B. Naturalabgaben von — umgerechnet — fast 4 Talern pro Hektar Land zu zahlen, während bei besseren Besitzrechten die Belastung kaum 2 Taler je Hektar überstieg[11]. In der Paderborner Gegend ergab sich ein Verhältnis der Belastungen der Eigenbehörigen zu den freien Meiern und zu den Erbzinsbauern wie 100 zu 80 zu 65[12].

Die wirtschaftliche Lage der Bauern richtete sich allerdings nicht in erster Linie nach dem Besitzrecht, sondern nach der Größe der Höfe und der Ertragsfähigkeit der Äcker. Da die Höhe der Abgaben selten in Relation zum Ertrag berechnet wurde, waren die kleineren Höfe oft erheblich schwerer belastet als die größeren. So lag der Anteil der Getreideabgaben der Paderbornischen Bauern je

Flächeneinheit bei Kleinbetrieben unter 5 Hektar fast um das Doppelte höher als bei den Höfen mit 15 und mehr Hektar Land. Die kleinsten Stätten mit etwa zwei Hektar hatten sogar 30 bis 40 % der jährlichen Getreideernte abzuliefern[13].

Der Kleinbesitz mit weniger als 10 Hektar Nutzfläche herrschte aber durchweg in Süd- und Westdeutschland vor. In vielen Gegenden Hessens und Nassaus waren nur wenige Höfe größer als drei Hektar. In Altbayern hatten 72 % der Bauernstellen weniger als 10 Hektar Land[14].

Über die Höhe und Verteilung der Belastungen ist immer noch sehr wenig bekannt. Aufgrund von Berechnungen im nordwestdeutschen Raum hat man die Feudalrente, d. h. den Anteil der Abgaben und Dienste im Verhältnis zum landwirtschaftlichen Rohertrag, auf 15—40 % geschätzt[15]. Um 1774 wurden von der Bruttoproduktion eines Meierhofes in Niedersachsen, der 25 Hektar Nutzfläche umfaßte, rund 20 % verkauft. Der Erlös ergänzte die Dienste und Abgaben, die rund 40 % der Bruttoerträge beanspruchten. Der Sachkostenaufwand (Löhne, Saat, Futter, Reparaturen) verschlang 45 %. Für die Familie verblieb ein Einkommen von knapp 15 %. Davon mußten sämtliche Ausgaben bestritten werden[16].

Für die wohlhabenden Hohenloher Bauern im fränkisch-schwäbischen Grenzgebiet hat man für die Zeit um 1800 eine maximale Gesamtbelastung von 32,4 % am Reinertrag aus der Bodennutzung errechnet, die allerdings niedriger läge, wenn man auch die Erträge aus Viehhaltung und Dienstleistungen berücksichtigen würde. Davon entfielen 25 % auf die Zehnten, 2,4 % auf die Grundzinsen und 5 % auf die Frondienste. Hinzu kamen Besitzwechselabgaben und Landsteuer, die zusammen 1,1 % ausmachten[17]. In der bayerischen Hofmark Amerang verteilte sich die Gesamtbelastung um 1800 auf 25 % Dienstgelder, 11 % Grundzinsen, 22 % Naturalabgaben und 10 % Besitzwechselabgaben. Neben diesen grundherrlichen Gefällen umfaßten der Zehnt und die gerichtsherrlichen Leistungen, die dem Landesherrn zustanden, 20 % und die Steuern 10 % der bäuerlichen Belastung[18].

Bei allen diesen Beispielen handelt es sich aber um relativ reiche Höfe in fruchtbaren Gegenden. Für Höfe mit weniger als 6 bis 7 Hektar Nutzfläche und schlechten Bodenverhältnissen gibt es keine vergleichbaren Zahlen. Man hat ihr Einkommen auf etwa 60 Taler geschätzt, das der kleinsten Stätten mit 0,5 bis 2 Hektar allenfalls auf 15 Taler. Das Existenzminimum war jedoch erst mit 90 Talern Einkommen ausreichend gedeckt[19]. Zahlreiche Bauernfamilien blieben deshalb auf Einkünfte aus nebengewerblicher Tätigkeit angewiesen. In welchem Maße sich die napoleonischen Kriege auf diese recht kümmerlichen Verhältnisse auswirkten, ist zahlenmäßig nicht belegbar. Eines steht jedoch fest: Eine Besserung der wirtschaftlichen Lage der Bauern wäre nur durch eine Beseitigung oder doch wenigstens Herabsetzung der Abgaben und durch eine gerechtere, der Ertragsfähigkeit und Größe der Höfe angemessene Verteilung der Belastungen möglich gewesen.

So paradox es zunächst klingen mag, so hat doch das revolutionäre Gesetzbuch Napoleons in vielerlei Hinsicht dazu beigetragen, die bestehenden Agrarverhältnisse aufrechtzuerhalten. Das antifeudale Programm des Code entsprach den „Ideen von 1789", die, wie Feuerbach es ausdrückte, „aus dem Prüfungsfeuer der Revolution geläutert hervorgegangen waren"[20]. Mit anderen Worten: Der Code richtete sich nicht nach den Revolutionsdekreten von 1792/93, in denen die entschädigungslose Abschaffung aller Feudallasten — abolition sans indemnité — verfügt worden war[21], sondern griff erneut auf die Prinzipien der berühmten Entschließung vom 4. August 1789 zurück, welche die Grundrenten und sonstigen Abgaben eben nur gegen Entgelt aufgehoben hatte: „Toutes les rentes foncières perpétuelles, soit en nature, soit en argent, de quelque espèce qu'elles soient, quelle que soit leur origine, à quelques personnes qu'elles soient dues, seront rachetables."[22] Entsprechend lautete der Artikel 530 des Code: „Jede für beständig festgesetzte Rente soll ihrem Wesen nach ablösbar sein..."[23] Artikel 545 bestimmte, daß niemand gezwungen werden könne, sein Eigentum abzutreten, „wenn es nicht des öffentlichen Wohls wegen und gegen eine angemessene und vorgängige Entschädigung (une juste et préalable indemnité) geschieht". Damit war vor allem der Eigentumsschutz und zwar im Interesse des Bürgertums garantiert. Im nachrevolutionären Frankreich, wo feudale Bodenlasten gar nicht mehr existierten, galten dann auch die ablösbaren Renten des Code als „préstations purement foncières et non féodales"[24].

In Deutschland hingegen ließen diese Verfügungen sozusagen eine Hintertür offen, durch die man das Feudalsystem[25] wieder in das Gesetzbuch einzubauen suchte. Wenn Zinsen, Erbpächte, Gülten und Zehnten als bloße Grundrenten ausgelegt wurden, standen sie dem Buchstaben nach nicht im Widerspruch zum Code, vorausgesetzt, daß ihre Ablösbarkeit garantiert war. Der Eifer, mit dem vor allem in Westphalen und Berg eine Ablösungsordnung nach der anderen entworfen wurde, ungeachtet, daß keine in der Praxis funktionierte[26], beweist, wie sehr man auf diese Teilbestimmung des Code fixiert war. Auf diese Weise wurden die feudalen Rechtsansprüche ausgerechnet aus einem Gesetzbuch hergeleitet, das auf eine freie Eigentümergesellschaft zugeschnitten war. Es wird allerdings noch zu zeigen sein, daß die grundherrlichen Besitzrechte im Kontext des Code ihren Eigentumscharakter dennoch veränderten. Mit der Einfügung in eine bürgerliche Eigentumsordnung wurde das Abgabenwesen wenn nicht abgeschafft, so doch auf eine neue Rechtsbasis gestellt.

Von den materiellen Einkünften der Grundherren her gesehen, änderte sich jedoch zunächst einmal wenig. Artikel 13 des westphälischen Dekrets vom 23. Januar 1808 über die Aufhebung der Leibeigenschaft begnügte sich mit der Feststellung: „Alle bestehen bleibenden Grundgerechtsame sind durchaus ablösbar und zwar entweder mittels gütlicher Übereinkunft oder nach dem noch zu bestimmenden Maßstabe."[27] Ersatzlos gestrichen wurden nur die — meistens geringfügigen — Abgaben, die unmittelbar mit der Leibeigenschaft zusammenhingen: die unter der Benennung Bedemund, Brautlauf oder Klauentaler zu zahlende Verbindlichkeit für die Heiratsbewilligung des Herrn und das Sterbfallsgeld bzw. Besthaupt, Curmede oder Mortuarium, das beim Tode eines Hörigen zu entrichten war. Die wichtigste „unständige" Abgabe, das Laudemium bei Besitzwechsel[28], auch Handlohn, Lehnware, Erbgewinns-, Auffahrts-, Abzugs- oder Weinkaufsgeld genannt, mußte abgelöst werden.

Die entsprechende Verfügung im „Kaiserlichen Dekret, die Anwendung des Gesetzbuchs Napoleons im Großherzogtum Berg betreffend," vom 27. November 1809 bezog sich direkt auf den Artikel 530 des Code: „Die zur Zeit der Verkündigung gegenwärtiger Verordnung bestehenden Verträge über die Ablösung der in dem Art. 530 des Gesetzbuches bemerkten Renten werden aufrecht erhalten, und die Ablösung geschieht in dem Kapitalwert und nach den Bedingungen des Vertrages."[29] Das während des Spanienfeldzugs von Napoleon erlassene Madrider Dekret über die Aufhebung der Leibeigenschaft im Großherzogtum Berg vom Dezember 1808 schränkte die Abgabenfreiheit noch weiter ein als in Westphalen: nur der Sterbfall, „der nicht auf einem Colonate haftet" wurde unentgeltlich aufgehoben[30]. Mit dem Begriff der „auf dem Colonate haftenden", d. h. auf Grund und Boden und nicht auf der Person lastenden „Renten" wurde den Grundherren ein Instrument für die Anwendbarkeit des Code geliefert, das ihre materiellen Interessen absicherte. Denn in der Praxis eröffnete diese rein theoretisch vorgenommene Unterscheidung einen breiten Spielraum für die Interpretation. Im bayerischen Edikt über die Aufhebung der Leibeigenschaft vom 31. August 1808[31] bestimmte zwar der Artikel 5, daß von seiten des Leibeigenen „aller Dienstzwang, die Entrichtung des Leibzinses, das Mortuarium, die Abzugs- und andere Gebühren" erlöschen, aber im 6. Paragraphen folgte sogleich die Einschränkung, daß da, wo die Leibeigenschaft mit dem Besitz eines Gutes verbunden sei — und das war natürlich der Regelfall — „die Verbindlichkeiten, welche aus der Leibeigenschaft fließen, von denen, welche auf dem Gute haften, und sonst dem Gesetze nicht widersprechen" zu unterscheiden wären[32]. In Nassau wurde nur das Besthaupt oder Mortuarium ersatzlos aufgehoben[33], in Baden wie in Berg der „Leibschilling" oder „Todesfall", „insofern dieser auf Personen und nicht auf Gütern besteht"[34]; im konservativen Hessen-Darmstadt gab man schließlich die unmißverständliche Begründung, die ausdrücklich den Status quo begünstigte: Da den Leibherren „ein von ihnen wohlerworbenes nutzbares Recht" entzogen werden soll, und auch der Fiskus, „um die Staatsbedürfnisse vollständig bestreiten zu können", auf die Domanialabgaben nicht verzichten könne, werde es für „billig" gehalten, „daß die Leibeigenen bei dem ihnen allein zuwachsenden großen Vorteile, ihrem Leibherrn eine mäßige Entschädigung leisten..."[35].

Selbst bei der Allodifizierung der Lehen half die Lehre von den Grundrenten aus, die Lehenabgaben in veränderter Form beizubehalten. Im westphälischen Dekret wurde nicht nur „als Vergütung für den erlassenen Rückfall des Guts, für die Laudemien und Lehnwaren" eine jährlich zu zahlende Abgabe von einem Prozent des Ertrags des Lehens als „eine auf den Gütern haftende Last" und ablösbare Rente verlangt, sondern auch bei Zinslehen die dem Lehnsherrn zu entrichtenden „Grundzinsen" weiter gefordert[36]. In Berg begann das Kaiserliche Dekret vom 11. Januar 1809 mit der „Erwägung, daß das Lehns-System in dem gegenwärtigen gesellschaftlichen Zustande keinen Zweck mehr hat und mit Napoleons Gesetzbuch ... unvereinbarlich ist"; Artikel 5 desselben Dekrets fügte dann aber hinzu, daß Zinsen, Abgaben und Dienstleistungen, „die weder der Person, noch zu Gunsten der Person auferlegt sind", keineswegs entschädigungslos erlöschen[37]. Die Königlich Bayerische Erklärung über die Auflösung des Lehnsverbandes von 1808 befreite nur die allodifizierten Thronlehen von unständigen Abgaben, d. h. sie beseitigte bis auf den Bodenzins alle Konsensgelder bei Verpfändung, Veräußerung und Vererbung; bei den meist bäuerlichen Privat- und Afterlehen hingegen, die in „bodenzinsliches Eigentum" umgeändert wurden, sollte der jährliche Bodenzins nach sämtlichen bisherigen Lehnbürden und Abgaben berechnet werden[38]. Die Allodifikation brachte also materiell dem ehemaligen Lehensmann nichts ein, da er lediglich statt der verschiedenartigen Abgaben nun einen einheitlichen Grundzins zu zahlen hatte.

Sehr viel schwieriger als die Grundrenten ließen sich die Fronden mit den Bestimmungen des Code in Einklang bringen. Der Code kannte zwar den Begriff „Grunddienstbarkeit" oder „Servitut", aber er verstand konkret darunter eine Last, die, weil äußere Umstände es erfordern, zum Vorteil eines anderen Grundstückes auf fremdem Eigentum liegt, z. B. die Bestimmung, daß tiefer gelegene Grundstücke die Wasserleitung der höher gelegenen aufnehmen müssen, das Recht des Wasserschöpfens aus einem fremden Brunnen, das Übergangsrecht, d. h. die Benutzung der Wege des Nachbargrundstückes, falls kein anderer Ausweg auf eine öffentliche Straße führt usw. Aus dem Kontext gelöst, ließen sich die Begriffserklärungen des Code dem reinen Wortlaut nach aber auch auf die Hand- und Spanndienste der Bauern übertragen. Artikel 637 definierte Servitut als eine Last, „welche einem Grundstück zum Gebrauch und zum besten eines, einem anderen Eigentümer zugehörigen, Grundstückes aufgelegt ist", eine „Grunddienstbarkeit", die, wie es im folgenden Artikel heißt, „im übrigen keine Abhängigkeit des einen Grundstückes von dem andern" begründet. Artikel 686 gestattete den Eigentümern, „zur Belästigung oder zum Vorteile ihres Eigentumes jede beliebige Servitut zu errichten, vorausgesetzt, daß dergleichen Servitute weder einer Person, noch zum Vorteile einer Person, sondern einem Grundstücke und zum Vorteile eines solchen auferlegt werden, und daß übrigens diese Servitute nichts mit der öffentlichen Ordnung unverträgliches enthalten".

Die deutsche Lesart dieser Definition lief nun darauf hinaus, daß der Code zwar die Personalfronden verbiete, mithin die „einer Person" oder „zum Vorteile einer Person" auferlegten Dienste, nicht aber die Realservitute, die auf Grund und Boden lasten und die wie die Abgaben als Verbindlichkeiten angesehen werden müßten, die der Bauer aufgrund vertraglicher Regelung als Gegenleistung für Nutzungsrechte am Obereigentum des Vertragspartners eingegangen sei, ohne daß daraus ein Abhängigkeitsverhältnis entstanden wäre.

Die Spuren dieser Interpretation finden sich allenthalben in Gesetzestexten, Gutachten und Gerichtsurteilen, zum Teil in wörtlicher Anlehnung an die Definition des Code. In den bayerischen, nassauischen und westphälischen Leibeigenschaftsdekreten wurden die Dienstbarkeiten — immer mit Ausnahme der Personalfronden, nämlich der Gesindezwangsdienste — als „Preis für die Überlassung des nutzbaren Eigentums" den Grundrenten gleichgesetzt[39]. Ein westphälisches Dekret von 1812 teilte sie mit direktem Bezug auf den Artikel 637 des Code in die „Kategorie der Abgaben" ein, „weil sie Dienstbarkeiten sind, welche auf dem Besitze eines Grundstückes oder eines dinglichen Rechtes *zum Gebrauch und Besten eines anderen Grundstückes haften*"[40]. Aus demselben Grund wurden die badischen „Zusätze" über die Fronden in den entsprechenden vierten Titel des zweiten Buches des Code „Von den Servituten oder Grunddienstbarkeiten" eingeordnet[41]. Der Staatsrat des Großherzogtums Berg berief sich ausdrücklich auf Artikel 686 des Code, der jene Servitute gestatte, „welche nicht der Person, sondern dem Grundstücke auferlegt sind, nicht für eine Person, sondern auf und für ein Grundstück bestellt werden"[42]. Ebenso endete ein berühmter Musterprozeß in Berg, dessen Akten auch in Paris genau studiert wurden, mit der Urteilsbegründung: die Hand- und Spanndienste „als wahre Realleistungen" seien keineswegs als Ausfluß der Leibeigenschaft zu betrachten, und sie könnten deshalb „auch nicht als unvereinbarlich mit denen den Eigenbehörigen verliehenen bürgerlichen Rechten und dem freien Stand der Staatsbürger gehalten werden..., da das Gesetzbuch Art. 686 ebenfalls hiermit nicht undeutlich übereinzustimmen scheint"[43].

Diese einigermaßen sophistische Auslegung wurde von den beteiligten Bauern bzw. ihren Anwälten mit Schärfe zurückgewiesen[44]. Es war deutlich genug, zu wessen Nutzen hier der Code zitiert wurde, und die Gesetzgeber gaben dies auch offen zu, wenn sie immer wieder darauf hinwiesen, daß auch die „wohlerworbenen" Eigentumsrechte des Adels geschützt werden müßten. „Il ne s'agit pas de donner aux paysans le bien de leurs anciens maîtres ou seigneurs, mais de procurer la liberté aux uns, une juste indemnité aux autres", hieß es in einem Zirkularschreiben Siméons an die westphälischen Präfekten[45]. Im bayerischen Dekret über die Aufhebung der Leibeigenschaft stand zugleich der Satz, daß die Konstitution die grundherrlichen Rechte garantiere[46]. Der Widerspruch wurde eklatant, wenn etwa das bergische Kommissionsgutachten über die Einführung des Code mit doppeldeutigen Formulierungen einerseits die „Überbleibsel der Barbarei" als *„keine wohlerworbenen Rechte*, sondern nur als übel bestandene Verhältnisse" charakterisierte und andererseits im Gegensatz hierzu versicherte, daß „Adel, Lehnrechte, Leibeigenschaften, Zehnten, Primogenituren, Fideikommisse und andere Canonistische Rechte und Servituten, gewöhnlich und in *wohlerworbene Rechte* [also doch!] verwebt sind"[47].

Die liberalen Publizisten und Anhänger des Code beriefen sich dagegen auf den „Geist" und nicht auf den „Buchstaben" des Gesetzbuches, das die „Vernichtung der Personal- und Realvorzüge des bestehenden Adels... stillschweigend vorausgesetzt" habe[48]. Die Aufhebung der Fronden als Überreste der Leibeigenschaft, erklärte Almendingen auf der Gießener Konferenz, sei von der Assemblée constituante beschlossen worden, ohne daß ein Unterschied zwischen Fronden, die aus den gutsherrlichen und Fronden, die aus den leibherrlichen Verhältnissen entspringen, zwischen Fronden, die dem Besitzer eines Guts, und Fronden, die auf der Person des Fronpflichtigen haften, gemacht worden wäre[49].

Es scheint, daß zumindest Beugnot in Berg den kritischen Argumenten gegen die Auslegung des Artikels 686 nicht unzugänglich war. Im Frühjahr 1811 wies er den Staatsrat an, diese „wichtige Angelegenheit" erneut zu überprüfen[50]. Das Ergebnis war eine gänzliche Absage an alle bisherigen Interpretationen. Mit Berufung auf die französischen Revolutionsgesetze von 1790, die gleichfalls *alle* Fronden unterschiedslos abgeschafft hätten, stellte der Staatsrat fest, daß der Code mit dem Begriff „Grunddienstbarkeit" etwas ganz anderes meine als die Hand- und Spanndienste der Bauern, die vielmehr eindeutig als „personelle Pflichten" angesehen werden müßten: „Ainsi lorsque le décret Impérial du 12 Décembre [1808] et la loi française sur le même objet portent les mêmes dispositions, ne doit-on pas en conclure que les motifs de l'une et de l'autre loi ont été absolument les mêmes, limiter leur effet par des distinctions ce serait agir en quelque sorte contre le vœu du législateur?"[51] Tatsächlich verfügte das Kaiserliche Dekret über die im Großherzogtum abgeschafften Rechte und Abgaben vom 12. September 1811 in Ergänzung zum Madrider Dekret, daß „alle und jede Fronden oder Hand- und Spanndienste... ohne Entschädigung und ohne Ausnahme" aufgehoben wären[52].

Dennoch steckte auch in diesem Gesetz eine Fußangel. Denn der folgende Paragraph lautete, die Regel zur Ausnahme erhebend: „Von der in dem vorstehenden Artikel enthaltenen Abschaffung sind die Dienste ausgenommen, welche die Pachter vermöge auf bestimmte Zeit lautender Pachtverträge verschulden." In Klartext übersetzt, hieß dies nichts weiter als: Nur die ungemessenen, vertraglich nicht festgelegten Fronden sind entschädigungslos abgeschafft — eine Bestimmung, die in den Leibeigenschaftsdekreten Westphalens und Bayerns längst enthalten war. Interessanter und neuartig war allerdings die Begründung, die das Staatsratsgutachten zu diesem Artikel anführte. Es berief sich nämlich auf Artikel 1780 des Code, der innerhalb des Abschnitts „Von dem Mietkontrakte über Arbeiten und Gewerbefleiß" von der Verdingung der Dienstboten und Arbeiter handelte und verfügte, daß man seine Dienste „nur auf bestimmte Zeit, oder für eine bestimmte Unternehmung verdingen" kann[53]. Kombiniert mit Artikel 1142, der bestimmte, daß bei Nichterfüllung einer Verbindlichkeit die vollständige Schadloshaltung von seiten des Schuldners erforderlich sei[54], diente der Artikel 1780 dazu, die Fronverpflichtungen, falls sie aufgrund vertraglicher Regelung auf bestimmte Zeit festgelegt waren, zu bestätigen. Man könnte daraus schließen, wie es ein fortschrittlich gesinnter Unterpräfekt aus Berg tat, daß nur die „Verteidiger der Fronden" sich auf Verträge beriefen, obgleich es doch „historisch erwiesen" sei, „daß viele durch die Gewalt den Untertanen aufgebürdet wurden, und der Mensch, der sich in diesem strengen Verhältnisse befindet, seine ursprünglichen Rechte aufgeben" mußte[55], so daß gerade die Hand- und Spanndienste zu jenen „Überbleibseln der Barbarei" und „übel bestandenen Verhältnissen" gehörten, welche das erste bergische Staatratsgutachten über den Code mit viel Reminiszenzen an die Französische Revolution so entschieden abgelehnt hatte.

Andererseits lag aber das entscheidend Neuartige dieser Interpretation darin, daß mit Artikel 1780 des Code die Fronden als bloße „Mietkontrakte über

Arbeiten" ausgelegt wurden. Die logische Konsequenz lief also darauf hinaus, daß jedem, der Dienste und Arbeiten verrichtete, dann auch ein Lohngeld zustand. Man hat diese Schlußfolgerung aus begreiflichen Gründen und mit Rücksicht auf den Adel nicht überall gleich in die Praxis umgesetzt, aber doch theoretisch anerkannt. Der Staatsrat in Berg erklärte, daß auf die Dauer keine Dienste mehr ohne Bezahlung gefordert werden könnten[56]. Um die alte Gattung der mit dem Besitz verknüpften Fronden allmählich abzuschaffen, wurde zumindest ihre Umwandlung in ein ablösbares Dienstgeld befürwortet[57].

Was für die Fronden galt, traf mutatis mutandis auch auf die Abgaben und die übrigen Gerechtsame zu. Der Einbau der Feudalverfassung in den Code veränderte zugleich grundlegend die alte Auffassung von Grundherrschaft. Die eigentliche Wirkung des Code lag darin, daß mit Artikel 1780 über Mietkontrakte und Artikel 530 über die Nichtperpetuität der Renten die feudalen Rechtstitel und patrimonialen Abhängigkeitsverhältnisse in rein privatrechtlich-vertraglich geregelte Besitz- und Dienstverhältnisse umgedeutet wurden. Der feudale wurde durch den bürgerlichen Eigentumsbegriff ersetzt[58]. An die Stelle des Grundherrn trat der bloße Grundbesitzer, und die alte Personalbeziehung des Bauern wandelte sich in eine nur noch schuldrechtliche Beziehung. Das politische und soziale Element, das in dem Begriff Grundherr lag, schwand, und was blieb, war allein der ökonomische Tatbestand des Eigentums an bestimmten kapitalisierten Grundrenten. „Jene nutzbaren Lehens- oder herrschaftlichen und emphyteutischen Rechte, welche ... bis zur Ablösung bestehen bleiben, werden den bloßen Grundrenten und Grunddienstbarkeiten gleichgestellt", hieß es programmatisch im bergischen Dekret von 1811[59].

Strenggenommen bedeutete dies zugleich die Aufhebung des geteilten Eigentums. Denn derjenige, der eine Grundrente im Sinne des Code zahlte, konnte auch den Anspruch auf das volle und unbeschränkte Besitzrecht erheben. Die Lehre von den Grundrenten setzte die Aufhebung des geteilten Eigentums voraus. Im Großherzogtum Berg wurde diese Bedingung des Gesetzbuches auch tatsächlich erfüllt. Bereits das Madrider Dekret von 1808 hatte im Artikel 2 verfügt: „Das Colonat und die unter diesem Titel bestehende Teilung zwischen den Gutsherren und den Colonen ist aufgehoben. Die Colonen sollen das Colonat samt allen dazugehörigen Pertinenzien als volles und unbeschränktes Eigentum (à titre de propriété pleine et entière) besitzen..."[60] Das geteilte Eigentum, erläuterte der Staatsrat, sei mit dem „Geiste des Code Napoléon" unverträglich, denn dieses Verhältnis hindere die freie Benutzung des Colonats und die Anwendung der gesetzlichen Vorschriften des Code über die Gütergemeinschaft der Ehegatten, über Erbteilungen und über viele andere bürgerliche Geschäfte[61]. Mit der gleichen Begründung begegnete Beugnot den Protesten des Adels. Im Juni 1808 schrieb er in einem Privatbrief an den Grafen Merveld, den Sprecher der Adelsfronde aus der Provinz Münster, daß das neue Gesetzbuch drei „Fundamentalideen" berücksichtige: 1. die Aufhebung aller Personalfronden, d. h. jener Dienste, die der Code nicht gestatte, 2. die vollständige Entschädigung (indemnité complète) der Gutsherren für die Abtretung der Nutzrechte und 3. die „consolidation de la propriété d'un côté ou de l'autre, de manière, que les biens jusqu'ici possédés par des serfs puissent être régis, quant aux successions et quant à toutes transactions civiles, auxquelles des propriétés foncières peuvent donner lieu, par les lois du même Code, ce qui n'existera qu'autant que ces biens seront susceptibles de division, de partage et d'aliénation libre, de la part de celui qui les possédera"[62]. Beugnot kritisierte in diesem Zusammenhang das westphälische Leibeigenschaftsdekret vom Januar 1808, das ausdrücklich das Obereigentum (dominium directum) des bisherigen Herrn bestätigt hatte.

Immerhin eröffnete auch dieses Dekret wenigstens die Aussicht auf eine Veränderung der Verhältnisse[63]: „Die Bauern sind fähig", hieß es in Artikel 7, womit die Ablösung der Renten gemeint war, „Rechte und Güter mit vollem Eigentum zu erwerben und darüber sowohl durch Verträge als durch letzte Willensverordnungen, den Vorschriften des Gesetzbuches Napoleons gemäß, zu verfügen. Sie sind gleichergestalt fähig, vor Gericht aufzutreten und ihre Rechte, gegen wen es auch sei, zu verteidigen." In Bayern erlosch mit dem Edikt über die gutsherrlichen Rechte mindestens das Heimfallsrecht und das Einstands- oder Vorkaufsrecht des Grundherrn[64]. Feuerbach erklärte bereits in seinem ersten Grundsatzreferat über den Code vom Januar 1808, daß die neue Gesetzgebung prinzipiell das geteilte Eigentum und die „ewigen Grundrenten" mißbillige und mit den Artikeln 1780 und 1142 die Freiheit der Person von allem Dienstzwang garantiere[65]. Selbst ein so vorsichtiger und traditionell gesinnter Reformer wie Brauer in Baden versicherte, „Grundpflichtigkeit" bedeute keineswegs „Unterwürfigkeit": „In unserer jetzigen Verfassung des Großherzogtums ist die Herrengewalt über die Person aufgehoben, jeder Staatsbürger ist selbständig und hat nur den Staatsregenten zum Herrn." Auch die Patrimonialgerichtsbarkeit sei insofern beseitigt, als sie der Aufsicht des Staates unterstellt und der adlige Gerichtsherr lediglich als „Staatsdiener der Rechtsverwaltung" angestellt sei. Das Gesetz schenke den Pflichtigkeitsverhältnissen ebenso wenig Gunst wie den Gülten und Abgaben, weshalb es sie „für wesentlich ablösbar" erklärt habe[66].

Auch da, wo das geteilte Eigentum bestehen blieb, gewöhnte man sich allmählich daran, die jährlichen Abgaben, die Erbpächte, Zinsen und Zehnten nicht anders zu behandeln als die kapitalistischen Grundrenten des Code. In Berg und Westphalen verlangten die Regierungen die Eintragung der Grundrenten in die Hypothekenbücher[67]; in Bayern wurden mindestens die Bodenzinsen der allodifizierten Lehen im Hypothekenbuch vermerkt[68]. Dadurch verwandelten sich die feudalen und lehnsherrlichen Rechtsansprüche in privatrechtliche Eigentumstitel, die nun nicht mehr aufgrund ständischer Privilegien, sondern nur noch kraft hypothekarischer Eintragung geltend gemacht werden konnten. Die bayerische Gesetzeskommission vertrat deshalb die Ansicht — allerdings ohne sich durchzusetzen —, daß alle Grundrenten als hypothekarische Schuldverschreibungen auch einseitig vom Schuldner, also vom Colonen, ablösbar seien[69]. Ebenso stellte die Mannheimer Provinzialregierung in Baden den Antrag, den Abkauf gesetzlich vorzuschreiben, auch wenn keine gütliche Übereinkunft zwischen den Parteien erzielt werden könne und nur der Bauer die Ablösung verlange[70].

Vor allem setzte sich mehr und mehr die Forderung durch, daß die neue Gesetzgebung dazu bestimmt sei, wenigstens die verworrenen Besitzrechte und die Vielfalt der Güterbezeichnungen zu vereinfachen und zu vereinheitlichen[71]. Die bürgerliche Gesetzgebung müsse die Verschiedenheit der Güter vernichten und alle Güter zu „Zinsgütern" mit ungeteiltem Eigentum erklären, propagierte der bayerische Jurist Gönner: „Was in aller Welt sollen uns die verschiedenen Rechte bei Freistiften, Leibrechten und Erbrechten — bei Zinsgütern, Meierdingsgütern, Lehengütern nützen? Es ist allemal auf die Rente eines Kapitals angesehen..."[72] Der bayerische Justizminister, Graf Morawitzky, verlangte, daß die emphyteutischen Besitzrechte, die wenigstens das vererbliche bäuerliche Miteigentum garantierten, in das neue Gesetzbuch eingearbeitet und für alle Provinzen vereinheitlicht würden[73]. Desgleichen Brauer in Baden: der badische Code habe „den verworrenen Eigentums-Zustand für das Vergangene in das Klare gestellt", denn der „vornehmste Zweck des ganzen Gesetzbuches" sei „die Vereinfachung des Rechts", d. h. „die Vereinfachung der Vertrags-Arten". Brauer ließ nur noch zwei Güterarten gelten: die Erbleihgüter, bei denen die Pacht ein bäuerliches Miteigentum begründete, und die Gültgüter, die durch reine Grundleihe gegen Bodenzinsen bzw. Gülten zu vollem Eigentum übertragen wurden[74].

Die Kapitalisierung und Kommerzialisierung des Großgrundbesitzes wurde besonders durch das neue Hypothekenrecht gefördert, das nach den Prinzipien der Publizität und Spezialität und zur vermehrten Sicherheit des Kredits die Inskription in die Hypothekenbücher vorschrieb[75], eine Einrichtung, die dem Code bei seinen konservativen Gegnern den Vorwurf einbrachte, er begünstige einseitig den Stand des „Kapitalisten"[76] zum Schaden des Standes der Güterbesitzer[77]. Kaum eine Materie des Code war so umstritten wie diese. Die Anhänger des Code verteidigten die Forderung nach Mobilisierung des Großgrundbesitzes und Steigerung des Immobilienverkehrs, die von einem geordneten Hypothekensystem abhing. Almendingen zählte die Behandlung des Hypothekenwesens zu den „schwierigsten, dunkelsten und wichtigsten Teilen" des französischen Gesetzbuches[78]. Die Wichtigkeit lag in der Natur der Sache: „Der Kredit des Güterbesitzers, die Sicherheit und selbst die Existenz des Kapitalisten, die Leichtigkeit des Geldumlaufs, Zinswucher und Zinsfuß hängen davon ab." Über Mängel des alten Systems wurde häufig geklagt: Zwar gab es auch in Deutschland gerichtlich bestätigte Hypotheken und öffentliche Hypothekenbücher, aber ihr Zustand war nicht der beste, und es blieb immer möglich, mehrere Konventionalhypotheken auf ein und dieselben Grundstücke aufzunehmen, wobei oft nur der mündliche Zeugenbeweis die jeweiligen Vorrechte der Gläubiger regelte. Wenn überhaupt, so geschah die Eintragung, wie ein Frankfurter Gerichtsschreiber klagte, „auf die erbärmlichste und unordentlichste Weise" und dergestalt, daß bei Güterteilungen und Erbanfall die Verpfändungsbehörde häufig gar nicht erfuhr, auf wen die verschuldeten Grundstücke übergegangen waren[79]. Wie es mit der Sicherheit des Gläubigers bestellt war, schildert Almendingen an einem anschaulichen, wenn auch wohl etwas schwarz ausgemalten Beispiel, das zugleich eine scharfe Kritik am deutschen Zivilprozeß enthielt: „A hat von B eine Lieferung zu fordern, welche B nicht leisten will, oder versprochen zu haben leugnet. Nun kommt es zum Prozesse. A verlangt nicht mehr die Lieferung selbst, um welche es ihm bei veränderten Umständen vielleicht nicht mehr zu tun ist, sondern Schadenersatz. Nach deutschem gemeinen Prozeß muß A vor allen Dingen das Versprechen der Lieferung beweisen, vielleicht durch Zeugenbeweis, Eidesdeklaration... usw. Oft geht dem Beweis ein Spruch über das, was zu beweisen ist, voraus. Das Verfahren über das Beweistum und über den Beweis selbst wird durch alle Instanzen hindurchgeschleppt; nach 5—10 Jahren erfolgt dann in letzter Instanz der Spruch, daß das Versprechen der Lieferung erwiesen und B dem A wegen unterbliebener Leistung allen Schaden zu ersetzen schuldig sei. Zur Exekution kommt es jetzt noch lange nicht, sondern erst zum Liquidationsverfahren. Es muß ausgemittelt werden, wie hoch sich denn eigentlich der von A erlittene Schaden belaufe. Der Prozeß kann wieder durch alle Instanzen laufen, und leicht können wieder 4—5 Jahre darüber verlorengehen. Nun erst nach 15 Jahren ist der ganze Handel zur Exekution reif. Während dem langen Zeitraum ist indessen B verarmt und konkursfähig geworden. Er hat sein Grundvermögen verkauft oder mit konventionellen oder gesetzlichen Hypotheken beladen. Es folgt daher von selbst, daß der Sieger A nach 15jährigem, triumphierend beendigtem Prozeß, dennoch nichts erhält." Dagegen biete das französische Zivilprozeßverfahren bereits nach der ersten Instanz das sichere Mittel, eine durch Inskription wirksam zu machende Hypothek zu erlangen, ohne daß der Schuldner die einzeln im Hypothekenbuch verzeichneten Grundstücke mit anderen Hypotheken belasten könne. Das französische Hypothekensystem, lobt Almendingen, „suchte Käufer und Gläubiger gegen alle Überraschung zu sichern, den Kredit auf eine feste Basis zu gründen, und jeden in den Stand zu setzen, ... zu erfahren, was sein Schuldner wert sei".

Die Gründe liegen auf der Hand, weshalb die adligen Gutsbesitzer keineswegs gewillt waren, diese Vorzüge einzusehen. Es war klar, daß sie in erster Linie dem Gläubiger oder „Kapitalisten" zugute kamen, der nicht länger die Kreditwürdigkeit einer einzelnen Persönlichkeit, sondern den Geldwert bestimmter Grundstücke prüfte. An die Stelle des bisher geltenden Personalkredits, der auf der Vertrauenswürdigkeit des Kreditnehmers und nur indirekt auf seinem Besitz basierte, trat der Realkredit, bei dem der Gläubiger durch eingetragene Hypotheken eine dingliche Sicherheit erhielt. Das neue Hypothekenrecht bot deshalb auch den Kapitalgebern aus dem städtischen Bürgertum vermehrten Anreiz, in der Landwirtschaft zu investieren. Der Nachteil für den Adel lag darin, daß fortab durch Rechtsgeschäfte adlige Güter in bürgerliche Hände übergehen konnten, so daß sich die traditionelle feste Bindung zwischen Grundbesitz und adligen Standesvorrechten immer mehr auflöste. Die Intention glich derjenigen des berühmten preußischen Oktoberedikts von 1807 „über den erleichterten Besitz und freien Gebrauch des Grundeigentums", das alle den Geld- und Güterumlauf hemmenden Standesschranken aufhob[80].

Nicht von ungefähr brach in Bayern der Konflikt zwischen der feudalaristokratischen Opposition im Staatsrat und den Zivilrechtsreformern der Gesetzeskommission gerade in den Debatten über das französische Hypothekenrecht aus. Die Gegner des Code sahen voraus, daß mit der wirtschaftlichen Basis auch die soziale Vorrangstellung des Adels bedroht war. Die Ablehnung wurde damit begründet, daß der adlige Gutsbesitz zum Besten des Staates und der Monarchie unbedingt zu erhalten sei, nicht nur, weil der Kredit des Staates vom Grundbesitz abhänge, sondern auch, weil allein der grundbesitzende Adel zur sozialen Stabilisierung der monarchischen Staatsverfassung beitrage. Es sei eine aus der Luft gegriffene Behauptung, meinte Graf Törring, daß bei fehlendem Güterverkehr sich das Eigentum in einzelnen Händen zum Schaden des Staates anhäufe; der Kredit stocke nur da, wo „reales Eigentum" in Kapitalien verwandelt werde. Der Staat finde seine Stütze im adligen Gutsbesitzer und nicht im „Kapitalisten", der von seinen Zinsen lebe, ebenso wandelbar wie jene und der „durch nichts an den Staat geheftet ist". Der bayerische Finanzminister Hompesch pflichtete bei, daß die ganze Lehre von den Hypotheken „dem Kredit im Staate nachteilig" sei[81]. Feuerbach rückte dagegen in seiner Erwiderung die gesamtwirtschaftliche Bedeutung der neuen Maßnahmen in den Vordergrund. Wenn behauptet werde, so führte er aus, ein auf Publizität und Spezialität gegründetes Hypothekensystem helfe dem Kredit nicht auf, so sei dies allerdings in gewissem Sinne wahr. Der Personalkredit werde dadurch tatsächlich nicht gefördert, wohl aber der Realkredit, der nur jenem abgehe, „der keinen Kredit verdient, obgleich er mit dem äußeren Schein umgeben ist, als wenn er ihn verdiene". „Der Verschuldete, der bei verborgenen Hypotheken durch den Schein des Wohlstandes die Gläubiger locken und blenden konnte, wird nach errichtetem Hypothekenbuch freilich niemand mehr finden, der so gutmütig wäre, auf Grundstücke zu leihen, die schon seinen älteren Gläubigern gehören. Aber der Mann, der Kredit verdient, weil er noch zahlungsfähig ist, und der, wenn nicht persönlicher Kredit ihn unterstützt, nach dem bisherigen System keinen Realkredit finden kann ..., dieser Mann wird nach errichtetem Hypothekenbuch ohne Anstand finden, was er sucht. Und in dieser Beziehung wird und muß das Hypothekenbuch den Kredit, nämlich den *Realkredit desjenigen, der ihn verdient*, nicht bloß fördern, sondern gründen. Dieses ist dann auch der Kredit, auf welchem der Wohlstand der Nation sicher ruhen kann, während ein Kredit, der es der einen Hälfte der Nation möglich macht, den Wohlstand der anderen Hälfte zu Grunde zu richten, dem Ganzen, wie dem Einzelnen zum Verderben gereicht."[82] Der Appell hatte Erfolg: mindestens in diesem Punkt setzte sich die Ansicht Feuerbachs im bayerischen Staatsrat durch[83].

Freiheit des Eigentums, d. h. Verwandlung aller Feudalabgaben in ablösbare, kapitalisierte und hypothekarisch eingetragene Grundrenten und — wenn nicht sofort, so doch auf lange Sicht — die Abschaffung des geteilten Eigentums; Freiheit der Person, d. h. keine Verpflichtung zu ungemessenen Diensten und Begründung der Personalfronden auf privatrechtliche Dienstverträge, die möglichst ein Dienstgeld festsetzten; freier Güterverkehr und Kapitalisierung des Grundbesitzes durch ein geordnetes Hypothekenwesen — das waren die gesellschaftspolitischen Forderungen, die sich aus der Diskussion über den Code herauskristallisierten. Die Notwendigkeit, das Feudalsystem mit der Zeit auf reformerischem Wege abzuschaffen, wurde von allen Anhängern des Code anerkannt, teils noch im Hinblick auf eine rationelle Landwirtschaft[84], teils aus der Überzeugung, daß die Resultate der französischen Revolution — und das hieß: die „Ideen von 1789" im Gegensatz zu den radikalen Revolutionsgesetzen der Jakobiner — dem „Zeitgeist" entsprächen. Der Code Napoléon, schrieb Almendingen im „Rheinischen Bund", huldige „den liberalen Ideen, welche in der Morgenröte der Revolution, eh' Faktionen und Demagogie Frankreich in Nacht und Sturm gehüllt hatten, wohltätig hervorschimmern"[85]. Der „Nationalwohlstand", die Schädlichkeit besonders der Zehnten für die „Kultur des Bodens", das Fideikommiß als „Grab der Industrie", die „freie Zirkulation des Geldes" und immer wieder der „Geist der Zeit" waren Schlagworte, denen nur noch die adligen Grundherren widersprachen[86]. Kritisch gemeinte Äußerungen wie die Dalbergs — „man huldige dem Geist der Zeit, wenn der Geist der Zeit zugleich Geist der Wahrheit und Gerechtigkeit ist"[87] — waren kaum dazu angetan, den Reformeifer zu dämpfen. Nicht jeder ging so weit wie der bergische Berichterstatter über den Code, Hazzi, der bereits eine sechsjährige Entwicklung einplante, die notwendig sei, um die Grundrenten und Dienste abzulösen und das Feudalsystem abzuschaffen[88]. Aber auch Brauer in Baden sprach von den „nach und nach in Güte zu beseitigenden Gült- und Erblehnverhältnissen" und von „dem allgemeinen Grundsatz des freien Handels und Wandels", den es zu verwirklichen gelte[89]. Montgelas hat bei aller Verteidigung des bayerischen Adels doch den Grundprinzipien, die Feuerbach über den Code aufstellte, nie direkt widersprochen[90].

Es fällt freilich auf, daß die Agrarreformen in den süddeutschen Staaten mit sehr viel mehr Vorsicht und Warnungen vor einer „revolutionären" Umbildung der Verhältnisse eingeleitet wurden als in Berg und Westphalen, vor allem im Hinblick auf die Ablösungsregelung, die hier der gütlichen Übereinkunft zwischen Grundherren und Grundholden überlassen blieb — trotz der Forderungen einiger Zivilrechtsreformer wie Grolman, Dalwigk oder Almendingen[91], das Beispiel der Modellstaaten nachzuahmen und einen Ablösungsmaßstab gesetzlich vorzuschreiben.

Als Haupthindernis wurden immer wieder die im süddeutschen Raum sehr viel zahlreicheren Standesherrschaften des mediatisierten Adels angeführt bzw. ihre in der Rheinbundakte garantierten seigneurialen und feudalen Privilegien, namentlich die Rechte der niederen und mittleren Zivil- und Kriminalgerichtsbarkeit, der Forstgerichtsbarkeit und Polizei, der Jagd und Fischerei, der Berg- und Hüttenwerke, des Zehnten und anderer Feudalgefälle. Es handelt sich um einen Kreis von rund achtzig Familien mit mehreren hundert Angehörigen in jeder Generation[92], die eine privilegierte oberste Adelsklasse bildeten, deren soziale und wirtschaftliche Vorrangstellung gleichsam als „Entschädigung" für den Verlust der Reichsstandschaft angesehen wurde. Ähnlich wie beim französischen Majoratsadel wurde aus der übrigen Adelsgesellschaft eine Spitzengruppe herausgelöst, deren Sonderstatus allerdings nicht durch besondere Verdienste, sondern allein durch Geburtsstand und ehemalige Reichsunmittelbarkeit ausgewiesen war. In den Jahren vor der Rheinbundgründung hatten sich einige fürstliche und gräfliche Häuser in der Frankfurter Union und im schwäbischen Fürstenbund zusammengeschlossen, um die drohende Mediatisierung abzuwenden. Man war damals um möglichst gute Beziehungen zu Napoleon bemüht, dessen Protektion jedoch schließlich hinter der politischen Erwägung zurücktrat, daß es zweckmäßiger sei, leistungsfähige Mittelstaaten zu schaffen, statt die Herrschaft der traditionell habsburgtreuen kleineren Reichsstände aufrechtzuerhalten. Dies schließt nicht aus, daß der Kaiser auch weiterhin daran interessiert war, sich durch Gewährung von Sonderrechten die Gefolgschaft der Standesherren zu sichern, deren Vorrangstellung von den Rechtsgarantien der Rheinbundakte, d. h. indirekt vom Protektorat Napoleons, abhing.

Mit dem antifeudalen Programm des Code Napoléon war die rheinbündische Adelspolitik, die sich nolens volens nur auf eine altständische Führungsschicht stützen konnte und die Hierarchisierung der Aristokratie aus dem Alten Reich übernahm, kaum vereinbar. Da später auch der Deutsche Bund im Artikel 14 der Bundesakte dem mediatisierten Adel Rechte und Vorzüge, die aus seinem Eigentum und „dessen ungestörten Genusse herrühren", garantierte, blockierten die Standesherren noch weit bis in den Vormärz hinein mit Protesten und Beschwerden beim Bundestag die Durchsetzung der Ablösungsgesetzgebung. Die größeren Standesherrschaften verfügten über ausgedehnte Besitzungen in mehreren Rheinbundstaaten, so z. B. das Haus Thurn und Taxis in Bayern, Württemberg und Hohenzollern-Sigmaringen, die Häuser Hohenlohe, Oettingen-Wallerstein und Waldburg-Zeil in Württemberg und Bayern, das Haus Löwenstein-Wertheim in Baden, Bayern und Hessen, das Haus Solms-Braunfels in Nassau, Hessen und Württemberg. Von dem Ausmaß der ihnen zustehenden Berechtigungen aus Fronden, Zehnten und Gefällen geben die aus der Ablösungsgesetzgebung des Vormärz bekannten Zahlen einigen Aufschluß. Das Entschädigungskapital erreichte nicht selten die Millionengrenze. Das Haus Hohenlohe, das neben den Häusern Thurn und Taxis und Fürstenberg zu den Empfängern der höchsten Ablösungssummen zählte, errechnete nach den württembergischen Ablösungsgesetzen von 1848/49 einen Gesamtbetrag von nahezu 3 Millionen Gulden. Die Summe der Zehntablösungskapitalien, die den badischen Standesherren für insgesamt 493 Zehntberechtigungen ausgezahlt wurde, belief sich auf 4,7 Millionen Gulden, dem zwanzigfachen Betrag der mittleren jährlichen Zehnteinnahmen. Nahezu die Hälfte dieses Betrags floß an die Fürstlich Fürstenbergischen Rentkammern, deren jährliche Zehnteinnahmeschätzung auf 100 000 Gulden veranschlagt wurde[93]. Für die Jahre vor der Rheinbundgründung von 1790—1804 verzeichnete der Generaletat der Fürstlich Hohenloher Rentämter an Einnahmen aus der Herrschaft Hohenlohe-Öhringen: 52 149 Gulden aus Zehnten, Grundzinsen und sonstigen Grundabgaben, 12 508 Gulden aus Dienst- und Schutzgeldern und 11 970 Gulden aus unständigen Abgaben (Laudemial-,

Sterbfallgelder und Beden). Von den Gesamteinkünften aus Feudalgefällen, Regalien (wie Zoll, Stempelgebühren, Chausseegeldern usw.) und herrschaftlichen Eigenbesitzungen (Jagd- und Forsterträgen) entfielen 26 % auf die Zehnten, 10,7 % auf Grundzinsen, 10,2 % auf Dienstgelder und 8,2 % auf das Laudemium[94].

Bedenkt man, daß die Standesherren die Gruppe der reichsten und durch die Rheinbundakte gesetzlich geschützten Grundherren stellte, so wird das Zögern der Gesetzgeber verständlich, zur Durchsetzung der Bestimmungen des Code eine Ablösungsregelung festzulegen. Teilweise wurden die standesherrlichen Rechte zur Vermeidung von Mißverständnissen noch einmal ausdrücklich bestätigt, wie im Organisationspatent des Großherzogtums Frankfurt, das im Artikel 12 die provinzialen Sonderrechte und die Privilegien einzelner Personen und Familien, „so weit sie mit Befolgung der Gesetze im Widerspruch stehen", aufhob, aber von dieser Bestimmung alle Befugnisse ausnahm, „welche durch die rheinische Bundesakte den mediatisierten Fürsten und Herren zugesichert werden"[95]. „Als Primas muß ich darauf bestehen", schrieb Dalberg an Danz, den Vertreter Frankfurts auf der Gießener Konferenz, „daß der Code Napoléon unter der Einschränkung angenommen werde, nichts gesetzmäßig zu bestimmen, was dem rheinischen Bundesvertrag entgegen ist."[96] In Baden hat Brauer in erster Linie mit dem Artikel 27 der Rheinbundakte den Einbau der Feudalverfassung in den Code begründet und gerechtfertigt: Die feudalen und fideikommissarischen Rechtsverhältnisse wie Erblehen, Zinsen, Zehnten, Banngerechtigkeiten, Fronpflichtigkeiten, Stammgüter etc. und die diesen Rechtsverhältnissen zugrundeliegende Lehre von der Teilung des Eigentums in Grund- und Nutzeigentum seien durch die rheinische Bundesakte „gegen Antastung sicher gestellt" worden[97]. Ebenso hat Almendingen bereits in seinem ersten Gießener Vortrag auf den Artikel 27 der Rheinbundakte aufmerksam gemacht, der verschiedenen Bestimmungen des Code — Art. 896 über die Aufhebung der Stammgüter, Art. 530 und 1911 über die Ablösbarkeit der Renten und Art. 638 und 686 über das Verbot der Personalservitute — widerspreche, so daß die feudalen Verhältnisse keineswegs sofort und auf einen Schlag beseitigt werden könnten[98].

Obgleich prinzipiell ein Gegner der „Autonomie des Adels"[99], lehnte Almendingen die von Grolman in Gießen vorgetragene juristische Beweisführung ab. Sie lief darauf hinaus, daß es sich bei den Privilegien der Standesherren lediglich um positive und deshalb auf gesetzlichem Wege veränderbare Privatrechte handle[100], eine Argumentation, die auch der Heidelberger Staatsrechtler Zachariä teilte. Zachariäs sehr gründliche Untersuchung des Problems, die davon ausging, daß Privatrechte einzelner immer dem Staatsrecht untergeordnet und widerruflich seien, sofern sie dem „Interesse des Ganzen" schadeten und dem „Geist der Zeit" entgegenstünden[101], half nicht ganz über die Schwierigkeit hinweg, daß hier immerhin privatrechtliche Privilegien in einem zwischenstaatlichen Vertrag garantiert worden waren. Dalberg und die standesherrnfreundliche Publizistik[102] hatten nicht ganz unrecht, wenn sie darauf hinwiesen, daß in diesem Falle der mediatisierte Adel der „Willkür der Gesetzgebung" eines souveränen

Fürsten ausgeliefert werde. Dalberg begründete damit die Notwendigkeit einer Konstitution: Erst wenn der Staat durch eine „repräsentative Versammlung" konstituiert sei, wäre eine Debatte über die Aufhebung der Steuerprivilegien, der Patrimonialgerichtsbarkeit und gutsherrlichen Rechte der Standesherren möglich — bis dahin gelte Artikel 27 der Rheinbundakte[103].

In den Modellstaaten gab es allerdings ein ähnlich gelagertes Problem wie bei den süddeutschen Standesherrschaften, nämlich die französischen Majorate, denen ja gleichfalls bestimmte grundherrliche Einnahmen aus den kaiserlichen Domänen vertraglich zugesichert waren[104]. In Westphalen gehörten die wichtigsten jährlichen Gefälle aus Mühlen, Erbzinsen und Hauptzehnten[105] nach der Berliner Konvention vom 22. April 1808 zum Los des Kaisers, insgesamt ein Betrag von 7 Mill. Francs. Während bei den staatlichen Domänen immer die Möglichkeit gegeben war, die durch die Agrarreform eingebüßten Abgaben durch neue Steuern zu ersetzen, z. B. die Zehnten durch die Grundsteuer oder die Einnahmen aus den Banngerechtigkeiten wie Mühlenbann oder Branntweinmonopolen durch die Patentsteuer[106], fiel dieses Kapitalsurrogat bei den Majoraten natürlich weg. Die Abfindung durch Ablösungsgelder widersprach außerdem der Intention der napoleonischen Adelspolitik, die mit dem Majoratsrecht die traditionelle Vorstellung erneuerte, daß nur ein Güteradel der Monarchie als Stütze dienen könne.

Man ist deshalb auf den privatrechtlich wie staatsrechtlich gleich bedenklichen Ausweg verfallen, die Majorate sozusagen wie ein Staat im Staate zu behandeln und von den sonst geltenden gesetzlichen Bestimmungen von vornherein auszunehmen[107]. So wurden in Westphalen die Rechtshändel zwischen der kaiserlichen Domänenverwaltung und den Bauern nicht vor den unabhängigen Gerichten, sondern vor dem Präfekturrat verhandelt, der sonst nur für Verwaltungsstreitigkeiten zuständig war[108]. Öffentliche Abgaben und Lasten sollten auf die Dotationen keine Anwendung finden; eine Ausnahme bildete nur die „contribution ordinaire", die Grundsteuer. Als 1812 die gesetzlichen Vorschriften über die Ablösung der Grundrenten und Domanialprästationen auf die dem Königreich einverleibten Gebiete des ehemaligen Kurfürstentums Hannover übertragen wurden, galt ausdrücklich die Bestimmung, daß die Kaiserlichen Domänen auf zehn Jahre lang in ihrer Identität bestehen bleiben sollten und „daß kein Gesetz des Königreichs, welches eine Veränderung ihrer Natur zur Folge haben würde, auf dieselben vor Ablauf von zehn Jahren angewandt werden kann"[109]. Dieselbe Garantie leistete das Großherzogtum Frankfurt, dem 1810 mit Fulda und Hanau zwei bisher dem Kaiserreich reservierte Provinzen zufielen, in denen Dotationen von 600 000 Francs jährlicher Rente lagen[110]. Im Frankfurter Staatsrat sah man in den kaiserlich-französischen Dotationen eines der Haupthindernisse für die geplante Aufhebung bzw. Ablösung der Zehnten, da hier ohne Genehmigung des Kaisers „gar keine Änderung" vorzunehmen sei[111]. In Berg meldeten die Donatare Entschädigungsansprüche bei der Staatskasse an, vor allem seit dem Dekret vom September 1811, das die Banngerechtigkeiten und die ungemessenen Hand- und Spanndienste entschädigungslos abgeschafft hatte[112]. Die Reklamationen wurden 1812/13 von einer Pariser Spezialkommission untersucht, ohne daß zu diesem Zeitpunkt noch eine Entscheidung zustande kam[113].

Für die Mittel- und Kleinstaaten Süddeutschlands bedeutete aber auch die Aufhebung bzw. Ablösung der staatlichen Domanialabgaben und -prästationen ein Finanzproblem ersten Ranges, denn neben den Steuern bildeten die Einkünfte aus Domänenbesitz die wichtigste Einnahmequelle. Im Großherzogtum Frankfurt z. B. lagen die Einkünfte der Domänen, Regalien und gerichtsherrlichen Abgaben um das drei- bis vierfache höher als die Einnahmen aus der Schatzung[114]. Ohne eine Reform des Steuersystems, hieß es deshalb im nassauischen Hauptbericht der Gießener Konferenz, sei das französische Gesetzbuch gar nicht rezipierbar. Falls der Code ohne Modifikationen eingeführt werde, würde die Aufhebung der Fronden und Feudalgefälle nicht nur den Artikel 27 der Bundesakte verletzen, sondern auch „den Souverän aller oder doch bedeutender eigentümlicher Einkünfte, die er als privilegierter Güterbesitzer genießt, berauben und ihn nötigen, alle seine Bedürfnisse durch den Gebrauch des Besteuerungsrechts aus dem Beutel der Untertanen zu schöpfen"[115]. Almendingen hat in den Gießener Diskussionen immer wieder auf die Gefahren aufmerksam gemacht, die aus einer überstürzten Umwandlung des Domänensystems in ein Abgabensystem erwachsen könnten. Während der Grundherr als Privatmann das Ablösungskapital sofort wieder in neuen Ländereien anlegen könne, führte er aus, sei der Staat dann weder Güterbesitzer noch „Kapitalist": das „tote Metall" nütze ihm wenig, da er auf die Produktionskraft und die Tätigkeit seiner Bürger angewiesen sei. „Wäre die Industrie im Steigen, blühte ein fesselloser Handel, genösse Europa des See- und Kontinentalfriedens, könnte die Produktionskraft des deutschen Bürgers einen freien Schwung nehmen, so würde die gänzliche Aufhebung des Domanialsystems eine Wohltat und die Erweiterung des Abgabensystems kein Unglück sein."[116]

Almendingen berührte an dieser Stelle ein Hauptproblem der rheinbündischen Agrarreform überhaupt. Solange die ökonomischen Voraussetzungen fehlten, solange die Kriegsumstände und die Kontinentalsperre einen normalen wirtschaftlichen Aufschwung unmöglich machten, war die programmatisch vorweggenommene Umwandlung der feudalen in bürgerliche Eigentumsverhältnisse nicht ohne Schaden für jene durchführbar, denen die Reform eigentlich nutzen sollte. Statt dessen war zu befürchten, daß der Staat durch ein unbeschränktes Besteuerungsrecht und zur Deckung seiner ständig steigenden Schulden mit seinen „fiskalischen Lasten" „das gesellschaftliche Gebäude zerdrücken" werde[117]. Dem Bauern war es letztlich gleichgültig, wem er seine Abgaben zu zahlen hatte — dem Grundherrn oder dem Staat.

Die eigentliche Gefahr lag darin, daß das soziale Programm des Code instrumentalisierbar war, d. h. als Mittel zum Zweck zuerst den Staatsinteressen diente. Die Aufhebung des geteilten Eigentums oder auch die Vereinheitlichung der Besitzrechte wurden von Staats wegen gefördert, weil dadurch die Erhebung der Grundsteuern erleichtert wurde; die Gewerbefreiheit bzw. das Konzessionssystem war zugleich mit der Einführung der Patentsteuer verknüpft; die Einrichtung der Hypothekenbücher und der Notariate bedeutete für den Staat eine Einnahmequelle, denn die Inskription der Hypotheken und die schriftlichen Urkunden anstelle der mündlichen Zeugenbeweise waren durch Transskription, Einregistrierung und Stempelabgaben gebührenpflichtig[118]. Ebenso wurde die Beseitigung der Standesunterschiede bzw. die Gleichheit vor dem Gesetz mehr als einmal damit begründet, daß jeder Staatsbürger dem neuen Militärsystem, der Konskription, unterworfen sei, oder — positiv gewendet —, daß „der Militärdienst eine Ehrenbahn ist, wozu alle Staatsbürger einen gleichen Beruf haben"[119]. Die Agrarreform war aufs engste verknüpft mit der Einführung eines generellen Steuersystems und dem Wandel der Heeresverfassung. Herstellung der Gleichheit, d. h. Aufhebung der Steuerprivilegien und Militärexemtionen, freie Eigentumsbildung, Mobilisierung des Bodenmarktes und Freigabe des Arbeitsmarktes bildeten die Voraussetzung für die finanzielle und militärische Leistungssteigerung des Staates.

Der Rheinbund als militärische Präfektur verlangte ein Sozialsystem, das nicht allein der Gesellschaft, sondern vor allem der Macht des souveränen Staates zugute kam. Die wirtschaftlich freie Entfaltung garantierte noch nicht die Selbstmächtigkeit der Gesellschaft. Insofern reichte das gesellschaftspolitische Programm zur Durchsetzung der bürgerlichen Freiheitsrechte nicht aus. Es war vielmehr von entscheidender Bedeutung, welche verfassungsrechtlichen Vorstellungen ihm zugrunde lagen. Die Zuordnung der Gesellschaftsreform zur Staatstätigkeit bzw. die Einwirkung des Staates auf die Verbürgerlichung der Gesellschaft provozierte die Frage, ob nicht die Herrschaft eines liberalen Privatrechts erst dann gesichert sei, wenn es umformend auf die Staatsverfassung zurückwirkt. Im Zentrum dieser Diskussion stand das Verhältnis von bürgerlichen und politischen Rechten.

3. Das verfassungspolitische Programm

Im Hinblick auf die Rechtsmaterie, die der Code Napoléon behandelte, versteht es sich von selbst, daß das neue Gesetzbuch zunächst einmal dazu bestimmt war, der Reform der „bürgerlichen Verhältnisse" zu dienen. Das Privatrecht war insofern vom Staatsrecht, welches das Verhältnis der Bürger zum Staat regelte, getrennt. Freiheit der Person meinte die „bürgerliche", nicht die „politische" Freiheit, und Gleichheit vor dem Gesetz bedeutete rechtliche Gleichheit in allen bürgerlichen Rechtsgeschäften, nicht politische Gleichheit im Staat. Die Forderungen, die sich aus dem Privatrecht ergaben, lauteten: Vertragsfreiheit, wirtschaftliche Betätigungsfreiheit, Freiheit des Eigentums, Testierfreiheit, freier Güterverkehr oder auch ein für alle Untertanen gültiges, überständisches Personenrecht, Sachenrecht, Erbrecht und Obligationenrecht. Jedenfalls haben die deutschen Gesetzesautoren in diesem Sinne „politische" und „bürgerliche" Rechte auseinandergehalten. Der französische Gebrauch des Wortes „droits civils", erklärte Brauer in seinem Kommentar zum badischen Code, umfasse „diejenigen (Rechte), welche die Folgen des gesellgen Zusammenlebens in bezug auf Mein und Dein bestimmen, welche also das natürliche Gesellschaftsrecht für ein bestimmtes Volk *unabhängig von dessen Staatsverfassung verwirklichen*"[1]. Und Harscher von Almendingen wollte unter den „droits civils" den Umfang aller Rechte verstanden wissen, „welche aus dem Eigentum auf und wegen äußerer Güter — iura in rem et in personam — und aus Familienverhältnissen entspringen", d. h. „den Inbegriff der vom Staat geschützten Rechte des Eigentums auf Güter und Familienverhältnisse". „Derjenige", führte er aus, „dem das Gesetz Frankreichs den Besitz der bürgerlichen Rechte beilegt, wird dadurch als Eigentümer seiner Güter, als Gatte, Vater, Sohn, als erb- und vererbungsfähig, als ein Subjekt des Schutzes und des Zwanges der Gerichte — als bürgerliche Person anerkannt." Das „politische Recht" des Staatsbürgers hingegen definierte Almendingen „als das Recht der konstitutionellen Teilnahme an der Ausübung der höchsten Staatsgewalt"[2].

Das rein privatrechtliche Denken konnte in eine Sackgasse führen, nämlich dann, wenn mit dem Primat der „bürgerlichen" vor der „politischen" Freiheit verfassungsrechtliche Konsequenzen des Privatrechts von vornherein ausgeklammert wurden. Bei den mehr traditionalistisch gesinnten Zivilrechtsreformern war dies auch tatsächlich der Fall. Brauer hat die Aufhebung der Standesprivilegien streng auf die bürgerliche Rechtssphäre beschränkt: Zwar finde immer noch ein „Standesunterschied" statt, heißt es einigermaßen kasuistisch in den „Erläuterungen", aber „keine Ausscheidung des adeligen aus der Gesamtmasse des bürgerlichen Standes, kein Unterschied im Besitz und Gebrauch der bürgerlichen Rechte". Der Charakter der Bürgerlichkeit sei allen Staatsangehörigen „gesetzlich gemein"[3]. Was Brauer dann eigentlich unter „Standesunterschied" versteht, wird deutlicher an anderer Stelle. In den Schlußbemerkungen zum ersten Band des Code über das Personenrecht geht er über die Tatsache, daß das französische Gesetzbuch den Unterschied der Stände nicht mehr kennt, mit der Begründung hinweg: „Ihre staatsbürgerliche (politische) Rechtsverschiedenheit gehört in das Staatsrecht und nicht hierher."[4] Es war also nach Brauer möglich, die politischen „Standesunterschiede" trotz der bürgerlichen Gleichheit aufrechtzuerhalten. In den Ausführungen über die badischen Konstitutionsedikte zählte Brauer nicht nur die „Einheit und Unteilbarkeit der Lande" und die „monarchische Gewalt" des Regenten, sondern auch die „Beibehaltung des Unterschiedes der Staatsbürger nach dem Herren-, Ritter- und Bürger-Stand oder hohen Adel, niederen Adel und Bürger" zu den Gegenständen der allgemeinen Grundverfassung, was nicht ausschließt, daß er zugleich die Gleichheit vor dem Gesetz und dem Gericht, die Freiheit der Person „unter dem Gesetz", die Sicherheit des Eigentums und die Pflichtigkeit aller zu Steuerauflagen betont[5]. Ähnlich hat Mulzer, der Berater Dalbergs im Großherzogtum Frankfurt, den „Genuß der bürgerlichen Rechte" — „das Recht der persönlichen Freiheit, der gleichen Rechtsfähigkeit, des gleichen Schutzes im Staate, der gleichen Fähigkeit, Eigentum zu erwerben und zu besitzen"[6] — von der „Ausübung der davon abhängenden politischen Rechte" getrennt. Mulzer zählte in seinem Gutachten über den Code Napoléon auch die Aufhebung der Feudalrechte — ebenso wie Dalberg, der dabei an die standesherrlichen Privilegien dachte[7] — zu den „staatsbürgerlichen Bestimmungen", die außerhalb der Grenzen des Privatrechts lägen, das vielmehr nur die „Normen" für die bürgerlichen Rechtsverhältnisse festsetzen könnte[8]. Desgleichen hat man auch in Bayern bisweilen die Argumentation geteilt, daß die „bürgerliche" Gleichheit aller Untertanen durchaus mit der „politischen Ungleichheit" der Stände vereinbar sei[9]. Immerhin wurde aber das politische Recht des Staatsbürgers als „Recht der konstitutionellen Teilnahme am Staat" — Mulzer verstand darunter das aktive und passive Wahlrecht — wenn nicht postuliert, so doch klar definiert.

Die Frage stellt sich, ob der Code Napoléon ausschließlich und nicht anders als das Allgemeine Preußische Landrecht nur auf die „bürgerliche" Freiheit und Gleichheit bezogen wurde, den Prinzipien der preußischen Gesetzesautoren gemäß, daß man „die bürgerliche Freiheit besitzen könne, ohne an der politischen teilzuhaben"[10]. Träfe dies zu, so wäre der Code Napoléon lediglich auf den obrigkeitlichen Rechts- und Wohlfahrtsstaat des Aufgeklärten Absolutismus übertragen worden, der gleichfalls eine „als Reservatfreiheit aufgefaßte bürgerliche Freiheit gegen die politische Freiheit durch Teilnahme am Staat auszuspielen versuchte". Man könne die eine, nämlich die Freiheit *vom* Staat besitzen, ohne die andere, nämlich den freien Staat zu haben, so lautet die These von Ernst Ferdinand Klein, dem Mitarbeiter von Svarez am preußischen Landrecht[11]. Die unveräußerlichen Menschenrechte, die auch das preußische Gesetzbuch anerkannte, werden dann allein durch den Schutz des souverän gewordenen Staates, dem die „bürgerliche Gesellschaft" ihre politische Selbstmächtigkeit abtrat, garantiert[12]. Die unbeschränkte Macht des Staates wird nur begrenzt durch die Bindung an die Menschenrechte und die Anerkennung einer privaten Reservatsphäre, die sich auf den wirtschaftlich-sozialen Bereich beschränkt. „Der Staat als Hüter und Diener der bürgerlichen Gesellschaft" — dies war das theoretische Konzept der preußischen „Ersatzverfassung" von 1791/94[13].

Die Durchführung des Landrechts zeigt allerdings auch, daß die Anerkennung grundrechtlicher Prinzipien nicht ausreiche, die bestehende Sozial- und Rechtsverfassung zu verändern. In der Fülle der Einzelbestimmungen hielt das Landrecht am ständischen Herkommen fest und sanktionierte ein System von Pflichten und Rechten, das die altständischen Gerechtigkeiten konservierte und garantierte. So aber lag die Interpretation nahe, daß der Schutz der „bürgerlichen Freiheit" identisch war mit der Integrität der herrschenden Eigentums- und Gesellschaftsordnung. Offenbar war gerade der aufgeklärte Monarch nicht in der Lage, Rechte anzutasten, die an Grundbesitz, Stand oder Person hafteten.

Von den Anhängern des französischen Rechts wurde deshalb der Code Napoléon sehr entschieden gegen die Naturrechtsgesetzbücher des Aufgeklärten Absolutismus, voran das Allgemeine Landrecht für die preußischen Staaten, abgesetzt, trotz gelegentlichen Lobs für „das unzerstörliche Denkmal Teutscher Kraft und Weisheit"[14]. Die Diskussion war bereits in Frankreich durch niemand geringeren als Napoleon selber ausgelöst worden, der das Allgemeine Landrecht in französische Sprache übertragen ließ — mit dem Resultat, daß die Redakteure des Code, Portalis und Bigot de Préameneu, das preußische Gesetzbuch sehr bald wieder beiseite legten, weil es „nichts Neues gestiftet" habe und „in die Reihe bloß formal neuer Gesetzgebungen" gehöre. In der ersten wissenschaftlich fundierten Einleitung zum Code Napoléon des Jenaischen Juristen Seidensticker wurde diese Diskussion zustimmend und ohne einschränkenden Kommentar referiert[15]. Winkopps Zeitschrift „Der Rheinische Bund", Archenholtz' „Minerva" und die „Europäischen Annalen" griffen im Herbst 1807 die Debatte auf, zunächst mit der Frage, ob es nicht sinnvoller sei, einen deutschen „National-Kodex" zu rezipieren. Vor allem der ehemalige Wetzlarer Reichskammergerichtsassessor Kamptz, der in preußischen Diensten gestanden hatte, wies dabei unmißverständlich auf die Vorzüge des Allgemeinen Landrechts hin, ohne freilich das preußische Gesetzbuch direkt zur Annahme zu empfehlen, was politisch auch kaum vertretbar gewesen wäre[16]. Keiner dieser Artikel fand eine positive Resonanz[17]. Im „Rheinischen Bund" folgte sogleich eine Entgegnung, die den eigentlichen Streitpunkt ins rechte Licht rückte: Ob der Code nur deshalb nicht als Nationalkodex angesehen werden könne, lautete die Gegenfrage, weil er weder Adel, Lehnrechte und Fideikommisse, noch Zehnten oder Servitute kenne. „Wie aber, wenn sich nun die deutschen Souveräne von der Schädlichkeit dieser Institute so überzeugten, wie es Frankreich tat..."[18] Selbst Brauer in Baden kritisierte den „Nationalismus" von Kamptz und die „übertriebenen" Warnungen der Europäischen Annalen[19]. Ein Aufsatz in der Hallischen Literaturzeitung, der auch in einer Flugschrift verbreitet wurde, lobte zwar die „liberalen und humanen Gesinnungen" der Landrechtsautoren, kritisierte aber zugleich die „konventionalen alten Formen, welche zu zertrümmern damals der Zeitgeist noch nicht erlaubte"[20]. In derselben Flugschrift tadelte Franz von Lassaulx die sozialkonservativen Tendenzen des Landrechts, das die alten Verhältnisse, die „Vorurteile" und „Vorrechte" der Stände und die Provinzialgebräuche aufrechterhalten habe. Die Einführung eines wahrhaft neuen Zivilgesetzbuches, fügte er hinzu, bewirke die „Revolution eines Volkes"[21].

Kritisiert wurden also vor allem die rechtlichen Kontraste des preußischen Gesetzbuches, das die individualistisch grundrechtlichen Normen durch ständische Sonderrechte wieder modifizierte. Darüber hinaus meldeten sich aber auch erste Zweifel an, ob überhaupt ein liberales Privatrecht durchzusetzen sei, ohne die Staatsverfassung, die es garantierte, zu liberalisieren. Feuerbach führte die Widersprüche des Landrechts eben darauf zurück, daß die preußischen Gesetzesautoren den inneren Zusammenhang zwischen privatem und öffentlichem Recht außer acht gelassen hätten. Die „Revolution eines Volkes" ist nach Feuerbach nicht länger zu trennen von der „Staatsrevolution". Gesellschaftsrecht und Staatsrecht werden einander zugeordnet; beide Bereiche gelten als vermittelt und denselben freiheitlichen Postulaten und Prinzipien unterworfen: „Erst dann ist die Gesetzgebung eines Staates, was sie soll, wenn das Band eines großen Gedankens alle ihre Verhältnisse umschlingt und in Eins harmonisch verbindet.

Die Gesetzgebung des öffentlichen Rechts gründet die Gesetzgebung des Privatrechts, aber diese dient zugleich als Stütz- und Strebepfeiler für jene. Das wußten die Alten am besten. Eine neue Gesetzgebung hieß bei ihnen immer eine neue Staatsrevolution." Das Preußische Allgemeine Landrecht habe hingegen nicht die „Erreichung höherer politischer Zwecke" erstrebt, sondern lediglich die „Verminderung der Rechtsstreite durch Bestimmtheit und Gewißheit der bürgerlichen Rechte und Verbindlichkeiten". Deshalb auch habe das Landrecht nur subsidiarische Geltung erlangt und die ständischen Herrschaftsrechte nicht beseitigen können: „Um nicht an den gefährlichen Klippen jedes neuen Gesetzgebungsplans — an Landschaften und Ständen, an den besonderen Rechten und Vorrechten der verschiedenen Bürgerklassen — zu scheitern, mußte alles, was hierauf Beziehung hatte, nur mit leisem Finger berührt, durfte an dem bestehenden nichts Wesentliches verrückt, an keinem der wohl- oder übel-erworbenen Rechte, wie es Namen haben mochte, etwas verändert werden." Die Einführung des neuen Gesetzbuches, so lautet das Fazit, blieb für Preußen selbst „ohne bedeutende politische Folgen"[22].

Feuerbach stößt hier erstmalig zu der Einsicht vor, daß die Reform der bürgerlichen Verhältnisse nicht isoliert behandelt werden kann, sondern funktional mit der Reform des öffentlichen Rechts verknüpft ist: Die Abschaffung der Privilegien mußte die Abschaffung des Privilegienstaats, die Neuregelung der Privatrechtsordnung die Anpassung an das Verfassungsrecht zur Folge haben. Wenn das Grundeigentum und sein Erwerb nicht länger ständischen Schranken unterworfen ist, wenn bürgerliche Rechtsgleichheit und wirtschaftliche Betätigungsfreiheit garantiert sind, dann liegt es in der Konsequenz der Entwicklung, daß sich auch die Staatsverfassung ändert. Und umgekehrt verbürgte erst die Umformung des Staatsrechts eine wirksame Beseitigung des Privilegienwesens.

Diese Argumentation war auch den preußischen Justizaufklärern nicht fremd. Der Titel des Landrechts „Von den Rechten und Pflichten des Staates überhaupt" enthielt Ansätze zu einer naturrechtlichen Zweckbestimmung des Staates, die nicht nur den Souverän moralisch verpflichtete, dem Gemeinwohl zu dienen, sondern auch die Eigenständigkeit der Stände dem natürlichen „Endzweck" des Staates unterordnete. Insofern wurden die ständischen Herrschaftsrechte in „staatliche Auftragsdienste" umgedeutet: „Das Staatsrecht griff durch die Ständeordnung hindurch."[23]

Das Verfassungsrecht selbst wurde jedoch nicht verändert. Im Interesse des monarchischen Absolutismus, der auch weiterhin als die beste Staatsform galt, erfüllte die Kodifikation des Staatsrechts vielmehr die Aufgabe, den zentralen Willen des Herrschers gegen die Stände durchzusetzen — ein eher rückwärtsgewandtes als in die Zukunft weisendes Ziel. Auch die in den ersten Gesetzentwürfen vorgesehene Einsetzung einer gutachtlich tätigen Gesetzkommission und das Machtspruchverbot gegen unmittelbare Eingriffe des Monarchen in die Rechtssprechung der Gerichte — beide Pläne fielen später der Reaktion zum Opfer — waren als Kautelen gegen einen möglichen Machtmißbrauch gedacht, deren Wirksamkeit aber ganz davon abhing, ob sich der Monarch an sie band.

Die „uneingeschränkte Monarchie" wurde von den preußischen Gesetzesautoren nicht in Frage gestellt. Svarez blieb ein aufgeklärter Absolutist.

Im Vergleich hierzu war Feuerbachs Konzeption sehr viel weitreichender. Der Code Napoléon wurde als Gesetzbuch eines konstitutionellen Rechtsstaats interpretiert, dessen Rezeption notwendig eine Assimilation an die französische Administration und Staatsverfassung mit Gewaltenteilung und Repräsentativsystem voraussetzte. 1808 schrieb Feuerbach über die Reformen in Bayern und die Einführung einer Konstitution: „Der Code Napoléon verbreitet sich auf alle Verhältnisse des politischen Lebens, auf das Innerste nicht nur der Verfassung, sondern auch der Verwaltung des Staats. Wohin Napoleons Gesetzbuch kommt, da entsteht eine neue Zeit, eine neue Welt, ein neuer Staat."[24] Als „Stütz- und Strebepfeiler" für die Gesetzgebung des öffentlichen Rechts setze der Code sowohl die Trennung von Staat und Kirche und die Trennung von Justiz und Verwaltung voraus als auch einen gesetzgebenden Körper, der berät und beschließt, und einen Monarchen, dessen Dispensionsrecht durch gültige Gesetze eingeschränkt sei. Mit der „Publizität" der Gesetzesanträge des Regenten und der gesetzgebenden Körperschaften liefert ihm die Entstehungsgeschichte des Code zugleich ein Vorbild für die Kontrolle der Gesetzgebung durch die Öffentlichkeit[25]. Feuerbach zog aus seiner theoretischen Einsicht durchaus die praktische politische Konsequenz. Das bayerische Justizministerium stellte 1808 den Antrag — der allerdings erst zwei Jahre später und zu diesem Zeitpunkt wahrscheinlich aus taktischen Erwägungen von Montgelas unterstützt und vom Staatsrat angenommen wurde —, den Zivilgesetzentwurf der zu diesem Zweck einzuberufenden Reichsversammlung zur Beratung vorzulegen[26].

Feuerbach fand zunächst einmal die Zustimmung der Staatsrechtler, die allerdings sozusagen vom Thema her dazu angehalten waren, die politischen Folgen der Rezeption für das Staatsrecht zu untersuchen, wobei sie gleichfalls eine isolierende Trennung zwischen privatem und öffentlichem Recht ablehnten. Ohne eine Verfassungsänderung, meinte der Heidelberger Staatsrechtler Zachariä, sei es nicht möglich, den Code mit allen seinen Gesetzesbestimmungen, die mit der französischen Staatsverfassung eng zusammenhängen, einzuführen. Deshalb habe das Königreich Westphalen zugleich mit dem Code auch die französische Konstitution, Administration und Gerichtsorganisation übernommen. Im Gegensatz zu Frankreich beruhe die deutsche einzelstaatliche Verfassung „nicht auf dem Prinzip der rechtlichen Gleichheit, sondern umgekehrt auf dem Prinzip der Ungleichheit der politischen Rechte, auf der politischen Verschiedenheit der Stände und der im Staat aufgenommenen Glaubensparteien"[27]. Vorsichtiger als Feuerbach und mit Rücksicht auf die badischen Verhältnisse fügte er dann allerdings hinzu, daß man nicht in jedem Falle die Verfassung, sondern auch das Gesetzbuch modifizieren könne.

Ebenso kamen die in Gießen versammelten Zivilrechtsreformer, vor die praktischen Probleme einer Anpassung des Code an die deutschen Verhältnisse gestellt, zu dem Ergebnis, daß ein neues Gesellschaftsrecht zugleich verfassungspolitisch bedeutsam sei. Die entscheidenden Anregungen zu einer grundsätzlichen

Diskussion über die politischen Folgen und Ziele der Rezeption gingen von Almendingen aus, der jedoch nach und nach die übrigen Konferenzteilnehmer von der Richtigkeit seiner Auffassungen überzeugte[28].

Schon in der mit Gönner, dem neben Feuerbach bedeutendsten bayerischen Juristen, geführten Kontroverse, die in Winkopps „Rheinischem Bund" auch öffentlich ausgetragen wurde, warnte Almendingen vor dem Optimismus jener, die, von dem „inneren Wert" und der vernunftrechtlichen „Doktrin" des Code Napoléon überzeugt, eine unbeschränkte Rezeption befürworteten, ohne sich Gedanken darüber zu machen, daß damit ein „unauflösbarer Widerspruch zwischen dem öffentlichen und dem Privatrecht, zwischen der Organisation und der Administration" begründet werde. Denn Frankreichs öffentliches Recht sei zugleich der „Grundpfeiler des Privatrechts". Eine Rezeption der „Doktrin" ohne Übernahme der französischen Organisation und Administration sei deshalb ausgeschlossen[29].

Gemeint war hier noch die in der juristischen Literatur vieldiskutierte Verbindung des Code civil mit dem Code de procédure civile, der die „Organisation" des Zivilrechts durch „organische Anstalten", also durch Einrichtung von Gerichtsbehörden, und Bestimmungen des Prozeßverfahrens regelte und zugleich die Trennung von Justiz und Verwaltung festlegte. Die Streitfrage ging darum, ob es notwendig sei, mit dem Code civil auch die französische Gerichtsverfassung mit Friedensgerichten, Tribunalen erster Instanz, Appellationshöfen und Kassationshof bzw. das Prozeßrecht mit öffentlichem Verfahren und Plaidoirie, mit der Trennung von streitiger und nichtstreitiger, vollziehender (exquirierender) und richterlicher (dezernierender) Justiz nach Deutschland zu übertragen. Dabei waren verschiedene Justizämter wie die Staatsanwaltschaft (ministère public), die Friedensgerichte als Schiedsgerichte, die Procureurs als Regierungskommissare bei den Gerichten, die Huissiers als Vollziehungsbeamte, dem deutschen Justizwesen noch unbekannt. Außerdem waren eine ganze Reihe nicht gerichtlicher Ämter für die Ausführung zahlreicher Bestimmungen des Code Napoléon zu berücksichtigen: die Hypothekenbüros, die Notariate für die nichtstreitige Gerichtsbarkeit, die Zivilstandsbeamten (officiers de l'état civil) zur Führung der Zivilstandsregister, die Behörden für die Einregistrierung der Urkunden, der Familienrat, dem unter dem Vorsitz des Friedensrichters vor allem das Vormundschaftswesen übertragen wurde, usf.[30]. Die meisten dieser Probleme betrafen rein organisatorische Detailfragen, die mehr oder weniger leicht — wie es Gönner empfahl — dadurch zu lösen waren, daß die neuen Funktionen der bestehenden Behörden- und Gerichtsorganisation angepaßt werden konnten. Forderungen wie Trennung von Justiz und Verwaltung und Unabhängigkeit der Gerichte, Öffentlichkeit des Verfahrens zur Sicherung der „Selbständigkeit der Gerichte gegen den Mißbrauch der Herrschergewalt"[31], Einführung des Zweiinstanzenzuges (der die Patrimonialgerichtsbarkeit in Frage stellte!), Trennung der einzelnen Jurisdiktionen, waren jedoch aufs engste verknüpft mit dem, was Almendingen den „Geist der französischen Gesetzgebung" nannte[32]. Der Zivilprozeß richtete sich zugleich nach den neuen, liberalen Grundprinzipien des öffentlichen Rechts, vor allem nach jener „Lieblingsmaxime der Metaphysik des allgemeinen Staatsrechts", „die von Montesquieu theoretisch, von der englischen Konstitution praktisch gepredigte Trennung der gesetzgebenden, richterlichen und vollziehenden Gewalt". Nicht nur durch die Unabhängigkeit der Justiz, sondern auch durch die Trennung der Jurisdiktionen und das System wechselseitiger Kontrollen im Zivilprozeß selbst erschien das französische Gerichtsverfahren gleichsam als Abbild Montesquieuscher Verfassungsprinzipien[33]. Desgleichen übernahm Almendingen die Lehre Montesquieus von der Harmonie der Sitten und Gesetze. Jedes Zivilgesetzbuch ist demnach auf eine bestimmte Staatsverfassung berechnet und umgekehrt bestimmen „Sitten und Gewohnheiten" die Staatsverfassungen[34]. Der Code Napoléon, schrieb Almendingen in seiner letzten Replik auf Gönner, „setzte alle Institute des Staats mit den Instituten des Privatlebens in Harmonie, er verpflanzte die glänzenden Ideen des öffentlichen Rechts in den stillen Kreis der bürgerlichen Verhältnisse ... er schuf Harmonie zwischen Sitten und Gesetz"[35].

Was in den Aufsätzen im „Rheinischen Bund" bereits anklingt, die Einsicht in die Wechselwirkung von Staatsverfassung und Zivilrechtsreform, wurde dann zum zentralen Thema der Gießener Diskussionen. In ausführlichen Darlegungen, die gerade auch durch die Gegenpositionen der Frankfurter und der hessischen Vertreter provoziert wurden[36], untersuchte Almendingen die Auswirkungen des Code Napoléon auf die Gesellschaftsordnung, das Finanzwesen, das Verhältnis von Staat und Kirche und die „Grundverfassung" des Staates überhaupt[37].

Eine bemerkenswerte historisch-politische Analyse der Kongruenz staatlicher und gesellschaftlicher Entwicklung bildete den Ausgangspunkt: Almendingen führte aus, daß im Mittelalter das Feudalsystem zugleich einem bestimmten Staatstypus, dem „patriarchalischen" und „Patrimonialstaat", entsprach. Wie der adlige Güterbesitzer, so herrschte auch der Staat, identifiziert mit dem Monarchen, als Eigentümer über Land und Leute. Seine wirtschaftliche Grundlage bildeten die Domänen. Die allmähliche Abschaffung des durch das „Domanialsystem" charakterisierten Patrimonialstaats — Almendingen sieht hier in der Französischen Revolution lediglich den Endpunkt eines langwierigen Prozesses — läuft parallel zum Aufstieg des Dritten Standes. Das historische Beispiel liefert England: Mit der Herausbildung des Steuerabgabensystems und des Steuerbewilligungsrechts erhob sich gleichzeitig die Forderung nach dem Repräsentativsystem als „staatsbürgerliche Basis". Die Teilnahme der Volksvertreter an der Steuerbewilligung war „wesentlich verbunden" mit der „Teilnahme an der Gesetzgebung"[38]. „So ergab sich aus der Mitte des dritten Standes das Abgabensystem und das Repräsentativsystem zugleich. Der Patrimonialherr erschien in demselben als Oberhaupt eines Staatsvereins, der Untertan als Bürger, das Land der Unterwürfigkeit als konstitutioneller Grundvertrag."[39] Der „Sturm von 1789" brachte dann auch in Frankreich das Bürgertum zur Macht, welches das Feudalsystem zerstörte und den Monarchen zur Abhängigkeit von der Nationalversammlung zwang.

Bezogen auf die politischen Folgen der Rezeption des Code, schildert Almendingen eine Art Kettenreaktion: Die im Gesetzbuch propagierte Abschaffung des Feudalsystems ändere zugleich den patrimonialen Charakter des Staates, bewirke die Umwandlung des Domanialsystems in ein Steuerabgabensystem und bedinge somit die Einführung „einer auf Volksrepräsentation basierten Grundverfassung"[40]. „Man verpflanze den Code Napoléon nach Deutschland, er wird früher oder später durch einfache und scheinbar anspruchslose doktrinelle Bestimmungen eine — wenn ich mich so ausdrücken darf — konstitutionelle Entwicklung herbeiführen."[41]

Es ist hier nicht der Ort, die historischen Exkurse Almendingens auf ihre Richtigkeit zu überprüfen. In der Schilderung der gesellschaftlichen Entwicklung steckt noch ein gut Teil idealisierende Stilisierung, etwa da, wo breit ausgemalt wird, wie das kapitalkräftige städtische Bürgertum, das sich „Reichtum durch Kunstfleiß erwarb", „vom Adel verfolgt", um die „Gunst" des Monarchen „buhlte", die es sich durch Steuern und Abgaben „erkaufte". In der einseitigen Überschätzung der Finanzprobleme verrät sich die alte Ständementalität und Selbstinterpretation der Städte. Wichtiger als die historische Beweisführung war jedoch die aktuelle Pointe, die sie enthielt. Es kam Almendingen vor allem darauf an, den Zusammenhang zwischen politischer und gesellschaftlicher Verfassung, politischen und bürgerlichen Rechten deutlich zu machen. Das gesellschaftliche Programm des Code — die Abschaffung des Feudalsystems — wurde durch ein verfassungspolitisches Programm — die Forderung nach einem Repräsentativsystem — ergänzt. Die Konstitution, d. h. ein Repräsentativsystem mit Steuerbewilligungsrecht und „Teilnahme" der „Volksvertreter" an der Gesetzgebung, bildete nicht nur die Voraussetzung, sondern auch die Garantie für eine effektive Reform der bürgerlichen Verhältnisse: „Der Kodex Napoleon ist eine Emanation der Gesetzgebung; er verdankt seine Gültigkeit der Zustimmung des repräsentierten Volkes. Jeder seiner Artikel ist Gesetz, nicht Regierungsakt. Diese Ansicht ist folgenreich. Sie stellt jedes aus dem Kodex Napoleon fließende Recht des Einzelnen (droit civil) unter die Ägide der Konstitution."[42]

In Hessen, Naussau und den fürstprimatischen Staaten sah man im Fehlen einer Konstitution eines der größten Hindernisse für die Einführung des Code. Die Konstitutionspläne des Fürstprimas, die er mit den Gießener Konferenzteilnehmern absprach, standen in engem Zusammenhang mit der Rezeption des Zivilgesetzbuches[43]. In Nassau fand Almendingen die Unterstützung des Wiesbadener Ministers Marschall, der ihn 1811 mit der Ausarbeitung einer Konstitution beauftragte[44], und die auch publizistisch vertretene Zustimmung des Geheimen Rats und Oberappellationsgerichtspräsidenten Dalwigk[45]. Auch Grolman, der in Hessen-Darmstadt nicht ohne politischen Einfluß blieb — er wurde nach 1815 leitender Minister des Großherzogtums —, übernahm Almendingens These von der notwendigen Voraussetzung einer Konstitution für die Rezeption des Code. In Deutschland, schrieb er 1810 in der Einleitung seines bekannten Handbuches über den Code, scheitere die Durchsetzung der neuen Gesetzgebung an der Beschränktheit der Territorien, an der Rücksicht auf die zu schützenden Gerechtsame der Patrimonialherren, vor allem aber daran, daß die „keine Spur von

National-Repräsentation an sich tragende landständische Verfassung" der „Realisierung großer und liberaler Ideen" entgegenstünde[46].

Die Fortbildung der alten landständischen Verfassung wurde allerdings nicht überall so einhellig abgelehnt. Winkopps „Rheinischer Bund", das wichtigste Organ der Rheinbundpublizisten, veröffentlichte sowohl Pro- wie Contra-Stellungnahmen[47]. Wurden die alten Landstände kritisiert, so blieben die Kritiker oft noch in den Vorstellungen des Aufgeklärten Absolutismus stecken. Bereits im Einleitungsartikel des ersten Bandes wurde die neu errungene Rheinbundsouveränität lediglich an die „Menschen- und Bürgerrechte" gebunden: „Freiheit und Freimütigkeit" seien „die Natur der Verfassung"[48]. Präziser heißt es in späteren Aufsätzen, daß vor allem „eine in Denk- und Preßfreiheit lebende öffentliche Meinung" die Schranke der absoluten Staatsgewalt bildet, ohne daß die absolute Monarchie selbst in Frage gestellt wurde. Im Gegenteil. Die Aufhebung der ständischen Vertretungen, wo sie noch bestanden — im badischen Breisgau, in Württemberg und in Hessen —, wurde gerade begrüßt, weil nun die Macht des Souveräns sich frei entfalten könnte. Die alten Stände „wollten das Regentenamt gerade da binden, wo es zum Wirken freie Hände haben soll..."[49]. Nicht der konstitutionelle Rechtsstaat, sondern der „Gesetzesstaat" galt vielen noch als Ideal, der den Umschlag der absoluten Monarchie in Despotie nur dadurch verhindert, daß sich der Monarch in freiwilliger Selbstbeschränkung an die „Fundamentalgesetze", d. h. an die Grundgesetze des Staates und das geltende Recht bindet[50]. Weitere Rechtsgarantien, z. B. bei der Entstehung neuer Gesetze, wurden trotz der Betonung individueller Freiheitsrechte nicht gefordert. Vielmehr herrschte die Ansicht vor, daß einer starken Regierungsgewalt eben auch die Mittel zur Durchführung ihrer Aufgaben, wie Steuererhebung und Armee, nicht verweigert werden könnten. Die Einsetzung des Notabelnkollegiums in Berg und die neu gebildete „Nationalrepräsentation" in Westphalen hat Winkopp im „Rheinischen Bund" mit einiger Skepsis kommentiert: „als Proben..., deren Güte erst die Zeit lehren müsse"[51]. Dennoch hat er das entscheidende Kriterium des Repräsentativsystems gegenüber dem alten Ständesystem deutlich gesehen und anerkannt. Beim Abdruck zweier Dokumente vom zweiten westphälischen Landtag — ein Appell an die Stände, „Das Gemeinwohl, im eigentlichsten Sinne des Wortes zu beherzigen" und die Erwiderung der Ständevertreter — unterstützte er die Forderung, daß im Gegensatz zum alten System, in dem „so manche Privatabsichten einzelner Klassen durchgesetzt wurden", die gewählten Reichsstände eine Gesamtverantwortung für alle Bürger „pflichtgemäß" wahrzunehmen hätten[52].

Auf den Gießener Konferenzen hat dann Almendingen die neuen Prinzipien der Gesamtverantwortung und Weisungsfreiheit der „Volksvertreter" klar definiert und postuliert, während er eine Anknüpfung an die alte landständische Tradition ausdrücklich ablehnte: Die Landstände „entbehren des repräsentativen Charakters"[53]. Die Mitglieder der französischen Nationalversammlung, schrieb er 1812 im Organisationsentwurf, führen „kein individuelles, sondern ein kollektives, kein Standes-, sondern ein wahres Volks- oder Nationalvotum", denn sie

„verteidigen kein persönliches Interesse, indes bei den états généraux der hohe Adel, der hohe Klerus und der tiers état nur als Stände- nicht als Volksvertreter, selbständig — nicht als Komittierte auftraten"[54].

Das, was man im Rheinbund unter Repräsentativsystem verstand, war freilich stets die napoleonische Staatsverfassung und die ihr nachgebildete westphälische und bayerische Konstitution mit ihrem verkümmerten Wahlsystem, das praktisch auf ein Ernennungsrecht des Souveräns hinauslief[55], und mit der Beschränkung der politischen Rechte der Volksvertreter auf Steuerbewilligung und Gesetzesbeschließung — Konstitutionen, die ohnehin mehr auf dem Papier als in Wirklichkeit existierten[56]. Die westphälische „Nationalrepräsentation" setzte sich aus hundert Mitgliedern zusammen, siebzig Grundeigentümern, fünfzehn Kaufleuten und Fabrikanten sowie fünfzehn Gelehrten und anderen, um den Staat verdienten Persönlichkeiten, eine oligarchische Vertretung also, die mit dem Übergewicht der Grundeigentümer die alte soziale Hierarchie noch weitgehend aufrechterhielt. Die westphälischen Stände wurden lediglich zweimal — 1808 und 1810 — einberufen, die bayerischen überhaupt nicht! Im Vergleich zur Exekutive spielten sie gar keine, im Vergleich zum Staatsrat, dem die eigentliche Aufgabe der Gesetzes*beratung* zufiel, nur eine nebenrangige Rolle. Man hat deshalb vom „Scheinkonstitutionalismus" der Rheinbundverfassungen gesprochen und sie in den Kreis jener Konstitutionen eingeordnet, die „so eindeutig auf die Alleinherrschaft der Exekutive bezogen waren, daß die eigentlich konstitutionellen Faktoren daneben völlig zurücktraten und weithin fiktiv, nur noch als Gegenstand politischer Phraseologie erschienen". An die Stelle des napoleonischen Cäsarismus sei in den Rheinbundstaaten der bürokratische Absolutismus getreten[57].

Man wird dennoch nicht übersehen können, daß zumindest die Vorstellung von Repräsentation dem bürokratischen Absolutismus widersprach. Sie war sicherlich noch weit entfernt von einer modernen Interpretation, die Repräsentation und Wahl gleichsetzt: der Wahlschlüssel blieb ständisch, das Wahlsystem korporativ bzw. berufsständisch organisiert, eine freie Wahl fand nicht statt. Erst recht fehlte die Praxis parlamentarischer oder auch nur konstitutioneller Repräsentation. Wohl aber setzte sich die Auffassung durch, daß nicht mehr allein der Monarch und seine Bürokratie, sondern auch die Repräsentanten an der Integration des Gemeinwesens mitwirkten und die Gesamtheit des Volkes vertraten. Freilich handelte es sich noch weitgehend um antizipierte Theorie. Denn: solange die Nation erst gebildet wurde, gerieten die Repräsentanten in das Dilemma, daß sie Ständen entstammten, deren partikulares Interesse sie gleichwohl als Sprecher der Nation nicht mehr vertreten durften. Vor derselben Schwierigkeit stand Hardenberg in Preußen, als er mit der 1811 einberufenen Notabelnversammlung die Erfahrung machte, daß die Majorität als ständische Opposition agierte, obgleich jede ständische Weisungsbindung ausdrücklich untersagt wurde[58].

Immerhin erscheint es aufschlußreich, daß sich nach 1815 die Rheinbundstaaten von Napoleons Gnaden eben nicht mehr allein auf die „administrative Integration"[59] verlassen konnten. Vielmehr waren sie zur Wahrung ihrer Existenz gezwungen, auf die Verfassung als Mittel repräsentativer Integration zurückzugreifen, um einen politischen Gesamtwillen zu formen, den Staatssinn zu wecken und so den Untertanenverband zusammenzuhalten.

Es ist ebenfalls kein Zufall, daß später gerade die Rheinbundpublizisten und -juristen wie Aretin, Behr, Pölitz, Klüber, Zachariä, Feuerbach und Almendingen in die Verfassungsdebatten des Vormärz eingegriffen haben, und die widersprüchlichen Zwischenlösungen des Kompromißliberalismus — die klare Einsicht in die Axiome der Weisungsfreiheit und Gesamtverantwortung der Volksvertreter einerseits und die Betonung ihrer lediglich kontrollierenden und prohibitiven Funktionen andererseits — reichen bereits in die Rheinbundzeit und die Auseinandersetzungen über die napoleonischen Konstitutionen zurück[60].

Als ein klassisches Dokument dieser Auseinandersetzungen und zugleich als Beispiel für die enge Verbindung von Zivilrechtsreform und verfassungspolitischem Programm kann Almendingens Organisationsentwurf von 1811/12 angesehen werden, der in vielerlei Hinsicht die Gedanken der späteren Schrift „Politische Ansichten über Deutschlands Vergangenheit, Gegenwart und Zukunft" vorwegnahm.

Der Entwurf[61] enthielt zunächst eine scharfe Kritik an der „fessellosen" Rheinbundsouveränität, die sich hinter der Fassade des Konstitutionalismus verbarg. Ausgehend von einer Gegenüberstellung der alten „Territorialverfassung" mit der rheinbündischen Ära, kommt Almendingen zu dem Schluß, daß nur noch die „politischen Fesseln" des Protektorats, wenn auch weit beengender als die der alten Reichsgewalt, den „Despotismus" der Rheinbundfürsten verhinderten, während alle innenpolitischen Beschränkungen durch die Aufhebung der Stände, der Lehen, des „städtischen Selbstregiments", der Privatgesellschaften wie Stiftungen, Zünfte, Gilden und anderer selbständiger Korporationen hinwegfielen. Die Idealisierung des aufgeklärten Monarchen lehnt Almendingen ab: „Frage ich: was diesen Souverän hindere, seine Untertanen direkt oder indirekt als Sklaven zu behandeln, sich ihres Eigentums durch verhundertfältige Steuerlasten zu bemächtigen, jeden Einzelnen zu seinen Privatzwecken zu gebrauchen oder zu mißbrauchen, ein Todesurteil an seinem Kabinett zu verfügen, oder durch im voraus instruierte Richter aussprechen zu lassen, so antwortet man mir, seine Erziehung, sein Interesse, seine Religion. Aber was bürgt dafür, daß er sein wahres Interesse kennen, daß er seine Erziehung nicht verleugnen, daß er der Stimme der Religion Gehör geben werde? ... Mit anderen Worten: ich kann mich nicht überzeugen, daß die volle Souveränität des Rheinbundes im Gegensatz zur Halbsouveränität oder der Landeshoheit der vormaligen Reichsverfassung, etwas anderes sei, als ein theoretischer Despotismus, dem es nur an Konjunkturen fehlt..., um in einen praktischen überzugehen." Eine Konstitution, wie die von Westphalen, Bayern oder Frankfurt, „in welcher sich derjenige, der sie von oben herab gegeben hat, stillschweigend das Recht vorbehält, durch sie oder ohne sie zu regieren", hielt Almendingen für wirkungslos und keineswegs erstrebenswert.

Ebenso deutlich sah er die Schattenseiten der napoleonischen Staatsverfassung.

Trotz Volkssouveränität und Gewaltenteilung, die allerdings gegenüber der Direktorialverfassung keine strikte Trennung von Legislative und Exekutive mehr kennt, trotz Nationalrepräsentation und gesetzgebenden Körperschaften, sei die Verfassung des Jahres VIII ganz und gar auf die Herrscherpersönlichkeit Napoleons zugeschnitten, ein Instrument ihres Schöpfers, darauf berechnet, „dem Willen des Einzigen eine ungeteilte und konstitutionell unerschütterliche Herrschaft zu sichern". Das auch weiterhin geltende Dispensations- und Verordnungsrecht des Monarchen, die dem Kaiser allein zustehende Gesetzesinitiative, die Möglichkeit, Staatsrat und Corps législatif gegeneinander auszuspielen, das Ernennungsrecht der Richter und der Einfluß auf die Zusammensetzung der Volksvertretung über das indirekte Wahlverfahren sprechen für die Ansicht, daß der „Fundamentaltendenz" der französischen Konstitution nach „die Volksrepräsentation auf bloße diplomatische Dekoration berechnet sei". Ist also die französische Verfassung, fragt Almendingen am Schluß seiner Analyse, nichts weiter als ein „Gaukelspiel"?

Er ist weit davon entfernt, diese Frage zu bejahen. Als Verfassungstypus oder — wie Almendingen es ausdrückt — dem „geschriebenen Buchstaben" nach und unabhängig von demjenigen, der sie zu seinen Zwecken schuf, liefert ihm die französische Konstitution durchaus eine akzeptable Lösung auch und gerade für die deutschen Verfassungsprobleme, vorausgesetzt, daß ihre Prinzipien anders als unter Napoleon eingehalten werden, vor allem im Hinblick auf eine Beseitigung des Verordnungsrechts des Monarchen und eine konstitutionelle Kontrolle auch der militärischen Gewalt, die die Diktatur des Kaisers erst eigentlich ermöglicht habe. Die auch von anderen Zeitgenossen erhobene Forderung nach einer „temperierten Monarchie"[62], einer „eigentlichen bürgerlichen Regierung" im Gegensatz zur Feudalregierung des Ancien Régime[63], sah Almendingen in der napoleonischen Staatsverfassung erfüllt, vielleicht gerade weil er sich darüber im klaren war, daß mit der Bereitschaft der deutschen Fürsten, die Volksvertretung als frei bestellte und aus eigenem Recht die Politik mitbestimmende Körperschaft anzuerkennen, ohnehin nicht zu rechnen war. Die beiden Funktionen der Volksvertreter, Steuerbewilligungsrecht und Gesetzesberatung, blieben eingebunden in reine Kontrolle, die allerdings, gestützt auf die öffentliche Meinung, selbständig und unabhängig sein sollte. Auf die Dauer, meinte Almendingen, könne eine Regierung nicht an dieser Kontrollinstanz vorbei oder gegen sie regieren, ohne an Popularität einzubüßen. Selbst Napoleon habe die „Fesseln" des Repräsentativsystems, das nicht er, sondern die Revolution von 1789 hervorgebracht habe, nie ganz abstreifen können.

Andererseits deutet ein langer Exkurs über die englische Verfassung zumindest an, daß Almendingen das Stadium einer „von der Herrschaft der öffentlichen Meinung gemäßigten Monarchie"[64] als Übergangsphase, nicht als Endpunkt der Verfassungsentwicklung ansieht. Die englische Verfassung zum Maßstab nehmend, heißt es später in den „Politischen Ansichten": „Sie (die deutsche Nation) ist zur Einführung repräsentativer, durch aristokratisch-monarchische Beimischungen gemäßigter Demokratien... noch lange nicht reif."[65] Vorerst müßten die Abgeordneten mit dem ungewohnten Status des Repräsentanten vertraut gemacht werden: „... laßt uns nur um Himmelswillen den Schülern nicht die Lehrjahre erlassen, und sie vor der Zeit zu Meistern erklären; laßt uns verhüten, daß sie das Publikum nicht mit Pfuscherarbeit überschwemmen."[66]

Es mag nach allem Gesagten überraschen, daß Almendingen dennoch seiner Regierung im dritten und letzten Teil des Organisationsentwurfs von der Einführung einer Konstitution abriet. Die Absage entbehrt jedoch nicht der inneren Konsequenz. Die wichtigste Begründung, die Almendingen anführte, betraf die Außenpolitik. Zwar hielt er prinzipiell daran fest, daß ein „konstitutionelles Verhältnis" ein „tief gefühltes Nationalbedürfnis" sei, aber andererseits war er zu diesem Zeitpunkt — 1812 — bereits der Meinung, daß unter der napoleonischen Oberherrschaft an eine freie und selbständige Aktion und Reaktion zwischen dem Fürsten und seinem Volk nicht zu denken sei. Almendingen war kein Befürworter des vernunftrechtlichen Konstitutionalismus, sondern eher ein Anhänger Montesquieus, der nicht für ein abstraktes Verfassungsideal, sondern für eine evolutionäre Verfassungsentwicklung, die der Sozialwirklichkeit entsprach, eintrat. Die westphälische Konstitution war nach Almendingens Terminologie eine „gegebene", d. h. oktroyierte und keine „entstandene" Verfassung: „Gegebene Grundverfassungen sind das Werk der Gewalt... Entstandene Grundverfassungen sind das Werk des menschlichen Bedürfnisses, und gesprochen in der Zeit und in der Entwicklung der Zivilisation."

Hinzu kam, daß er gerade aus der neugewonnenen Einsicht in die Wechselwirkung staatlicher und gesellschaftlicher Entwicklung das Dilemma erkannte, daß anders als in Frankreich die sozialen Voraussetzungen für das Repräsentativsystem noch fehlten, nämlich, wie er es selbst ausdrückte, die Existenz eines „gebildeten Mittelstandes". Die Nationalrepräsentation setze „das Dasein einer Klasse von Güterbesitzern und Kapitalisten voraus, welche die Welt und das Leben, ihr Land und seine Lage, ihr Volk und seinen Charakter — ich will nicht sagen aus einem philosophischen, aber doch aus einem allgemeinen den Zeitforderungen und dem Zustand der Kultur angemessenen Gesichtspunkt betrachtet". Ein an die alten Landstände gewöhntes Volk entbehre vorerst Volksvertreter, die sowohl über „Talent" wie über „Besitz" verfügen — und beide Qualifikationen sind nach Almendingen notwendig, um die materielle und geistige Unabhängigkeit der Abgeordneten zu garantieren —, es sei denn, man suche die „gebildete Klasse" unter den Staatsdienern, die aber, selbst in der Staatsverwaltung tätig, für die parlamentarische Kontrolle derselben nicht mehr in Frage kommen[67]. Auch für Feuerbach vollzog sich der Aufstieg des dritten Standes, der die „Mittelmacht" des Adels verdrängte, zunächst einmal nicht wie in Frankreich im Protest gegen, sondern im Dienst für den Staat, d. h. in der schmalen Schicht der Beamtenschaft als eigentlicher Träger der Reform[68].

Eben an diesem Punkt seiner Analyse betont Almendingen erneut die verfassungspolitische Funktion des Code Napoléon. Zwar garantiert erst die Konstitution die bürgerliche Gesetzgebung, aber umgekehrt bildet die Reform der bürgerlichen Verhältnisse auch wiederum die Vorbedingung für die Einführung einer auf Volksrepräsentation basierten Grundverfassung. Als „Stellvertreter des öffentlichen Rechts" — als „Stütz- und Strebepfeiler", wie es Feuerbach ausdrückte — soll das bürgerliche Gesetzbuch der „Vorbereitung" der künftigen Konstitution dienen: durch die „Sicherung der Erbfolge", durch die „Festsetzung der Prinzipien des Familienrechts", durch „Vorsorge für den Fall der Minderjährigkeit", durch „Scheidung des Staats vom Privatvermögen des Fürsten", durch Neuordnung des Familienfideikommisses, durch Angleichung an die französische Organisation und Administration. Der Code Napoléon liefert sozusagen die sozialen und rechtlichen Voraussetzungen, um mit der bürgerlichen schließlich auch die politische Freiheit durchzusetzen. Noch in den „Politischen Ansichten" bezeichnete Almendingen das französische Gesetzbuch als „Vehikel einer Verfassung" und als eine „wenigstens mögliche Wohltat, vielleicht die einzige, die Deutschland unter Napoleons Protektorat zu hoffen hatte"[69].

Man wird Almendingens Organisationsentwurf nicht als repräsentativ für die konstitutionellen und zivilrechtlichen Bestrebungen der Zeit ansehen können. Schon Brauers Beispiel lehrt das Gegenteil. Aber andererseits sind Almendingen und Feuerbach auch nicht einfach als Außenseiter abzutun. Beide waren Beauftragte und Sprecher ihrer Regierungen. Beide scheiterten mit ihren Bemühungen nicht allein am „Scheinkonstitutionalismus" und „bürokratischen Absolutismus", sondern auch an den Zeitumständen, die durch dauernde Kriege, durch die katastrophale Finanzlage ihrer Staaten und nicht zuletzt durch die Schwankungen der napoleonischen Außenpolitik bestimmt waren. Ihre Werke, ihre publizistischen und politischen Schriften, Vorträge und Berichte, zeigen aber doch zumindest die Möglichkeit einer Synthese von Aufgeklärtem Absolutismus und Frühliberalismus.

Almendingen war sich zugleich darüber im klaren, daß die politische Macht eines Kleinstaats wie Nassau nicht ausreichte, weitgesteckte Ziele, wie er sie vertrat, zu realisieren. Die Rezeption des Code und die Einführung der französischen Organisation, Administration und Konstitution waren seiner Meinung nach nur durch gemeinsame Bemühungen aller Rheinbundstaaten durchzusetzen. Die 1814 in den „Politischen Ansichten" geäußerte Skepsis entsprach bereits den Erfahrungen der Rheinbundzeit: „Nun mustere man aber einmal unsere kleinen deutschen Agrikulturstaaten; man sehe zu, was übrig bleibt, wenn man aus der Klasse der Gebildeten die Beamten und Amtskandidaten auf der einen, und das güterlose Talent, z. B. Gelehrte und Künstler, auf der anderen Seite ausscheidet. Ein neuer Grund gegen die Möglichkeit der Aufrechterhaltung kleiner Staaten im deutschen Staatenbunde, da sie einer repräsentativen Verfassung durchaus nicht fähig sind!"[70]

Die Gießener Konferenz unternahm einen ersten Versuch, mit der Ausarbeitung eines gemeinsamen Gesetzbuches zugleich die nationale Einheit zu fördern. Ein anderes auf den vormärzlichen Liberalismus vorausweisendes Ergebnis der Zivilrechts- und Verfassungsdiskussion war so die Entstehung des nationalen Gedankens — und zwar unabhängig von der norddeutsch-preußischen Befreiungsideologie.

4. Das nationalpolitische Programm

Es mag zunächst überraschen, daß die Rezeption eines ausländischen Gesetzbuches mit der Entstehung des nationalen Gedankens zusammenhängen soll — um so mehr, als eine ganze Reihe einschlägiger Zitate belegen könnte, daß die „Verfechter der Teutschheit" „Nationalehre", „Nationalstolz" und die Bewahrung des „Nationalcharakters" gerade *gegen* den Code Napoléon ins Feld führten[1]. Der nassauische Staatsminister Gagern fürchtete gleich zu Beginn der Rezeptionspläne, daß sich die Regierungen bei allzu bereitwilliger Annahme des Code Napoléon „Haß und Vorwurf in Deutschland"[2] zuziehen würden: „Der Nationalehre und dem Nationalstolz wäre wohl angemessener gewesen, keinen fremden Namen über unsern Gesetzbüchern geschrieben zu sehen."[3] Indessen — „Patriotismus" war oft die Losung jener, die als „teutsche Institute" eben Lehen, Fideikommisse, Adelsprivilegien, grundherrliche Rechte und deutsche Gerichtsverfassung verteidigt wissen wollten[4]. So verstanden glich „vaterländische" Gesinnung einem nationalkonservativen Traditionalismus. „Gehören die unkontrollierten Tribunale, der Schneckengang des gerichtlichen Verfahrens, die Unmöglichkeit, vor lauter Rechtsmittel zu seinem Recht zu kommen, wirklich zum heiligen Erbteil, in welches ein Eingriff Frevel sein würde?" hielt Grolman in Gießen der fürstprimatischen Kommission entgegen, die zuvor für die „Rücksicht auf die vaterländischen Institute" eingetreten war[5]. Und der bayerische Jurist Gönner stellte nicht ohne Ironie fest, daß gerade der Nationalcharakter der Deutschen eine „teutsche Reform" verhindere, nämlich die „Achtung für Rechte" als charakteristischste Eigenschaft: „Wir wollen nirgendwo anstoßen, wir fürchten in die bestehenden Rechte der Privaten durch eine schneidende Gesetzgebung auf eine widerrechtliche Art einzugreifen: wir wollen mit schonender Hand alte Übel, alte Verhältnisse, alte Gewohnheiten behandeln..."[6] Zwar sei der Code Napoléon auf die französische Staatsverfassung zugeschnitten, meinte ein anderer bayerischer Publizist, der Freiherr Johann Christoph von Aretin, aber gerade deshalb bedeute seine Einführung „eine Arznei für uns"[7]. Es ist nicht darüber hinwegzusehen, daß die nach 1815 als nationales Dokument gefeierte Flugschrift „Deutschland in seiner tiefsten Erniedrigung", deren Erscheinen zu dem berühmten Prozeß und der spektakulären Erschießung des Nürnberger Buchhändlers Palm führte, ein Musterbeispiel *konservativer* antinapoleonischer Publizistik darstellte bei aller berechtigten Kritik an den verheerenden Folgen der napoleonischen Kriege[8].

Grolman, Aretin, Gönner und mit ihnen die Anhänger der vernunftrechtlichen „Doktrin" des Code lehnten allerdings ihrerseits die Forderung nach einem „Nationalkodex" überhaupt ab. Sie beriefen sich mit Kant auf „weltbürgerliche Gesinnung" und Kosmopolitismus als „Hauptzug in dem Charakter der Deutschen", der sowohl die „Nationaleinheit" fördere als auch den „Rechtsverein der Nationen" und die „weltbürgerliche Gemeinschaft"[9]. Der Code Napoléon greife gar nicht „in die besonderen Verhältnisse des Nationalcharakters und Nationalinteresses der Staaten" ein, erklärte Gönner, denn seine Grundlage sei das römische Recht und die „raison écrite"[10]. Der Güterstand unter den Ehegatten, die Prinzipien der elterlichen Gewalt, das Vormundschaftswesen, die Testaments- und Intestaterbfolge, die Lehre von den Kontrakten und von der Verjährung usw. ließen sich unter zivilisierten „Europäern" nach einerlei Prinzipien bestimmen: „weder Sitten, noch Religionen, noch Nationalcharakter, noch Nationalökonomie unterscheiden hierin den Franzosen vom Portugiesen, vom Italiener, vom Teutschen. Die Einführung eines fremden Gesetzbuches einer sehr gebildeten Nation hat demnach für andere gebildete Nationen gewiß nichts Abschreckendes an sich."[11] Die „weisen Gesetze"[12], d. h. die „Vernunftgesetze"[13] des Code Napoléon, seine „weltbürgerlichen Resultate"[14] und seine „römischen und rein philosophischen Grundsätze"[15] wurden immer wieder als Gegenparole den Patrioten und Traditionalisten entgegengehalten. Die klassische, vielzitierte Formulierung fand sich im ersten Staatsratsgutachten von Berg über den Code, das Winkopp im „Rheinischen Bund" veröffentlichte: „Gesetze gehören also nicht zur Eigenheit einer Nation, sondern sprechen die allgemeine Kultur aus, die nicht aus der Erfahrung einer einzigen Nation, sondern aus dem Zusammenwirken der ganzen Menschheit hervorgehen." Und dann, gegen die Verteidiger „vaterländischer" Gesetze gerichtet: „Die Überbleibsel der Barbarei, die der Code Napoléon entfernt hat, konnten weder in Frankreich noch in Deutschland als keine wohlerworbenen Rechte, sondern nur als übel bestandene Verhältnisse streiten, sie streiten gegen die angeborenen gleichen Rechte der Menschheit — gegen den Staatszweck, und müssen in allen wohlgeordneten Staaten verbannt werden, und für immer verbannt bleiben. Das sind die Früchte der Französischen Revolution, und, wie gesagt, die Französische Revolution gehört der ganzen Welt an."[16]

Aber nicht alle Befürworter des Code waren zugleich Anhänger eines allgemeingültigen, für alle Nationen passenden Vernunftrechts. Am nationalen Gedanken schieden sich die Geister, ähnlich wie bei der Frage, ob denn eine von französischer Staatsverfassung, Administration und Organisation getrennte und isolierte Adaption der reinen Doktrin überhaupt möglich und sinnvoll sei[17]. Im Gegensatz zu den „Verfechtern der Teutschheit", die in Wirklichkeit nur die „Promulgation des Alten" wünschten, aber auch zu den „Zerstörern deutscher Legislation"[18], die einer überstürzten und unvorbereiteten Veränderung der bürgerlichen Verhältnisse das Wort redeten, bildete sich eine dritte Partei, die nach französischem Vorbild das Problem der Einführung eines ausländischen Gesetzbuches zu lösen suchte. Die Entstehung eines emanzipatorischen und fortschrittlichen Nationalgedankens in der Rheinbundzeit hängt eng zusammen mit der Rezeption Montesquieus. Ausgehend von Montesquieus Maxime, daß der Gesetzgeber das Individuelle der Völker, Zeiten und Einrichtungen, das von den kulturellen, geographischen und klimatischen Besonderheiten eines Landes abhängig sei[19], für die praktischen Zwecke der Gesetzgebung kennen, beachten und schonen müsse, folgerte Almendingen, daß ein fremdes Gesetzbuch nicht ohne Modifikationen rezipierbar sei: „Jede Gesetzgebung gehört als Produkt des Geistes, den Individuen, der Nation und dem Zeitalter an, welchem sie ihr Dasein verdankt."[20] Konsequent zu Ende gedacht, bedeutete dies freilich eine Absage an die Rezeption überhaupt. Der Code Napoléon, schrieb etwa der Herausgeber der „Nationalchronik der Teutschen", Johann Gottfried Pahl, passe „bei aller Vortrefflichkeit des Details" nicht zu der „politischen, sittlichen und kirchlichen Lage der teutschen Staaten", so sehr die „Gleichförmigkeit ihrer Struktur" in Verfassung, Gesetzgebung und Justizwesen zu wünschen sei. Es gelte, „unsre Nationaleinheit", d. h. „unsre Sprache, unsre Kultur und unsre Sitte" zu bewahren und zu verteidigen[21]. Mit ähnlichen Gründen plädierte ein Würzburger Staatsrechtler in einem Aufsatz des „Rheinischen Bundes" für eine „allmähliche Einführung" des Code und zwar nicht als Hauptgesetzbuch, sondern als subsidiarisches Recht, eine Forderung, die häufiger erhoben wurde[22]. Der nassauische Oberappellationsgerichtspräsident Dalwigk traf allerdings den Kern der Sache, als er dagegen zu bedenken gab, daß laut Montesquieu der Eroberer seinem Volke keine fremden Gesetze aufzwingen solle[23], daß aber der Politiker selten nach den Axiomen der Staatsphilosophie handle: „Allein anders als das Völkerrecht redet die Politik." Es war klar, daß die Rezeption des Code Napoléon aus politischen Gründen nicht zu umgehen war. Nationale und politische Interessen mußten gleichermaßen berücksichtigt werden. Dalwigk stimmte wie die meisten anderen Publizisten mit Almendingen überein, daß durch Modifikationen jeder Souverän das Gesetzbuch „dem Klima, den Sitten und denen in der Landesverfassung radizierten Gewohnheiten und Gebräuchen seines Staates adaptieren" könne[24]. Die „Individualität" eines Landes, schrieb Brauer in seinem Kommentar zum badischen Code, verlange „Zusätze", nicht Änderungen, denn eine Zivilgesetzgebung könne nicht „in jedem Klima, bei jeder Nation, unter jeder Regierungsverfassung durchaus von gleichem Umfang und Inhalt sein"[25]. Almendingen selbst rechtfertige die Modifikationen ganz im Sinne des „Esprit des lois": „Jedes Volk drückt seiner Privatgesetzgebung die Individualität seines Nationalcharakters, seine Sitten, seine kommerziellen, industriellen, moralischen und religiösen Bedürfnisse auf. In der Harmonie zwischen den Gesetzen und Sitten liegt die Vortrefflichkeit der Gesetzgebung selbst."[26] Auch für ihn bedeutete Modifikation nicht etwa Veränderung der „Doktrin", sondern Anpassung an die deutschen Verhältnisse ohne Preisgabe des verfassungs- und gesellschaftspolitischen *Programms* des Code, das der Gesetzgeber vielmehr auf reformerischem Wege und mit schonender Rücksicht auf den „Geist der Nation" durchsetzen sollte[27].

Die nationale Rechtfertigung der Rezeption war dabei zugleich mit sehr konkreten nationalpolitischen Zielen verknüpft. Die Rheinbundpatrioten und vor allem die Regierungen der kleineren Rheinbundstaaten, die seit je in der Reichsverfassung den besten Schutz ihrer Existenz vor dem Machtstreben und der Mediatisierungspolitik der größeren Nachbarstaaten gesichert sahen[28], hofften, daß die Rezeption des Code zugleich den Ausbau des Rheinbundes bewirken werde. Almendingen erklärte in Winkopps „Rheinischem Bund", „daß aus der Einführung des Code Napoléon in den deutschen Staaten, wenn sie mit Konsequenz und Weisheit geleitet wird, die Konstitution des Rheinbundes selbst, das

Verhältnis der Untertanen zu dem Souverän, beider Protektor, und überhaupt eine Palingenesie der deutschen Staatsverfassung hervorgehen muß"[29].

Dieser Gedanke war an sich nicht neu. Reichsreform durch Rechtsreform war eine Losung, die ganz der Tradition des älteren Reichspatriotismus entsprach. Schon 1787 hatte Dalberg, damals noch Koadjutor in Mainz, in einer dem Kaiser eingereichten Denkschrift über „Vorschläge zum Besten des Deutschen Reiches" die Einführung eines deutschen Zivil- und Kriminalgesetzbuches vorgeschlagen, wenn auch noch ganz in der eudämonistischen Tradition der Aufklärung und mit scharfer Trennung zwischen Privatrecht und Staatsrecht. „Der Zweck jeder menschlichen Gesellschaft ist Glückseligkeit ihrer Mitglieder. Die Glückseligkeit, so die Nation durch gesellschaftliche Verbindung erhalten, besteht in ruhigem Genuß des Eigentums und in gesetzmäßiger Freiheit. Dieses ist wahr in Beziehung auf Bürger und Untertanen, auf Fürsten und Herren. In erster Beziehung gehören Zivil-Gesetze, Gerichtsordnungen, allgemeine Kriminalgesetze, Polizei-Anstalten. Die andere Beziehung ist Gegenstand des Staatsrechts."[30] Die damals allenthalben auftauchenden Kodifikationspläne zu einem bürgerlichen Reichsgesetzbuch gingen auf die Anregungen zurück, welche die Publizierung der Entwürfe zum preußischen Allgemeinen Landrecht vermittelt hatte. Die Forderung nach Rechtseinheit und der Gedanke eines einheimischen, aus naturrechtlichen Prinzipien hergeleiteten, aber doch zugleich populär geschriebenen Gesetzbuches reicht bis ins 17. Jahrhundert, auf Conring und Leibniz, zurück[31]. Pütter, einer der bedeutendsten Vertreter der Göttinger Reichspublizistik des 18. Jahrhunderts, rezensierte die Entwürfe zum Allgemeinen Landrecht in den „Göttingischen Gelehrten Anzeigen", hoffend, daß daraus ein Gesetzbuch für ganz Deutschland erwachsen werde[32]. Einer der begeistertsten Anhänger der Kodifikationsidee, Johann Reitemeier, damals Legationsrat in Frankfurt und nach 1805 Professor in Kiel, übertrug später sein apologetisches Lob vom Allgemeinen Landrecht auf den Code Napoléon[33]. Die langjährigen Bestrebungen überblickend, konnte Mulzer, der Vertreter Dalbergs auf der Gießener Konferenz, mit einigem Recht bemerken: „Ein neues Zivilgesetzbuch war in Teutschland lange Nationalbedürfnis und allgemeiner Wunsch der Patrioten."[34]

Unmittelbar an ältere Reichs- und Rechtsreformvorstellungen anknüpfend, hat man deshalb bisweilen und vor allem in Winkopps „Rheinischem Bund" den Code als „Bundesgesetzbuch" proklamiert, dessen Einführung durch das in der Rheinbundakte vorgesehene Fundamentalstatut festgesetzt werden sollte[35]. Seidensticker schlug in seinem Kommentar zum Code vor, die Rezeption als „Föderationsakt" des gesamten Bundes vorzunehmen[36]. Über die Realisierbarkeit dieser Pläne gab man sich aber bald keiner Täuschung mehr hin[37]: So „vernünftig" der Vorschlag Seidenstickers auch sei, meinte Almendingen im Januar 1809, so könne man doch nicht länger auf die Einberufung der Frankfurter Bundesversammlung hoffen — und womöglich die Rezeption von ihr abhängig machen[38].

Allerdings haben gerade die kleinen Rheinbundstaaten, voran Nassau, dem das Präsidium der Fürstenbank zustehen sollte, zumindest an der Fiktion des

Frankfurter Bundestages festgehalten. Um das Präsidium zu festigen und womöglich auszubauen, setzte sich Gagern, seine guten persönlichen Beziehungen zu Talleyrand ausnutzend, nach dem Zusammenbruch Preußens 1807 mit Erfolg für die Selbständigkeit der thüringischen und norddeutschen Kleinstaaten ein, die dann, in den Rheinbund aufgenommen, die Stimmen der Fürstenbank vermehren sollten, so daß Nassau als Präsidialstaat Anspruch auf Sitz und Stimme in der Königsbank erheben konnte[39]. Ebenso spielte Gagern noch bei den Vorbereitungen zur Gießener Konferenz mit dem Gedanken, über das Präsidium eine verbindlichere Direktive an die Kleinstaaten auszugeben, an der Konferenz teilzunehmen und dadurch den Einladungen an die größeren Staaten mehr Gewicht beizulegen[40]. Auch Gagern hatte zunächst erwartet, daß der Frankfurter Bundesversammlung eine Initiative bei der Rezeption zufallen würde[41]. Die Gießener Konferenz bildete gleichsam einen Ersatz, indem sie zwar keine „Bundesgesetzgebungskommission", wie sie der „Rheinische Bund" wünschte[42], wohl aber einen gemeinsamen „Kongreß" für eventuelle Absprachen der einzelnen Souveräne bzw. ihrer Vertreter anbot[43].

Ein anderer Ausweg, den stockenden Ausbau des Rheinbundes voranzutreiben, bestand darin, über die mit dem Code Napoléon verknüpfte Neuorganisation der Gerichtsverfassung die Frage eines Bundesgerichts wieder ins Spiel zu bringen, ein Projekt, an dem vor allem Dalberg sehr interessiert war. In der Publizistik war die Errichtung eines Bundesgerichts in Analogie zum alten Wetzlarer Reichskammergericht immer wieder diskutiert worden, wenngleich führende Staatsrechtler wie Behr und Zintel bereits darauf hingewiesen hatten, daß die föderalistische Struktur des Rheinbundes im Gegensatz zum alten Reich eine solche Zentralbehörde ebensowenig zuließ wie eine Oberherrschaft über den Bund[44]. Die unmittelbare Sorge für die rechtliche Sicherheit im Innern überlasse die Rheinbundakte den nunmehr souveränen Einzelstaaten; nur die „Sicherung der rechtlichen Koexistenz", d. h. die Verteidigung nach außen, sei Aufgabe des Bundes[45]. Unausgesprochen spielte wohl auch die Befürchtung eine Rolle, Napoleon könne über das Ernennungsrecht der Richter den Bundesgerichtshof für seine eigenen Zwecke, nämlich eine Befestigung seiner „Oberherrschaft", ausnutzen.

Almendingen und Mulzer traten dann auch in Gießen nicht für ein Bundesgericht, wohl aber für einen gemeinsamen Kassationshof ein, dessen Funktion — die Aufhebung gesetzwidriger Urteile und Zurückweisung an die Untergerichte, ohne daß diese an die Rechtsansicht des Kassationshofs gebunden waren — einerseits der Wahrung der Einheitlichkeit der Rechtsprechung und damit der erstrebten Rechtseinheit dienen sollte, andererseits aber nicht als Eingriff in die Jurisdiktionsgewalt der Einzelstaaten ausgelegt werden konnte[46]. Almendingen glaubte deshalb auch die Ernennung der Richter durch Napoleon rechtfertigen zu können, denn der Kassationshof sei nichts anderes „als Napoleons organisierte Protektion"[47].

Es scheint, daß Dalberg, der weiterhin beharrlich in mehreren Denkschriften[48] einen „Revisionshof" bzw. ein Schiedsgericht zur Schlichtung von Streitigkeiten der Fürsten untereinander forderte, die begrenzte Kompetenz des Kassationshofs nie ganz begriffen hat. Almendingen, der einigermaßen ungeduldig auf die dauernden Einmischungen Dalbergs reagierte[49] — nicht anders übrigens als seine Frankfurter Kollegen[50] —, meinte, das Schiedsgericht sei „ein frommer Wunsch" des Fürstprimas, der wegen der Souveränität der Rheinbundfürsten gar nicht realisierbar sei, da es im Gegensatz zum Kassationshof ohne exekutive Gewalt wirkungslos bliebe. Ein Revisionshof wiederum, über dessen Kompetenz er, Almendingen, sich „keine deutliche Vorstellung" machen könne, sei wegen der vorhandenen einzelstaatlichen Oberappellationsgerichte überflüssig[51].

In allen diesen Diskussionen zeigte sich deutlich, daß die älteren reichspatriotischen Reformbestrebungen zwar aufgenommen aber zugleich weiterentwickelt wurden. Neu und folgenreich für die Zukunft war die Verbindung der Reichs- und Rechtsreform mit der Sozialreform, dem gesellschaftspolitischen Programm des Code und den verfassungspolitischen Vorstellungen, die ihm zugrundelagen: Gewaltenteilung und Vertretungsgedanke. Nicht mehr allein durch eine institutionelle Organisation von Zentralbehörden, sondern durch die gleichförmige soziale und politische Entwicklung in den Einzelstaaten selbst sollte das „Einheitsprinzip" gefördert, der „Gemeingeist" geweckt und das „System der Isolierung" überwunden werden[52]. „Einheit in Verfassung und Verwaltung der konföderierten Staaten" galt als „eines der fruchtbarsten und solidesten Mittel zur Erreichung des Bundeszwecks", auch wenn damit der Wunsch nach einem Fundamentalstatut nicht aufgegeben wurde[53]. Das Rezeptionsprogramm Almendingens enthielt als wichtigste Forderungen die Herstellung der Rechtseinheit durch Aufhebung der Partikularrechte, die „Gleichförmigkeit des innern Zustands" aller Rheinbundstaaten und schließlich die „Übereinstimmung der Gesetzgebung und Verfassung derselben" mit dem Protektorstaat, „dessen Einrichtungen und Anstalten dem zivilisierten Europa als Muster der Nachahmung aufgestellt worden sind"[54]. „Daß diese Zivilgesetzgebung die nur zu sehr zerrissenen Bande des Zutrauens, welche vormals den Deutschen an den Deutschen knüpften, erneuern, daß sie dem Deutschen ebenso wie seine fortdauernde Sprache ein Unterpfand der Nationaleinheit darbiete, ist im gleichen Grade Forderung der Politik und des Patriotismus", lautete Almendingens programmatische Erklärung im Gießener Eröffnungsvortrag[55].

Die nach westphälischem und bayerischem Vorbild einzuführende Konstitution galt dabei zugleich als wichtigstes nationales Bindemittel. „Die Einheit in der Konstitution und Gesetzgebung", schrieb Dalwigk im „Rheinischen Bund", „würde den Bund um so mehr verengen — die sich fremden Nationen annähern und unter ihnen die Harmonie, die wesentlichste Bedingung des geknüpften Bandes befördern."[56]

Man wird nicht übersehen können, daß gerade zu Beginn der Rheinbundzeit die „Rheinbundideologie" und die reichspatriotischen Erwartungen auf ein „neues Deutschland" in den Sog der napoleonischen Propaganda gerieten: Karlsmythos, europäische Friedensideologie und die Verklärung der napoleonischen Europapolitik im Lichte einer tausendjährigen „universalistischen" Überlieferung fanden in der deutschen Publizistik, in Winkopps „Rheinischem Bund", in Paul Oesterreichers „Archiv des Rheinischen Bundes"[57], in Niklas Vogts „Europäischen Staatsrelationen"[58], in Flugschriften und Handbüchern, in literarischen Zirkeln um Johannes von Müller[59] und Karl Friedrich Reinhard[60] eine oft überschwengliche Resonanz. Aber im selben Grade, wie Skepsis und Resignation die anfänglich so hochgespannten Hoffnungen verdrängten, wuchs doch zugleich die Einsicht in die innenpolitischen Möglichkeiten der Rheinbundära. Niklas Vogt sah in der „Beseitigung der Feudalanarchie" schließlich den wichtigsten „Vorteil" der Rheinbundzeit[61], und Winkopps „Rheinischer Bund" zog das Fazit, daß die Gleichheit der Staatsbürger vor dem Gesetz, die Durchsetzung des Repräsentativsystems und der „Sturz des gesamten Feudalwesens", d. h., „die Herabwürdigung des Erbadels zu einem bloßen Titel, die Aufhebung der Leibeigenschaft und der Dienstbarkeiten, die Abschaffung der Patrimonialgerichtsbarkeit, die gleiche Besteuerung des Eigentums, das Erlöschen der Privilegien, die gleiche Konkurrenz im Staatsdienst", trotz allem eine Epochenwende markierten[62]. In diesem Sinne konnte Franz von Lassaulx in einem der letzten Bände des „Rheinischen Bundes" den Code Napoléon als das von allen Deutschen „so lang ersehnte Nationalband der Gleichförmigkeit ihrer Rechtsverhältnisse", als „Ausdruck eines gesamten Sozialorganismus" und als das „wohltätigste und bleibende Resultat dieser neuen Umwälzungsperiode" bezeichnen[63].

In dieser Argumentation lag dann auch die eigentliche Rechtfertigung für die Rezeption eines ausländischen Gesetzbuches. Auch da, wo der von Napoleon ausgeübte Druck kritisiert wurde, setzte sich doch die Ansicht durch, daß die auf ihre Souveränität pochenden deutschen Fürsten von sich aus die gleichförmige Rechts- und Sozialreform als Voraussetzung der Nationaleinheit niemals in die Wege geleitet hätten. So sehr Almendingen prinzipiell für die „autonomische Gesetzgebung eines Volkes" und für die „Annahme eines deutschen vaterländischen Gesetzbuches" eintrat — nicht aus „Nationalstolz", sondern aus der neu gewonnenen Einsicht in die „Harmonie zwischen den Gesetzen und Sitten" —, so gab er doch zu, daß es ganz vergeblich sein würde zu hoffen, daß ein Souverän sich freiwillig bereit finden könnte, sein Gesetzgebungssystem einem anderen benachbarten konföderierten Staat auf der Grundlage eines gemeinsamen Gesetzbuches anzugleichen: „Jenes Selbstgefühl, welches den deutschen Namen dem Bewußtsein subordiniert, daß man der Bayerischen, Sächsischen, Württembergischen Nation usw. angehört, brechen jener Hoffnung den Stab... Vor der höhern Gewalt des großen schützenden Staates sind alle souveränen Mitglieder der Konföderation gleich. — Frankreichs schirmender Flügel umgibt Bayern und Aremberg mit gleicher Sicherheit."[64] Wenn nur auf diesem Wege „alle großen und liberalen Institute des regenerierten Frankreichs, ohne gewalttätige Erschütterungen, auf deutschen Boden verpflanzt" werden könnten, sollte die Frage, unter welchem Gesetzbuch die Völker der rheinischen Konföderation sich vereinigen, „auch nicht einen Augenblick Stoff zu Diskussion und Zweifeln darbieten". Selbst Gönner, durchaus ein Anhänger der von Almendingen apostrophierten „Bayerischen Nation", sah in der „Rivalität der Regierungen" ein

Haupthindernis für eine „teutsche Reform": „Nur ein mächtiger Stoß von Außen vermag alle diese Hindernisse zu besiegen, und im Zivilrecht die Bahn zum bessern Zustand zu brechen, wie er dem öffentlichen Verhältnisse mit unerwarteter Schnellkraft neues Leben gab."[65]

Auch aus solcher Sicht und anders verstanden als bei Fichte, erschien Napoleon als der Zwingherr zur deutschen Einheit. Nationaleinheit bedeutete aber nicht wie in Preußen in erster Linie staatliche und selten bundesstaatliche[66] Einheit, sondern — in einem föderalistischen Sinne ausgelegt — Einheit des Sozialsystems und Herstellung einer gleichförmigen Verfassung und Verwaltung in den jeweiligen konföderierten Einzelstaaten. Das Prinzip des Staaten- oder Völkerbundes, schrieb Behr über die Struktur des Rheinbundes, sei „ein auf die Gleichheit aller gebauter freier Föderalismus"[67].

Die neue politische und soziale Gemeinschaft sollte dabei zugleich der ökonomischen Vereinheitlichung dienen: der Herstellung „einer wenigstens in den Hauptmomenten gleichförmigen Staatsverfassung und Verwaltung, Gesetzgebung und Rechtspflege" entsprach die Gleichheit im Münz- und Postwesen, ein gleiches Abgabensystem, ein gleiches Gewerbewesen und eine „vollkommene Freiheit des Verkehrs und des Handels unter den verbündeten Staaten"[68].

Alle diese Tendenzen formten einen Rheinbundpatriotismus, der als ein Verbindungsglied zwischen dem aufgeklärten Reichspatriotismus des 18. und dem liberalen Nationalismus des 19. Jahrhunderts angesehen werden kann. Der Rheinbund war sicherlich in vielerlei Hinsicht eine künstliche Schöpfung Napoleons, aber er galt doch jenen, die ihn verteidigten, zugleich als Bewahrer der Reichstradition, die nun den neuen Erfordernissen, dem „Zeitgeist", wie man sagte, angepaßt werden sollte.

Erst mit dem Beginn der Restauration setzte erneut und in verstärktem Maße ein nationalkonservativer Kampf gegen die imperiale Überfremdung durch die französischen Gesetze ein. „Nachdem unter dem Beistand der Alles leitenden Vorsehung Deutschlands Unabhängigkeit und Freiheit wieder erkämpft worden ist", verkündete die Verordnung des Generalgouvernements, die den Code Napoléon im Großherzogtum Frankfurt wieder abschaffte, „so fordert das allgemeine Nationalinteresse, daß deutsche Gesetze und Gewohnheiten, deren wohltätiger Einfluß erprobt ist, an die Stelle eines fremden Gesetzbuches treten, welches weder dem Volkscharakter, der Denkungsart desselben und der Moralität der Nation entspricht, noch der Staatsverfassung angemessen ist..."[69] Die Verbindung von Nationalität und westeuropäischem Freiheitsbegriff oder „Nationalität" und „Zeitgeist", wie es Almendingen im zeitgenössischen Sprachgebrauch ausdrückte[70], zerbrach. Der Code Napoléon, schrieb August Wilhelm Rehberg 1814, sei darauf angelegt, „die großen Zwecke der Revolution zu befördern: die gänzliche Vernichtung aller bisher bestandenen Sozialverhältnisse unter den Menschen und die grenzenlose Ausdehnung der Herrschaft des französischen Volks"[71]. Die Schrift wurde bekanntlich zum Anlaß für den berühmten Kodifikationsstreit zwischen Thibaut und Savigny, der eng verknüpft ist mit der

Entstehung der historischen Rechtsschule[72]. Auf ihre Weise zeigt jedoch auch die Schlußphase der Code-Diskussion, welche zentrale Rolle das napoleonische Gesetzbuch in den Auseinandersetzungen der Zeit gespielt hat.

IV. Französisches Recht und vorrevolutionäre Gesellschaftsordnung

1. Die uneingeschränkte Rezeption des Code Napoléon in den Modellstaaten Berg und Westphalen

Die Durchsetzung des Rezeptionsprogramms war, wie schon gesagt[1], in hohem Maße abhängig von der napoleonischen Außenpolitik; aber ihr stand auch eine Fülle innerer Schwierigkeiten entgegen, denen die einzelnen Staaten mit sehr verschiedenen Rezeptionsmodellen zu begegnen suchten. Das beispielhafte Experiment der Modellstaaten, die beide den Code uneingeschränkt und ohne Modifikationen einführten — Westphalen nach Artikel 45 der Konstitution schon ab 1. Januar 1808, Berg nach längerer Vorbereitungszeit und ausführlicher Planung sowohl in der Düsseldorfer als auch in der Pariser Staatsratskommission ab 1. Januar 1810 —, wurde von den übrigen Rheinbundstaaten aufmerksam beobachtet. Ihre Funktion als Modellstaaten verfehlte insofern nicht ihre Wirkung.

Man hat jüngst gegen die Modellstaatenkonzeption eingewandt, daß sich die Nachahmung der napoleonischen Staats- und Gesellschaftsvorstellungen auch am Herrschaftssystem des kaiserlichen Frankreich selbst hätte orientieren können[2]; aber die indirekte Vermittlung erschien doch gerade deshalb notwendig, weil zunächst einmal der Beweis erbracht werden mußte, daß es überhaupt möglich war, die „Errungenschaften" des revolutionären und nachrevolutionären Frankreich auf eine vorrevolutionäre Rechts- und Gesellschaftsordnung auf reformerischem Wege zu übertragen. Ob dies gelang und gelingen konnte, ist eine andere Frage.

Für Beugnot und Siméon, die beide Mitglieder der französischen Konstituante gewesen waren, wiederholte sich in gewisser Weise das Experiment von 1789. Ihre Gesetzgebung zur Durchsetzung des gesellschaftspolitischen Programms des Code richtete sich weitgehend, wie das napoleonische Gesetzbuch selbst[3], nach den Revolutionsdekreten von 1789/90, die mit der Bekämpfung des Feudalsystems und der Adelsprivilegien zugleich eine neue bürgerliche Gesellschaft postulierten, in der an die Stelle der „wohlerworbenen" seigneurialen Rechte das vertraglich-privatrechtlich begründete kapitalistische Eigentum trat. Die von den bäuerlichen Interessen her gesehen konservative Ablösungsgesetzgebung, die auch das „heilige und unverletzliche" Eigentum der Feudalherren schonte und deshalb den „rachat" vorschrieb, diente in erster Linie der Kommerzialisierung des Bodens, die bisher durch die auf Besitz und Person lastenden Abgaben, Dienste, Monopole und Bannrechte, durch Besitzwechselgebühren, Verkaufsbeschränkungen und Vorkaufsrechte noch weitgehend blockiert war[4]. Der bäuerliche Kleineigentümer hingegen war auch in Frankreich kaum in der Lage, die hohen Ablösungssummen aufzubringen[5]. Das Renteneigentum bildete vor allem eine Kapitalanlage für das städtische Bürgertum, dem der Zugang ins Land erleichtert wurde. Unabhängig von den politischen Konflikten zwischen tiers état und Aristokratie verfolgten adlige und bürgerliche Grundeigentümer in ökonomischer Hinsicht zunächst komplementäre Interessen[6].

Eben diese Erfahrungen ließen sich aber keineswegs ohne weiteres auf die deutschen Verhältnisse übertragen. Der entscheidende Unterschied lag nicht nur darin, daß die Gesetzgebung anders als in Frankreich von oben, durch fremde Eroberer diktiert wurde, ohne daß ein revolutionäres Bürgertum sie unterstützte, sondern vor allem darin, daß der Prozeß der Kapitalisierung des Bodens und der damit zusammenhängenden Differenzierung der Grundbesitzerschicht in Deutschland noch gar nicht begonnen hatte. Während in Frankreich bereits vor 1789 das städtische Bürgertum etwa 30 Prozent des landwirtschaftlich genutzten Bodens besaß und kraft seiner Kapitalüberlegenheit dem Bauern mehr und mehr das Land wegnahm, spielte der Bürger als Grundherr in Deutschland überhaupt keine Rolle[7]. Die französischen Bauern bewirtschafteten im 17. und 18. Jahrhundert nur noch 35 Prozent des Bodens in eigener Regie und zu Miteigentum — das übrige Land wurde vom Adel, Klerus und städtischen Bürgertum meist zu den sehr ungünstigen Bedingungen der Naturalpacht gegen Abgabe der Hälfte oder eines Drittels der Ernte für einen bestimmten Zeitabschnitt von drei, sechs, neun oder zwölf Jahren an kapitalkräftige Pächter ausgegeben, die aber nicht wie die überwiegende Zahl der deutschen Bauern ein Miteigentum besaßen. Die Bodenknappheit bzw. die für den Kleinbauern unerschwinglich hohen Pachten brachten es mit sich, daß gleichzeitig die bäuerliche landlose Unterschicht in Frankreich sehr viel größer war als in Deutschland westlich der Elbe.

Für die Übertragung der französischen Gesetze fehlten also eine ganze Reihe wesentlicher Voraussetzungen: ein Bürgertum, das aus eigenen Interessen eine Agrarreform unterstützte, existierte gar nicht; der adlige Grundherr, der sein Land nicht selbst bewirtschaftete und meist nur ein Obereigentum besaß, das ihm aber sichere Revenüen garantierte, dachte noch nicht an Kapitalanlage und Kredit bzw. die ökonomischen Vorteile einer Ablösung[8]. Schließlich fehlte das Ferment eines zahlreichen ländlichen Proletariats. In Deutschland gab es weder ein Bürgertum, das die sozialen und wirtschaftlichen Möglichkeiten des „Ablösungskapitalismus" zu kalkulieren verstand, noch ein politisiertes unruhiges Bauerntum, das sich mit ihm, wenn auch aus anderen Motiven, gegen das Feudalsystem verbündete.

Die Wirkung des Code Napoléon war deshalb eine ganz andere, als Beugnot, Siméon oder ihre französischen Berater wie Merlin de Douai, der schon an der Ablösungsgesetzgebung von 1790 maßgeblich beteiligt war, erwartet hatten. Die unmittelbare Folge der uneingeschränkten Rezeption war offensichtlich ein Chaos.

Die Schwierigkeiten begannen bei den fehlenden institutionellen Voraussetzungen, vor allem in Westphalen, wo der Code ohne jegliche Vorbereitung sofort nach Gründung des Königreichs und nur durch die kurze Bestimmung des Artikels 45 der Konstitution eingeführt wurde. Wenn auch die imponierende Leistung der Gesetzgeber, die in rascher Folge die französische Gerichtsverfassung (27. Januar 1808), die Aufhebung der Patrimonialgerichtsbarkeit (29. Februar 1808), die französische Zivilprozeßordnung (19. August 1808), die Hypothekenordnung (22. September 1808) und die Notariatsordnung für die Ausübung der freiwilligen Gerichtsbarkeit (27. Februar 1809) dekretierten[9], viel Bewunderung erregte, so ist doch nicht darüber hinwegzusehen, daß die Ausführung der neuen Gesetze keineswegs reibungslos funktionierte. Noch am 8. Januar 1812 schrieb Siméon an den Präsidenten des Appellationsgerichts in Celle, Friedrich von Strombeck, der die westphälische Zivilgesetzgebungskommission geleitet hatte: „Langsame Justiz ist kaum eine halbe Justiz. Es gibt in Westphalen viel gute Rechtsgelehrte, nur müssen sie ihr Wissen einer demselben bisweilen anhaftenden scholastischen und metaphysischen Wendung entkleiden, es weniger spitzfindig machen und es direkter aufs Ziel lossteuern lassen, ohne sich auf davon ablenkende Nebenfragen zu stürzen. Dann wird es rascher und glänzender wirken. Die Advokaten werden sich danach schulen, daß die Richter die Prozesse nicht mehr selbst einleiten, hiermit werden andere sich befassen, und vielleicht haben sie eines Tages Advokaten wie Frankreich, die an Talent, an Ausbildung und an Ansehen wetteifern."[10] Der umständliche deutsche Justizapparat ließ sich kaum von heute auf morgen in schnellere Bahnen lenken, und vor allem fehlte eine breite Schicht reformwilliger Richter und Advokaten, die nur darauf warteten, von der lästigen Bevormundung durch die Verwaltung befreit, ihren Einfluß geltend zu machen. In Frankreich zählten bekanntlich gerade die Advokaten zu den führenden Köpfen der Revolution, die von sich aus auf eine Änderung der Verhältnisse drängten. In den meisten Fällen wurde das freiwerdende Personal der Patrimonialgerichte, das, an ein einträgliches Sportelwesen gewöhnt, eher die alte Ordnung verteidigte und alles andere als fortschrittlich gesinnt war, an die neuen Tribunale vermittelt, sofern die Patrimonialgerichte nicht überhaupt provisorisch beibehalten wurden[11]. Die Friedensrichter, deren Stellen ohnehin ähnlich wie bei den Mairien aus „Mangel an qualifizierten Subjekten" schwer besetzt werden konnten[12], klagten gleichfalls über nicht ausreichende Bezahlung[13], erhoben meist weiterhin die alten Sporteln trotz der neuen Gebührenordnung[14] und begriffen lange Zeit gar nicht, daß ihre Funktion, „nicht bloß in streitigen Sachen zu erkennen, sondern zugleich entstehenden Prozessen vorzubeugen"[15], sich von den Amtsvorrichtungen der früheren Ämter grundlegend unterschied. Die strenge französische Justizhierarchie stieß sichtlich auf den Widerstand der Beamten. Die Friedensrichter, monierte Siméon, hielten an der „irrigen Meinung" fest, „ihre vormalige Autorität (als Unterrichter) beibehalten zu haben", weshalb sie sich von der Aufsicht der Tribunale befreit glaubten und sich weigerten, „den Requisitionen derselben nachzukommen, oder die für den öffentlichen Dienst von ihnen erhaltenen Befehle zu vollziehen"[16]. Andererseits war aber gerade die Justizreform eng mit der gleichzeitigen Sozialreform verknüpft, deren Gelingen nicht nur von einem rasch und gut funktionierenden Prozeßverfahren abhing, da die Streitfälle vor die Gerichte verwiesen wurden, sondern vor allem von einer unparteiischen Rechtsprechung, die wiederum von den konservativen ehemaligen Patrimonialrichtern durchaus nicht von vornherein erwartet werden konnte[17]. Nach den ersten Mißerfolgen und angesichts einer Unzahl unerledigter Prozesse stützte sich Siméon später stärker auf die Administrationsbehörden, vor allem auf die durchweg zuverlässigen, wenn auch zur Hälfte aus dem alten Adel stammenden Präfekten und Unterpräfekten[18], die 1810 angewiesen wurden, ihre Vermittlung bei Konflikten zwischen Grundherren und Bauern anzubieten, um „das getrennte Interesse durch gütliche Übereinkunft in einem gemeinschaftlichen zu vereinigen"[19].

Auch in Berg fehlten zum Termin der Einführung des Code ab 1. Januar 1810 noch eine ganze Reihe von Institutionen zur Anwendung des Gesetzbuches, obgleich man einige der neuen Aufgaben zusätzlich den schon bestehenden Behörden übertrug; so die Obliegenheiten der Hypothekenbewahrer den Domänenkammern, die Funktionen der Friedensrichter den Untergerichten bzw. der Bezirkstribunale den alten Obergerichten und die Führung der Zivilstandsregister den Maires[20]. Aber erst im Januar 1811 wurde die für die Ausübung der nichtstreitigen Gerichtsbarkeit unerläßliche Notariatsordnung und im Dezember 1811 die französische Gerichtsverfassung eingeführt[21]. Für breitere Bevölkerungsschichten brachte die neue Organisation jedoch oft eher Nachteile als Vorteile. Die Öffentlichkeit des Verfahrens, die Schnelligkeit der Prozesse und der übersichtliche Instanzenzug wurden zwar als vorbildlich proklamiert und anerkannt, aber vorerst war es für den einzelnen Bauern, der sein Recht suchte, beschwerlich, daß die Tribunale weiter entfernt von seinem Wohnort und nur in geringer Zahl installiert wurden[22]. Da auch einige Untergerichte wegen Kostenersparnis zusammengelegt wurden, besaßen manche Ämter nicht einmal mehr einen Friedensrichter[23]. Um eine Hypothek aufzunehmen, war es plötzlich notwendig, sich an die Domänenkammern zu wenden und eine kostspielige Eintragung in die Hypothekenbücher vornehmen zu lassen, während bisher die Bestätigung, falls sie überhaupt erforderlich war, beim nächsten Amtsgericht eingeholt werden konnte. Außerdem waren die Beamten wie in Westphalen in den wenigsten Fällen auf ihre neuen Aufgaben genügend vorbereitet und reagierten unwillig — vor allem die Maires — auf die zusätzliche Arbeitsbelastung[24].

Bei den Ämtern liefen Klagen über die „Unvollkommenheit des Notariatswesens" und „eine schädliche Stockung in den Geschäften" ein[25]. Wer ein Testament aufsetzen oder die Beurkundung eines Kaufkontraktes vornehmen wollte, fand keinen Notar, sondern allenfalls einen Landschreiber, der sich als solcher ausgab, aber die Bestimmungen des Code noch nicht kannte[26]. Oder aber die zu Friedensrichtern deklarierten Amtsrichter, die bisher die Beurkundungen selbst ausgefertigt hatten, fürchteten um ihre Sporteln, für die ja gerade die freiwillige Gerichtsbarkeit besonders ergiebig war. Der bergische Innenminister Nesselrode hatte die größte Mühe, den Ämtern, Justizkanzleien und Untergerichten die Trennung der Jurisdiktionen klar zu machen, abgesehen davon, daß auch in Berg das Sportelwesen nur schwer ausrottbar war[27]. Im Januar 1810 schrieb

Nesselrode in einem Privatbrief an Harscher von Almendingen, die überhastete Einführung des Code Napoléon habe vorerst nur eine „Fülle von Arbeitsüberlastung und Verwirrung (une foule de besognes et d'embarras)" geschaffen. „Aber in diesem Zeitalter", fügte er einigermaßen resigniert hinzu, „überstürzen sich ja die Ereignisse."[28]

Wurde bereits bei den organisatorischen Problemen deutlich, wie wenig mit der Mitarbeit und Unterstützung der Bevölkerung zu rechnen war, so fehlte die Interessensolidarität des Bürgertums und der unteren Beamtenschicht vollends bei der Durchsetzung der Agrargesetzgebung. Der Praktizierung der bürgerlichen Rechtsgeschäfte nach den Vorschriften des Code Napoléon, etwa bei Erbteilung und Verkauf, stellte sich rasch eine Fülle von Hindernissen entgegen. Zwar proklamierte Siméon die neue Erbfolgeordnung sehr wirkungsvoll und ganz im Sinne Napoleons bei der ersten Versammlung der neuen westphälischen Landstände: „Vielfältig wurde das Justizwesen verbessert. Die Quelle der Vervollkommnung war der Codex Napoleon, und die neue Einrichtung der Tribunalien. Jene neue Gesetzgebung, da sie einerseits die Substitutionen eingehen ließ, andererseits den Verfügungen der Eigentümer weiten Spielraum öffnete, brachte in die Familien eine den Vaterpflichten und Kinderrechten gemäßere Ordnung. Die Töchter, die jüngeren Söhne, durch die Eitelkeit eines Ahnherrn, welcher sie nicht kannte, auf ewig enterbt, werden künftig nicht mehr neben den reichen Erstgebornen in Dürftigkeit zu leben brauchen... Der Glanz (ist aber das wahrer Glanz?), der Reichtum einiger Familien mag dadurch vermindert werden, aber glücklicher werden ihre sämtlichen Mitglieder sein, und aus der gleichen Erbteilung, aus dem, unter so manchem Verhältnis für die Gesellschaft vorteilhaften Güterverkehr, entsteht für den Staat Gewinn."[29] Da aber das westphälische Leibeigenschaftsdekret vom 23. Januar 1808 das geteilte Eigentum nicht aufhob und lediglich die Aussicht eröffnete, durch Ablösung der Abgaben freies Eigentum zu erwerben, blieb automatisch auch das in Westphalen weit verbreitete Meierwesen mit Anerbenrecht bestehen[30]. Als dennoch einige Bauern die Erbteilungen vornahmen, auch weil sie glaubten, dadurch die Steuerlast mindern zu können — obgleich natürlich ihre Existenzbasis durch die Zerstückelung des Besitzes nur noch schmaler wurde —, protestierten die Grundherren ebenso wie die staatlichen Domänendirektoren. Die westphälische Regierung setzte daraufhin die Artikel 732 und 745 des Code über die Erbfolge wieder außer Kraft[31]. Ähnliches wiederholte sich bei Kauf oder Tausch einzelner Äcker und Grundstücke von den bisher geschlossenen Hofgütern der Meier. Die Gelegenheit zum Teilverkauf wurde zunächst von vielen Meiern wahrgenommen, da sie aus dem Erlös ihre Schulden abtragen konnten[32]. Ungeachtet der Tatsache, daß der Code das bisher geltende Recht ausdrücklich aufhob, gab aber die Generaldirektion der staatlichen Domänen im Juli 1809 die Anweisung, die „alte Verfassung" zu beachten, wonach von geschlossenen Gütern keine Teile und Grundstücke verkäuflich waren[33]. Es ist sehr bezeichnend, daß ein Domäneneinnehmer sich noch im Januar 1810, zwei Jahre nach Einführung des neuen Gesetzbuches, auf eine Verordnung aus dem 15. Jahrhundert berief, die vor-

83

schrieb, daß Kauf-, Tausch- oder Erbteilungskontrakte nicht ohne Konsens der Domänenbeamten erteilt werden könnten. Empört meldete er der Direktion, daß er vom Notariat und Tribunal seines Distrikts die Auskunft erhalten habe, die Kontrakte seien doch nach den Bestimmungen des Code Napoléon ausgefertigt worden[34]. Ebenso wie die Friedensrichter klagten auch die Domäneneinnehmer über die Konkurrenz der die freiwillige Gerichtsbarkeit ausübenden Notariate, die ihnen beträchtliche Gebühreneinkünfte entzogen, wobei sie nicht so sehr an das finanzielle Interesse der Domänen als vielmehr an ihre eigenen Tantiemen dachten[35]. Die freie Disposition über das Eigentum, welche der Code verhieß, blieb unter diesen Umständen eine bloße Fiktion.

In Berg hat man zumindest einiges aus den Erfahrungen in Westphalen gelernt. Das geteilte Eigentum wurde im Madrider Dekret vom 12. Dezember 1808, das Napoleon und sein Kaiserlicher Kommissar Beugnot als Auftakt zur Einführung des Code Napoléon interpretierten[36], von vornherein aufgehoben, und zwar ausdrücklich mit der Begründung, daß anders die Anwendung der gesetzlichen Vorschriften des Code hinsichtlich der Erbfolge, Güterteilung und anderer bürgerlicher Geschäfte nicht möglich sei[37]. Da aber in Berg mit Ausnahme der ländlichen Gebiete in Kleve die Realteilung ohnehin bereits üblich war[38], konnte man den protestierenden adligen Grundherren, die sich sofort auf das westphälische Beispiel beriefen, entgegenhalten, daß sie bei Lage der Dinge von dieser Regelung kaum Nachteile zu erwarten hätten und im Gegenteil beim Vergleich zu ihren westphälischen Nachbarn günstiger abschnitten, weil ihnen eine bessere Entschädigung, nämlich die Erhöhung der Pachten für das in Westphalen entschädigungslos abgeschaffte Sterbfall- und Heimfallsgeld, eingeräumt worden sei[39]. Siméon benutzte seinerseits die bergische Gesetzgebung als wirksame Waffe, mit deren Anwendung er jederzeit seinen rebellierenden Grundherren drohen konnte: Die abzulösenden Gerechtsame, entgegnete er auf eine Eingabe der Gutsherren aus dem Umkreis von Minden und Ravensberg, seien nicht als ein gesetzmäßiges Eigentum (propriété légitime) anzusehen, sondern als eine Folge der Härten des Lehenswesens. Falls die Regierung beschlossen hätte, die Prinzipien des Code und der Verfassung genau zu befolgen, so würde sie nicht allein alle Feudalrechte, sondern auch das Obereigentum und die Grundgerechtsame, welche mit dem Feudalwesen im Zusammenhang stünden, samt und sonders aufgehoben haben, wie das auch in den Nachbarstaaten geschehen sei[40]. 1810 wies Siméon sogar die Präfekten und Unterpräfekten an, immer wieder den Adligen die „weise Mäßigung" der eigenen Regierung vorzuhalten im Vergleich zu dem, was in „anderen Ländern" passiert wäre[41].

Läßt man dieses Scheingefecht einmal beiseite, so ist nicht zu leugnen, daß tatsächlich die bergische anders als die westphälische Gesetzgebung zumindest mit dem Wortlaut des Code Napoléon übereinstimmte. Die für Deutschland einmalige Aufhebung des geteilten Eigentums, so sehr sie von den bergischen Verhältnissen begünstigt wurde, war sicherlich ein programmatischer Akt[42] — dessen Wirksamkeit freilich von einer funktionierenden Ablösungsordnung abhing. Für die unvorhergesehenen Komplikationen, die bei der Ablösung eintraten, war es allerdings bezeichnend, daß paradoxerweise gerade die Aufhebung des geteilten Eigentums schon wieder neue Schwierigkeiten hervorrief; denn viele Grundbesitzer, die seinerzeit das Nutzeigentum der Grundholden mit Hypotheken belastet hatten, die nach dem Madrider Dekret auf die Grundrenten übertragen wurden, waren gar nicht in der Lage bzw. nicht bereit, zum Preis der Bezahlung ihrer eigenen Schulden die Ablösung zu gewähren[43]. Erst das Ablösungsdekret vom 13. September 1811 bestimmte, daß in Zukunft keine Hypotheken auf ablösbare Renten mehr aufgenommen werden könnten[44].

Die Irrungen und Wirrungen der Ablösungsgesetzgebung lassen sehr deutlich erkennen, mit welch vielfältigen und komplizierten Problemen die Konfrontation des nachrevolutionären französischen Rechts mit den deutschen Agrarverhältnissen belastet war. Im Nachhinein rechtfertigen sie gewissermaßen das Vorgehen der französischen Bauern von 1790, die sich von vornherein gegen den „Ablösungshandel" zur Wehr setzten. Daß die Ablösungstheorien der Konstituante tatsächlich eine realisierbare Alternative zur „abolition sans indemnité" der Jakobiner angeboten haben, wie es jüngst in einer Studie zur Diskussion über die droits féodaux in Frankreich dargelegt wurde[45], erscheint angesichts der Erfahrungen, die Beugnot und Siméon bei der Wiederholung des Experiments machten, doch ziemlich fraglich, auch wenn man in Rechnung stellt, daß in Frankreich ein kapitalüberlegenes Bürgertum an der Modernisierung und Kommerzialisierung der Besitzverhältnisse interessiert war. Die ersten Gesetze, das bergische Dekret über die Anwendung des Code Napoléon vom 12. November und das westphälische Ablösungsdekret vom 18. August 1809, begnügten sich damit, denselben Ablösungsmaßstab, den 1790 die Feudalitätskommission der Konstituante unter Leitung Merlins errechnet hatte, vorzuschreiben: eins auf zwanzig für Geld- und eins auf fünfundzwanzig für Naturalabgaben[46].

Der fünfundzwanzigfache Betrag der Naturalabgaben sollte in Berg nach dem Durchschnittspreis der Marktregister der letzten vierzehn Jahre, die zwei teuersten und zwei billigsten weggelassen, und in Westphalen nach den letzten dreißig Jahren, eventuell und falls die Preise nicht ermittelt werden könnten, durch drei Sachverständige, einen unparteiischen, einen vom Bauern und einen vom Grundherrn ernannten, errechnet werden. Außerdem wurde nur noch und gleichfalls nach dem Muster der Konstituante die Ablösung der Zehnten genau bestimmt: Der fünfundzwanzigfache Geldbetrag der Fruchtzehnten sollte vom Bruttoertrag des Ackers nach der Quote der jährlichen Hebung abgeschätzt, der Geldzehnt auf die jährlich zu zahlende Grundrente umgelegt werden. Aus dem älteren Madrider Dekret vom 12. Dezember 1808, das zunächst einen höheren Maßstab von eins auf fünfundzwanzig für alle Abgaben vorgeschlagen hatte, blieb in Berg noch die Regelung für die Ablösung der Laudemien gültig: eine Erhöhung der Pacht[47] oder, falls diese Entschädigung nicht ausreiche, die Errechnung der Ablösungssumme nach den drei letzten vorkommenden Besitzwechselfällen, eine Lösung, die Westphalen erst im Dekret vom 25. Juli 1811 mit einigen Modifikationen — sechs statt drei Veränderungsfälle — nachahmte[48]. Die Ablösung der Laudemien, die dem weder zum Verkauf noch zur Erblassung gezwungenen

Bauern ohnehin schwer plausibel gemacht werden konnte, erforderte eine Prozedur, die dem Laien kaum noch verständlich war: Der Betrag der letzten sechs Veränderungsfälle — wobei es fraglich war, ob sie überhaupt bekannt waren — sollte durch hundert dividiert und der Quotient den jährlichen Ertrag der Rente bilden, die dann zum fünfundzwanzigfachen Betrag ablösbar war!

Konfrontiert mit der Praxis wurde diese ganz auf ein kapitalistisches System zugeschnittene Ablösungstheorie sehr rasch ad absurdum geführt, denn die tatsächlichen Verhältnisse waren noch erheblich verworrener als die Gesetzgeber vorausgesehen hatten. Einmal ganz abgesehen vom Geldmangel, ergaben sich zahlreiche Komplikationen, die man mit immer neuen gesetzlichen Bestimmungen abzufangen suchte. Daß sie notwendig wurden, beweist übrigens, daß die Anzahl der beantragten Ablösungsgesuche nicht ganz so niedrig liegen kann, wie immer wieder gesagt wird[49].

Vor allem die Ablösung der Zehnten wurde auch von seiten der Bauern gefordert, denn der Zehnt war nicht nur ein Hindernis für kostspieligere Anbauarten, sondern auch eine der Ursachen für den Mangel an Düngemittel, da bei Naturalabgaben auch die zur Düngung verwandten Abfallprodukte, z. B. das ausgedroschene Stroh, wegfielen. Offensichtlich war allerdings die Ansicht weit verbreitet, daß mit der Einführung des Code der Zehnt entschädigungslos abgeschafft sei[50]. Im Bergischen tauchte in Eingaben der Bauern der Artikel 546 des Code über das Zuwachsrecht auf, der bestimmte, daß „das Eigentum an einer beweglichen und unbeweglichen Sache ... zugleich ein Recht auf alles (gibt), was sie hervorbringt, und was als Natur oder Kunst als Zuwachs mit ihr in Verbindung steht"[51].

Die Regierung sah sich schließlich gezwungen, die Zehnten ausdrücklich den Grundrenten gleichzustellen[52], obwohl sie ihrer Entstehung nach eher als eine öffentliche Abgabe anzusehen waren, welche ursprünglich die Laien zum Unterhalt des Weltklerus und der Pfarrkirche zu entrichten hatten, bis sie nach und nach durch Rechtsgeschäfte in weltliche Hände gerieten. Die bergische und westphälische Regierung fanden sich lediglich bereit, ein Fünftel der Zehntabgabe als Ersatz für die zu leistende Grundsteuer zu erlassen, ohne daß geklärt wurde, wie dabei der Naturalzehnt veranschlagt werden sollte[53].

Die Ablösung der Zehnten bildet geradezu ein Paradebeispiel für die Kluft zwischen Theorie und Praxis. In der Regel war nämlich gar nicht der einzelne Bauer, sondern die ganze Gemeinde zehntpflichtig, was auch die zahlreichen Petitionen in Zehntsachen erklärt, da meistens der Maire sich zum Anwalt der Gemeinde machte[54]. Was aber sollte geschehen, wenn ein einzelner Bauer den Zehnten abzulösen in der Lage war, während allen anderen Gemeindemitgliedern hierzu das nötige Geld fehlte? Und wer bezahlte die Schätzungskosten? War der Zehnt Gemeindeangelegenheit oder Sache des einzelnen? Die späteren Zusatzdekrete über Zehntablösung ließen die Möglichkeit offen, daß jeder Bauer für sich die Ablösung verlangen könne[55], aber sofort klagten Domäneneinnehmer und Zehntherren über die Schwierigkeiten der Rechnungsführung, da auf diese Weise für jeden Zehntpflichtigen ein eigenes Heberegister angelegt werden müsse[56]. Die Schätzung des Ertrags und des Lösekapitals funktionierte nur schwerfällig. Entweder konnte der Bauer die Sachverständigen nicht bezahlen[57], oder die Tabellen für die Durchschnittspreise zur Errechnung des Naturalzehnten fehlten[58]. Die meisten Tabellen blieben ohnehin lückenhaft, denn zahlreiche Produkte wurden gar nicht zu festen Preisen verkauft, sondern meistbietend versteigert[59]. Und nach welchem Maßstab sollte der Zehnertrag eines Ackers veranschlagt werden, der jahrelang brachlag oder als Weide benutzt wurde, so daß der Zehnt nur hin und wieder fällig war[60]? Oft kannte der Zehntpflichtige seinen Zehntherrn gar nicht, da die Zehnten verpachtet oder verpfändet worden waren[61]. Umgekehrt war aber auch der Zehntherr nicht immer in der Lage, über die Zehnteinnahmen frei zu verfügen, weil sie mit bestimmten Verpflichtungen, sogenannten „anklebigen Lasten" verbunden waren, z. B. mit der Erhaltung des Zuchtviehs, mit Bau bzw. Unterhaltung einer Kirche oder eines Kirchenschiffes oder sonst einer öffentlichen Anstalt. In diesem Fall war es notwendig, daß zuerst der Zehntherr seine eigenen Lasten ablöste und zwar in einem sehr komplizierten Verfahren, bei dem z. B. eine Schätzungskommission von Bausachverständigen zusammentrat, es sei denn, eine gütliche Vereinbarung mit dem Maire, Ortspfarrer oder Kirchenvorsteher kam zustande. Wenn es sich um eine Gemeindeangelegenheit handelte, mußte das Vereinbarungsprotokoll des Munizipalrats dann erst dem Unterpräfekten, Präfekten und schließlich auch dem Innenminister vorgelegt werden, der in letzter Instanz den Handel verwerfen oder bestätigen konnte[62]. Die Beseitigung der Selbstverwaltung der Gemeinden und der streng zentralistische Behördenapparat, bei dem alle Gemeindeangelegenheiten von oben reglementiert wurden[63], wirkten sich bei dem ganzen Ablösungsverfahren eher nachteilig aus, obgleich andererseits die Maires selten genügend befähigt waren, die komplizierte Rechtslage von sich aus zu entscheiden.

Bei der Verflechtung der Abgaben mit Lasten, dem Ineinander von ständigen und unständigen Gefällen, der engen Verbindung der Prästationen mit Diensten oder Bannrechten, tauchten immer wieder Einzelprobleme auf, die generell gar nicht zu lösen waren. Die Stadt Kassel z. B. zahlte Laudemialgelder für die einst von der kurhessischen Regierung verliehene Weinschenkgerechtigkeit, die jedoch mit dem westphälischen Patentsteuergesetz vom August 1808 erlosch. Die Laudemien waren inzwischen an die Kaiserlichen Domänen gefallen, die natürlich weiterhin auf dieser Abgabe bestanden. Die Folge war ein umfangreicher Schriftwechsel zwischen Mairie, Präfektur, Innenministerium, Finanzministerium und Kaiserlicher Domänenregie, ohne daß eine alle Seiten befriedigende Lösung gefunden wurde[64]. Ähnlich gelagert war der Fall der Stadt Marburg, die um Erlassung einer Erbrente von 447 Reichstalern bat, da sie durch das Patentsteuergesetz die Einkünfte aus der Weinschenke von 600 Reichstalern verloren habe[65].

Die Ablösung der Laudemien und unständigen Abgaben bildete ohnehin ein Kapitel für sich. Häufig wünschten die Bauern zwar den Abkauf der Zehnten und Grundzinsen, nicht aber der Besitzwechselgebühren, die im Augenblick vielleicht gerade nicht fällig waren. Es blieb aber strittig, ob eine stückweise Ablösung der ständigen unter Beibehaltung der unständigen Abgaben überhaupt möglich war. Die bergische Regierung jedenfalls sah ein Chaos voraus und hielt es für notwendig, die Verhältnisse erst einmal zu „purifizieren", d. h. möglichst alle Abgaben in jährliche Renten zu verwandeln, die dann nur auf einmal und zu gleicher Zeit lösbar sein sollten[66]. Besthaupt, Heimfallsrecht und Laudemium wurden nach dem Ablösungsdekret vom 13. September 1811 — anders als in den ersten Gesetzen — auf die jährlichen Renten mit vier Prozent der zuletzt gezahlten Summe aufgerechnet. Die auf diese Weise vermehrte Endsumme war dann allerdings so hoch, daß sie der Bauer erst recht nicht mehr bezahlen konnte. Hinzu kam, daß die letzte Besitzwechselabgabe schwer zu ermitteln war. Der Fall des Pfarrers Schlarbaum aus Marburg, der von den staatlichen westphälischen Domänen die Grundzinsen und Laudemien für ein Gartengrundstück von dreieinhalb Morgen abkaufen wollte, beschäftigte über ein Jahr lang das Ablösungskomitee des Werra-Departements, das zuständige Rentamt, die Domänendirektion, die Generaldirektion der Domänen in Kassel und das Finanzministerium, weil sich herausstellte, daß seit hundert Jahren der Besitz in der Familie ohne Laudemiumzahlung weitervererbt worden war[67].

Über die Heterogenität und Vielfalt der ständigen und unständigen Abgaben machten sich die Regierungen offensichtlich ein ganz falsches Bild. Als in Westphalen nach den Vorschriften des Code Napoléon die Eintragung der Abgaben in die Hypothekenbücher vorgeschrieben wurde[68], lief eine Beschwerde nach der anderen in den Hypothekenbüros ein, da die Inskriptions- und Stempelgebühren für die einzeln aufzuführenden zahlreichen Abgabeposten, die für sich genommen meist ganz geringfügige Beträge ausmachten, viel zu kostspielig wurden und manchmal den Betrag der jeweiligen Prästation um das Doppelte überstiegen[69]. Der Versuch Siméons, über die Präfekturen von den Mairien genaue Abgabenverzeichnisse der Gemeinden zu erhalten[70], scheiterte sofort daran, daß die Maires sich außerstande sahen, ohne „Subsidien" die „ebenso unsichere als ungeheure Arbeit" zu leisten; denn bei der „Mannigfaltigkeit der Abgaben", deren Ursprung ganz ungewiß sei, wäre es gar nicht möglich, von jedem einzelnen Gemeindemitglied hierüber hinreichende Auskünfte einzuziehen[71].

Die Hauptschwierigkeit lag wohl darin, daß privatrechtliche und öffentlich rechtliche Abgaben unentwirrbar ineinander verflochten waren. Schon die französischen Feudaljuristen der Konstituante hatten den Begriff des complexum feudale geprägt und auf den unterschiedlichen Rechtscharakter der droits féodaux hingewiesen. Droits féodaux im eigentlichen Sinne waren für sie nur jene Rechte, die sich aus Lehenwesen und Leibeigenschaft herleiteten und die ebenso wie die adligen Bannrechte (z. B. der Mühlenbann) und Ehrenrechte (z. B. das Jagdrecht) nicht mehr als legitime Eigentumstitel, sondern als Ausdruck der seigneurialen „Anmaßung" und persönlichen Herrschaft eines Menschen über andere gewertet wurden[72]. Die — dem materiellen Interesse der Grundherren dienende — Aufsplitterung des complexum feudale in feudalrechtliche und vertraglich-privatrechtliche, d. h. an den Boden gebundene Abgaben reichte aber bei weitem nicht aus, die herrschaftlich angeeigneten Rechte des Adels zu klassifizieren. Oft handelte es sich zugleich um Teilaneignungen öffentlicher Rechte und

Einkünfte, d. h. um Gerechtsame, die ihrem Ursprung nach Hoheitsrechte der Grundherren waren[73]. Zahlreiche Abgaben waren weder private Grundrenten noch auf der Person lastende Leibeigenschaftsabgaben, sondern Beiträge zu den Kosten der öffentlichen Verwaltung und Rechtspflege, die an den Gerichts- und Vogtherrn gezahlt oder als steuerähnliche Auflagen, sogenannte Beden, von den Grundherren oder Domänen für öffentliche Leistungen erhoben wurden[74]. Häufig ließ die Benennung der Abgabe oder Naturalprästation noch erkennen, zu welchem Zweck sie ursprünglich gedacht war: z. B. Blutzehnt, Gefahrschilling, Glockengeld, Festungsgeld, Festungshafer, Postrecognition, Zunftgeld, Vogtshafer, Gräfenhafer, Gräfenhühner, Kanzleinotwendigkeiten, Dispensationsgeld, usf.; Steuerabgaben als indirekte Auflagen auf Güter, Vieh oder Handwerksbetriebe hießen etwa: Vogteischatz, Schatzungshafer, Aerariengeld, Kuhschatz, Schornsteinfegerpacht, Weinzapf, Bäckerakzise, Schusterabgabe, Branntweinkesselgeld usf. Aber in vielen Fällen war die Bedeutung der Abgabe längst verwischt und in Vergessenheit geraten. Da gab es Maibutter, Pfingsthennen, Rindzungen, Rauch- und Herrenhühner, Hahnenhafer, Neujahrsgeld, Strohegeld, Herrenrindergeld, Wickengeld und eine Unzahl ähnlich klingender Abgabebezeichnungen, die obendrein von Ort zu Ort und manchmal sogar von Grundherrschaft zu Grundherrschaft wechselten[75]. In der Tat war es eine „ebenso unsichere als ungeheure Arbeit", hier Ordnung zu schaffen und die rückständigen Verhältnisse zu „purifizieren".

Aber nicht allein die Abgabenentschädigung bot das Bild einer kompletten Konfusion. Erst recht stifteten die unklaren Bestimmungen der ersten Dekrete über Fronden, Besitzrechte und Bannrechte Unruhe. Die Dienstbelastung der westdeutschen Bauern war allerdings im Verhältnis zu den ostdeutschen Bauern vergleichsweise gering, da größere eigenbewirtschaftete Güter kaum bestanden. Die Eigenwirtschaften des Adels umfaßten im Durchschnitt etwa 10 % des Ackerlandes, die der Domänen 12 bis 13 %. Der Umfang der Dienste hing davon ab, ob ein Herrensitz, ein herrschaftliches Gut oder ein Amtshaus in der Nähe lagen. Die Vollmeier hatten dann in der Regel einen Tag in der Woche, die Halbmeier jede zweite Woche einen Tag mit dem Gespann zu dienen; die großen Kötter leisteten einen wöchentlichen, die kleinen Kötter jede zweite Woche einen Handdienst. Außerdem gab es Jagdfronden, Waldarbeitsdienste, Botendienste, Gemeindefronden und Scharwerke als Entgelt für die Gerichtsbarkeit, so daß in manchen Fällen die Dienste dann doch bis zu 30 % der Gesamtbelastung des Bauern ausmachten. Zu den am stärksten mit Diensten belasteten Höfen gehörten in großen Teilen Westphalens etwa 20 bis 30 % der Bauern[76]. Dienste, die als Gegenleistung für die Nutzung von Ackerland erbracht wurden, kamen nur selten vor.

Die komplizierte und lediglich nach dem Wortlaut des Code Napoléon konstruierte Unterscheidung zwischen aufrechtzuerhaltenden „Grunddienstbarkeiten" und aufzuhebenden Personalservituten wurde deshalb von den Bauern, aber auch von den meisten Beamten, gar nicht verstanden. Als Siméon und Beugnot von den Maires und Domänendirektionen genaue Unterlagen anforderten, erhielten sie durchweg die Auskunft, der Ursprung der Fronden sei gar nicht mehr feststellbar[77]. In zahlreichen Ortschaften verweigerten die Bauern kurzerhand jede Art von Diensten[78], was in Westphalen bereits im Sommer 1808 die Ernte auf den Domänengütern in Gefahr brachte und die Regierung zu drakonischen Exekutionsmaßnahmen zwang[79].

Das westphälische Leibeigenschaftsdekret vom 23. Januar 1808 hatte die Realservitute ausdrücklich zu den „auf den Grundstücken haftenden Verbindlichkeiten" gezählt und lediglich ungemessene, nicht auf eine bestimmte Zeit festgelegte Fronden sowie „bloß persönliche Dienste oder Personalfronden, das heißt solche, die einer Person einzig aus dem Grunde obliegen, weil sie Vasall ist oder einen gewissen Ort bewohnt", entschädigungslos abgeschafft[80]. Aber ähnlich wie bei der Abgabenklassifikation waren mit dieser Regelung nicht alle Dienstverhältnisse erfaßt. Erst einmal standen die Abgaben oft in Relation zu den Diensten, so daß in manchen Grundherrschaften zwar zahlreiche willkürliche Dienste gefordert wurden, aber dafür lagen die Praestanda niedriger oder fielen ganz weg[81], worauf sofort der Streit losbrach, ob nun diese Fronden zu den Grunddienstbarkeiten oder zu den aufgehobenen ungemessenen Diensten gehörten. Einige Dienste waren schon in früheren Zeiten in Dienstgelder verwandelt worden. Es blieb zunächst unklar, ob diese Dienstgelder nun gleichfalls erloschen, und falls nicht, nach welchem Maßstab und ob überhaupt die Ablösung geschehen könne[82]. Schließlich waren viele Dienste nicht zeitlich, wohl aber örtlich fixiert, z. B., wenn bestimmte Äcker bebaut oder Fuhren von bestimmten Getreidefeldern zur Mühle gefahren werden mußten. Außerdem blieb wie bei den Abgaben vorerst das Problem der zu öffentlichen Zwecken geleisteten Dienste ungelöst. Niemand wußte, zu welcher Gruppe die Scharwerke als Entgelt für die Gerichtsbarkeit, oder die Land- und Gemeindefronden, z. B. Wegebau, die Fuhren zu einem Bergwerk, Brennholzfuhren in die Gemeindehäuser oder Domänenmagazine gehörten[83]. Das zusätzliche westphälische Frondendekret vom Juli 1809 brachte kaum Klarheit. Im Gegenteil. Zwar wurden nun die Gerichts- und Jagdfronden aufgehoben, während die Land- und Gemeindefronden weiter bestanden[84], zwar umfaßte die Definition der gemessenen Dienste jetzt auch die nach der Quantität bestimmten Fronden; aber die eigentliche Streitfrage, was denn nun unter „Grunddienstbarkeit" zu verstehen sei und was geschehen solle, wenn Dienste, wie es ja die Regel war, zugleich auf Grund und Person lasteten, wurde offengelassen. „Bei entstehendem Streite zwischen dem Dienstpflichtigen und Dienstherrn", lautete die höchst einseitige Auslegung im ersten Artikel, „darf letzterem der Beweis der geschehenen Überlassung eines Grundstückes oder dinglichen Rechts keineswegs aufgelegt werden; vielmehr soll dieselbe aus dem Besitz, worin sich der Dienstpflichtige befindet, vermutet werden, selbst wenn der gegenwärtige Dienstherr das Grundstück oder dingliche Recht nicht sollte überlassen haben."[85] Mit anderen Worten: Da das Unbeweisbare aus Urkunden nicht beweisbar war, genügte die bloße Vermutung, um Dienste weiterhin zu verlangen. Artikel 9 fügte hinzu, daß bei Dienstverweigerungen die Beschlagnahme der Güter des Bauern „unter gerichtlicher Autorität" vorzunehmen sei.

Als daraufhin die Prozesse kein Ende nahmen, bestimmte das Augustdekret von 1812 sogar, daß aufgrund von Dienstverträgen die Vollstreckung auch ohne gerichtliche Untersuchung eintreten solle. Als Verleihungsdokument genügte die irgendwann gegebene Anerkennung des Pflichtigen oder ein beglaubigter Auszug aus Erbregistern, Grund-, Flur- oder Saalbüchern[86]! Besonderes Ärgernis erregte der siebte Artikel des Julidekrets, der dem Dienstherrn den Verkauf und die Verpachtung der Dienste gestattete, eine Bestimmung, die schlechterdings das soeben verkündete Prinzip der Freiheit der Person in sein Gegenteil verkehrte.

Trotz aller dieser Maßnahmen war es fraglos die Intention der Gesetzgeber, die Fronverhältnisse tatsächlich zu beseitigen, so adelsfreundlich und restriktiv ihre Dekrete auch den Bauern erscheinen mußten. Aber unfähig, zwischen den streitenden Parteien zu vermitteln, und immer bemüht, sowohl die Eigentumsrechte des Adels als auch die Interessen der Bauern zu berücksichtigen, verschob die Regierung die Entscheidung sozusagen auf die Zukunft. Die wichtigste Bestimmung des Julidekrets brachte dem Bauer hic et nunc wenig Nutzen, aber sie beweist doch, daß Siméon und seine Mitarbeiter nicht einfach ins Lager der Reaktionäre übergewechselt waren[87]. Artikel 8 verfügte, daß künftig keine neuen Fronverträge mehr abgeschlossen werden dürften. „Die Einführung neuer Frondienste, selbst unter dem Vorwande, der für deren Leistung geschehene Überlassung eines Grundstückes, wird hiermit ausdrücklich verboten."[88]

In Berg war von Anfang an die Trennung in Personalfronden und Grunddienstbarkeiten nicht so strikt wie in Westphalen eingehalten worden. Das Madrider Dekret enthielt im dritten Artikel eine höchst doppeldeutige Formulierung, die geradezu ein grammatikalisches Rätsel aufgab: „Abgeschafft sind ohne Entschädigung 1. der Gesinde-Dienstzwang; 2. das Recht der Freilassung und der Freikäufe; 3. der Sterbfall, der nicht auf einem Colonate haftet; 4. die Fronden, Hand- oder Spanndienste, und alle persönlichen Dienstleistungen (les corvées, redevances de traveaux manuels ou de transport et toutes autres redevances personnelles)."[89] Man konnte aus dieser Stelle herauslesen, daß alle Dienste als persönliche Dienste angesehen und entschädigungslos abgeschafft werden sollten, insbesondere, da von den Grunddienstbarkeiten oder Realservituten im Gesetz selbst gar nicht die Rede war. Die Grundherren hingegen betonten das Adjektiv „persönliche" und interpretierten, daß „den Regeln der Verbindungskunst zufolge der Ausdruck: ‚und alle andere' — doch eine Beziehung auf die vorhergehenden Ausdrücke enthält, und diese als bloß persönliche Leistungen charakterisiert"[90]. Die Beschwerdeschrift der Grundbesitzer aus der Provinz Münster hob hervor, daß man auch die Dienste als Preis für die Nutznießung des Bodens und nicht etwa im Sinne strenger Leibeigenschaftsverhältnisse, die in der Provinz Münster wie überall sonst in Deutschland unbekannt seien, auslegen müsse. Deshalb könnte man die Dienste den Prästationen und Grundabgaben gleichstellen, die ja der fünfte Artikel des Madrider Dekrets ausdrücklich aufrechterhalten habe. Schließlich wurde auch noch der fünfte Artikel des Lehendekrets herangezogen, der die Dienstleistungen, „die weder einer Person, noch zugunsten der Person auferlegt sind", von der entschädigungslosen Abschaffung ausnahm[91]. Die

Beschwerdeschrift verschwieg freilich, daß die sog. Eigenbehörigen, wie man die leibeigenen Bauern in dieser Gegend nannte, unverhältnismäßig hohe Abgaben und Dienste leisteten. Im Vergleich zu den größeren Höfen mit besseren Besitzrechten überstieg die Gesamtbelastung den Durchschnittswert um das Doppelte[91a]. Die Bauern reagierten mit verständlicher Erbitterung. „Die sophistischen Versuche zur Umgehung des Gesetzes", stellte die Rhedaische Bauernpetition fest, hüllten „die dem schlichten Menschenverstand von selbst sich aufdringende Klarheit des Gesetzes" „in Dünste und Nebel", denn es sei doch nicht anzunehmen, daß der Gesetzgeber es darauf angelegt habe, die leibeigenen Untertanen „mit glatten Worten zu täuschen". Die Lesart der Rhedaischen Bauern lautete allerdings: „Abgeschafft sind ohne Entschädigung die Fronden, Hand- und Spanndienste." Den umstrittenen Zusatz über die „persönlichen Dienstleistungen" ließ man einfach weg[92]. Die Bauern waren freilich ohnehin — und mit einigem Recht — der Meinung, daß man Real- und Personaldienste gar nicht voneinander trennen könne. Zum Beweis beriefen sie sich bezeichnenderweise auf ihre alten Gesetze, vor allem auf die Münstersche Eigentumsordnung von 1770 und die Erbpachtsordnung von 1783, mit denen sie zu belegen suchten, daß doch der Leibeigene in Wirklichkeit immer „mit Gut und Blut", d. h. mit Person und Besitz zugleich, dem Leibherrn eigenbehörig sei. Also, argumentierten die Bauern, gestützt auf lange Zitate aus den Eigentumsordnungen[93], sei die Leibeigenschaft eine „Personaldienstbarkeit" und „logisch richtig als eine dingliche Verpflichtung der Personen zu gewissen Diensten und Abgaben charakterisiert". Alle Leistungen der Eigenbehörigen ohne Unterschied beruhten gerade auf der „unzertrennlichen Sachverbindung zwischen Person und Gut". Der Ausdruck „persönliche Dienstleistungen" in den alten Gesetzen beziehe sich bloß auf die Leistungsweise, d. h. auf Dienste, die der Bauer mit seiner „physischen Person" verrichte, während die Spanndienste Realverbindlichkeiten darstellten. Letzteres verstehe sich von selbst „oder man müßte die ungereimte Behauptung aufstellen: daß der Leibeigene sich selbst in den Wagen oder Pflug spannen, und Pferde- oder Ochsenspanndienste verrichten müsse". An dieser Stelle wird sehr deutlich, wie unverständlich der nach Artikel 686 des Code konstruierte Begriff „Grunddienstbarkeiten" den Bauern geblieben war. Es erschien ihnen einfach paradox, daß Dienste, die sie mit ihrer eigenen Person leisteten, keine „persönlichen Dienste" sein sollten[94].

Die Gesetzgeber selbst dachten fraglos nicht an die Münstersche Eigentumsordnung, sondern an den Code Napoléon, als sie den Text des Dekrets abfaßten. Auf welche Weise der unklar formulierte Passus in das Gesetz hineingeriet, ist schwer rekonstruierbar — wahrscheinlich erst bei der Pariser Schlußredaktion Merlins. Der Gesetzentwurf der bergischen Staatsratskommission unter Forckenbeck, Sethe und Rappard vom 29. April 1808, der mit den Münsterschen Grundherren abgesprochen worden war[95] (!), enthielt ausdrücklich die Bestimmung, daß nur die Gesindezwangsdienste entschädigungslos wegfielen. Für die ungemessenen Dienste wurde wöchentlich ein Hand- oder Spanndienst festgesetzt, der gegen Entschädigung des Dienstgeldes — für jedes zu stellende Pferd und jeden Tag zwei gute Groschen und bei Handdiensten für jeden Tag und jede Person ein guter Groschen — zum fünfundzwanzigfachen Betrag ablösbar war. Merlin berief sich später in einem kommentierenden Gutachten zum Madrider Dekret auf den Artikel 686 des Code, der nur die Personalfronden und nicht jene, die „auf dem Colonate haften", verboten habe — übrigens mit Hinweis auf die französischen Majorate[96]!

Die Regierung verhielt sich nach Erscheinen des Dekrets trotz der zahlreichen Anfragen von Maires, Unterpräfekten und Präfekten zunächst abwartend. Beugnot und Nesselrode verwiesen die Streitfälle an die Gerichte[97], die für die Durchsetzung der bürgerlichen Freiheit und den Schutz des Eigentums zu sorgen hätten[98], eine Lösung, die keine war, und die dahin führte, daß sich das Tribunal von Bentheim, dem auch die Rhedaische Streitsache vorlag, direkt an den Kaiser in Paris wandte und um eine authentische Auslegung des Gesetzes bat[99]. Für die Rhedaischen Bauern endete der Prozeß vorerst mit einer Niederlage. Das Urteil vom 27. November 1810 hielt sich in allen Punkten an die Anklageschrift des Grafen Emil Friedrich zu Bentheim-Tecklenburg und verwies noch zusätzlich auf den Artikel 686 des Code[100].

Das Zirkularschreiben Beugnots an die Präfekten vom 26. Juli 1810 stellte zwar ein Zusatzdekret in Aussicht, bestimmte aber zunächst für das Madrider Dekret, daß es nur auf Leibeigenschaftsverhältnisse anzuwenden sei, während für die „droits féodaux" das Lehendekret vom Januar 1809 zu beachten wäre: „Il ne faut pas perdre de vue, que l'art. 2 de ce décret conserve les rentes et les redevances de quelque nature qu'elles soient et les services qui ne seraient imposés ni à la personne ni en faveur de la personne." Diese Bestimmungen stünden nicht im Widerspruch zum Code Napoléon und der neuen Gesetzgebung. Was Beugnot ganz im Sinne Napoleons unter den „Wohltaten" der französischen Revolution verstand, verriet sehr deutlich die Ermahnung am Schluß des Reskripts: „Je termine, en vous invitant, Monsieur le Préfet, à vous tenir en garde contre les exemples pris à des époques de la révolution française, qui ne sont pas du tout à imiter, et contre les insinuations des personnes qui ne savent pas distinguer ce qui a été bon et profitable dans cette révolution de ce qui a été nuisible et désastreux. Le Grand-Duché obtiendra tous les bienfaits de cette révolution, sans les payer par des excès."[101]

Die Einschränkung auf Leibeigenschafts- und Lehenverhältnisse paßte jedoch gar nicht auf die tatsächlichen Besitzrechte. Die strenge Leibeigenschaft mit Schollenpflichtigkeit und Erbuntertänigkeit existierte im westlichen Teil Deutschlands nicht; die Eigenbehörigen zahlten zusätzliche Abgaben, z. B. den Kopf- bzw. Leibzins oder das „Leibhuhn", den Heiratsschilling und die Manumissionsgebühren bzw. Freikäufe bei Verlassen des Guts. Das Madrider Dekret berücksichtigte dies auch insofern, als es den „Genuß der bürgerlichen Rechte" auch auf die „freigelassenen Colonen", die Erbpächter, übertrug[102]. Allerdings debattierten Staatsrat, Finanz- und Innenministerium noch im Herbst 1810 über „die bedeutenden Folgen für das Privateigentum", falls auch die Erbpächte als „bloße Grundrenten" für ablösbar erklärt würden[103]. Zahlreiche Güter in Berg, vor allem in der alten Grafschaft Mark und im Gebiet um Dortmund waren aber weder eigenbehörige noch Erbpacht-, sondern sogenannte „Leib- und Zeitgewinngüter", die auf Lebenszeit bzw. auf sechs, neun, zwölf oder zwanzig Jahre verliehen wurden — jedenfalls laut Gewinnbrief. In Wirklichkeit unterschied sich der Zeitpächter kaum vom Erbpächter, da es sich nicht um eine bloße Temporalleihe handelte — wie sie häufig in Frankreich vorkam —, sondern um eine Frist, die für die Erneuerung des Gewinnbriefs bzw. des Gewinngelds ausgesetzt war[104]. Auch das Zeitgewinngut blieb im Regelfall erblich. Nach Erscheinen des Madrider Dekrets, das diese Güterkategorie nicht beachtete, tauchte sofort das Problem auf, ob nun auch die Zeitpachtgüter zu den modifizierten Leibeigenschaftsgütern gehörten, was die Grundherren sofort ablehnten. Der Rechtsstreit wurde besonders dadurch hochgespielt, daß sich ein Dortmunder Gutsbesitzer und Publizist, Mallinckrodt, für die Zeitpächter einsetzte und mit einer Artikelserie in seiner Zeitschrift, dem „Westfälischen Anzeiger", gegen die mangelhafte Reformpolitik der Regierung zu Felde zog[105]. Die Behörden beharrten jedoch darauf, daß das Madrider Dekret nur auf die Leibeigenschaftsverhältnisse der Provinz Münster zugeschnitten sei[106]. Der Präfekt des Rheindepartements verbot im Auftrag des Innenministers sogar, das Gesetz in seinem Departement öffentlich zu verkünden[107]! Wieder gab es zahlreiche Anfragen, Beschwerden, Petitionen und Bauernversammlungen. Einige Bauern aus der Dortmunder Gegend sandten sogar, wohl auf Initiative Mallinckrodts hin, im Januar 1810 eine zweiköpfige Delegation nach Paris, die mit einer gehörigen Portion westfälischer Bauernschläue bis zum Kaiser vordrang[108].

Aber auch die Lehengüter stellten ein Problem für sich dar. Es gab in Berg noch zahlreiche bäuerliche Fallehen, sogenannte Hobs- und Behandigungsgüter, die auf Lebenszeit, meist aber auf „zwei und mehr Leiber" verliehen wurden, in der Regel gegen Bodenzins und Laudemium. Wenn nur das Laudemium gezahlt wurde, nannte man diese Güter Kurmedelehen oder — falls ursprünglich die Verpflichtung bestanden hatte, gesattelte Pferde und bespannte Wagen zu stellen — Sattelgüter[109]. Im Laufe der Zeit hatten sich diese Bauernlehen den Leibgewinngütern weitgehend angeglichen, nur daß sich die Aufsitzer nun auf die Allodifizierung der Lehen berufen konnten und sich weigerten, den jährlichen Vorladungen der Hobs- und Behandigungskammern, welche die Abgaben einzogen, Folge zu leisten[110]. Auch die Behörden waren sich über die Einordnung dieser Güter nicht im klaren. Der Präfekt des Rheindepartements charakterisierte sie als „ein Mittelding zwischen Erbpachts- und Lehnsgütern"[111], während der Essener Unterpräfekt vom „Lehnsnexus der Behandigungsgüter"[112] sprach. Das Innenministerium stellte sich auf den Standpunkt, daß nur die Aufhebung der eigentlichen Lehen mit dem Gesetz vom 11. Januar 1809 gemeint sei[113]. Den Bauern blieb schließlich nur die Beschwerde übrig: „Bei diesen Verhältnissen sind wir, als getreueste Untertanen auf der einen Seite im äußersten Zweifel, auf der anderen hingegen im Drucke, und in einer nicht geringen Verlegenheit, zumal da wir allesamt durch die bisherige Kriegsdrangsale und Zahlungen, welche wir haben möglich machen und erdulden müssen, zu sehr erschöpft waren, als daß wir in Prozessen und auf die Nachsuchung unseres Rechts Kosten aufbringen und verwinden könnten."[114]

Außer den Fronden und Besitzrechten waren in den Bauernunruhen von 1809/10 die Zwangs- und Bannrechte besonders umstritten — vor allem der Mühlenbann. Die Banngerechtigkeit verlieh dem Grundherrn das dreifache Recht, innerhalb des Bannbezirks ein Monopol auszuüben, alle Einwohner des Bezirks zu zwingen, an seiner Mühle mahlen zu lassen, und schließlich hierfür eine Abgabe, den Malter- oder Mühlenzins, einzuziehen. Es war juristisch unklar, zu welcher Kategorie von Feudalrechten der Mühlenbann gehörte, ob zu den personellen oder reellen Servituten bzw. rechtlich-vertraglichen Verpflichtungen oder zu den Standesprivilegien des Adels[115]. Die Konstituante hatte 1790 in Frankreich die Zwangs- und Bannrechte mit Ausnahme der vertraglich geregelten ersatzlos aufgehoben. In der Praxis konnte man aber mit dieser Unterscheidung wenig anfangen, denn es war immer möglich, den Mühlenbann als do-ut-des-Vertrag auszulegen: Die Gegenleistung bestand dann eben darin, daß der Mühlenbesitzer eine von ihm instand gehaltene Mühle zur Verfügung stellte[116]. Außerdem ließen sich auch die vertraglich geregelten Zwangsrechte nicht mehr mit den Bestimmungen des Code Napoléon über den uneingeschränkten Genuß des Eigentums und die Freiheit der Person vereinbaren[117]. Die juristischen Interpretationskünste Merlins, der offensichtlich im Interesse der Kaiserlichen Domänenverwaltung die einträglichen Revenüen zu retten suchte, stießen in Berg wie in Westphalen auf Widerspruch[118]. Der Mühlenzwang konnte nun wirklich nicht mehr als „Grunddienstbarkeit" nach Artikel 686 oder im Sinne des Artikels 1780 als freiwillige, auf eine bestimmte Zeit und Unternehmung beschränkte „Verdingung von Dienstboten" ausgelegt werden. Hinzu kam, daß inzwischen auch das bergische und westphälische Patentsteuergesetz erschienen war, das jedem genehmigte, gegen Bezahlung der Patentgebühr seinen Handel, sein Handwerk oder Gewerbe „in dem ganzen Umfange des Großherzogtums", wie es im bergischen Dekret hieß, ungehindert zu treiben[119]. Dennoch taten die Regierungen alles, die damit verfügte Aufhebung auch des Mühlenbanns geradezu geheimzuhalten. In keinem der Dekrete wurden die Bannrechte ausdrücklich erwähnt. Als der Präfekt des Ruhrdepartements im April 1810, ein Jahr nach Erlaß des Patentsteuergesetzes, die Aufhebung des Mühlenzwangs öffentlich bekanntgab, zog er sich einen strengen Verweis Beugnots zu, der soeben mit der Domänendirektion ausgemacht hatte, die Abschaffung nicht öffentlich zu verkünden[120]. Erst als Beugnot die beruhigende Versicherung erhielt, daß die Einnahmen aus der Patentsteuer die Domänenrevenüen aus den Bannrechten überstiegen[121], leitete er das Gutachten des Präfekten an den Staatsrat zur Überprüfung weiter.

Der Präfekt hatte auf die Vorwürfe Beugnots hin eine ausführliche Schilderung der Zustände seines Departements als Rechtfertigung übersandt: die Getreidepreise seien im Vergleich zum Vorjahr — eine Folge der Kontinentalsperre — rapide gesunken; die Landwirtschaft, die „Fabriken" und die ländlichen Gewerbebetriebe stagnierten; wenn wenigstens der Bauer sein Getreide an mehreren Mühlen mahlen lassen könne, wenn er nicht wie bisher oft drei Tage lang mit den schweren Getreidesäcken unterwegs wäre, um zu der weit entfernten Bannmühle zu gelangen, so sei ihm schon viel geholfen. Was solle er denn seinen Bauern erwidern, die sich auf den Code Napoléon und das Patentsteuergesetz beriefen? „La présomption se prononcera toujours pour l'égalité, pourquoi attribuer à un meunier plus de droit qu'à l'autre?"[122] Beschwerden der Mühlenpächter, „daß die zwangspflichtigen Mahlgenossen bei hellem Tag und ungescheut" ihre Mühlen umgingen, um ihr Getreide auf Privatmühlen vermahlen zu lassen[123], zeigten in der Tat, daß sich die Entwicklung nicht mehr aufhalten ließ.

Bereits im April 1810 zog der Staatsrat die Konsequenz und beschloß, den Mühlenbann entschädigungslos abzuschaffen[124]. Es dauerte allerdings noch über ein Jahr, bis man sich gegen die Widerstände in Paris und die Proteste der kaiserlichen und staatlichen Domänenverwaltung durchgesetzt hatte[125]. Erst das Septemberdekret von 1811 hob endgültig „ohne Entschädigung und ohne Ausnahme alle Banngerechtigkeiten von welcher Natur sie sein mögen" auf. Der Mühlenpächter mußte allerdings seine Pachtzinsen weiterzahlen, wenn auch mit einem verhältnismäßigen Abzug, falls seine Einnahmen sich verringerten. Die Mühle ging also nicht in sein Eigentum über; es stand ihm lediglich frei, seinen Pachtkontrakt aufzulösen und eine eigene Mühle zu errichten[126].

In Westphalen kam eine gesetzlich fixierte Regelung nicht zustande. Immerhin hat die westphälische Regierung im Gegensatz sowohl zur kaiserlichen wie zur staatlichen Domänendirektion das Patentsteuergesetz großzügiger ausgelegt als in Berg. Ihrer Meinung nach fielen fortab auch die Mühlenpachtzinsen der Mühlenpächter gegen Abgabe der Gewerbesteuer weg[127]. Man hütete sich jedoch, diese Interpretation öffentlich zu vertreten, so daß die Domäneneinnehmer sich auch weiterhin berechtigt glaubten, die umstrittenen Abgaben einzuziehen. Noch im Februar 1813 meldete der Präfekt des Fuldadepartements dem Finanzminister zahlreiche Reklamationen gegen weitererhobene Mühlen- und Branntweinzinsen, welche die Domänenreceveurs sogar bei Androhung von Exekution eintrieben[128]. Vor allem die kaiserlichen Donatare dachten gar nicht daran, auf die Einkünfte aus Mühlenbann, Branntwein-, Bierbrauer- und Weinausschankmonopolen, Teerbrennereien usf. zu verzichten[129]. Der Vorschlag des Finanzministers, wenigstens einige der Beschwerden durch Entschädigung der kaiserlichen Domänenregie aus der Staatskasse abzustellen, blieb bei der katastrophalen Finanzlage des Königreichs reine Theorie[130].

Vergleicht man das Ergebnis der gesellschaftspolitischen Maßnahmen in den beiden Modellstaaten, so fällt fraglos der bergischen Gesetzgebung das Verdienst zu, daß sie eine Gesamtlösung der vielfältigen Probleme im Septemberdekret von 1811 wenigstens versucht hat. Das „Kaiserliche Dekret, die im Großherzogtum abgeschafften Rechte und Abgaben betreffend" beschränkte sich nicht mehr allein auf die Leibeigenschafts- und Lehenverhältnisse, sondern intendierte im Sinne des Code Napoléon eine Abschaffung *aller* Feudalrechte. In der Darstellung der Motive zum ersten Gesetzentwurf, den der bergische Staatsrat Hazzi bereits im Frühjahr 1809 ausarbeitete[131], wurde die Ansicht von den „wohlerworbenen Rechten" des Adels verworfen. Die Feudalrechte erschienen als bloße „Usurpationen der adligen und geistlichen Kaste"[132]. „Wie die Menschheit am Ende des achtzehnten Jahrhunderts im Westen das alte Joch abschüttelte und gewaltig sich den Weg zum freien Aufschwung bahnte, da wurde hauptsächlich den in finstern Jahrhunderten sich gebildeten Feudalverhältnissen der Stab gebrochen. An ihre Stelle traten Freiheit und Gleichheit aller Bürger vor dem Gesetz — ein wahres Repräsentativsystem des Staates. Auf diesen festen Grundpfeilern gestützt erhob sich das edelste Gebäude — Napoleons Gesetzbuch." Ebenso deutlich wird freilich hervorgehoben, daß nicht der revolutionäre Umsturz, sondern allein „weise Reformen" in Deutschland das Feudalsystem nach und nach „zwar etwas langsamer, doch unter weniger Zerstörungen" beseitigen könnten. Von einer Glorifizierung der französischen Revolution und ihrer „Exzesse" war Hazzi ebenso weit entfernt wie Beugnot. Sein Ziel war die Durchsetzung der „Ideen von 1789" und des gesellschaftspolitischen Programms des Code[133].

Der Gesetzesvorschlag selbst enthielt bereits eine Reihe konkreter Vorschläge, die dann zwei Jahre lang bis zur endgültigen Fassung des Septemberdekrets im bergischen Staatsrat diskutiert wurden: Die Ablösung der Dienste auf der Grundlage des Dienstgeldes, die Neuinterpretation der Fronden als bloße „Mietkontrakte über Arbeiten" nach Artikel 1780 des Code[134], eine Klassifizierung der Besitzrechte und die Aufhebung aller „emphyteutischen Rechtsverhältnisse", die entschädigungslose Abschaffung aller gerichtsherrlichen und sonstigen öffentlichrechtlichen Feudalabgaben, die Verwandlung der unständigen Abgaben in jährliche Renten und die Beseitigung der Monopolrechte.

Die schwierigste Aufgabe dieses Programms war die Bereinigung des verworrenen Abgabensystems. Vor allem Beugnot setzte sich nachdrücklich für die Trennung der eigentlichen Grundabgaben von den steuerähnlichen und herrschaftlichen Auflagen ein, die mit dem neuen Steuersystem bzw. der Neuorganisation des Staates nicht länger vereinbar seien. Man könne nicht den Bauern den Code Napoléon verkünden und sie gleichzeitig durch Steuern und Konskription einerseits sowie Feudalabgaben „et autres vieilleries de l'Allemagne" andererseits ruinieren, schrieb er im Mai 1811 an Roederer: „C'est pour prix de l'indépendance politique qu'on fait la conscription ou l'impôt en nature; c'est pour prix de la liberté individuelle et de l'affranchissement du territoire qu'on paie des contributions ou l'impôt en argent; lors donc qu'un citoyen a payé sa conscription et ses contributions, il est quitte envers l'ordre social, mais il faut que l'ordre social lui garantisse à son tour les avantages dont il a payé le prix. Ces avantages ne lui seraient pas garantis, il supporterait des charges, qui n'auraient pas d'équivalent, il acquitterait des redevances qui seraient sans motifs ou remplirait des devoirs qui seraient sans objets si on laissait peser sur sa personne ou sur ses biens les charges très illégitimes de l'ordre ancien."[135]

Die Abgrenzung der Abgaben war freilich ein mühsames Geschäft: die Abgabenverzeichnisse, die der bergische Staatsrat Sethe, ein ehemaliger preußischer Verwaltungsbeamter, aus den Rechnungsbüchern der Domänen und alten Eigentumsordnungen zusammenstellte, waren alles andere als vollständig[136]. Falls nicht die Benennung den Ursprung der Abgabe verriet, richtete sich das Kriterium der Klassifizierung meist danach, ob die Abgabe von *allen* Gemeindemitgliedern gezahlt wurde, was am ehesten auf eine Kontributions- bzw. öffentlichrechtliche Abgabe schließen ließ. Das Septemberdekret bemühte sich dann um eine möglichst lückenlose Aufzählung aller dieser Abgabeposten in verschiedenen Rubriken: insgesamt sechzehn „Schatzabgaben", die von den Domänenkammern oder von den Grundherren im Umkreis ihrer Herrschaften von Gütern oder Vieh erhoben wurden (Schatzhafer, Kuheschatz, Hundegeld usf.); fünfunddreißig Abgaben anstelle von Akzisen und „Industriesteuer", womit Handel, Konsumtion und Handwerke belastet waren (Ladengeld, Abdeckergeld, Musikpacht, Ziegelbrennerei, u. a.); vierzehn Beiträge zu Verwaltungs- und Justizkosten bzw. herrschaftliche Schutzgelder (Vogtshafer, Grafenhühner, Lehenkanon der Stadt Hattingen für ihre bisherige Gerichtsbarkeit u. a.); außerdem noch vierzehn Bezeichnungen für entschädigungslos abgeschaffte Dienstgelder (z. B. Mähergeld, Pfluggeld, Rheinfuhrgeld, Weingeld, Diensthafer) sowie vierzehn aufgehobene Abgaben als Ersatz für Lehendienste (Lehnpferdegelder, Ehehühner, Jägerbrot, Hundeleggeld usf.). Ferner erloschen die Manumissionsgelder (auch Burgholzgeld und Schloßgeld genannt), das Sterbfallsgeld bzw. Besthaupt oder Kurmede (wie im Madrider Dekret mit Ausnahme des Sterbfalls, „der auf einem Colonate haftet") und weitere zwölf „herrschaftliche" Domänenabgaben (Festungshafer, Blutzehnt, Glockentaler u. a.).

Der Aufzählung der ersatzlos abgeschafften Rechte folgte ein Katalog der ablösbaren Rechte: die Grundrenten, Laudemialgelder, einundzwanzig weitere Grundabgaben wie Schloßhafer, Ochsengeld, Mähergeld, Stephanshafer, Käsegeld usw. und einige Einzelposten wie Wasserrekognitionen (wegen Anlagen auf schiffbaren Flüssen verschuldete Abgaben), Masthafer (gegen Genuß der Mast in Wäldern des Grundherrn) und Geschirrholzhafer (gegen Nutzung des Grundherrlichen Holzbestandes). Trotz der vergleichsweise klaren Einteilung in vier Gruppen — 1. „durch die Gesetze über direkte und indirekte Auflagen abgeschaffte Abgaben", 2. abgeschaffte herrschaftliche bzw. öffentlich-rechtliche Auflagen, 3. abgeschaffte Dienstgelder, 4. ablösbare Rechte, welche „den Preis und die Bedingung einer ursprünglichen Verleihung von Grund und Boden darstellen" — und trotz der Sorgfalt, mit der jeder Einzelposten extra aufgeführt wurde, war es nicht gerade einfach, dieses Gesetz anzuwenden, was weniger am Gesetzgeber als an den kaum übersehbaren Verhältnissen lag. Allein die Haferabgabe tauchte an zwanzig verschiedenen Stellen auf; als Schatzhafer, Rauch- und Schatzungshafer, Futterhafer, Hehlhafer, Malzhafer, Lenzenhafer in der ersten Gruppe, als Vogtshafer, Gräfenhafer, Festungshafer und Hahnenhafer in der zweiten, als Pflughafer, Diensthafer, Hundshafer, Jägerhafer in der dritten und als Stephanshafer, Schloßhafer, Hufenhafer, Beutelshafer, Geschirrholzhafer und Masthafer in der vierten Gruppe. Wie sich bald herausstellte, reichte diese Differenzierung dennoch nicht aus. Nach Erscheinen des Dekrets war der Staatsrat immer wieder damit beschäftigt, zahlreiche Anfragen zu begutachten, zu welcher Kategorie die nicht erwähnten Abgaben, z. B. Herrenhafer, Renteihafer, Schneid- und Hammelgeld usw. zu zählen seien[137]. Die meisten Klagen aber liefen ein, weil die Einnehmer sich gar nicht an das Dekret hielten und strittige wie nicht strittige Abgaben einfach weiter einzogen[138].

Auch die grundlegenden und wegweisenden Reformbestimmungen über Besitzrechte und Hand- und Spanndienste wurden von den Grundherren kaum beachtet. Die Staatsratsgutachten über Fronen und Leib- und Zeitgewinngüter[139] ließen aber erkennen, daß zumindest der Gesetzgeber durchaus gewillt war, mit dem Septemberdekret die bäuerlichen Interessen wahrzunehmen. In vielen Punkten bestätigten die Gutachten nachträglich die Petitionen der Rhedaischen und Dortmunder Bauern. Alle Hand- und Spanndienste wurden eindeutig und ohne weitere Unterscheidung als Personalfronen definiert, die bereits das Madrider Dekret abgeschafft habe[140]. Der umstrittene Passus des Lehendekrets über die Dienste wurde zwar mit Artikel 686 des Code erklärt, aber ganz im Sinne der französischen Auslegung des Begriffs „Grunddienstbarkeit": Der Code verfüge eben gerade, „daß keine persönliche Dienstleistung auf Güter gelegt werden könne"! Die einzige „Modifikation", die der Staatsrat noch zuließ, war die mit den Artikeln 1780 und 1742 des Code begründbare „Rechtsgültigkeit" jener Dienste, „welche die Pachter vermöge auf bestimmte Zeit lautender Pachtverträge verschulden"[141]. Ebenso entschied das Gutachten über Leib- und Zeitgewinngüter mit Zitaten aus älteren Gesetzen, daß diese Gütergattung den Erbpachtgütern gleichzusetzen sei, vorausgesetzt, daß der Besitz während drei Generationen derselben Familie gehörte und der Pachtschilling in dieser Zeit gleichförmig gewesen war[142]. Die zeitweilig erregte Diskussion im Staatsrat, ob die Erbpacht sich von der Emphyteuse des römischen Rechts unterscheide, endete mit dem Sieg der fortschrittlichen Staatsräte[143], die feststellten, daß es nicht auf die „Subtilität" der Begriffe, sondern auf die Grundsätze der Nichtperpetuität der Renten und der Aufhebung des geteilten Eigentums ankomme[144]. Das Septemberdekret präzisierte entsprechend die undeutlichen Bestimmungen des Madrider Dekrets und des Lehendekrets: „Art. 5. Die durch unser Dekret vom 12. Januar 1809 verordnete Abschaffung des Lehensverhältnisses wird auch auf das emphyteutische Rechtsverhältnis anwendbar erklärt. Art. 6. Als Folge der Abschaffung des Lehensverhältnisses erkennt das Gesetz keine andere Güter mehr als Allodialgüter. Alle aus diesem Rechtsverhältnis entstehende Obergewalt und Macht über die Güter oder über die Person sind abgeschafft. Art. 7. Die Abschaffung des emphyteutischen Verhältnisses zieht jene der Rechtsunterstellung, nach welcher dafür gehalten wurde, daß der Verpachter des nutzbaren Eigentums eines Allodialgrundstückes das Obereigentum dessen behalte, nach sich. Art. 8. Dem zu Folge wird dafür gehalten, daß das volle Eigentum einer jeden unbeweglichen Sache, dieselbe mag vorhin lehnbar oder ursprünglich allodial gewesen sein, in den Händen dessen, welcher das nutzbare Eigentum davon hat, beruhet. Art. 9. Jene nutzbare Lehens- oder herrschaftlichen und emphyteutischen Rechte, welche gemäß den hiernach folgenden Bestimmungen bis zur Ablösung bestehen bleiben, werden den bloßen Grundrenten und Grundlasten gleichgestellt."[145] Zur Bekräftigung und um endgültig alle Streitigkeiten über Besitzrechte auszuschließen, zählte der elfte Artikel alle im Großherzogtum bekannten Gütergattungen noch einmal eigens auf, darunter auch die Kurmudgüter, die Hobs- und Behandigungsgüter, die Leib- und Zeitgewinngüter, die Lathengüter und Sattelgüter. Besonders wichtig für die Bauern war die Verfügung des Artikels 37, die ausdrücklich festlegte, daß, falls über ein Gut mehrere Urkunden und Anerkenntnisse vorhanden wären, „diejenige, welche für den Inhaber am wenigsten lästig ist", vorzuziehen sei[146]. Relativ ungünstig für die Bauern fiel allerdings die Ablösungsregelung aus, die vorschrieb, daß ständige und unständige Abgaben nur zu gleicher Zeit, also nicht stückweise, abgekauft werden könnten[147]. Immerhin bedeutete die Umwandlung der unständigen Abgaben in jährlich zu zahlende Renten wenigstens die Beendigung des Abgabenchaos, wodurch spätere Reformen erleichtert wurden.

Wie gesagt, kümmerten sich aber die Grundherren gar nicht um dieses Gesetz. Die Situation spitzte sich im Frühjahr 1812 erneut zu, weil auch die Gerichte, vor die sich die Bauern, bestärkt in ihren Erwartungen, zunächst gar nicht ungern zitieren ließen, weiterhin zugunsten der Grundherren und unter offenkundiger Mißdeutung des Dekrets urteilten. Eine Enquete des Staatsrats konstatierte, daß das Septemberdekret nicht einmal ordnungsgemäß in allen Gemeinden verkündet worden war; die Gerichte behandelten die Leib- und Zeitgewinngüter auch jetzt noch als bloße Zeitpachtgüter; an den Frondestreitigkeiten habe sich nichts verändert: „Il faut mettre fin à ces interminables contestations: il n'est plus permis aux tribunaux de se tromper, ni de donner raison aux seigneurs."[148] Die Regierung sah sich schließlich gezwungen, im Dekret vom 28. März 1812 alle schwebenden Verfahren zu annullieren. Damit war aber auch die Agrarreform des Septemberdekrets gescheitert.

Dennoch wird man das bergische Septemberdekret von 1811 als eines der bedeutendsten Gesetze der rheinbündischen Reformära bezeichnen können. Hazzis Projekt von 1809 und die vorbereitenden Staatsratsgutachten über Fronden, Abgaben, Besitzrechte und Bannrechte gehören zu den wichtigsten Reformdenkschriften der Rheinbundzeit. Die Mißachtung des Gesetzes durch die adligen Grundherren bestätigte allerdings auch, daß sich in Deutschland nicht die Situation von 1789, sondern eher die „réaction seigneuriale" des vorrevolutionären Frankreich wiederholte.

Ohne Unterstützung aus Paris war die Regierung nicht in der Lage, sich gegen die Adelsopposition durchzusetzen. Zu diesem Zeitpunkt — 1811/12 — war Napoleon jedoch längst darum bemüht, den alten Adel mit dem Empire und der neuen Legitimität seines Kaisertums zu versöhnen. In Frankreich selbst wurden immer mehr Stellen den Aristokraten des Ancien Régime eingeräumt: „Nur diese Leute", so ließ Napoleon nun erklären, „verstehen zu dienen."[148a] Das ursprüngliche Programm einer gesellschaftlichen Assimilation auf der Grundlage des Code Napoléon hatte zu einem Mißerfolg geführt, der die sozialkonservativen Tendenzen der napoleonischen Politik immer stärker in den Vordergrund treten ließ. An eine energische Durchsetzung des Rezeptionsprogramms war nicht mehr zu denken. „Die „réaction seigneuriale" trug vielmehr dazu bei, daß der

Kaiser das Interesse an der Einführung des Code Napoléon verlor. Um den Preis innerer Krisen und Unruhen war der Code nicht rezipierbar — schon gar nicht in einer Situation, in der drängende außenpolitische Entscheidungen anstanden: die Vorbereitung und Durchführung des Rußlandfeldzuges.

In Westphalen, wo der größte Teil der kaiserlichen Domänen lag — insgesamt 929 Dotationen mit einem Ertrag von mehr als sieben Mill. Francs[149] —, stieß die Regierung sowohl auf den Widerstand des alten wie des neuen Adels[150]. Eine vergleichbare Grundsatzentscheidung wie im bergischen Septemberdekret kam hier gar nicht erst zustande. Siméon bemühte sich in erster Linie darum, den Loskauf der Abgaben und Dienstgelder in Gang zu bringen — freilich meist nur mit erfolglosen Appellen[151]. Im Frühjahr 1810 wurden überall im Königreich im Auftrag Siméons von den Kantonsmaires Versammlungen der Maires einberufen, um ihnen die „Wohltaten" der Gesetze und die ökonomischen Vorteile der Ablösung klarzumachen[152]. Der Effekt war gering. Als Siméon genaue Abgabenverzeichnisse der Gemeinden anforderte, um den „ärmsten" eventuell Unterstützung zu gewähren, erhielt er Auskünfte wie die des Kantonsmaire von Marburg: man habe den Maires die „huldvolle Fürsorge des Gouvernements recht genau und deutlich vor Augen gelegt", aber alle hätten „ohne Ausnahme und ganz einstimmig" erklärt, daß ihre Gemeinden zu den ärmsten gehörten und selbst die Gemeinden, die in der Lage wären, nach den Bedingungen der Dekrete abzulösen, wollten lieber die Grundabgaben weiterzahlen. Deshalb sei auch wohl die Einsendung der Verzeichnisse nicht notwendig...[153].

Siméon dachte wohl eine Zeitlang daran, die Gemeinden zur Ablösung zu zwingen[154], aber ohne staatliche Kredithilfe war dies schlechterdings nicht möglich. Die Regierung machte zwar einige konkrete Vorschläge: die Gemeinden sollten Ablösungsfonds bilden, eventuell aus dem Erlös entbehrlicher Gemeindegrundstücke oder durch Kapitalanleihen; die Präfekten sollten an den „Patriotismus" der Grundbesitzer appellieren und darauf hinweisen, daß Ratenzahlungen oder wenigstens Umwandlungen der Abgaben in ständige Renten ermöglicht würden[155]. Aber Siméons Versprechen, sich beim König dafür einzusetzen, daß ein zentraler Unterstützungsfonds der Regierung die Anleihen erleichtern sollte, blieb bei der permanenten Finanzkrise des westphälischen Staats unerfüllbar. Schon als Jérôme König wurde, schuldete er Napoleon dreißig Mill. Francs[156]. Jahr für Jahr wurden allein zwanzig Mill. Francs, mehr als die Hälfte der ordinären Staatseinkünfte, für militärische Zwecke ausgegeben. Da die wichtigsten Einnahmequellen, die Domänenrevenüen, zum überwiegenden Teil an die kaiserlichen Donatare fielen, konnte sich der Staat nur durch das Anziehen der Steuerschraube vor dem Staatsbankrott retten. Bereits 1809 wurden 60 % der steuerbaren, reinen Einnahmen eines Bauern weggesteuert[157]. Rechnet man die Renten, Zehnten, Dienstgelder usw. hinzu, so blieb dem Bauern kaum das Existenzminimum, und meistens nicht einmal dieses. Fast alle Gemeinden steckten tief in Schulden und waren bei Lage der Dinge einfach nicht fähig, auch noch die Ablösungssummen aufzubringen.

Hinzu kam die Verschärfung der Situation nach der Kontinentalsperre, die die bis dahin relativ günstige landwirtschaftliche Konjunktur zerstörte. Der Ausfuhrstopp führte nicht nur zu einem jähen Sturz der Getreidepreise, sondern auch zum Niedergang der ländlichen Leinen- und Wollindustrie, die die wirtschaftliche Existenzbasis der Meierhöfe gefestigt hatte. Selbst bei guten Bodenverhältnissen waren zahlreiche Bauern, die weniger als sechs Hektar Land besaßen, auf berufliche Nebeneinkünfte angewiesen. Im Gebiet des ehemaligen Fürstentums Paderborn gab es z. B. neben 2300 Voll- und Halbmeiern, 3900 Kötter, 1700 sog. Bardenhauer und 2500 Einlieger, von denen schon ein großer Teil der Kötter sich nicht ausreichend aus den Erträgen der eigenen Stätte ernähren konnte. In der Umgebung von Braunschweig waren 32 % aller Höfe Nebenerwerbsstellen. Wo der Kleinbesitz vorherrschte, wie in Hessen, betrug schon der Grundzins bis zur Hälfte der Ernte, so daß der Bauer bei wachsender Steuerbelastung und sinkenden Preisen seinen Verpflichtungen nicht mehr nachkommen konnte[158]. Da die Meierzinsen nach den alten Getreidepreisen festgelegt waren, konnten selbst die reicheren Meier in Niedersachsen ihre Abgaben nicht mehr zahlen. Die Mobilien- und Immobilienverkäufe häuften sich, was zu einem Absturz der Güterpreise um 50 % gegenüber dem Stand von 1805/06 führte[159].

Die zahlreichen Gesuche der Bauern um Aufschub rückständiger Gefälle schildern ein trostloses Bild: Außer den Wetterkatastrophen — Überschwemmung im Frühjahr und Dürre im letzten Sommer —, klagten etwa die Herrenbreitunger Domänenbauern aus dem Werradepartement, hätten sie nun neben den hohen Kontributionssteuern auch noch die Lasten für die Einquartierung der französischen Truppen zu ertragen, da ihr Dorf an einer Heerstraße läge. Durch Kriegsspanndienste, Frucht- und Fouragefuhren „oftmals auf 8 Tage hin", bei der „beständigen Unruhe" und dem „so großen Geldmangel", seien sie „ohnehin schon bis zum äußersten enerviert, so daß auch der stark Begüterte fast nicht mehr zu subsistieren vermag". Die Handwerksbetriebe, auf deren Einkünfte sie wegen des wenig ertragreichen Ackerbaus in ihrer Gegend angewiesen seien, lägen darnieder. Die Armut wachse „von Tag zu Tag" und man wisse nicht einmal mehr, wie man das notwendige Brennholz „zu zivilem Preis" kaufen solle. Dennoch drohe die Domänenverwaltung mit Exekution und Beschlagnahme ihrer Güter. An den Finanzminister gerichtet, schloß das Gesuch mit der Bitte: „Alle diese herzensdrückenden und auf der lautern Wahrheit ruhenden Umstände wollen Ew. Hochfreiherrliche Excellenz demnach gnädig und mildtätigst erwägen und uns nach Gerechtigkeitsliebe den noch geringen 1808ten Erbzinsfruchtrückstand in Säcken an 20½ Mltr. Korn, 3½ Mltr. Gerste und 13½ Mltr. Hafer bis zu Martini-Tag 1809 gegen ein billiges Aufmaß zu kreditieren geruhen."[160] Nicht anders klangen die Berichte, welche die halbamtliche westphälische Zeitschrift der beiden Verwaltungsbeamten Hassel und Murhard über die wirtschaftliche Situation des Landes veröffentlichte. Im Januar 1810, zu einem Zeitpunkt, als Siméon die Ablösung voranzutreiben suchte, stellte sie resignierend fest: „... umsonst die allgemeine so preiswürdige Freiheit des Handels und Verkehrs, umsonst die unbehinderte Ein- und Ausfuhr jeder Ware, umsonst die Aufhebung jeglicher Handelsbeschränkung und Ermunterung des inneren Verkehrs. Es hatten die Fabriken und Manufakturen einen großen Teil ihres Absatzes, die Produkte des Bodens ihre Hauptmärkte verloren. Durch Abtretung der Domänen an den Kaiser und durch Zahlung rückständiger Kriegskontributionen an Frankreich mußten viele Fonds, die sonst im Innern geblieben und angewandt sein würden, ins Ausland fließen..."[161]

Siméon setzte sich schließlich dafür ein, wenigstens die Ablösung auf den staatlichen Domänen zu erleichtern. Im Dekret vom 1. Dezember 1810 wurde der Ablösungsmaßstab auf eins zu zwanzig für Naturalprästationen und auf eins zu sechzehn für Geldabgaben gesenkt[162]. Dahinter stand allerdings auch das rein fiskalische Interesse des Finanzministers, der mit dem Erlös aus dem Verkauf von Domänen und Domänengefällen einen Teil der Staatsschuld zu tilgen hoffte. Malchus hatte deshalb auch nichts dagegen einzuwenden, daß die Löse der Domänenabgaben nicht von den Bauern, sondern an ihrer Stelle von kapitalkräftigen privaten Grundherren oder vermögenden Bürgern vorgenommen wurde, vorausgesetzt, daß der Censit damit einverstanden war[163]. Das Geschäft kam auch einigermaßen in Gang, jedenfalls solange, wie die Bezahlung mit Staatsobligationen möglich war[164]. Bereits im Frühjahr 1811 sah Malchus freilich ein, daß auf diese Weise kaum ein greifbarer Gewinn für die Staatskasse zu verzeichnen war und verfügte, daß künftig wenigstens ein Drittel der Summe in bar zu hinterlegen sei[165].

Der Handel mit den Domänengefällen zeigt dennoch sehr deutlich, mit welchen Gefahren der „Ablösungskapitalismus" für die Bauern verbunden war. Hätten diese Finanzpraktiken funktioniert, so wäre tatsächlich eine ähnliche Entwicklung wie im vorrevolutionären Frankreich eingeleitet worden, nämlich das Eindringen des Kapitalismus in die Landwirtschaft „unter der Decke der Feudalrechte"[166]. Allerdings waren adlige Grundherren und städtische Bürger kaum daran gewöhnt und letztere finanziell nicht in der Lage, günstige Kreditgeschäfte und Spekulationsgewinne wahrzunehmen. Anders als die französischen Bauern haben auch die westphälischen Pächter gar nicht begriffen, worum es ging. Als im Frühjahr 1812 mehrere Censiten des Werradepartements befragt wurden, ob sie selbst ihre Abgaben ablösen wollten und, falls nicht, ob sie gegen die Ablösung durch dritte etwas einzuwenden hätten, meinten alle übereinstimmend, es sei ihnen ganz „gleichgültig", an wen sie die Abgaben bezahlen müßten[167].

Die Entwicklung, die sich in Westphalen abzuzeichnen begann, brachte dem kleinbäuerlichen Pächter kaum Vorteile. Die Kommerzialisierung des Abgabenwesens richtete sich zwar gegen den „Eigentumskapitalismus"[168], d. h. die Rentengesinnung der Grundherren, die nur an eine passive Nutzung des Abgabeneigentums dachten. Aber an seine Stelle trat nun ein an Kreditgewinn und unternehmerischen Einsatz orientierter Eigentumserwerb, der das kleine bäuerliche Eigentum gerade zurückdrängte. Die Ersetzung des feudalen Eigentumsbegriffs durch das bürgerliche Zivilrecht des Code Napoléon garantierte den Bauern noch lange nicht ihre „Befreiung"[169]. Die kritische Erwägung, die man über die gleichzeitige preußische Agrarreform angestellt hat, ob am Ende und unabhängig von den Intentionen der Reformer die „Bauernbefreiung" nicht eine „Befreiung der

Herren" gewesen sei[170], gilt mutatis mutandis auch für die Agrargesetzgebung der Modellstaaten.

2. Die Kompromißlösung in den Großherzogtümern Baden und Frankfurt: Der Einbau der Feudalverfassung in den Code

Es ist keine Frage, daß das „Chaos"[1] in den Modellstaaten auf die übrigen rheinbündischen Regierungen eher abschreckend wirkte. Das Modell einer uneingeschränkten Rezeption, wie es zuerst Siméon am Beispiel der westphälischen Reformen von 1808 zur Nachahmung empfahl, wurde nirgendwo anders akzeptiert. In Bayern, Baden, Hessen-Darmstadt und Nassau, in Frankfurt und Würzburg — überall stand lediglich der Plan eines modifizierten, den deutschen Verhältnissen angepaßten Code zur Debatte. Freilich, kein Problem der Code-Diskussion war so umstritten wie das der Modifikationen. Die Gefahr lag nahe, daß in der „Modifikationsretorte", wie es Feuerbach einmal nannte, die „Hauptideen" des Code verwässert würden[2]. Das Gegenbeispiel zum Wagnis einer grundlegenden Reform lieferten Baden und Frankfurt mit dem Einbau der Feudalverfassung in den Code, eine Kompromißlösung, die nicht weniger häufig, selbst in den eigenen Reihen[3], kritisiert wurde als das bergische und westphälische „Modell".

Der Initiator des badischen Rezeptionsprogramms, das dann von Frankfurt nachgeahmt wurde, der Geheime Rat Johann Friedrich Brauer, wird auch in der Forschung immer wieder als „Bewahrer altbadischer Tradition"[4] teils negativ, teils positiv beurteilt. Für die einen gilt er als der große Vorläufer der historischen Rechtsschule[5], für die anderen als eine eher „ängstliche, in den Bindungen des Herkommens befangene Natur", als ein allzu kompromißbereiter Reformer, der im Gegensatz zu seinem politischen Gegner, dem Freiherrn von Reitzenstein, „vor dem radikalen Bruch mit der Vergangenheit" zurückscheute[6]. Was aber war Brauers eigentliche Intention?

Anders als in Westphalen und Berg, wo die Rechtsreform in engem Zusammenhang mit der Sozialreform stand, trat in Baden von Anfang an das Bestreben nach Rechtseinheit mehr in den Vordergrund. Im deutschen Südwesten waren die verschiedenen Rechtsstatuten besonders bunt durcheinander gewürfelt — entsprechend der Gemengelage der Territorien, aus denen das Kurfürstentum und spätere Großherzogtum zusammengesetzt war: neben den markgräflichen Kernlanden Baden-Baden und Baden-Durlach die pfälzischen Gebiete, Besitzungen von Nassau-Usingen, von Darmstadt, die österreichischen Vorlande, württembergische Tauscherrungenschaften, säkularisierte oberrheinische Bistümer, ehemals reichsunmittelbare Abteien und Stifter, einige Reichsstädte und zahlreiche ritterschaftliche und standesherrliche Territorien, darunter die Standesherrschaften Fürstenberg, Löwenstein und Leiningen. Es war „eine echte Musterkarte der verflossenen Reichsherrlichkeit"[7], auf der gemeines deutsches und partikulares, weltliches und geistliches Recht miteinander abwechselten.

Der Plan, ein gemeinsames badisches Privatrecht für alle diese Gebiete einzuführen, reichte schon in die Zeit vor der Rheinbundgründung zurück. Bereits beim Anfall des Breisgaus an Baden im Frühjahr 1806 schnitt Brauer die Frage einer gleichförmigen Rechtsverfassung an und zwar — erstaunlicherweise — schon zu diesem Zeitpunkt mit der Erwägung, daß die französische Zivilgesetzgebung am besten auf den Kurstaat übertragbar sei. Allerdings begründete er seinen Vorschlag mit rein praktisch-politischen Gesichtspunkten: erstens gründe das französische Gesetzbuch auf dem römischen Recht, zweitens gebe es „bloßen philosophischen Ideen" weniger Raum als die bisher erschienenen Werke der preußischen, russischen und österreichischen Gesetzgebung (!), drittens spreche der enge nachbarschaftliche „Umgang" mit Frankreich für die Annahme des Code civil. Vor allem der zuerst angeführte Grund, die Verwandtschaft mit dem römischen Recht, erleichtere die „durch Verfassung, Religion und Sitten des Kurstaats nötig werdenden Abänderungen"[8]. Kein Wort also zu den „revolutionären Errungenschaften" des Code! Was Brauer vielmehr faszinierte, war die „Gemeinverständlichkeit" des Gesetzbuches und die übersichtliche Anordnung der Rechtsmaterie, vor allem im Sachen- und Obligationenrecht. Von vornherein war klar, daß „Verfassung, Religion und Sitten" des Kurstaats Modifikationen notwendig machten.

In seinem Gutachten „die Einführung des Code Napoléon betreffend" vom 29. Februar 1808 konnte Brauer sich darauf berufen, daß er — abgesehen von der „politischen Nützlichkeit", die nun unter den veränderten Verhältnissen nach Gründung des Rheinbundes „hauptsächlich" zu beachten wäre — immer schon für den Code civil plädiert habe, wenn auch stets für eine Einführung mit Modifikationen. Letztere werden nun präzise begründet: eine Rezeption ohne Modifikation sei den „meisten Landesbedürfnissen weder genügend noch angemessen ... Nicht genügend, weil der Code über manche Rechtsmaterien gar nicht disponiert, weil sie in Frankreich nicht vorkommen, die bei uns aber häufig vorkommen und daher gesetzlicher Dispositionen bedürfen, z. B. Lehensachen..., Zehenden, Gülten, Patronatsrechte, Grundherrlichkeitsverhältnisse u. dgl. Nicht angemessen, weil er hier und da Dispositionen enthält, die unserer Rechtseinrichtung zuwider sind und wo es uns entweder nicht möglich oder doch nicht rätlich ist, unsere Einrichtung auf den französischen Fuß umzumodeln."[9]

Beide Modifikationsarten wurden dann in den vielkritisierten erläuternden „Zusätzen", die etwa ein Fünftel des badischen Code ausmachten, berücksichtigt. Auf diese Weise verhalf ausgerechnet das revolutionäre Gesetzbuch Napoleons zu einer Kodifikation der Feudalrechte, die gerade den feudalen Grundbesitz stärkte und die feudalen Abhängigkeitsverhältnisse festschrieb. So jedenfalls sahen es die Kritiker des badischen Code. Der einzige Vorteil, den das Gesetzbuch den Bauern brachte — so schien es —, war eine Bereinigung der Besitzrechte und eine einheitliche Regelung der Lehen- und Grundherrlichkeitsverhältnisse.

In den Kommissionsvorträgen und in seinem Kommentar zu der neuen bürgerlichen Gesetzgebung hat Brauer dieses Modifikationsverfahren ausführlich zu rechtfertigen versucht. Es fällt auf, daß er bei aller Rücksicht auf die bestehenden

Verhältnisse doch weit davon entfernt war, das „Herkommen" um seiner selbst willen zu verteidigen. An erster Stelle rangiert immer wieder das Argument, daß die Rheinbundakte bzw. die in ihr garantierten Privilegien der Standesherren, die ja in Baden — anders als die kleine Gruppe der 77 Grundherren aus dem Landadel — über ausgedehnte Besitzungen verfügten[9a], eine andere Möglichkeit gar nicht zugelassen hätten. Gleich danach nennt Brauer „die Bedürfnisse der Staatsverfassung", d. h. die Sicherung der Domäneneinnahmen, vor allem des Zehnten, der in Baden hauptsächlich dem Landesherrn zufiel[10]. Selbst wenn man freie Hand zur Aufhebung hätte, meinte Brauer, „so würde auch dennoch zweckmäßig gewesen sein, als Gattung einer Staatssteuer ihn beizubehalten". Mit einigem Recht hob er hervor, daß mit der Beseitigung des Zehnten dem Bauern kaum geholfen sei, falls an seiner Stelle dann lediglich mehr Grundsteuer zu zahlen wäre; denn die Zehntabgabe richte sich unabhängig von den wandelbaren Staatsausgaben und Preisen „in gesegneten und mageren Jahren" wenigstens nach dem jeweiligen Ertrag des Ackers[11]. Bei allen anderen Pflichtigkeiten der Bauern betonte Brauer immerhin die Notwendigkeit der „Eigentums-Anerkenntnisse", d. h. eine klare Abgrenzung von Nutzeigentum und Obereigentum und die Fixierung aller auf den Grundstücken lastenden Abgaben in Lagerbüchern, sogenannten „Bereinen". Diese Bereine sollten alle dreißig Jahre — nach der im Code vorgeschriebenen Frist für die Erlöschung der Servitute — erneuert werden, auch solche, die bis zum 1. Juni 1809, dem vorgesehenen Einführungstermin des Code, soeben diese Zeitgrenze erreicht hätten[12]. Dahinter stand — nicht anders als in Berg und Westphalen — das Bemühen, erst einmal die Abgabenverhältnisse zu ordnen und einen Überblick über die tatsächlichen Zustände zu gewinnen. Die Ablösbarkeit der Gülten und Grundzinsen wurde allerdings — mit Brauers Worten — „nicht so allgemein ausgesprochen, wie in manchen anderen Staaten dieses neuerlich geschehen ist", um „einen zu tiefen Eingriff in das gesicherte bürgerliche (!) Eigentum" mit Rücksicht auf die Rheinbundakte und die Konstitutionsedikte zu vermeiden[13]. Nur solche Abgaben waren ablösbar, „deren ursprünglich richtiggestellte Unablöslichkeit nicht dargetan" werden konnte. Im übrigen blieb die Ablösung von der gütlichen Übereinkunft der Parteien abhängig. Brauer begnügte sich damit, einen — relativ günstigen — Abkaufpreis nach dem Maßstab eins auf zwanzig zu empfehlen[14]. Andererseits ließ Brauer keinen Zweifel daran, daß er das feudale Fronden- und Abgabensystem für schädlich hielt. Bezeichnenderweise zitierte er an keiner Stelle die „wohlerworbenen Rechte" des Adels, sondern verwandte durchweg die neue Terminologie: Er verteidigte die Sicherung des „bürgerlichen" Eigentums und übernahm aus dem gesellschaftspolitischen Programm des Code die Gleichstellung aller auf dem Boden haftenden Abgaben und Dienste mit bloßen Grundrenten und Grunddienstbarkeiten; der alte „Pflichtigkeitsverband" der „Unterwürfigkeit" des Bauern, erläutert der Zusatz zu Art. 710, sei in einen reinen „Gültverband" aufgelöst und somit alle „Herrengewalt über die Personen" aufgehoben[15]. Um zugleich eine „Vereinfachung der Vertragsarten" zu gewährleisten, ließ der badische Code nur noch zwei Güterarten zu: die Erbleihgüter oder

Erbbestände, bei denen der Grundholde ein erbliches Nutzeigentum besaß, und die Gültgüter oder Todbestände bzw. Schupflehen, d. h. Bestände auf Lebenszeit des Pächters, dem in der Regel das volle Eigentumsrecht zustand[16].

Weitere Zusätze modifizierten die Erbrechtslehre des Code. Besonders eingehend begründete Brauer die Beibehaltung der Stammgüter oder Fideikommisse. Nicht anders als Montgelas in Bayern oder Siméon in Westphalen übernahm er die Prinzipien der kaiserlichen Majoratspolitik, in der er Ansätze einer konservativen Neubildung des Adels wahrnahm. Die Erhaltung des „Güteradels" erschien ihm notwendig als Stütze der Monarchie; freilich sollte weder ein „Bettelstolz" noch eine allzu mächtige Grundbesitzerschicht herausgebildet werden: Brauer trat deshalb für ein Maximum und Minimum der Stammgutsgröße ein, auch bei den schon vorhandenen Stammgütern, sofern sie verschuldet waren. Er glaubte auf diese Weise zugleich das Wesentliche des Grundsatzes zu retten, der seinerzeit das Substitutionenverbot des Code civil bedingt hatte. Eine „allzu starke Begünstigung des Stammguts" — daran hielt er fest — sei „dem Geiste des Code Napoléon" und dem „Wohl des Staats" „nicht angemessen", weil dann „zu viel Vermögen dem gemeinen Rechtsverkehr entzogen" würde[17].

Ebenso suchte Brauer bei den Bestimmungen über die Erbfolge nach einem Mittelweg, der einerseits die Prinzipien des Code und andererseits die „Eigenart" der „Landesverfassung" berücksichtigte. Schon die landesherrliche Verordnung vom 17. April 1808 hatte die Unteilbarkeit der Zins-, Bau-, Erb- und Schupflehen und der geschlossenen Hofgüter bestätigt und die „Vorteilsgerechtigkeit", d. h. das Anerbenrecht, aufrechterhalten. Dieses „Gewohnheitsrecht", hieß es aber einschränkend im Einleitungspassus des Gesetzes, sei „der Landeskultur in manchen seinen Ausflüssen nachteilig". Aus diesem Grunde wurde wenigstens der Anteil, der den Miterben ausgezahlt wurde, von einem Zehntel auf ein Achtel des Verkaufswerts des Erbguts erhöht[18].

Auch dieser Kompromiß hatte seine Berechtigung. Dem Gesetz war eine sorgfältige Umfrage bei allen Provinzialregierungen vorausgegangen, die auf eine zwiespältige Resonanz gestoßen war[19]. Manche Ämter befürworteten die Aufhebung des Güterschlusses, um eine ertragreichere Kultivierung des Bodens zu gewährleisten, dem verschuldeten Bauern den Teilverkauf zu ermöglichen und überhaupt die „Peuplierung" — ein Lieblingswort der staatlichen Agrarpolitik des aufgeklärten Absolutismus — zu fördern[20]. Aber der überwiegende Teil der Berichte, vor allem aus den standesherrlichen Justizkanzleien, wandte sich gegen eine „vermehrte Parzellierung". Trotz der Vorteile für Bevölkerungspolitik und Bodenkultivierung befürchtete man, daß der Mangel an Viehbestand — und das hieß zugleich Mangel an Dünger — sowie der verkleinerte Besitz eher zur Verarmung der Bauern beitragen könne. „Man sah wohl ein", schrieb die Fürstenbergische Justizkanzlei[21], „daß bei einer unbeschränkten Zerstückelung der Bauerngüter mehr Produkte erzeugt werden können; allein man war der Meinung, daß der Landesreichtum und Wohlstand sich nur durch den Überschuß bestimme, durch welchen allein das für andere Bedürfnisse ausgehende Geld wieder ersetzt werde. Wenn nun die Zerstückelung der Güter unbeschränkt statt haben soll, so wird man bald in allen Dörfern nichts als Stimper, wie man diese 5tel und 10tel Bauern nennt, antreffen. Was wird es dann dem Staate frommen, wenn zwar bei kleinen Besitzungen mehr erzeugt, aber wieder alles aufgezehrt wird?"[22]

Es ist immerhin bemerkenswert, daß Brauer in seinem Vortrag über die Vorteilsgerechtigkeit trotz aller dieser Einwände das Egalitätsprinzip des Code, die Gleichberechtigung der Kinder bei Erbteilungen, voll anerkannte. Die „patriarchalischen Verhältnisse", wo der Vorzugserbe Herr und die Geschwister Knechte seien, erklärte er — weit entfernt von einer Rechtfertigung „altbadischer Tradition" —, müßten wenigstens „eingeschränkt" werden, weshalb auch die Verordnung vom April 1808 die Abfindungssumme der Miterben erhöht habe. Und dann folgt jene Wendung, die schon einmal als Beweis dafür angeführt wurde, daß Brauer im badischen Code keineswegs nur die Sicherung der Feudalverhältnisse intendierte: „Der in den häufigen schweren und kalten Berggegenden des hiesigen Landes erschwerte und kostbarer als anderwärts werdende Landbau macht allerorten das Beisammenhalten größerer geschlossener Hofgüter häufig zur unerläßlichen Bedingung einer guten Landwirtschaft; gleiches bewirken die in unserer Verfassung, *nicht durch Machtspruch, sondern mehr nach und nach in Güte zu beseitigende Gült- und Erblehnverhältnisse:* deren letztere ohnedies nie ganz beseitigt werden können, wenn der Staat eigentumsberechtigte Körperschaften und Magnaten hat, für welche diese Benutzungsart diejenige ist, welche die *Unabhängigkeit des Landbauers* mit dem Interesse des Gutseigentümers noch am besten sichert, da sie jenen nicht wie [bei] der Zeitpacht einer beständigen Gefahr vertrieben oder gesteigert zu werden aussetzt."[23] Trotz aller Klauseln und Einschränkungen, die der vorsichtige Geheime Rat einbaute — in ein Satzgebilde, das, wie üblich bei Brauer, kompliziert genug ausfiel —, wird doch deutlich, worauf er eigentlich hinauswill: Anerkennung der Prinzipien des Code, „in Güte zu beseitigende" Feudalverhältnisse, Sicherung der materiellen Interessen der Gutseigentümer bei größtmöglicher Unabhängigkeit des Bauern und — vorerst — die Umwandlung der Besitzrechte in die günstigste Leiheform: die Erbpacht.

Das war nicht viel, gemessen an den Hoffnungen, die der Code geweckt hatte — auch in Baden, wie die Eingaben an die Gesetzeskommission über Zehnten, Schupflehen und Erbbestände beweisen[24]. Mit seinen zahlreichen Zusatzbestimmungen ähnelte der badische Code mehr dem Allgemeinen Preußischen Landrecht als dem französischen Gesetzbuch, obgleich die Sonderrechte — konsequenter, als es in Preußen geschah — nicht mehr als Standesrechte, sondern nur noch als privatrechtliche, „bürgerliche" Eigentumstitel ausgelegt wurden. Trotzdem erinnern die „Zusätze" an den widersprüchlichen Kompromißcharakter des preußischen Landrechts, das gleichfalls die generellen Rechtsnormen durch fortgeltende Sonderrechte wieder modifizierte. Auch das badische Landrecht diente zunächst einmal einer bloßen rechtlichen Bestandsaufnahme. Aber man wird doch sagen können, daß die vielzitierte „Doktrin" des Code Napoléon nicht spurlos aus dem neuen badischen Landrecht verschwand. Brauer hat im Gegenteil beabsichtigt, daß durch die deutliche, im Druck hervorgehobene Absetzung der Zusätze von den unveränderten Originalartikeln die „Vernunftgesetze" des Code dennoch als „Rechtsideal" anerkannt würden[25]. „Der Code Napoléon", erklärte er in der Gesetzeskommission, „will eigentlich nichts als die Erkennbarkeit und Anwendbarkeit der Vernunftgesetze in einer bedingten Lage eines Staats durch deren positive Auslegung sichern: eben zu dem Ende müssen aber eine Menge positiver Bestimmungen und Formen hinzukommen, *ohne welche in der Idee die natürliche Verbindlichkeit gedacht werden kann und muß*, aber im einzelnen Anwendungsfall keinen sicheren Boden findet."[26] Eindeutiger als in den vorsichtigen Soll- und Kann-Bestimmungen, mit denen auch die preußischen Gesetzesautoren einen künftigen Rechtszustand vorausplanten[26a], wurden im badischen Landrecht die „Zusätze" den Vernunftgesetzen untergeordnet. Da das Gesetzbuch primäre Geltung erhielt — anders als in Preußen, wo die lokalen Provinzialrechte und Statuten auch weiterhin über dem subsidiär geltenden Landrecht standen — verschärfte sich die Spannung zwischen dem avisierten potentiellen Recht und der Kodifikation überkommener Rechte. Die kontrastierende Gegenüberstellung von „Zusätzen" und Originalartikeln, die sich gegenseitig in ihrer Gültigkeit beschränkten, kam einer Aufforderung gleich, die Entwicklung weiter voranzutreiben und die Widersprüche aufzulösen.

Brauer war kein Verteidiger des „historischen Rechts" oder ein Vorläufer jener Kritiker des Code, die nach 1814 mit Rehberg und Savigny die abstrakte „Vernunft" und die naturrechtliche „Willkür" der französischen Gesetzgebung tadelten. Er war eher ein Anhänger Montesquieus, der sowohl den naturrechtlichen Prinzipien als auch der neuen Einsicht in den Zusammenhang zwischen Gesetzgebung und „esprit général" der einzelnen Nationen verpflichtet blieb. Gleich eingangs des badischen Code wird das „natürliche Recht" als vorrangig geltende Rechtsquelle bezeichnet[27]. In diesem Punkt unterschied sich Brauer kaum von seinem Kontrahenten Harscher von Almendingen, auch wenn er diesem vorwarf, „nur das Rechtsideal" „im Kopf" zu haben, ohne es „auf die in der Welt realisierbaren Staatsideale anzuprobieren"[28]. Brauer hat aber auch ebenso scharf jene Gesetzgeber getadelt, die „mit einer übertriebenen Anhänglichkeit das Alte erfaßten, das nur Folge bürgerlicher, also wandelbarer Einrichtungen war, obwohl man sich gewöhnt hatte, es auf der gleichen Stufe wie die ewigen unwandelbaren Grundsätze des Naturrechts zu erblicken". Er lehnte ihre „ängstliche Besorgnis" ab, mit der sie „den ganzen Wust von Unbestimmtheiten wieder mit in die neue Lage der Dinge hätten herüberführen wollen"[29]. Daß er selbst schließlich genau dieses Ergebnis erzielte, lag doch zumindest nicht in seiner Absicht. Der Umschwung zur Restauration, die eine evolutionäre Entwicklung, wie sie Brauer vorschwebte, zunächst abbrach, war 1808 noch nicht voraussehbar.

Dasselbe gilt für jene andere Art von „Zusätzen", die Brauer mit der Anpassung an die badischen Rechtsinstitute begründete. Zieht man die Bilanz aus den etwas langatmigen und umständlichen Ausführungen Brauers, so fällt auf, wie sehr auch das Vorbildliche der französischen Einrichtungen herausgestrichen wird. Der Familienrat, der unter dem Vorsitz des Friedensrichters dem Bürger eine mitentscheidende Stimme im Vormundschaftswesen einräumt, wird als ein „Meisterstück" der napoleonischen Gesetzgebung gelobt. Brauer verteidigte damit eine Errungenschaft des Personenrechts, die später im vormärzlichen Liberalismus als einer der wichtigsten Fortschritte der bürgerlichen Gesetzgebung angesehen wurde, weil „dadurch, was das Familienrecht betrifft, ein selbständiges Bürgertum angebahnt wird"[30]. Auch die Vorteile der Tribunale werden von Brauer prinzipiell anerkannt, da sie „die Gerichtsbarkeit vereinfachen" und „über alle ohne Unterschied des Standes richten, mithin alle Kanzleisässigkeit aufhört"; ebenso sieht er die Vorzüge der Friedensgerichte: „dafür ist, daß man hofft, dadurch manchen Rechtsstreit kurz und in Güte abzutun"; die Prokuratoren wahren am besten das Staatsinteresse bei den Gerichten, die Zivilstandsbeamten bürgen für die „Vollständigkeit und Sicherheit" der Zivilstandsregister; die „Pfandschreiber" (conservateurs d'hypothèque) gewährleisten eine „vollständige Sicherheit" im Kredit- und Hypothekenwesen; die Notare arbeiten „fleißiger und akkurater" als die vom Staat besoldeten Amtsschreiber, wie denn überhaupt „die Nützlichkeit, ja großenteils Unentbehrlichkeit" des Notariats besonders hervorgehoben wird[31]. Zwar werden alle diese Vorzüge wieder eingeschränkt, aber doch mit Argumenten, die Brauer eher bedauernd vorbringt und die durch die Erfahrungen in Westphalen in mancherlei Hinsicht bestätigt wurden[32]. Außer dem erneuten Hinweis auf die Rheinbundakte, die vor allem die Patrimonialgerichtsbarkeit und Kanzleisässigkeit der Standesherren sichere, warnte Brauer immer wieder vor der „Verwirrung der Sache durch Unverstand". Bei der Unkenntnis und Unfähigkeit der Untertanen auf dem Lande könne man erfahrungsgemäß nicht damit rechnen, „hinlänglich gebildete Ortsbürger" zu finden, die den neuen Aufgaben gewachsen seien. Nicht zuletzt brachte Brauer die Beschränktheit der finanziellen Mittel zur Sprache, da wohl oder übel mit jedem Heller gerechnet werden mußte, ehe man ihn für neue Beamten ausgab. Den Beruf des Notars zu ergreifen, konnte in den ersten Jahren wenig fruchten — „da viel zu wenig Personen vorhanden sind, welche in den französischen Notariatskenntnissen bewandert wären" — und in den künftigen Jahren nur „eine nicht geringe Zahl von zehrenden Staatsbürgern pflanzen", die den Kassen zur Last fallen[33]. Brauer beantragte deshalb, die Funktionen der Friedensrichter dem Ortsvorstand bzw. den Untergerichten zu übertragen, eine neue Untergerichtsordnung anstelle der Tribunale zu schaffen, und die Pfandschreiberei sowie Notariatsgeschäfte den Amtsschreibern oder — für die Kanzleisässigen — den Staatsschreibern zu überweisen. In den Städten sollten die Ratsschreiber, auf dem Lande weiterhin die Ortspfarrer — „ohne Rücksicht auf Religion und Kirchspiel" — die Zivilstandsregister führen, „um nämlich solche Verrichtungen nicht in unerfahrene Hände zu legen, sohin den Staatsbürger nicht zu gefährden..."[34].

Die im Laufe des Jahres 1809 erlassenen „organischen Gesetze" zum neuen Landrecht beweisen, daß Brauer jedenfalls nicht daran dachte, die Patrimonialgerichte und standesherrlichen Justizkanzleien zu begünstigen[35]. Mit der Reform der „Staatsschreiberei", die für alle Schreiber wegen ihres nunmehr erweiterten Aufgabenbereichs eine Sonderprüfung über das neue Zivilrecht vorschrieb, verband Brauer zugleich eine Reform der Gerichtsverwaltung der Grund- und Standesherrschaften. Da das Konstitutionsedikt vom 22. Juli 1807 den Grundherren die bürgerliche Gerichtsbarkeit in Streitsachen unter staatlicher Aufsicht überlassen habe, lautete die Begründung, so sei es notwendig, daß diese Gerichtsbarkeit nun auch „unter Beobachtung der konstitutionsmäßigen Erfordernisse" und nach den Bestimmungen des Code Napoléon ausgeübt werde. Gemeint war damit vor allem die Trennung der Jurisdiktionen, d. h. die Unvereinbarkeit des Richteramts mit den Notariats- und Verwaltungsgeschäften des Schreibers. Konkret bedeutete dies, daß alle Patrimonialgerichte und Justizkanzleien gezwungen waren, auf ihre Kosten einen besonderen Beamten für „Staatsschreiberei" anzustellen, wenn auch mit dem Zugeständnis, daß ein gemeinsamer Justizbeamter für zwei Gerichte ausreiche. Immerhin vermehrte diese Maßnahme den Kostenaufwand für die Gerichtsverwaltung erheblich, und das Kalkül, das dahintersteckte, wurde am Schluß des Gesetzentwurfes auch offen zugegeben: falls nämlich die Einstellung nicht erfolge, hieß es da, „so wird die gedachte bürgerliche Streitgerichtsbarkeit eines solchen Grundherrn für ruhend erklärt, mithin die einstweilige Ausübung dem landesherrlichen Oberhoheitsbeamten des betreffenden Bezirks zugewiesen werden". Das kam einer Aufforderung, „freiwillig" auf die Gerichtsbarkeit zu verzichten, sehr nahe und entsprach ganz Brauers Grundsatz, die alten Verhältnisse „nach und nach" „in Güte" zu beseitigen[36].

Gleichzeitig versuchte er, über das neue Amt der Prokuratoren oder „Kronanwälte", deren Funktionen den Hofgerichtsbeamten zugewiesen wurden, die staatliche Aufsicht über die grund- und standesherrlichen Gerichte zu verstärken. Die Kronanwälte erhielten den Auftrag, „Erhebungen des Staatsbürgers wider das Gesetz zu verhüten", eine Aufgabe, die, wie Brauer deutlich genug erklärte, besonders wichtig sei „in einem Land mit einer privilegierten Klasse reicher und mächtiger Aristokraten, deren Gerichte oft ein dem Staate entgegengesetztes Interesse zu vertreten haben"[37].

Die Verordnungen über „Kronanwälte" und „Staatsschreiberei" wurden dann allerdings im Edikt über die Einführung des Code Napoléon vom 22. Dezember 1809 wieder suspendiert[38] — wohl kaum mit Brauers Zustimmung. Inzwischen nämlich war ein Ereignis eingetreten, das die politische Landschaft Badens grundlegend veränderte: die Berufung des Freiherrn von Reitzenstein zum leitenden Minister des Großherzogtums. Die Brauersche Politik der Kompromisse, vor allem auch in den Fragen der Organisation der inneren Verwaltung, ging damit ihrem Ende zu. Reitzenstein, der sehr rasch die Führung der Geschäfte an sich zog, verfolgte in erster Linie eine umfassende Verwaltungsreorganisation nach dem Muster der französischen Ministerialverfassung und des französischen Präfektursystems[39]. Die Zivilrechtsreform hingegen geriet vorerst ins Stocken. Das erst im Dezember 1809 erlassene Einführungsedikt hob die Kronanwälte und den Familienrat wieder auf; den Pfarrern wurden die Zivilstandsregister anvertraut, also der für die Städte vorgesehene Gemeindebeamte wieder ausgeschaltet. Die Ansätze zu einer Trennung von Justiz und Verwaltung, von streitiger und nichtstreitiger Gerichtsbarkeit in den Ämtern, wie sie das Brauersche

Gesetz über Staatsschreiberei wenigstens intendierte, fielen weg. Die Amtsrevisoren wurden zu Notaren, die Justizbeamten der Untergerichte zu Pfandschreibern ernannt. Die angekündigte Hypothekenordnung blieb aus. Schließlich erhielt das römische Recht — anders, als Brauer es geplant hatte — subsidiäre Geltung. Es ergab sich, daß im zivilrechtlichen Bereich Reitzensteins Durchführung der Rezeption eher konservativer ausfiel, als es ursprünglich beabsichtigt war. Der Code Napoléon wurde als „reines bürgerliches Recht"[40] eingeführt, während die „Veränderungen der Staatsverfassung" nun auf ganz andere Weise, durch den Ausbau einer zentralistisch-bürokratischen Herrschaftsorganisation, eingeleitet wurden.

Den Umfragen des Justizministeriums zufolge, hat sich der Code in Baden überraschend schnell und reibungslos eingebürgert, wenn auch zunächst noch eine Reihe von institutionellen Problemen ungelöst blieben[41]. Zu Spannungen kam es lediglich über jene Bestimmungen, die bereits in den sonst so ruhig verlaufenden Verhandlungen des Geheimen Rats zu Diskussionen geführt hatten: sie betrafen das Eherecht, die Säkularisierung des bürgerlichen Lebens und — ins Grundsätzliche gewendet — die Trennung von Staat und Kirche[42]. Der Geheime Rat entschied sich auch in diesem Bereich für einen Kompromiß: die umstrittenen Artikel des Code über die Ehescheidung und die Heirat geschiedener Katholiken wurden durch den Zusatz, daß in Baden auch weiterhin die Eheordnung von 1807 gültig sei, praktisch aufgehoben[43]. Die badische Eheordnung war nämlich bereits von den kirchlichen Stellen — wenn auch widerwillig[44] — akzeptiert worden: sie verwies „Ehestreitigkeiten" — der Ausdruck „Ehescheidung" wurde tunlichst vermieden — an die weltlichen, also nicht mehr an die geistlichen Gerichte und schrieb vor, daß „Dispensationen" auch von den staatlichen Stellen genehmigungspflichtig wären. Im übrigen hielt sich die Eheordnung an den pauschal formulierten Grundsatz: „Kein Kirchenverbot hindert eine Ehe im Staat, so weit es nicht zugleich Staatsverbot ist." Über das, was konkret von Staats wegen verboten bzw. erlaubt war, schwieg sie sich jedoch aus. Trotz der prinzipiellen Trennung von staatlichem und kirchlichem Eherecht räumte das Gesetz vielmehr ein, daß „den aus Religionslehren entstehenden Verbindlichkeiten in Hinsicht auf das kirchliche Band ihre fernere Kraft gesichert bleibe und ein zur Wiederverehelichung schreitender getrennter Ehegatte durch ein Zeugnis seiner Kirchenobrigkeit sich auszuweisen habe, daß er durch sein Gewissen und Religionsgrundsätze hieran nicht gehindert sei"[45]. Auf diesen Passus berief sich der geheime Referendar von Gulat in den Beratungen der Gesetzeskommission und des Geheimen Rats über das Eherecht des Code. Er behauptete, daß die Grundsätze des Code über die Auflösbarkeit der Ehe — als ein typisches Ergebnis der Französischen Revolution, „wo man die Weiber so leicht als die Hemden wechselte" — die katholische Moral verletzten und die „Ehrfurcht für Religion und Sittlichkeit" gefährdeten[46]. Mit ähnlichen Gründen lehnte der katholische Staatsrat Hofer die Zivilehe ab. Er forderte auch weiterhin die kirchliche Trauung als Voraussetzung zur Gültigkeit der Ehe. Da nun einmal der Pfarrer „beim Taufen, Trauen und Begraben nicht aus dem Spiel gelassen werden" könne, meinte er, sei es auch nicht einzusehen, warum in den Städten die Zivilstandsregister von Gemeindebeamten geführt werden sollten. Wiederum wurde das abschreckende Beispiel beschworen: „In Frankreich", erklärte Hofer warnend, „hat die blutige Revolution Altäre und Priester vertilgt."[47]

Brauer hat diese Einwände Punkt für Punkt sorgfältig und manchmal mit Schärfe widerlegt, wenn er sich auch am Ende — unter Vorbehalt! — auf den Kompromiß einließ[48]. Prinzipiell trat er für die Auflösbarkeit nicht des „kirchlichen Bundes", wohl aber des „weltlichen Kontraktes" ein, weil Staat und Kirche „durchaus verschiedene moralische Körper sind". Schließlich wolle man in Baden nicht katholischer erscheinen als der Kaiser selbst...[49]. Das bürgerliche Recht habe in jedem Staat, „der nicht bloß Hierarchie ist", „keine Religionsqualität". Zumal die Gesetzgebung eines protestantischen Regenten müsse jedem „Vorwurf des Obskurantismus und Ultramontanismus" vorbeugen[50]. Was die Führung der Zivilstandsregister betreffe, so könne auch der Pfarrer diese Funktion nicht als Geistlicher, sondern nur als „Staatsbürger" ausüben[51]. Der Vortrag Brauers in der Gesetzeskommission endete mit einem Bekenntnis zur Gewissensfreiheit.

Die Bedeutung dieser Diskussion liegt wohl darin, daß sie in mancherlei Hinsicht über die staatskirchenrechtlichen Vorstellungen des Aufgeklärten Absolutismus hinauswies. Im privatrechtlichen Bereich galt bereits die liberale Formel der Trennung von Staat und Kirche, wenn auch mit Betonung der „Unabhängigkeit" des Staats. Graf Benzel-Sternau, ein unbedingter Anhänger der neuen französischen Ideen, vertrat im Geheimen Rat sogar die Ansicht, „daß bürgerlicher Stand und religiöser Glaube nichts miteinander gemein haben, daß der Glaube den bürgerlichen Stand weder geben noch nehmen kann, daß dieselbe Unabhängigkeit, welche der Glaube für seine Lehrsätze und geistliche Interessen in Anspruch nimmt, *auch der Gesellschaft* zusteht, um den bürgerlichen Stand und die geistlichen Interessen anzuordnen und aufrechtzuerhalten"[52]. Hier wurde bereits die Rechtssphäre der bürgerlichen Gesellschaft gegen Kirche *und Staat* abgegrenzt. Vorsichtig wie immer, hat Brauer diese „radikale" Ansicht wieder zurechtgerückt. In seinem Kommentar zum badischen Code schränkte er die Forderung nach einer „gänzlichen Trennung" von Kirche und Staat ein. Die Folge des Code sei nicht das „Entgegenstreben beider Gewalten", sondern ein „friedsames Zusammenwirken"[53]. „Die Religion als Religion ist frei", entgegnete er Benzel-Sternau. „Die Kirche bleibt eine Gesellschaft, die so gut als eine Handlungsgesellschaft, Akademie, Zunft usw. für ihre Gesellschaft Rechtsschutz vom Staate zu fordern hat, wenn sie darin aufgenommen."[54]

Immerhin betonte auch Brauer nicht mehr die Rechte des Staates *über* die Kirche, sondern den „Rechtsschutz", der der Kirche wie jeder anderen gesellschaftlichen Vereinigung zustehe. Die Kirche wird zugleich dem Gesellschaftsrecht zugeordnet.

In der Folgezeit zeigte sich jedoch, daß mit der Einführung des Code und des neuen Eherechts an ein „friedsames Zusammenwirken" nicht immer zu denken war. Die Pfarrer als Zivilstandsbeamte folgten weiterhin ihren kirchlichen Anordnungen, die durchaus nicht mit dem neuen Gesetzbuch „harmonierten". Über den Eheunterricht der Kirche, über das dreimalige Aufgebot und ähnliches mehr kam es schließlich sogar zu einem offenen Konflikt zwischen der Regierung und den bischöflichen Vikariaten[55]. Auch die Säkularisierung des bürgerlichen Lebens barg Spannungen, die auf die Dauer mit den Brauerschen Kompromissen nicht mehr lösbar waren.

In verstärktem Maße gilt dies auch für die fürstprimatische Politik im Großherzogtum Frankfurt[56]. Man hat hier zunächst das badische Beispiel nachgeahmt, aber doch sehr zögernd und inkonsequent. Anders als Brauer erhob Dalberg die Rücksicht auf die alten Gewalten, auf Kirche und Adel, direkt zum Programm. Als der „letzte geistliche Fürst" in Deutschland fühlte er sich vor allem verpflichtet, den Wünschen des Klerus soweit wie möglich entgegenzukommen. Schon zu den ersten Konferenzen über die Einführung des Code wurde der Weihbischof Kolborn hinzugezogen, der sofort und mit Erfolg für eine Abänderung des Eherechts eintrat. Die französischen Ehegesetze des Code, führte Kolborn aus, stünden „in direktem Widerspruch" zu den katholischen Ehegesetzen, weshalb beide auch nicht — wie es in Baden geschehen war — nebeneinander aufrechterhalten werden könnten[57]. Die Folge war, daß die kirchliche Trauung als Voraussetzung der Zivilehe und die geistlichen Gerichte bestehen blieben. Ebenso wandte sich Dalberg gegen den Vorschlag des Staatsrats, den privilegierten Gerichtsstand auch für den Klerus aufzuheben: „Ich bin in der Welt der letzte geistliche Fürst und kann mich nicht entschließen, der erste Erzbischof zu sein, der seiner Geistlichkeit einen tausendjährigen Vorzug entzieht. Im allgemeinen werden die fora privilegiata aufgehoben, solange ich noch lebe, mag es von dieser Vergünstigung heißen: Exceptio firmat regulum in casibus non exceptis."[58]

Aber auch als Fürstprimas des Rheinbundes glaubte Dalberg eine besondere Stellung einzunehmen, die es ihm verbot, auch nur im geringsten die Rheinbundakte bzw. die Rechte der Standesherren anzutasten. Als das Organisationspatent vom 16. August 1810 die besonderen Verfassungen der Provinzen, Städte und Korporationen sowie die Sonderrechte „einzelner Personen und Familien" beseitigte, wurden die Privilegien der „mediatisierten Fürsten und Herren" von vornherein ausgenommen[59]. Rechnet man die Geistlichkeit hinzu, so waren damit fast alle privilegierten Stände nicht abgeschafft, sondern zu Ausnahmen erklärt worden. Denn ein landsässiger Adel fehlte in den primatischen Staaten fast völlig[60]. Abgesehen vom Departement Aschaffenburg, wo die standesherrlichen und reichsritterschaftlichen Besitzungen lagen, vor allem die drei mächtigsten Standesherrschaften der beiden Fürsten und der Grafen Löwenstein-Wertheim, tauchen z. B. in den Notabelnlisten zu den Wahlkollegien durchwegs bürgerliche Namen auf: Amtleute, Pfarrer, Forstbeamte, „herrschaftliche Erbpächter" von den zahlreichen staatlichen Domänen und im Fuldaischen einige Fabrikanten.

Auch das Stadtpatriziat und die bürgerliche Oberschicht vor allem der beiden ehemaligen Reichsstädte Frankfurt und Wetzlar bewahrten weitgehend ihren

Einfluß. Obgleich der Staatsrat 1811 dafür eintrat, die Unterschiede zwischen Bürgern, Beisassen, Schutzverwandten und Juden in den Städten aufzuheben und die „Rechtsgleichheit" aller „Staatsbürger" durchzusetzen, kam eine befriedigende gesetzliche Regelung über den Erwerb des Bürgerrechts nicht zustande[61]. In der Stadt Frankfurt blieben die Beisassen nicht nur von allen politischen Rechten, von allen Ämtern und Ehrenstellen ausgeschlossen, es war ihnen auch untersagt, Grundbesitz zu erwerben, offene Läden zu halten oder Detailhandel zu treiben. Überdies hatten sie für den Schutz, den ihnen die Stadt gewährte, besondere und nicht unerhebliche Schutzgelder zu zahlen[62].

Der Erlaß vom 7. Februar 1811 gestattete gegen den klaren Wortlaut des Organisationspatents von 1810 lediglich die Ablösung der Schutzgelder zum vierzigfachen Betrag, der dann später auf die Hälfte herabgesetzt wurde. Dieselbe Regelung galt auch für die Schutzgelder der Juden, allerdings mit dem Unterschied, daß die reichen Frankfurter Juden anders als die meist wenig bemittelten Beisassen finanziell imstande waren, die Beträge aufzubringen. Im Dezember 1811 zahlten sie 150 000 Gulden in bar aus; der Rest von 290 000 Gulden wurde in fünfprozentigen Obligationen angelegt und in Raten fällig. Am 28. Dezember 1811 verkündete das Regierungsblatt, daß die Frankfurter Juden infolge der Ablösung ihrer Lasten nunmehr gleiche bürgerliche Rechte und Befugnisse mit den christlichen Bürgern genössen[63].

Die sozialen und rechtlichen Verhältnisse der Bauern veränderten sich fast gar nicht. Zwar verkündete das Organisationspatent die Aufhebung der Leibeigenschaft, den Genuß gleicher Rechte für alle Einwohner des Großherzogtums und den „Anspruch auf Entschädigung" bei Ablösung der Abgaben „nach Grundsätzen, welche im Königreich Westphalen eingeführt wurden"[64]. Aber diese Bestimmung galt nur für reine Leibeigenschaftsabgaben, nicht etwa für Zehnten, Grundzinsen, Pachtgelder, Dienstgelder usw. Die in den einzelnen Departements eingesetzten Ablösungskommissionen waren eigentlich überflüssig: nur in Aschaffenburg kauften 40 von 67 Gemeinden, in denen die Leibeigenschaft noch bestand, die Manumissionsgelder und die Leibzinsen ab[65]. Bei den restlichen 27 Gemeinden handelte es sich um standesherrliche Gebiete, wo das Gesetz nicht einmal diese geringen Vorteile gewährte!

Die Abschaffung der Privilegien und die Gleichstellung der Bürger vor dem Gesetz beschränkte sich somit trotz aller Proklamationen und Deklarationen allein auf die Beseitigung der Steuerfreiheit. Selbst die Aufhebung der Leibeigenschaft galt nur außerhalb der Standesherrschaften. Wollte man den Code diesen Verhältnissen anpassen, so waren in der Tat „voluminöse" Zusätze erforderlich — wie ein Mitglied der Gesetzeskommission klagte[66]. Die konkreten gesetzlichen Bestimmungen des Code ließen sich nicht einfach mit allgemeinen Bekenntnissen zur Gleichheit aller Untertanen, wie sie das Organisationspatent abgab, umgehen.

Dennoch setzte Dalberg im September 1809 in Frankfurt, Aschaffenburg, Wetzlar und Regensburg, das zu dieser Zeit noch zum Primatialstaat gehörte, Spezialgesetzeskommissionen ein — mit dem Auftrag, die der „Partikular-Landesverfassung" angemessenen Zusätze und Modifikationen auszuarbeiten. Vom badischen Vorbild wich man nur insofern ab, als diese Zusätze nicht in den Text eingearbeitet, sondern in einem Nachtragsband zum Gesetzbuch gesondert veröffentlicht werden sollten. Im übrigen schrieb die Instruktion vor, daß Gerichtsverfassung, Hypothekenwesen, Notariat, Vormundschaftswesen und die „Lehenverfassung", d. h. die Feudalverhältnisse mit Ausnahme der Leibeigenschaft, beizubehalten seien. Als „Zusätze" waren vorgesehen: Lehen, Fideikommisse, Erbbestände, Zehntsachen, Patrimonialjurisdiktion, privilegierter Gerichtsstand und Kirchenrecht[67].

Das ganze Verfahren glich einer contradictio in adiecto. Zum einen erschien es paradox, die Rechtsvereinheitlichung ausgerechnet durch verschiedene Spezialkommissionen besorgen zu lassen, welche Abweichungen von den Partikularrechten verzeichnen sollten. Die Frankfurter Kommission zum Beispiel verglich den Code Artikel für Artikel mit der Frankfurter Stadtreformation, deren Bestimmungen sie dann als „Zusätze" vorschlug[68]! Zum anderen war es bedenklich, erst den Code unangetastet als Gesetzbuch vorzulegen, um dann in einem Nachtragsband die wichtigsten Artikel wieder umzustoßen. In der Aschaffenburger Spezialgesetzeskommission interpretierte Appellationsrat Asmut die „große Absicht" des Fürstprimas dahin, „daß S. Königliche Hoheit nach Ihrer erhabenen Weisheit und nach dem großen Gefühle Ihres Herzens eine neue Schöpfung nach Prinzipien ohne gewaltsame und revolutionsähnliche Symptome sanft und mit möglichster Schonung der bestehenden Rechte bewerkstelligen und vollenden, auf der anderen Seite aber auch das Gesetzbuch Napoleons so eingeführt wissen wollen, daß es ganz wirken und seinem Zwecke entsprechen kann, daß mithin der darin herrschende Geist der Liberalität und Humanität, sowie die Schätzung der Menschenrechte nicht durch Verstümmelung und heterogene Zusätze verstrumpft (sic!) und vereitelt werden mögten..."[69] Damit verlangte Dalberg sozusagen die Lösung der Quadratur des Zirkels. Die „möglichste Schonung der bestehenden Rechte" schloß eben aus, daß der Code „ganz wirken" könne.

Es scheint, daß vor allem Mulzer, der auf der gleichzeitigen Gießener Konferenz weitgehend den Ansichten Almendingens zustimmte, dieses sinnlose Unternehmen mit seinem kritischen Einspruch blockierte, schon Baden habe mit den Zusätzen zum Code den Anschein erweckt, „Gegenstände verewigen zu wollen, welche mit dem Geist des rezipierten Gesetzbuches in Widerspruch stehen". Die badische Gesetzgebung habe deshalb mit Recht Gegner erhalten[70]. „Allen äußeren Umständen nach", meinte Mulzer, „ist den teutschen Landen eine immer enger und enger werdende Verbindung mit dem französischen Kaisertum bestimmt."[71] Man könne nicht außer acht lassen, daß der Code mit der französischen Gerichtsverfassung, Administration und Konstitution untrennbar verbunden sei. Für die Rezeption des Code müßten deshalb ganz bestimmte Voraussetzungen erfüllt werden: die Angleichung der deutschen an die französischen Rechtsinstitute, die Annahme einer Konstitution und die Reform des Feudalsystems durch Konstitutionsedikte. Mulzer übernahm Almendingens Vorstellung, daß das gesellschaftliche Programm des Code durch ein verfassungspolitisches

Programm zu ergänzen sei. Erst die Konstitution bot den Hebel, gegen verbliebene ständische Rechte vorzugehen. Mulzer schlug deshalb vor, dem neuen Zivilgesetzbuch vorerst nur die kurze Bestimmung vorauszuschicken, daß die bisherigen Rechtsinstitute und Herkommen wie Grundherrschaft, Lehen, Fideikommisse, Patronatsrechte, Patrimonialjurisdiktion usf. bis zu weiteren gesetzlichen Verordnungen bestehen bleiben.

Dalberg erklärte sich auch tatsächlich mit diesem Programm einverstanden. Schon im Oktober 1809 meldete er nach Gießen: sein Wunsch gehe dahin, „daß nach dem großen Sinne Napoleons jede Nation repräsentiert werde und durch ihre Repräsentanten die neueren Gesetze prüfe..." Erst dann sei auch die Abschaffung der feudalen Privilegien möglich[72]. Die Umwandlung des Primatialstaats in das Großherzogtum Frankfurt im Februar 1810 und Napoleons Verfügung, daß nach dem Tode des Fürstprimas das neue Großherzogtum seinem Stiefsohn, dem bisherigen Vizekönig von Italien, Eugen Beauharnais, übertragen werden sollte, überzeugten Dalberg vollends von der Notwendigkeit einer „Organisation" nach französischen Grundsätzen und westphälischem Vorbild. Das Organisationspatent proklamierte eine „Staatsverfassung", „in welcher der allgemeine Wille der Mitglieder durch vernünftige Gesetze ausgedrückt wird, in welcher die Verwaltung der Gerechtigkeit durch unabhängige wohlbesetzte Gerichtsstellen besorgt wird, in welcher die vollstreckende Gewalt der Hand des Fürsten ganz anvertraut ist"[73]. Ab Dezember 1810 beriet der Staatsrat die Einführung der französischen Gerichtsverfassung. Das Einführungsedikt über die Anwendung des Code Napoléon vom 25. Juli 1810 verfügte die bloß provisorische Beibehaltung der alten Gerichtsorganisation und bestimmte nach Mulzers Vorschlag, daß „in Ansehung aller übrigen in Unsern Landen üblichen, in der Pariser Bundesakte zum Teile anerkannten Rechtsinstituten aber, worüber dieses Gesetzbuch nicht verfügte, z. B. Lehen, Fideikommisse, Retrakte, Patrimonial- und Patronatsbefugnisse etc. etc. die bisherigen Gesetze und Herkommen vorerst und bis zu weiteren gesetzlichen Verordnungen forthin beibehalten werden sollen"[74].

Der Effekt, der damit erzielt werden sollte, schlug freilich genauso in sein Gegenteil um wie in Baden. Auf das „Herkommen" ließ sich fast jedes bestehende Recht begründen, und die Folge war, daß sich sehr bald einige Beamte bei der Regierung beschwerten, der Code werde vielleicht noch in der Stadt Frankfurt, auf dem Lande hingegen überhaupt nicht beachtet[75]. Die Behörden gaben auf Anfragen hin nur vage Auskünfte. Z. B. wurde den Gerichten und Konsistorien, die nicht wußten, nach welcher Norm nun eine Ehescheidungssache zu beurteilen sei, lediglich mitgeteilt: der Fürstprimas habe den Code „zum weltlichen Gesetzbuche" erklärt[76]. Und die Einregistrierstelle, die sich erkundigte, ob die Lehre vom Sachen- und Obligationenrecht nun zu den „obligatorischen Teilen" des Code zähle — „wenn es nicht obligatorische Teile dieses Gesetzbuches gibt, welches sind diese?" —, mußte sich mit der Antwort begnügen: Der Code habe sicherlich volle Geltung, „allein nicht alles, was in Beziehung auf alte Sitten und Gewohnheiten *nur in der Form* (?!) und *dem Namen nach* (?!) mit dem neuen

Civilgesetze nicht mehr übereinzustimmen scheint oder demselben unbekannt ist, ist für verboten oder durch solches abgeschafft zu halten"[77]. Der Präfekt von Aschaffenburg fragte nach, ob es überhaupt möglich sei, die alte Hypothekenordnung aufrechtzuerhalten und doch das Hypothekenrecht des Code anzuwenden. Antwort: es sei eine „unrichtige Annahme", daß das Hypothekenwesen des Code bereits eingeführt sei...[78]. Es war nicht weiter verwunderlich, daß die Amtsvorsteher und öffentlichen Beamten gemeinhin die Verordnungen in ihrem Sinne auslegten, das heißt: es blieb alles beim alten.

Die Realisierung der übrigen Pläne des Rezeptionsprogramms scheiterte weitgehend. Die Konstitution trat kaum in Geltung. Zwar wurden im Oktober 1810 die „Repräsentanten" versammelt, aber die Begeisterung des Fürstprimas für liberale Formen verschwand ebenso schnell wie sie gekommen war. 1811 beschloß man, vor der erneuten Einberufung des Landtags zunächst den Entwurf der Gerichtsverfassung fertigzustellen; 1812 befürchtete Dalberg eine Wiederholung der schlechten Erfahrungen, die er mittlerweile mit dem Frankfurter Departementsrat gemacht hatte, der die Finanz- und Steuerpolitik der Regierung scharf kritisiert hatte[79]. Dalbergs Kalkül, mit Hilfe der Konstitution einen politischen Gesamtwillen zu organisieren, der die ständischen Interessen und Privilegienansprüche zurückdrängen sollte, ging nicht auf. Die „Repräsentanten" machten sich zu Sprechern nicht für die Regierungspolitik, sondern gegen sie. Sie waren keineswegs bereit, sich finanziell einspannen zu lassen. Eine zweite Tagung der Stände kam gar nicht mehr zustande. Die Gesetze wurden nur noch vom Staatsrat beraten, der sich — ähnlich wie später in Preußen — zu einem „inneradministrativen" „Beamtenparlament" auf Kosten der Nationalrepräsentation herausbildete[80].

Die neue, vom Staatsrat begutachtete Gerichtsverfassung, die erst am 1. Januar 1813 in Kraft trat, lief praktisch auf eine Umbenennung der alten Justizbehörden hinaus. Zwar wurde nun der Instanzenzug und das Prozeßverfahren einheitlich geregelt, aber die Trennung von Justiz und Verwaltung, von streitiger und nichtstreitiger Gerichtsbarkeit, existierte, sah man genauer hin, nur auf dem Papier. In Wirklichkeit war der „Friedensrichter" und der „Distriktsmaire", der im Staatskalender in verschiedenen Rubriken geführt wurde, ein und dieselbe Person, die obendrein noch die Funktionen des Notars ausübte[81]. Dahinter verbarg sich niemand anderer als der alte Amtmann. Nur dem Frankfurter Senat und den Stadtämtern wurde die Gerichtsbarkeit entzogen und statt dessen das Stadt- und Landgericht zum Gericht erster Instanz erklärt. Die Tribunale in den Departementshauptorten waren die alten Oberlandes- bzw. Hofgerichte; das alte Frankfurter Schöffenappellationsgericht und das Aschaffenburger Oberappellationsgericht bildeten unter dem neuen Namen „Appellationshöfe" die zweite und letzte Instanz. Statt der bisherigen fünf gab es nur noch zwei Appellationsgerichte, hauptsächlich aus Gründen der Kostenersparnis und zu dem Zweck, das freiwerdende Personal an die Departementstribunale zu versetzen[82]. Wie in Westphalen war der Staatsrat zugleich Kassationshof. Ganz unrecht hatte die Fürstlich-Löwensteinsche Justizkanzlei nicht, als sie 1814 nach dem Zusammenbruch des Großherzogtums an das Generalgouvernement schrieb: die mittlerweile wieder außer Kraft gesetzte französische Gerichtsverfassung von 1813 habe „ohnehin mehr der Form als dem Wesen nach bestanden"[83].

Andererseits hat aber die Scheinrezeption des Code Napoléon doch dazu beigetragen, das neue Gesetzbuch überhaupt bekanntzumachen. Die Reformimpulse, die es gab, sind auch im Großherzogtum Frankfurt nicht einfach untergegangen. Dasselbe gilt für den „Scheinkonstitutionalismus". Obgleich der politische Einfluß der „Repräsentanten" bedeutungslos blieb, hat sich in den beratenden Gremien so etwas wie ein politisches Eigenleben entwickelt. Die Departementsversammlungen wurden zwar teils noch als Ersatz für die Ständevertretungen benutzt, teils aber auch schon als Forum, um die neuen Reformwünsche anzumelden. Der Frankfurter Departementsrat, der in mancherlei Hinsicht noch den alten reichsstädtischen Vorstellungen anhing, kritisierte mit scharfen Worten die „Militärleibeigenschaft" der Konskription, die Steuer- und Finanzpolitik der Regierung sowie die Vernachlässigung und Mißachtung der Konstitution: „Es muß den Landeseinwohnern schwer fallen, ferner auf die Wohltat einer Konstitution zu rechnen, welche so öftere Abweichungen zu unterliegen scheint." Dalberg kennzeichnete das ihm eingereichte Gutachten bezeichnenderweise als Angriff auf die Grundverfassung und als Beleidigung des Souveräns[84]. Wie man mit Recht gesagt hat, erinnern die Gutachten der Departementsräte von Hanau und Fulda an die Cahiers von 1789[85]. Die wirtschaftlichen Wünsche und unter diesen die Vorschläge zur Förderung einer rationellen Landwirtschaft überwiegen: die Räte befürworteten — meist noch im Sinne der hergebrachten staatlichen Agrarpolitik — die Urbarmachung der Ödländereien, die Einschränkung der Brache, Versicherungen gegen Viehseuchen und Hagelschlag, Maßregeln gegen den jüdischen Viehwucher usf. Dagegen setzte sich der Aschaffenburger Departementsrat nachdrücklich für die neuen sozialen Reformideen ein. Mit Berufung auf den Code Napoléon und die westphälische Gesetzgebung verlangte er die Festsetzung und Ablösbarkeit der ungemessenen Fronden, die Ablösung der Zehnten und des Handlohns (Laudemium), die Aufteilung der Allmenden und die Freiheit für den Kornhandel. „Ist auch jetzt der Zeitpunkt nicht, wo man Ablösungen hoffen darf", meinten die Räte, „so ist doch viel geschehen, wenn sie (die Abgaben und Fronden) für ablösbar erklärt sind."[86] Als 1813 der Aschaffenburger Präfekt Will eine Umfrage bei den Gemeinden erhob, ob und in welcher Weise man die Aufhebung der geschlossenen Hofgüter wünsche, tauchte in den Berichten immer wieder die Forderung nach einer „gänzlichen Freiheit des Eigentums" auf[87]. Die Aschaffenburger Initiativen erklären sich zum Teil aus dem Einfluß, den der Professor der Staatswissenschaften, Sebastian Nau, im Departementsrat ausübte, aber sie beweisen auch, daß es überhaupt möglich war, einen solchen Einfluß nunmehr geltend zu machen[88]. Auch die Erbpächter des Aschaffenburger Landes, die im fruchtbaren Maintal oder im waldreichen Spessart meist wirtschaftlich besser gestellt waren als ihre ärmeren Nachbarn in Hanau und Fulda, forderten von sich aus in Petitionen die Ablösung der Zehnten[89]. Gemeinsam mit einer Eingabe der Frankfurter „Ackergüterten" über den Zehntabkauf wurden die Aschaffenburger Gutachten und Petitionen an den Staatsrat weitergeleitet, der ab Herbst 1811 in zahlreichen Sitzungen darüber beriet.

In den Staatsratskonferenzen zählte man allerdings zunächst einmal alle Schwierigkeiten und Hindernisse auf. In den meisten Fällen fielen die Zehnten an die Domänen, in Fulda und Hanau vor allem an die Kaiserliche Domänenregie. Wie aber sollte man diese „sichere Revenüe des Staats" ersetzen? In Westphalen habe sich außerdem gezeigt, meinten die Staatsräte, daß die Zehntpflichtigen selbst die Ablösung aus Geldmangel nicht wahrgenommen hätten[90]. Der Staatsratsbeschluß empfahl deshalb nur eine gütliche Einigung zwischen Zehntherren und Zehntpflichtigen. Ebenso trug man Bedenken gegen die Aufhebung der Allmenden vor: Die Gemeinden könnten die Weideplätze nicht ohne Nachteil entbehren, vor allem nicht ohne Schaden für die ärmeren Gemeindemitglieder, die anders ihr Vieh nicht unterhalten könnten. Jedenfalls sei zu prüfen, ob Felder zum Anbau der dann notwendigen Futterpflanzen vorhanden wären[91]. Auf ein Reskript Dalbergs hin entwarf der Staatsrat schließlich auch Vorschläge für eine Ablösungsgesetzgebung, die jedoch zunächst in den Akten verschwanden: Dalberg erklärte sich im Juni 1813 einverstanden, daß erst „in ruhigen Zeiten diesen Wünschen Erfüllung zu bringen" sei[92]. Zu diesem Zeitpunkt war auch die Regierung des Großherzogtums fast ausschließlich darauf abgestellt, den kleinen Staat vor dem finanziellen Bankrott zu retten und die steigenden militärischen Anforderungen, die Napoleon stellte, zu erfüllen[93]. Durch die Kriegsereignisse von 1812 konnte die Reformpolitik nicht weitergeführt werden. Die einzige Maßnahme, die noch ernstlich erwogen wurde, ging bezeichnenderweise von fiskalischen Erwägungen aus. Im Januar 1813 teilte Dalberg seinem Staatsminister Albini mit, er habe sich „in finanziellem Betracht" für die Aufhebung der geschlossenen Güter entschieden. Von der Erbteilung der Domänengüter versprach er sich nämlich eine Erhöhung der Laudemialgelder und vom Güterverkehr überhaupt vermehrte Einnahmen aus den Gebühren für Enregistrement und Stempel[94]!

Der Zusammenbruch des Großherzogtums und die hereinbrechende Reaktion setzten dann allen weiteren Reformbemühungen ein Ende. Anders als in Baden wurde der Code Napoléon in der Verordnung des Generalgouvernements vom 16. Januar 1814 wieder abgeschafft. Daß die Rezeption nicht ganz spurlos vorübergegangen war, zeigt jedoch die Reaktion der „freien Stadt Frankfurt". Der Bürgermeister und Rat, beide eher erleichtert über das Ende des Rheinbundes und die Rückgewinnung der Selbständigkeit ihrer Stadt, gaben in ihrer Stellungnahme immerhin zu bedenken, wie schwierig es wäre, „das Alte dem Neuen wieder zu surrogieren"[95].

In Baden, wo der Code fast ein Jahrhundert bis zur Einführung des bürgerlichen Gesetzbuches von 1896 gültig blieb, hat sich das Programm Brauers nur nach und nach durchgesetzt. Im Laufe des Vormärz wurde das „Badische Landrecht" durch eine bürgerliche Prozeßordnung und durch ein Gerichtsverfassungsgesetz ergänzt. Eine Änderung der feudalrechtlichen „Zusätze" hingegen wurde durch das Adelsedikt von 1819, das noch einmal die Privilegien der Standes- und Grundherren bestätigte, lange Zeit blockiert[96]. Während der dreißig Jahre zwischen dem Adelsedikt und der Revolution von 1848 beschäftigten sich Regierung und Landtag fast unablässig mit Reformen zur Agrarverfassung und einzelnen Ablösungsgesetzen, darunter die wichtigen, 1831 und 1833 vom Landtag verabschiedeten Gesetze über die Zehntablösung. Aber die endgültige Beseitigung der Feudalrechte gelang erst unter dem Eindruck der drohenden Revolution im April 1848. Die Tatsache, daß man auf halbem Wege stehen geblieben war, mag mit dazu beigetragen haben, daß Baden zu einem Zentrum der revolutionären Bauernaufstände 1848/49 geworden ist.

Im Vergleich zur Rezeptionsgeschichte der Modellstaaten wird man dennoch sagen können, daß die badische Lösung der Probleme etwas Wesentliches voraus hatte: sie stellte den Versuch dar, die vernunftrechtlichen Prinzipien der „bedingten Lage eines Staates" anzupassen und so einen Ausgleich zwischen „historischem" Recht und abstrakt-rationalem Vernunftrecht zu schaffen. Das badische und — in verstärktem Maße — das Frankfurter Beispiel zeigt allerdings auch, mit welchen Hypotheken ein solches Bemühen um Ausgleich belastet war und wie leicht es Gefahr lief, ungewollt den Status quo zu stabilisieren.

3. Modifikation oder Suspension?
Die Rezeptionspläne der Gießener Konferenz

Der Plan, eine Gesetzeskommission aller Rheinbundstaaten einzusetzen, um ein gemeinsames „vaterländisches" Gesetzbuch auf der Grundlage des Code Napoléon zu erarbeiten, war von Almendingen während seines Mainzer Aufenthalts im Frühjahr 1808 vorgeschlagen worden. Im linksrheinischen Mainz, wo sich Almendingen über die französische Gerichtsverfassung und die praktische Anwendung des Code Napoléon informierte, nahm er Verbindungen zu dem französischen Juristen Desquiron und zu dem Rektor der Koblenzer Rechtsschule Franz von Laussaulx auf, der den Konferenzplan anregte[1]. Zunächst war nur daran gedacht, die kleineren, zum Fürstenkollegium des geplanten Frankfurter Bundestags zählenden Rheinbundstaaten unter dem Präsidium Nassaus zu versammeln, um Organisationsprobleme der Gerichtsverfassung, vor allem die Gründung eines gemeinsamen Kassationshofs, zu erörtern. Auch die Appellationshöfe sollten zum Teil gemeinschaftlich besetzt werden, um den Kosten- und Personalaufwand zu verringern und den Kleinstaaten die Rezeption überhaupt erst zu ermöglichen. Daß auf diesem Wege zugleich das Zusammenwirken der Rheinbundfürsten gefördert und das Ansehen des Präsidiums der Fürstenbank, also Nassaus, vermehrt werden könnte, spielte von Anfang an in die Überlegungen mit hinein. Der Kassationshof, in dem Almendingen „den Schlußstein des Gebäudes der französischen Justizadministration"[2] erblickte, sollte seinen Sitz in Wiesbaden erhalten. Erst als sich Almendingen eingehender mit den schwierigen

Problemen der Modifikationen und der Anpassung des Code an die deutschen Verhältnisse befaßte, wurde ihm die nationalpolitische Bedeutung[3] einer solchen Konferenz klar. Die Modifikation des Code Napoléon, so schrieb er nun am 12. April 1808 an seine Regierung, müsse zu „einer Angelegenheit aller Bundesstaaten" gemacht werden. Er schlug vor, Frankfurt, Hessen-Darmstadt, Baden und, wenn möglich, auch Bayern und Württemberg zu der Konferenz einzuladen. Als Konferenzort schien ihm Düsseldorf im Großherzogtum Berg besonders geeignet, da möglicherweise eine Versammlung in dem französischen Vasallenstaat auch die Aufmerksamkeit Frankreichs auf das Projekt lenken könnte. Ein „Wink im Moniteur", meinte Almendingen später einmal[4], könne nicht schaden, um der Initiative Nassaus, zumal im Hinblick auf die größeren Rheinbundstaaten, Nachdruck zu verleihen. In einem Artikel im „Rheinischen Bund" bemühte sich Almendingen, den Souveränitätsansprüchen der Rheinbundfürsten entgegenzukommen: Es handle sich nicht um eine „Bundesgesetzgebungs-Kommission", so führte er aus, sondern um eine von den Einzelstaaten eingesetzte Kommission, die dann vier oder fünf Juristen bzw. in der Justizpraxis erfahrene „Geschäftsmänner" auswählen und beauftragen solle, gemeinsame Modifikationen des Code vorzuschlagen. Es bliebe Sache der Einzelstaaten, das neue Gesetzbuch einzuführen[5].

Sehr überzeugend klang diese beschwichtigende Argumentation freilich nicht. Schon bei seiner eigenen Regierung stieß Almendingen mit seinen Vorschlägen auf Bedenken. Der nassauische Staatsminister und ehemalige Reichsfreiherr Hans Christoph von Gagern war alles andere als ein begeisterter Anhänger der Rezeption und sicherlich ein Verteidiger der „wohlerworbenen Rechte" des Adels. Die erste Instruktion an Almendingen vom 30. Oktober 1807 sah ausdrücklich Modifikationen des Code mit besonderer Rücksicht „auf die Rechte und Verfassung des hohen und niedern deutschen Adels" vor. „Auch das Lehenrecht wird nicht verworfen, da wir feuda behalten", hieß es kurz und apodiktisch in einem Immediatbericht, in dem sich Gagern auf die „Nationalehre" und den „Nationalstolz" berief und die „Insinuation" der französischen Regierung zurückwies[6]. Gagern war keineswegs bereit, mit der französischen Regierung in Berg zusammenzuarbeiten und den Pariser Plänen Vorschub zu leisten. Wenn er sich schließlich doch zu der Einberufung der Konferenz überreden ließ, so war das nur der geschickten Taktik Almendingens zu verdanken, der ihm die wichtige Rolle Nassaus als „Retter deutscher Kultur" zu schildern wußte. Auch Napoleon müsse die Notwendigkeit von Modifikationen einsehen, wenn die Rheinbundsouveräne ihm gemeinsam einen Abänderungsvorschlag vorlegten: „Tritt aus dem Schoß der von der Konferenz niederzusetzenden Kommission ein deutscher Code Napoléon hervor, so steht einst Nassau als Retter deutscher Kultur vor dem Richterstuhl der Nachwelt." Noch aus Gießen schrieb Almendingen an Gagern, daß die Konferenz „ein kleiner Funke [sei], aus welchem sich eine große wohltätige Flamme entwickeln kann. Durch sie kann, wenn sich mehrere Souveräne anschließen, die innere Selbständigkeit der deutschen Nation gerettet werden." „Das Giesser (sic!) Opus", so beteuerte er Gagern, werde das „liebe, gemeine

Recht" so wenig wie möglich ändern. „Diskussion, Freimütigkeit mit Mäßigung verbunden, guter Wille mit Achtung für deutsche Nationalgefühle", sollten den Charakter der Verhandlungen ausmachen. Und sehr anschaulich, aber mit kritischem Unterton faßte Almendingen zusammen, was er bzw. Gagern von der Konferenz zu erwarten habe. „Ich denke mir einen alten, unter Aktenstaub (!) grau gewordenen Geschäftsmann auf der einen Seite und den Protektor mit dem Code Napoléon in der Hand und mit dem sehr stark, aber nicht unvernünftig und despotisch (!) ausgesprochenen Wunsch, daß er als Gesetz anerkannt werde, auf der anderen, und ich hoffe, so offiziell zu reden und zu handeln, daß beide Seiten mit dem, was sie hören und lesen, zufrieden sein werden."[7]

Während eines Aufenthalts in Darmstadt im Juni 1809 bewies Almendingen seine Überredungskunst auch bei der hessischen Regierung. Ihr zuliebe wurde Gießen als Konferenzort vorgeschlagen. Der Großherzog von Hessen wandte sich seinerseits an den Fürstprimas mit der Bitte um Beitritt zur Konferenz. Baden allerdings lehnte die Teilnahme ab; Bayern und Württemberg waren in Voraussicht einer Absage gar nicht erst eingeladen worden[8].

Am 4. September wurde die Konferenz eröffnet. Schon der Beginn stand unter keinem günstigen Zeichen. Die Frankfurter Vertreter Stickel und Danz — letzterer wurde schon Mitte September von Mulzer abgelöst — stimmten zwar dem Eröffnungsvortrag Almendingens zu, der seine „Ansichten über die Art der Aufnahme des Napoleonischen Gesetzbuches in den Fürstlich-Primatischen, Großherzoglich Hessischen und Herzoglich Naussauischen Staaten" verlas; aber sie beriefen sich sogleich auf eine Instruktion Dalbergs, die bestimmte, daß die primatische Kommission keine eigenen Anträge stellen, sondern nur die nassauischen und hessischen Anträge „ad referendum" nehmen sollte. Der Code Napoléon, so lautete die widersprüchliche Anweisung Dalbergs, müsse ohne Modifikationen angenommen werden, jedoch möglichst unter Beibehaltung der bestehenden Einrichtungen. Vorsichtig hatte Dalberg seine Vertreter angewiesen, keine Protokolle über die Verhandlungen zu führen, die vielmehr nur einem freien Meinungsaustausch zu dienen hätten. Die hessischen Vertreter, Grolman und Jaup, kamen ohne jede offizielle Instruktion ihrer Regierung nach Gießen. Almendingen bereitete sich, wie er an Gagern berichtete, auf einen „seltsamen Geschäftsgang" vor[9].

In den nächsten Sitzungen legte Danz insgesamt acht Denkschriften des Fürstprimas vor, die vor allem die strittige Frage eines Bundesgerichts erörterten[10]. Almendingen hatte einige Mühe, die Verhandlungen wieder auf ihr eigentliches Thema — die artikelweise Beratung des Code Napoléon — zurückzuführen. Erst am 18. September begann man mit der praktischen Arbeit. Bis zum Ende des Jahres war die Durchsicht des ersten Buches des Code abgeschlossen. Der Hauptanteil an der Diskussion wurde von Almendingen bestritten. Außer den sachkundigen und detaillierten juristischen Interpretationen zum Personenrecht des Code — über Genuß und Verlust der bürgerlichen Rechte (Artikel 7—33), über die „actes de l'état civil" bzw. die Beurkundungen der Geburten, Heiraten und Sterbefälle (Artikel 34—101), über den Wohnsitz und über die

Abwesenden (Artikel 102—143), über das Ehe- und Familienrecht (Artikel 144—515) — verlas Almendingen seine großen Grundsatzreferate, die den Zusammenhang von Code civil und Code de procédure civile behandelten und die gesellschafts-, verfassungs- und nationalpolitische Bedeutung des Rezeptionsprogramms hervorhoben. Den Höhepunkt bildete sein Vortrag „Über den organischen Charakter des Kodex Napoleon oder über das Eingreifen desselben in Staatsgrundverfassung, Finanzsystem, Administration, Staatswirtschaft, Volkssitten und Kultur der Wissenschaften", der im zweiten Band der „Allgemeinen Bibliothek für Staatskunst, Rechtswissenschaft und Critik" 1809 veröffentlicht wurde.

Die fürstprimatische Kommission beschränkte sich auf Stellungnahmen und die hessischen Vertreter, die auch weiterhin ohne Instruktion aus Darmstadt blieben, trugen lediglich unter Vorbehalt ihre „Bemerkungen über Vorfragen, welche deutsche Regierungen bei einer beabsichtigten Einführung des Code Napoléon zu entscheiden haben" vor. Da man über die organisatorischen Probleme und über die leidige Frage der standesherrlichen Privilegien keine Einigung erzielen konnte, wurden die Beratungen im Frühjahr 1810 abgebrochen und auf unbestimmte Zeit vertagt. Gagern, der inzwischen nach Paris gereist war und dort erfahren hatte, daß Napoleon nicht länger auf der Einführung seines Gesetzbuches bestand, tat nichts, um das Werk der Konferenz zu retten.

Ein sichtbarer Erfolg war also nicht zu verzeichnen. Wohl aus diesem Grunde ist die Gießener Konferenz bisher in der Forschung, wenn überhaupt, nur beiläufig erwähnt worden. Ihr politischer Einfluß reichte nicht weit. Die größeren Rheinbundstaaten blieben der Konferenz fern, Hessen-Darmstadt wartete ab, und Frankfurt ging bald seine eigenen Wege. Almendingen, unbestritten der führende Kopf der Konferenz, besaß nur die Unterstützung seiner eigenen Regierung und auch dies nur bedingt. Trotzdem sind die Gießener Beratungen in vielerlei Hinsicht bemerkenswert. Nirgendwo sonst sind die Probleme der Rezeption, aber auch ihre politischen Möglichkeiten, so offen zur Sprache gebracht worden. Die Konferenz lieferte einen wichtigen Beitrag zur „Publizität" des Rezeptionsprogramms durch Veröffentlichung der Vorträge und die ausführliche Berichterstattung in Winkopps „Rheinischem Bund"[11]. Ihre politische Bedeutung liegt vor allem darin, daß sie ein eigenes Rezeptionsmodell anbot, das zumindest als realisierbare Alternative durchaus Beachtung verdient.

In Gießen fand weder die uneingeschränkte Rezeption der Modellstaaten, noch die badische Kompromißlösung ungeteilte Zustimmung. Almendingen hat sehr nachdrücklich auf die unterschiedlichen politischen Voraussetzungen in den Modellstaaten einerseits und den süd- und mitteldeutschen Rheinbundstaaten andererseits aufmerksam gemacht: Während in Berg und Westphalen, die als gänzlich neue Staaten gegründet wurden, gewissermaßen eine Ausnahmesituation herrschte, die es dem Sieger und Eroberer erlaubte, eine neue Staatsverfassung nach französischem Vorbild zu diktieren, war es für den deutschen Fürsten einer alten, eingesessenen Dynastie ungleich schwieriger, sofort und gegen den Willen seiner „Untertanen" eine „revolutionäre Umbildung" vorzunehmen[12]. Es ist auffallend, wie sehr Almendingen die Bejahung der Staatsverfassung und die Mitarbeit der Bürger als notwendige Vorbedingung zur Durchsetzung des Reformprogramms betonte. Immer wieder empfahl er die „Rücksicht auf das Publikum" und die Schonung der „Vorurteile" des Volkes[13]. Nicht anders als den preußischen Reformern ging es ihm darum, das Auseinanderklaffen von Staat und Volk und Staat und Bürger zu überwinden, und nicht anders als sie stand er vor demselben Dilemma, daß nur eine verhältnismäßig dünne Schicht aus dem Beamtentum und aus Kreisen von Wissenschaft und Publizistik die Reformen unterstützte[14]. Almendingen glaubte deshalb, daß die Regierung zunächst einmal die „Nation" an den neuen Zustand gewöhnen und die Wandlungen der Verhältnisse vorbereiten müsse. Anders als die französischen Eroberer könne „ein teutscher, von teutschen Untertanen umgebener Fürst" seine Bürger „nicht plötzlich und unvorbereitet" „von dem teuren Erbteile ihrer Väter" trennen. Als „aufgeklärter Souverän" könne er dem „Geist der Zeit" nur allmählich nachgeben: „So wie es in der Welt der unsichtbaren Ideen nicht auf einmal tagt, so kann auch in der Welt sichtbarer Gesetze das Licht die Dunkelheit nicht plötzlich verdrängen." Napoleon, „der Menschen- und Weltenkenner", werde diesen „langsameren Gang" nicht in einem Staate mißbilligen, „der nicht revolutioniert, sondern reformiert werden soll"[15].

Andererseits hat Almendingen aber auch das Modifikationsverfahren in Baden und Frankfurt abgelehnt. Er warf der primatischen Kommission vor, sie normiere eben jene Institute — Lehen, Fideikommisse, Zehntsachen, Grundherrschaft, Patrimonialjurisdiktion —, „welche der Geist der Zeit dem Untergange geweiht" habe. Das badische Landrecht sei bereits „der Gegenstand des Spotts französischer Juristen". Die badischen Einschalttitel und die abgesonderten speziellen Verordnungen, mit denen Frankfurt die „wesentlichen Bestimmungen" des Code wieder umstoße, würden nur „gesetzlich fixieren", was nach Napoleons Absicht nicht nur in Frankreich, sondern auch in den nach Frankreichs Vorbild organisierten deutschen Staaten gestürzt worden sei. Es erscheine bedenklich, dasjenige „definitiv fortdauern" zu lassen, was dem „Geiste der Napoleonischen Gesetzgebung" geradezu widerspreche[16].

Die Intention war klar: Almendingen wollte das „nämliche Ziel" wie in Berg und Westphalen, die „organisation politique" nach französischem Vorbild, erreichen, aber auf anderen Wegen und mit anderen Mitteln[17]. Er schlug deshalb zunächst einmal vor, das Schlagwort „Modifikation" aus der Diskussion möglichst auszuschalten. Wenn schon, sollte man nicht „von den Modifikationen des Code Napoléon nach deutschen Verhältnissen" sprechen, sondern umgekehrt „von den Modifikationen deutscher Lokalitäten nach den Forderungen des Code Napoléon". Dann würden „die revolutionären Kontraste" ausgeglichen, und zugleich „der Same zu Veränderungen ... schon mit reicher Hand ausgestreut"[18]. Um die Möglichkeit einer uneingeschränkten Rezeption für die Zukunft offen zu halten, hielt er es für sinnvoller, die vielberufene Doktrin des Code weder durch Zusätze wie in Baden, noch durch Zusatzedikte wie in Frankfurt zu *modifizieren*, sondern jene Artikel, die wegen fehlender organisatorischer Voraussetzungen oder aus Rücksicht auf die noch bestehenden Feudalrechte des Adels und der Standesherren nicht sofort rezipierbar waren, vorerst zu *suspendieren*[19]. Suspension statt Modifikation — mit dieser Formel etwa ließe sich der Rezeptionsplan Almendingens auf einen Nenner bringen. Dahinter stand eine deutliche volkspädagogische Absicht: Die sukzessive Einführung des Code ermögliche jene Phase der Vorbereitung, die Almendingen angesichts der mangelnden Reformbereitschaft „aller Stände" für unbedingt erforderlich hielt. Es gelte, die Bürger zu dem neuen Zustande zu „erziehen" und durch die Einführung eines Teils des Code das Bedürfnis zu wecken, das gesamte Gesetzbuch „von unten herauf sukzessive (zu) realisieren". „Die neue kommende Generation", erklärte er, „muß erst für die neue Ordnung der Dinge gebildet werden." Durch Suspension sollte einerseits der Code den politischen und gesellschaftlichen Entwicklungsstand berücksichtigen, andererseits aber auch das Ziel festgesetzt sein, auf das hin dieser Entwicklungsstand allmählich verändert und „weitergebildet" werden sollte. Die sukzessive Aufnahme des Code, meinte Almendingen, empfehle sich „zugleich von der pädagogischen und von der politischen Seite"[20].

In Einzelfragen blieb dieses Programm bei den Konferenzteilnehmern umstritten. Die Diskussion drehte sich in langen Debatten vor allem um die organisatorischen Probleme: welche „liberalen" französischen Institute sollten suspendiert werden und welche waren für die Anwendbarkeit des Code unentbehrlich: die Notariate, die Hypothekenbüros, die Zivilstandsbeamten, der Familienrat, die Friedensgerichte, Tribunale erster Instanz, die Prokuratoren, der Kassationshof, eine Konstitution, ein modernes Steuersystem? Die fürstprimatische Kommission erinnerte an die Kostenfrage und plädierte für eine provisorische Beibehaltung der bestehenden Behörden. Die Frankfurter Vertreter gaben zwar Almendingen deutlich zu erkennen, daß sie für ihre Person völlig mit ihm übereinstimmten, aber andererseits fühlten sie sich an die Instruktionen Dalbergs gebunden. Gegen Dalbergs Wünsche könne man nichts ausrichten, kommentierte Almendingen ironisch: „Nassau will suspendieren, indessen (der) Primas den Code Nap. sozusagen, erst mit Haut und Haar verzehren, und nachher in lauter besonderen Edikten zusehen will, was allenfalls, damit ja nichts vom Bestehenden verloren gehe, wieder hinauszuwerfen sei."[21] Grolman aus Hessen-Darmstadt vertrat die Ansicht, daß „notwendige" Veränderungen der Gerichtsverfassung ebensowenig suspendiert werden könnten wie die antifeudalen Bestimmungen des Code, etwa der Artikel 530 über die Nichtperpetuität der Renten und der Artikel 686 über das Verbot der „Personalfronden". Wenn schon von der fehlenden „Popularität" des Code Napoléon die Rede sei, so wären gerade diese Artikel am besten geeignet, „Vorliebe" für die neue Gesetzgebung zu wecken — „ein sehr zu berücksichtigendes Resultat", wie auch Grolman betonte[22]. Sein Vortrag war mit langen Zitaten aus bergischen und westphälischen Dekreten angefüllt, die allerdings auf die übliche Art konservativ ausgelegt wurden: Die häufige Erwähnung des „Zeitgeists" und der „Zweckwidrigkeit" der Zehnten, Erbpächte und Feudalverhältnisse täuschte nicht darüber hinweg, daß Grolman für die Beibehaltung der „gutsherrlichen Rechte", der „Grunddienstbarkeiten" oder

Realservitute, ja sogar für die Patrimonialjurisdiktion eintrat. Daß diese Interpretation alles andere als „populär" war, hatten die Bauernunruhen in Berg und Westphalen soeben zur Genüge bewiesen. Grolmans Vorschlag lief darauf hinaus, daß zunächst das ganze Gesetzbuch bis zu einem festgelegten Termin in zwei oder drei Jahren „suspendiert" werden solle, um es dann uneingeschränkt „in Ansehung der Doktrin" und mit den „wesentlichen" Teilen der Organisation einzuführen. Der Plan wurde von der hessischen Regierung erst im März 1810 offiziell gebilligt, nachdem aus Paris die beruhigende Nachricht eingetroffen war, Napoleon wolle sich, was den Code angehe, nicht in die inneren Verhältnisse der Einzelstaaten einmischen[23]. Der Verdacht liegt sehr nahe, daß der innenpolitisch eher konservative hessische Minister Lichtenberg den Suspensionsvorschlag benutzte, um Zeit zu gewinnen. Offensichtlich rechnete er zu diesem Zeitpunkt gar nicht mehr ernsthaft mit der Verwirklichung der Rezeption.

Man hat dieselbe versteckte Absicht auch hinter Almendingens Suspensionsplan vermutet. In Brauers Kommentar zum badischen Landrecht stand zu lesen, daß Almendingen die Einführung des Code in Wahrheit für ein „Übel" halte und daß sein „Hauptziel" immer der „nationale Wunsch einer eigenen, auch in ihren Grundzügen von der französischen abweichenden Bundesgesetzgebung" gewesen sei[24]. Am Entscheidenden zielt dieser Vorwurf fraglos vorbei. Almendingen hat gewiß anfangs die „Unterwerfung" unter „das Joch einer fremden Gesetzgebung" gefürchtet[25] und auch wohl gegenüber Gagern die Gießener Konferenz als „Versammlung der Repräsentanten der deutschen Vernunft" ausgegeben, deren Aufgabe es sei, einen „deutschen Code Napoléon" zu schaffen[26]. Aber er hat doch nie einen Zweifel daran gelassen, daß er für das gesellschafts- und verfassungspolitische Programm des Code mit innerer Überzeugung eintrat. Sein Zögern, es sofort zu realisieren, entsprach den Erfahrungen, die er in einem Kleinstaat wie Nassau gemacht hatte und die durch das Scheitern der bergischen und westphälischen Experimente weitgehend bestätigt wurden.

Almendingen hat die sukzessive Einführung des neuen Gesetzbuches und die Suspension einzelner Titel sehr genau begründet. Vorrangig und eng zusammenhängend mit der „Erziehungsidee" war das Argument, daß der „Widerwille" gegen Neuerungen in allen Schichten der Bevölkerung einer sofortigen Durchsetzung des Rezeptionsprogramms entgegenstand. Die meisten Suspensionsvorschläge wurden mit der Resonanz beim „Publikum" begründet und zwar keineswegs nur im Hinblick auf die Opposition des Adels und der Standesherren. Die konservative Gesinnung der Landbevölkerung und die Volksstimmung überhaupt waren Faktoren, die in Almendingens Erwägungen eine erhebliche Rolle spielten. Ein typisches Beispiel ist etwa seine Stellungnahme zum Verhältnis von Kirche und Staat. Obgleich er die Säkularisierung des bürgerlichen Lebens für eines der wichtigsten Ergebnisse der Französischen Revolution hielt — sie zähle zu „den besten Früchten der Revolution"[27] —, gab er doch zu bedenken, daß die Einführung der Zivilstandsregister oder gar der Zivilehe bei der Bevölkerung kaum auf Verständnis stoßen werde. Nichts werde schwerer sein, „als den Landmann und überhaupt den bei weitem zahlreichern minder gebildeten Teil des

Volks an eine solche Ordnung zu gewöhnen und ihm — bei Geburten, Heiraten und Sterbefällen — den gewohnten, durch Vorurteil und Religion lieb gewordenen Pfarrer durch den Dorfschultheiß, Heimberger, Friedensrichter oder Amtsaktuarius zu ersetzen". Almendingen machte sich keine Illusionen darüber, daß der Bauer und Bürger mit dem Begriff „Staat" vorerst nur die „physische Gewalt" verband, und noch nicht jenen neuen „metaphysischen" Staatsbegriff, den erst das „philosophische Zeitalter" geprägt habe. Der Staat als „moralische Hoheit" sei dem Volk noch völlig unbekannt[28]. Die Loyalität des Bürgers gelte nicht dem Staat, sondern dem Monarchen, und gerade diese Bindung werde von einer „religiösen Weihe" umgeben. Der Gedanke „Die Obrigkeit ist von Gott" vereinige den Herrscher und sein Volk „durch ein religiöses Band"[29]. Von diesen Voraussetzungen ausgehend — und nicht etwa aus Rücksicht auf Klerus und Kirche — glaubte Almendingen die sofortige Trennung von Kirche und Staat gar nicht verantworten zu können. Die Einführung der bürgerlichen Trauung, meinte er, würde zwar keine Empörung auslösen — „dazu ist in diesem Augenblick das Volk zu stumpf" —, aber sie würde „von allen Ständen mit Ekel und Widerwillen aufgenommen werden".

Almendingen sah klar, daß die Reform der bürgerlichen Verhältnisse im Grunde einen anderen Bürger voraussetzte als jenen, der noch in der alten Denkweise befangen war. Sein Gedanke, die Bürger erst einmal zu „erziehen" und zu „bilden", so sehr er im Fortschrittsoptimismus der Aufklärung verwurzelt war, verriet doch eben jenes Verständnis für die Mentalität besonders der bäuerlichen Bevölkerung, das französischen Reformern wie Beugnot und Siméon völlig abging.

Es versteht sich von selbst, daß Almendingen natürlich nicht annehmen konnte, daß die suspendierten Teile des Code irgendwie die Bauern beeinflussen könnten. Seine „Erziehungsidee" sollte zunächst einmal bei jener Schicht praktisch erprobt werden, die als Träger der Reform am ehesten in Frage kam: nämlich bei der Beamtenschaft. Wie notwendig auch hier eine Vorbereitungsphase war, bewiesen die Gutachten, welche die nassauische Regierung bei den Hofgerichten eingeholt hatte[30]. Die Resonanz war nicht nur negativ, sondern verriet eine Unkenntnis der französischen Gesetze, die allerdings erschreckend war. Das Gutachten des Wiesbadener Hofgerichts enthielt einen Vergleich der deutschen mit der französischen Gerichtsverfassung des Ancien Régime! Im übrigen versuchte man so viel wie möglich von der alten Ordnung zu retten: die vorhandenen Landschreiber wurden gepriesen und die Landesverordnungen des 18. Jahrhunderts zitiert, die alles „weit einfacher und zweckmäßiger" geregelt hätten als die umständlichen „Formalitäten" des Code; man plädierte für das Sportelwesen, für die alte Pfandschreiberei[31] und für den mündlichen Zeugenbeweis, da die „alte deutsche Redlichkeit" im Gegensatz zum französischen „Nationalcharakter" (!) das schriftliche Urkundenwesen und das Notariat erübrige. Falls dennoch die Rezeption „in politischer Hinsicht" nicht zu umgehen sei, so sollten wenigstens die Modifikationen vermehrt werden: „rücksichtlich unserer Nationalität, des Wohls des Staats und seiner Bürger". Der Vorschlag einer sukzessiven

Einführung sei nur dazu geeignet, eine „notwendig entstehende Rechtsverwirrung" zu stiften. Es sei leider nicht zu verkennen, schrieb Almendingen im März 1811 an das Staatsministerium, „daß die öffentliche Meinung im Herzogtum Nassau noch keine Richtung angenommen, daß sie sich um den Kodex Napoleon so wenig als um seinen Inhalt bekümmert, und endlich von der französischen und deutschen Literatur desselben im strengsten Sinn des Worts gar keine Notiz genommen hat"[32]. Erst das Erscheinen des Code könne die Justizbeamten, die Anwälte und Parteien „aus ihrem notorischen Schlummer" aufwecken[33]. Um wenigstens die jüngeren Beamten mit dem Gesetzbuch vertraut zu machen, nahm Almendingen selbst die 1812 vom Staatsministerium angeordneten Prüfungen aller Kandidaten der Rechtswissenschaft in französischer Jurisprudenz ab[34]. Ohne die Hilfe einer aufgeklärten Beamtenschaft war der Plan, den Code „von unten herauf sukzessive" zu realisieren, nicht ausführbar.

Andererseits glaubte Almendingen keineswegs blind an die Reformwilligkeit des bürokratischen Beamtenstaats. Auf die Dauer hielt er eine Kontrolle des Verwaltungsapparats und des „Ministerialdespotismus" durch eine Volksvertretung für unentbehrlich. Vor allem die Suspension der antifeudalen Bestimmungen des Code war eng mit der Forderung verknüpft, daß die Sozialreform erst unter der Garantie einer Konstitution durchzuführen sei. Almendingen befürchtete andernfalls, daß die Verminderung der Domänenrevenüen nur eine unkontrollierte und überstürzte Steuerreform zur Folge haben würde: „Der Staat mit seinen fiskalischen Lasten wird das gesellschaftliche Gebäude zerdrücken."[35] Die Konstitution mit dem Steuerbewilligungsrecht der Volksvertreter bildete deshalb eine unabdingbare Voraussetzung für eine dem gesellschaftlichen Interesse dienende Agrarreform.

Auch diese Einsicht war nicht nur aus rein theoretischen Erwägungen hervorgegangen — etwa als deutsche Version des angelsächsischen Grundsatzes: no taxation without representation. Sie beruhte auf einer höchst konkreten Erfahrung. Almendingen brauchte gar nicht erst nach Berg und Westphalen hinüberschauen, wo es offenkundig geworden war, daß die Agrarreform den Bauern wenig nutzte. Im Kleinstaat Nassau war die Lage noch sehr viel prekärer. Die fast schon ängstliche Überprüfung der Finanzen, die das nassauische Ministerium nach Erlaß der Leibeigenschaftsverordnung vom Januar 1808 sofort anstellte, beweist nur allzu deutlich, wie knapp die Mittel waren[36]. Auf die Besthauptabgabe konnte man gerade noch verzichten, aber bereits bei den Manumissionsgebühren — im Amt Weilburg handelte es sich um die geringfügige Summe von 2045 Gulden im Zeitraum von 1797 bis 1805[37]! — wurden Warnungen laut. Man müsse abwarten, riet die Wiesbadener Regierung, bis im ganzen Herzogtum ein „uniformer Steuerfuß" eingeführt sei[38]. Die Weilburger Regierung erklärte, daß man bisher aus den Besthauptabgaben der Domänen die Generalarmenkasse unterhalten habe, so daß ein „Surrogat" aus anderen Staatseinnahmen geschaffen werden müsse[39]. Und die Herzogliche Hofkammer machte sogleich konkrete Vorschläge. Sie empfahl die Einführung einer Armensteuer und die Umwandlung der Dienstgelder in eine Vermögenssteuer: „Jeder Staat, der eine militärische Gestalt angenommen hat (!)", so schloß bezeichnenderweise der Bericht, „muß an solche Mittel denken, und sein Auflagensystem so verändern, daß in der gleichen Verteilung der Lasten, doch einige Erleichterung auf der anderen Seite wieder genommen wird."[40] Der Zusammenhang von Agrarreform und finanzieller Leistungssteigerung zu militär- und machtpolitischen Zwecken wurde hier ganz offen zugegeben. Die Ablösbarkeit der Grundzinsen und Grundrenten zum fünfundzwanzigfachen Betrag wurde in Nassau nirgendwo anders als in der Steuerverordnung vom 14. Februar 1809 verkündet[41]. Die höchst komplizierten Bestimmungen dieses Gesetzes, nach denen auch von Zehnten und Grundabgaben die Grundsteuer erhoben wurde — was wiederum ein sehr umständliches Verfahren zur Errechnung der entsprechenden Pachtabzüge notwendig machte —, hatten klar erwiesen, daß ein modernes Steuersystem mit den Feudalverhältnissen nur schwer vereinbar war. Aber die Gefahr lag nahe, daß am Ende einzig und allein der fiskalische Gesichtspunkt bei der Agrarreform den Ausschlag gab. Da in manchen Gegenden Nassaus bis zu 90 % der Bauernfamilien nur 2 bis 2,5 Hektar Land besaßen, von denen etwa 6 bis 9 Taler Grundabgaben und Dienstgelder gezahlt wurden, waren die Bauern kaum in der Lage, die nicht weniger drückenden Steuerlasten aufzubringen, von den eigentlichen Zielen der „Bauernbefreiung" ganz zu schweigen[42].

Almendingen hatte diese Entwicklung vor Augen, als er vor einer unvorbereiteten Aufhebung der Feudalrechte warnte und die Suspension der Artikel 530 und 686 vorzog[43]. Die restriktive Interpretation dieser Artikel, wie sie in Berg und Westphalen üblich geworden war, lehnte er mit aller Schärfe ab. Noch im Organisationsentwurf von 1811/12 vermerkte er, daß nichts schwieriger als die Frage zu entscheiden sei, welche Abgaben und Fronden auf Grund und Boden und welche auf der Person lasteten. Man habe zwar „nicht ohne rechtliches Fundament" die „Hypothese" gelten lassen, daß bis zum vollen Beweis des Gegenteils die Prästation als Bodenabgabe betrachtet werden müsse, aber, so fügte er in aller Offenheit hinzu, „diese Hypothese war freilich auch diejenige, die am wenigsten in Unkosten setzte. Und so wurde denn, ohne Schmälerung derselben, wie man sagte, zur Ehre des neunzehnten Jahrhunderts ein die Vorzeit und Menschheit entehrender Name (die Leibeigenschaft) — aber freilich auch, genau betrachtet, nichts anderes als dieser Name abgeschafft."[44] Was Almendingen dagegen setzte, war sozusagen ein Versprechen auf Zukunft. War der Code erst einmal im Originaltext, ohne modifizierende Zusätze und ohne Veränderungen, eingeführt, so mußten sich mit der Zeit auch die suspendierten Artikel und zwar in dem Sinne, wie sie der Gesetzgeber gemeint hatte, durchsetzen. Sicherlich war dieses Vertrauen auf den Fortschritt des „Zeitgeistes" noch ganz aufklärerisch-optimistisch, aber das evolutionäre, auf lange Sicht hin angelegte Programm entsprach doch in vielerlei Hinsicht den bestehenden Verhältnissen und den praktischen Erfahrungen.

Schließlich glaubte Almendingen, daß auch das schwierigste Hindernis, das Organisationsproblem, am besten durch Suspension zu überwinden sei. Auch hier hat er Halbheiten wie die Provisoriumslösung in Frankfurt abgelehnt. Die nur scheinbare Trennung von Justiz und Verwaltung, die bloß dem Namen nach den Maire vom Friedensrichter unterschied, wurde von ihm offen kritisiert. Übertrage man dem Friedensrichter zugleich die Funktionen des Maire und der Munizipalräte, erklärte er in Gießen, so stelle man eben nur den deutschen Amtmann wieder her: „Man sündigt vielleicht gegen keinen einzigen Buchstaben des Code Napoléon, aber gewiß und zuverlässig gegen seinen in der ganzen französischen Verfassung atmenden Geist." Außerdem sei es fraglich, ob der ohnehin belastete Beamte „die doppelte Bürde" zu tragen imstande sei. Nicht jeder Staat könne einfach auf den Ausweg verfallen, wie es in Berg geschehen sei, seine Maires gar nicht oder nur unzureichend zu besolden[45]. Gerade auch im Hinblick auf die Kostenfrage erschien Almendingens Plan, die französischen Rechtsinstitute zu festgelegten Terminen nach und nach „sukzessive" einzuführen, durchaus plausibel. Fürs erste dachte er daran, die alte Gerichtsverfassung noch beizubehalten und nur den Familienrat, das „Amtsnotariat" (d. h. einen eigenen Pfandschreiber für die Ämter ähnlich wie in Baden[46]) und die Trennung von Untergerichten und Mairien durchzusetzen[47].

Es blieb allerdings die Schwierigkeit, daß das französische „Modell" auf einen Kleinstaat nicht zugeschnitten war. Die Erfahrungen in den anderen Kleinstaaten lieferten ein warnendes Beispiel. Das Miniaturfürstentum Anhalt-Köthen, das von einem der engagiertesten Franzosen- und Napoleonfreunde unter den deutschen Fürsten regiert wurde, erwarb sich zwar den Ruhm, die französische Verfassung mit allem Drum und Dran, mit Departements und Distrikten, Kantonen und Munizipalitäten, Staatsrat und Tribunalen, möglichst getreu nachgeahmt zu haben, aber die Folge war, daß es binnen kurzem vor dem Staatsbankrott stand und alle die stolzen Errungenschaften, einschließlich der Rezeption des Code, wieder rückgängig machen mußte[48]. In Waldeck gab die Gesetzeskommission gleich zu Beginn der Beratungen ein negatives Votum ab. Ein westphälischer Distrikt, errechnete der Präsident der Kommission, zähle 70 000—100 000 Seelen, ein Departement mit einem Appellationshof 300 000—500 000 Seelen; die Einwohnerzahl von Waldeck hingegen betrage eben gerade 50 000 Seelen. Im Falle der Rezeption benötige man mindestens einen Justizminister, einen Kassationshof und drei Prokuratoren, die allein 8000—9000 Reichstaler jährlich kosteten. Der Code greife überdies in alle Teile der Landesverfassung ein, und die Konsequenzen seien noch gar nicht abzusehen[49]. Gewiß lagen die Verhältnisse in Nassau, das immerhin 103 Quadratmeilen mit 270 000 Einwohnern umfaßte, günstiger, aber selbst Almendingen gestand sich ein, daß die Einführung der gesamten französischen Organisation die personellen und finanziellen Mittel des Landes übersteige[50].

Die Probe auf das Exempel fand freilich gar nicht mehr statt. Zwar beschloß das nassauische Staatsministerium im Frühjahr 1811 nach dem Vorschlag Almendingens, 1036 Artikel, also knapp die Hälfte des Code, mit den entsprechenden Organisationen zum 1. Januar 1812 in Kraft zu setzen. Kurz darauf machte sich aber „eine gänzlich veränderte Richtung" bemerkbar[51]. Wie in Baden zu Beginn der Reitzenstein-Ära trat ein innenpolitischer Umschwung ein, der die Reform der bürgerlichen Verhältnisse zunächst in den Hintergrund drängte. Der neue Kurs wurde von dem Staatsminister von Nassau-Usingen, Marschall, und seinem wichtigsten Mitarbeiter, Ibell, bestimmt, die beide sehr viel stärker als ihr Weilburger Kollege Gagern die modernliberalen Ideen, aber auch die zentralistisch-bürokratische Verwaltungspraxis der Rheinbundstaaten befürworteten[52]. Die Reorganisation der Behörden erhielt vor allen anderen Reformen den absoluten Vorrang. Es sei der Wunsch der nassauischen Regierung, gab Dalwigk im „Rheinischen Bund" bekannt, „daß die Verfassung zuerst gehörig ausgebildet, und demnächst das Gesetzbuch, nebst den hier und da nötigen Abänderungen, auf einmal eingeführt wird"[53]. Dementsprechend verfügte das neue Einführungsedikt vom Dezember 1812, daß „zur Vermeidung aller Unordnungen die administrativen und gerichtlichen Einrichtungen unseres Herzogtums mit möglichster Beibehaltung der vaterländischen Institute mit den Voraussetzungen des Zivilgesetzbuches in eine vollständige und im voraus umsichtsvoll berechnete Übereinstimmung zu setzen" seien[54]. Gleichzeitig wurde der Einführungstermin auf den 1. Januar 1813 hinausgeschoben. Almendingen erhielt den Auftrag, eine „geschlossene, von Prinzipien ausgehende, den Zeitbedürfnissen entsprechende innere Einrichtung des ganzen Staats" und im Zusammenhang damit die Einführung des Code vorzubereiten[55]. Das Ergebnis war der „Organisationsentwurf", den Almendingen im Juni 1812 Marschall mit der skeptischen Bemerkung übersandte, er habe mit diesem Plan „das Gemälde der Zeit entworfen, die Krankheiten des Staats aufgedeckt und auf die dadurch geweckten Bedürfnisse hingewiesen"[56]. In der Tat enthielt der Organisationsentwurf[57] eher einen kritischen Rechenschaftsbericht über das bisher verfolgte Rezeptionsprogramm als ein Gutachten zum Ausbau der Staatsverfassung. Die Warnung vor einer „fessellosen" Staatssouveränität und dem rheinbündischen „Ministerialdespotismus" war unüberhörbar. Die Einführung einer Konstitution hielt Almendingen unter den gegebenen Zeitumständen und mit Rücksicht auf die zurückgebliebenen Sozialverhältnisse vorerst noch für unmöglich. Er war zu diesem Zeitpunkt sichtlich nicht mehr bereit, Marschalls Kurs weiter zu unterstützen.

Erst nach Napoleons Sturz stellte Almendingen seine Publizistik wieder in den Dienst der Regierung. Gemeinsam mit Marschall hat er die Rheinbundpolitik und ihre „wohltätigen Wirkungen"[58] verteidigt und in seinen Beiträgen zur Kontroverse zwischen Thibaut und Savigny noch einmal das Rezeptionsprogramm des Code Napoléon gerechtfertigt[59]. In Nassau wurde trotz der hereinbrechenden Reaktion die Reformära fortgesetzt. 1814 erhielt das Herzogtum als erster deutscher Staat und noch vor Beginn des Wiener Kongresses eine Verfassung. Der Freiherr vom Stein, der sie bekanntlich beeinflußt und gefördert hatte, feierte die neue Konstitution ganz im Sinne der norddeutschen Befreiungsideologie als Folge der Freiheitskriege[60]. Er übersah wie viele seiner Zeitgenossen, die den Code Napoléon und die französische Verfassung als „eine überstandene politische Krankheit" abtaten[61], daß sie zugleich das Erbe der Rheinbundzeit aufnahm und damit dem französischen Vorbild verpflichtet blieb. Almendingen hat diese Kontinuität in seinen „Politischen Ansichten", die 1814 als Auftragsarbeit der nassauischen Regierung erschienen⁶², sehr deutlich hervorgehoben und gegen alle Anfechtungen betont, daß es stets das Ziel der nassauischen Politik gewesen sei, die Verfassung des Rheinbundes, die Einführung einer Volksrepräsentation „in jedem Lande", „liberale, dem Zeitgeist entsprechende Formen der Rechtspflege" und die Trennung von Justiz und Verwaltung herzustellen. „Denn diese und andere Vorzüge", hielt er den Gegnern der Rheinbundpolitik entgegen, „kann man Frankreichs konstitutionellen, gerichtlichen und administrativen Instituten nicht absprechen."⁶³

Almendingens „Politische Ansichten" schlugen die Brücke von den Erfahrungen der Rheinbundzeit zu den frühliberalen Forderungen in den ersten Jahren des Vormärz. Sie beweisen insofern, daß auch die Entwürfe und Pläne der Gießener Konferenz nicht wirkungslos blieben.

4. Die feudal-aristokratische Opposition gegen die Rezeption des Code Napoléon in Bayern

Die Montgelas-Ära im Königreich Bayern kann mehr noch als die kurze, knapp einjährige Ministerperiode Reitzensteins in Baden und anders als die fast schon anachronistische Selbstherrschaft König Friedrichs in Württemberg als das eigentlich klassische Paradigma der rheinbündischen Reformzeit bezeichnet werden. Sie gilt zugleich als typisches Beispiel für jene Spätform des bürokratischen aufgeklärten Absolutismus, die zum Kennzeichen des rheinbündischen Herrschaftssystems geworden ist. Fast alle charakteristischen Merkmale lassen sich zum Beleg dieser bisher unbestrittenen These anführen: die Fassade des Scheinkonstitutionalismus, die unbeschränkte Macht des leitenden Ministers und seines Mitarbeiterstabes, die Errichtung eines streng zentralistischen und bürokratischen Verwaltungsapparates, die Betonung der „Staatssouveränität", die Egalisierungstendenz und der Vorrang der bürgerlichen vor der politischen Freiheit¹. Aber es ist ebensowenig zu leugnen — und darin zeigt sich erneut die Doppelgleisigkeit und das Janusgesicht der Rheinbundära —, daß Montgelas' Reformprogramm und seine politischen Vorstellungen ohne den epochalen Einschnitt der französischen Revolution nicht denkbar wären. Montgelas war auch und in erster Linie, nicht anders als Beugnot in Berg und Siméon in Westphalen, ein Politiker der nachrevolutionären Zeit. Besonders seine frühen Schriften aus der Zweibrückener Periode, die jedoch sein späteres Regierungsprogramm weitgehend vorwegnahmen, zeigen deutlich, wie sehr er von den gesellschafts- und verfassungspolitischen Zielen der Konstituante beeindruckt war². Die jüngst wiederentdeckte große Ansbacher Reformdenkschrift von 1796, die man mit Recht im Range der Nassauer Denkschrift des Freiherrn vom Stein und der Rigaer Denkschrift Hardenbergs gleichgestellt hat³, und die Kommentare zur Französischen Revolution entwerfen eine Konzeption, die weit über das hinausreicht, was Montgelas später als Minister verwirklichen konnte. Er forderte eine Nationalversammlung, an der Bürger und Bauern („des petits propriétaires libres et des paysans domaniaux") nach Maßgabe ihres Anteils am Gesamtsteuereinkommen und an der Bevölkerungszahl beteiligt sein sollten, die gesetzgebende Gewalt (!) des Landtags, wenn auch eingeschränkt durch das Bestätigungs- und Vetorecht des Souveräns, die Steuerpflicht für alle Stände sowie die politische (!) und zivile Freiheit aller Bürger[4]. Das Ansbacher Mémoire plante die Abschaffung oder wenigstens die Neuregelung der Fronden, die Ausschaltung der Willkür bei grundherrlichen Abgaben und Leistungen, die Aufhebung der Fideikommisse sowie die Neuordnung der niederen Gerichtsbarkeit. Die Ausdehnung der Menschenrechte auf alle Klassen der Bürger, religiöse Toleranz, Presse- und Veröffentlichungsfreiheit (!), die Reorganisation des Bildungswesens in den Städten und auf dem Lande sollten eine „friedliche und heilsame Erneuerung"[5] (une réforme douce et salutaire) sichern und jene Errungenschaften auf reformerischem Wege durchsetzen, die in Frankreich erst durch eine blutige Revolution ermöglicht worden waren. Diese politischen Grundüberzeugungen entsprechen weit mehr einem reformerischen Staatsidealismus als einem unbedingten Staatsabsolutismus[6]. Die soziale und politische Wirklichkeit stand freilich — nicht anders als in den übrigen Rheinbundstaaten — auch der Durchsetzung dieses Reformprogramms entgegen.

Schon als politischer Berater des Zweibrückener Herzogs, des späteren Königs von Bayern, beklagte sich Montgelas mit Bitterkeit über die Opposition des landsässigen altbayerischen Adels, der dem landfremden Reformer und seinen Vorschlägen von vornherein mißtrauisch gegenüberstand[7]. Der Adelsstand Altbayerns bildete allerdings in sich keine einheitliche Schicht. Die adlige Grundherrschaft zeigte die mannigfachsten Abstufungen vom „magnatenhaften Besitzer zahlreicher Hofmarken und zahlreicher grund-, gerichts-, vogt- und leibherrlicher Rechte, von dem den Bauern ein weiter Abgrund trennt, bis hin zu dem Zwerggrundherrn, der über einige wenige Bauern, über einige Dutzend Juchart Land verfügt und im Hinblick auf den kaum eine Kluft in der sozialen Stellung zwischen Grundherrn und Grundholden gegeben ist"[7a]. Seit dem 17. Jahrhundert hatte der Landesherr seine starke Machtstellung ausgebaut, die Stände ausgeschaltet und die meisten Adligen in den Beamtendienst eingespannt. Es bestanden nur wenige große adlige Machtbereiche. Von den 287 adligen Grundherren Altbayerns zählten etwa zehn Adelsfamilien zu den einflußreichen Grandseigneurs, darunter die gräflichen Häuser von Törring, von Preysing und von Tattenbach, die über mehr als hundert Höfe Besitz verfügten.

Als leitender Minister des neuen Königreichs hat Montgelas in der Adelspolitik eher vorsichtig, ja opportunistisch taktiert und seine Konzeptionen wohl oder übel den Gegebenheiten angepaßt. Ein radikales Verfahren hätte auch der König, der die Bindungen seines Adels an die Monarchie mehr und mehr schätzen lernte, nicht geduldet. Hinzu kam, daß Montgelas selber in eine der mächtigsten Adelsfamilien des Landes, die Familie der Grafen von Arco, einheiratete und sich mit der Zeit in Bayern einen nicht unbeträchtlichen Großgrundbesitz erwarb. Politische Rücksichten und persönliche Interessen waren durchaus miteinander verknüpft.

Die zahlenmäßig kleine, aber mächtige bayerische Adelsopposition bildete von Anfang an eine Fronde, die auch für die Rezeptionsgeschichte des Code Napoléon von ausschlaggebender Bedeutung wurde. Der erste Rezeptionsplan vom Januar 1808 nach der Mailänder Konferenz mit Napoleon war fraglos von politischen Rücksichten diktiert. In den Aufzeichnungen Montgelas' heißt es klipp und klar: „Sa Majesté impériale a fortement insisté aussi sur l'introduction du Code Napoléon", trotz seiner, Montgelas' Bedenken, der Code könne als Resultat der Französischen Revolution nicht ohne weiteres auf Bayern übertragen werden[8]. Um wenigstens einigermaßen die Unabhängigkeit von Frankreich zu bewahren — ein Ziel, das Montgelas stets so konsequent wie irgend möglich verfolgte —, setzte er sich über die Mailänder Abmachungen immerhin insofern hinweg, als er in der entscheidenden Staatsratssitzung vom 20. Januar 1808 lediglich für eine indirekte Rezeption eintrat[9]: die Instruktion an die Gesetzeskommission sah ausdrücklich die Ausarbeitung eines bayerischen Zivilgesetzbuches mit dem abschwächenden Zusatz „auf der Grundlage des Code Napoléon" vor, ein Zusatz, der überdies in der Ankündigung der Zivilrechtsreform in der bayerischen Konstitution vorsichtigerweise auch noch unerwähnt blieb[10]. Nach außen, etwa dem badischen Gesandten gegenüber, ließ Montgelas sogar den Tatsachen widersprechend verlautbaren, daß eine „Insinuation von französischer Seite" gar nicht erfolgt wäre. Man sei „weit entfernt" davon, meldete Degenfeld im März 1808 nach Karlsruhe, den Code Napoléon in „allen seinen Teilen" anzunehmen. Schon die Konföderationsakte stehe „in Rücksicht einer Klasse Individuen" (gemeint sind wieder einmal die Standesherren) „der simplen ohne Modifikationen eintretenden Einführung des Code Napoléon entgegen"[11]. Montgelas hat sich übrigens gehütet, dieses Argument in Bayern zur Sprache zu bringen.

Feuerbachs Arbeit in der Gesetzeskommission stand also zu Beginn ganz und gar nicht unter günstigen Vorzeichen. Sein Auftrag war rein außenpolitisch motiviert und höchst vage formuliert. Je nach Belieben konnte man den ersten oder zweiten Teil der Instruktion betonen: die Ausarbeitung eines „bayerischen" Gesetzbuches oder die Rezeption „auf der Grundlage des Code Napoléon". Das bayerische Rezeptionsmodell kam am wenigsten den französischen Wünschen entgegen; es hielt sich nicht mehr wie der badische interpolierte und der nassauische teilweise suspendierte Code — von der uneingeschränkten Rezeption ganz zu schweigen — an die Originalartikel, sondern intendierte von vornherein ein „eigenes" Gesetzbuch[12]. Bayern, so interpretierte Almendingen, beabsichtige die Einführung eines „reformierten Code"[13]. Andererseits ließ die Instruktion der Gesetzeskommission mehr Spielraum als in Baden oder Frankfurt, wo von Anfang an festlag, daß die Adelsprivilegien, die Lehenverfassung, die alte Gerichtsverfassung usw. durch „Modifikationen" in das neue Gesetzbuch eingebaut werden sollten.

Feuerbach nutzte erst einmal diese Chance und entwickelte in seinem ersten Gutachten vom Januar 1808 sein eigenes fortschrittliches Rezeptionsprogramm. Er entwarf seine „Betrachtungen über den Geist des Code Napoleon", die er 1812 in der Aufsatzsammlung „Themis" veröffentlicht und deren Thesen bereits ausführlich erörtert worden sind. Der Code Napoléon wurde als Gesetzbuch eines konstitutionellen Rechtsstaats interpretiert, der Zusammenhang zwischen Rechts- und Verfassungsreform hervorgehoben[14], die Abschaffung der „Feudalverfassung", der Patrimonialgerichtsbarkeit, die Idee einer „allgemeinen rechtlichen Gleichheit aller Untertanen" und die Trennung von Kirche und Staat postuliert. Feuerbach legte ein offenes Bekenntnis zu den „Ideen von 1789" ab: „Das französische Gesetzbuch ist ein Resultat der Französischen Revolution. Viele große Ideen des achtzehnten Jahrhunderts, welche aus dem Prüfungsfeuer der Revolution geläutert hervorgegangen waren, sollten durch das neue Gesetzbuch auf die Verhältnisse des bürgerlichen Privatlebens angewendet, viele umfassende politische Veränderungen, durch die Revolution erzeugt, aber als Gewinn für Menschheit und Staaten wohl bewährt, sollten durch die bürgerliche Gesetzgebung, als letzten Schlußstein in der neuen Ordnung der Dinge für alle künftigen Zeiten dauernd befestigt werden... Man darf sagen: es war Zweck der französischen bürgerlichen Gesetzgebung, einerseits die Revolution zu beendigen, anderseits die wohltätigen Resultate der Revolution zu verewigen. Unsere noch bestehende teutschen Staatsverhältnisse haben sich aus Elementen alter Feudalverfassung, unter Beimischung mancherlei fremdartiger Stoffe, entwickelt; der französische Kaiserstaat steht über den Trümmern des gestürzten gotischen Gebäudes, als neue Schöpfung unseres Jahrhunderts in frischem jugendlichem Leben da."[15]

Mit diesem Gutachten, das für den Staatsrat bestimmt war, hat es nun aber seine eigene Bewandtnis. Außerhalb der Gesetzeskommission ist es nämlich gar nicht zur Kenntnis genommen worden. Im Staatsrat wurde es überhaupt nicht zur Diskussion gestellt, geschweige denn gebilligt — es verschwand einfach in den Akten[16]! Die Gründe liegen auf der Hand. Es ist anzunehmen, daß Montgelas das Gutachten gelesen und akzeptiert hat, aber der politische Taktiker zog es vor, nicht gleich zu Beginn der Rezeption eine Grundsatzdebatte zu entfesseln, deren Ausgang unschwer voraussehbar war. Das Gutachten barg einen politischen Zündstoff, der sofort die Adelsopposition auf den Plan gerufen hätte!

Wie sich bald zeigen sollte, blockierte dieses Verfahren aber die Arbeit in der Gesetzeskommission, die nicht wußte, auf welchem Fundament sie weiterbauen sollte. Hinzu kam, daß die Gesetzeskommission eine Rivalin in der Organisationskommission erhielt, welche die sogenannten „organischen Edikte" auf der Grundlage der Bayerischen Konstitution von 1808 ausarbeitete. Die Organisationskommission, die unter dem dominierenden Einfluß von Montgelas' engstem Mitarbeiter, Friedrich von Zentner[17], stand, steuerte einen gemäßigten Reformkurs und besaß die volle Unterstützung des leitenden Ministers. Dem Wirkungsbereich der Gesetzeskommission waren damit enge Grenzen gesetzt, denn in allen entscheidenden Fragen der Agrarreform und der Adelspolitik gaben die „organischen Edikte" den Ausschlag, ohne daß es gelang, das gesellschafts- und verfassungspolitische Programm des Code daneben voll zur Geltung zu bringen.

Bereits im Juli 1808 beschwerte sich der Justizminister, Graf Morawitzky, unter dessen Präsidium die Gesetzeskommission offiziell stand, im Staatsrat über die mangelnde Zusammenarbeit der beiden Kommissionen: Das Edikt über gutsherrliche Rechte, die Entwürfe zum Hypothekenwesen, die Pläne über eine neue Majoratsverfassung und die Reform der Niedergerichtsbarkeit griffen unmittelbar in die Materie des Code Napoléon ein, so daß ohne gegenseitige Absprache die „Einheit der bürgerlichen Gesetzgebung" „durch Widerspruch" und „Inkonsequenz" gefährdet sei. Gleichzeitig beantragte er, die „Vereinheitlichung der emphyteutischen Rechtsverhältnisse" der Gesetzeskommission zu übertragen und die Lehre von den Erbpächten und Grundrenten in das neue bayerische Zivilgesetzbuch aufzunehmen[18]. Die Initiative hatte jedoch wenig Erfolg. Der Antrag zum Erbpachtsystem wurde glatt abgelehnt: Montgelas schlug statt dessen vor, die organischen Edikte als Anhang dem Code beizufügen! Ebenso scheiterte der Vorstoß Feuerbachs, der kurz darauf in seinem Staatsratsvortrag über das zweite Buch des Code Napoléon die Wichtigkeit der Bestimmungen über die Ablösbarkeit der Grundrenten betonte und die Fassung eines Artikels vorschlug, nach dem alle Leistungen — Naturalien, persönliche Dienste und Geldabgaben — „von seiten des Schuldners unmittelbar von Rechtswegen loskäuflich" sein sollten. Es wurde ihm sofort entgegengehalten, daß im organischen Edikt über gutsherrliche Rechte das „beiderseitige Einverständnis", d. h. die Einwilligung des Grundherrn ausdrücklich verlangt werde[19].

Immerhin berücksichtigte das Edikt, das am 28. Juli 1808 erschien, wenigstens in einigen Punkten auch das neue bürgerliche Gesetzbuch. Zwar wurde es expressis verbis nur im Titel über das „volle Eigentum" erwähnt — mit der Bestimmung, daß künftig bei Verkauf, Veräußerung, Tausch usw. die Vorschriften des „allgemeinen bürgerlichen Gesetzbuches" zu beachten seien —, aber einige Eigentumsbeschränkungen fielen auch beim geteilten Eigentum weg: das Heimfallsrecht (die Kaduzität), das grundherrliche Einstands- oder Vorkaufsrecht und das Recht, bei Besitzwechsel die Laudemien zu erhöhen[20]. Die ungemessenen Scharwerke sollten in gemessene bestimmte Dienste umgeändert und möglichst in ein Dienstgeld verwandelt werden, eine Maßnahme, die man bereits nach 1803 auf allen säkularisierten Kirchengütern durchgeführt hatte. Die Bedeutung dieser Maßnahme wird erst klar, wenn man bedenkt, daß 50,5 % der Bauern in Bayern dem Klerus als Grundherrn unterstanden und 56 % der Fläche, nach Hoffuß berechnet, kirchlicher Grundbesitz gewesen war[21].

Die Neuregulierung der Fronden hing in Bayern zugleich mit der Reform der Patrimonialjurisdiktion eng zusammen. Fast alle Fronden bzw. „Scharwerke" wurden nämlich dem Gerichtsherrn abgeleistet, der nicht immer mit dem Gutsherrn identisch war[22]. Der alte landständische Adel besaß die sogenannte „Edelmannsfreiheit", d. h. das persönliche Vorrecht, die niedere Gerichtsbarkeit und Verwaltungshoheit auch über die außerhalb der geschlossenen Hofmark liegenden sogenannten einschichtigen Güter auszuüben[23]. Die Edelmannsfreiheit war oft mit dem Recht der „Siegelmäßigkeit"[24] verbunden, das nicht nur in dem Privileg bestand, ein eigenes Wappen und Siegel zu führen, sondern auch die Vollmacht verlieh, öffentliche Urkunden, vor allem Besitzurkunden, auszustellen.

Wie üblich waren diese beiden Privilegien wiederum mit anderen Gerechtsamen — Jagd-, Fischerei- und Bannrechten — verkoppelt, so daß man sich vorstellen kann, welch eine Rechtsunsicherheit entstehen mußte, wenn Nachbarhöfe verschiedensten Gerichts- bzw. Gutsherren unterstanden, die ihre Differenzen im Zweifelsfalle auf dem Rücken der Bauern austrugen. Ihre Lage wurde allerdings dadurch gemildert, daß etwa die Hälfte aller Bauern schon vor 1803 direkt unter der landesherrlichen Gerichtsbarkeit standen. Um 1800 war der Landesherr in Altbayern für 13 % des Bodens Grundherr, der Adel für 24 %, der Klerus für 56 %. Die Rechtssicherheit gegenüber den Grundherren war natürlich in sehr viel höherem Maße gewährleistet, wenn sich der Bauer, der Recht suchte, schon in der untersten Instanz an einen landesherrlichen Richter wenden konnte[25].

Dieser Bereich, in dem sich Agrarreform, Adelspolitik und Gerichtsreform überschnitten, fiel nun eindeutig auch in die Kompetenz des Justizministeriums. Tatsächlich gelang es der Gesetzeskommission, sich in die Vorarbeiten zu einer neuen Untergerichtsordnung erfolgreich einzuschalten[26]. Das organische Edikt vom 20. April 1808, das allerdings erst ein Jahr später veröffentlicht wurde, hob die Edelmannsfreiheit ab sofort und die Siegelmäßigkeit mit dem Termin der Einführung „eines neuen allgemeinen Zivil- und Prozeßbuches" auf. Gleichzeitig setzte sich die Forderung nach geschlossenen Untergerichtsbezirken durch[27].

Feuerbach vertrat in einem Gutachten nachdrücklich die Ansicht der Gesetzeskommission, daß die neue Gerichtsverfassung nach den Prinzipien des Code Napoléon einzurichten sei: es dürfe keine Gerichte mehr geben, die „auf eine der bürgerlichen Gesetzgebung widersprechende Art" organisiert wären[28]. Zwar wurde die Organisation von Friedensgerichten und Tribunalen erster Instanz aus finanziellen Gründen und als entbehrlich abgelehnt, aber andererseits nahm man doch die Gelegenheit wahr, den Wirkungsbereich der Patrimonialgerichte nach den Vorschriften des Code neu zu bestimmen und, was wichtiger war, zu beschneiden. Das organische Edikt vom 8. September 1808 entzog allen Patrimonialgerichten die streitige Gerichtsbarkeit, stellte die Zivilgerichtsbarkeit unter die staatliche Aufsicht der Generalkreiskommissariate und verband die neu hinzukommenden Funktionen — Vormundschaftsangelegenheiten, die Führung der Zivilstandsregister und der Hypothekenbücher — mit hohen Qualifikationsforderungen an die gutsherrlichen Gerichtshalter; letzteres wohl mit derselben Absicht, wie sie auch Brauer in Baden verfolgte[29]: man hoffte auf die abschreckende Wirkung und das allmähliche Erlöschen der Patrimonialjurisdiktion durch freiwilligen Verzicht auf ein Privileg, das durch erhöhten finanziellen und personellen Aufwand zur Bürde geworden war[30].

Diese Rechnung ging allerdings auch in Bayern nicht auf. Nicht nur der altbayerische Adel protestierte energisch[31], auch aus den neugewonnenen schwäbischen und fränkischen Gebieten liefen zahlreiche — zum Teil berechtigte — Beschwerden der Gutsherren ein, da bei der Streulage der Güter, die hier anders als in den bayerischen Kernlanden nicht zu Hofmarken zusammengeschlossen waren, die Schaffung von einheitlichen Gerichtsbezirken auf größte Schwierigkeiten stieß[32]. Schon in Altbayern häuften sich die Streitfälle um den Austausch der Grundholden und die Abgrenzung der verschiedenen Gerechtsame[33]. In der Folgezeit wurde die Patrimonialjurisdiktion zur eigentlichen Prinzipienfrage der Adelspolitik[34]. Der Widerstand war so heftig, daß man bereits drei Jahre später, im Majoratsedikt vom 28. Dezember 1811, die Reform teilweise wieder rückgängig machen mußte: die Majoratsherren erhielten — gegen den Einspruch des Justizministeriums — erneut die volle Gerichtsbarkeit[35].

In allen diesen Auseinandersetzungen wurde die sehr selbständig arbeitende Gesetzeskommission[36], die sich überdies in alle Angelegenheiten der Organisationskommission einmischte, immer mehr zum Stein des Anstoßes. Die feudalaristokratische Opposition im Staatsrat, an ihrer Spitze die altbayerischen Grafen Törring-Guttenzell, Arco und Preysing, versuchten mit Erfolg, die bürgerliche Gesetzgebung, wo es nur ging, abzublocken. Zuerst wurden die Entwürfe über das Erbrecht[37], dann — bei verstärkter Opposition — die Titel über das Hypothekenwesen im Staatsrat abgelehnt[38]. Feuerbachs wenig kompromißbereite Haltung, die längst auch von Montgelas mißbilligt wurde, verschärfte die Situation. Schon Anfang des Jahres 1809 geriet die Arbeit der Gesetzeskommission vollends ins Stocken. Die Debatten schleppten sich zwar noch monatelang hin, weil sich vorerst die Entscheidung durch den Ausbruch des österreichischen Krieges noch hinauszögerte, aber im Herbst 1809 ließ sich der offene Konflikt nicht länger vermeiden.

Die Lage war einigermaßen prekär: denn die beiden ersten Teile des Gesetzbuches waren, wenn auch ohne gesetzliche Sanktion, bereits im Druck erschienen, so daß die grundlegenden Änderungen, die nun plötzlich am dritten Buch vorgenommen wurden, zum Teil dem widersprachen, was schon verabschiedet war. Auf diese Weise geriet aber das gesamte Gesetzeswerk in Gefahr: eine Revision erschien fast unumgänglich, und die Arbeit konnte praktisch von vorne beginnen. Es war klar, daß die Einführung des Code Napoléon erneut zur Debatte stand.

Der Kampf wurde von beiden Seiten mit polemischer Schärfe ausgetragen. In einem großangelegten Grundsatzreferat: „Einleitungsvortrag das bürgerliche Gesetzbuch für das Königreich Bayern oder die Frage betreffend: Was ist Bayerns Absicht bei seiner neuen Gesetzgebung?" verteidigte Feuerbach noch einmal das gesellschaftspolitische Programm des Code Napoléon[39]. Mit provozierender Kritik wandte er sich gegen jene, die da glaubten, das „vieldeutige Wörtchen modifizieren" heiße nichts anderes, als alle neuen Ideen aus dem Code hinauswerfen, „um bequemer Platz für das Alte zu gewinnen". „Wer die Worte Code Napoléon modifizieren, in diesem Sinne nimmt", erklärte er, auf die Gepflogenheiten des bayerischen Adels anspielend, „denkt sich den Code Napoléon als ein prächtiges ausländisches Tier, das nur zu gefährlich scheint, um es am Leben zu lassen, das aber eine Naturaliensammlung trefflich schmücken könnte. Dieses Tier wird also abgebalgt und mit allem, was nur den Raum fassen kann, mit Kaspar Schmidt, mit Kreittmayr, mit Generalien und so weiter, kurz mit unserm alten häuslichen Vorrat ausgefüllt. Und so erscheint denn dieses Wesen wie das leibhaftige Tier, ist aber nicht einmal sein Leichnam, sondern nur — seine vertrocknete Haut." „Modifizieren" — nach der Auffassung der Gesetzeskommission — bedeute, das Zufällige einer Sache unbeschadet ihres Wesens verändern. Ohne die Bewahrung folgender „Grundideen" des Code Napoléon sei eine Rezeption „überflüssig":

1. Die Freiheit der Person, d. h. keine Leibeigenschaft aber auch kein Verhältnis, das der Leibeigenschaft ähnlich ist! „Jeder Untertan ist im Verhältnis zu anderen Untertanen ein freier Mensch. Er ist frei geboren und er muß frei bleiben." Nach Artikel 1780 und 1142 des Code[40] kann sich kein Bürger auf lebenslang oder auf unbestimmte Zeit einem andern zu Diensten verpflichten. „Ja, wer sich nur zu einer bestimmten einzelnen Dienstleistung verpflichtet hat, ist nicht schlechterdings verbunden, den Dienst zu tun, er kann sich durch Leistung des Interesses von dieser Verbindlichkeit befreien, denn der unbedingte Zwang zu Diensten wäre eine Verletzung der Persönlichkeit."

2. Die Gleichheit vor dem Gesetz, d. h. keine Privilegien zum Vorteile einzelner und keine Ausnahme vor dem Gesetz zugunsten besonderer „Klassen der Untertanen". „Alle Untertanen sind gleich vor dem Gesetz. Was dem einen gilt, muß auch dem andern gelten. Ein Gesetz, das überhaupt verpflichtet, muß alle verpflichten."

3. Die Freiheit des Gewissens aller Religionen und die Trennung von Kirche und Staat. Der Staat darf in seiner Gesetzgebung nicht für eine bestimmte Religion Partei nehmen. Der Staat ist selbständig und unabhängig von der Kirche „in allen bürgerlichen Dingen". „Die Kirche besteht nur *in* dem Staat, geschützt *von* dem Staat. Er und sie haben, jedes an seinem Teil ein eigentümliches Reich, dessen Grenzen scharf geschieden sind."[41]

4. Die Freiheit des Eigentums, d. h. keine beständigen und unablösbaren Grundlasten. Alle diese Lasten „sind ihrer Natur nach loskäuflich", „damit jeder seines Eigentums und seiner Arbeit froh werden könne, damit Lust und Liebe zur Arbeit erweckt und das Aufblühen der Industrien gefördert werde".

5. Freier Güterverkehr, d. h. Einschränkung der Majoratsbildung: „Fideikommisse können unter keiner Gestalt als bloße Wirkung der Privatwillkür entstehen, oder bestehend ferner gelten. Nur der Staat kann aus konstitutionellen Rücksichten" — also mit Rücksicht auf die monarchische Verfassung — „durch Gründung von Majoraten einzelne Güter dem Kommerz entziehen."

6. Förderung der Güterverteilung: „Es ist nicht gut, daß sich das Eigentum aufhäufe in einzelnen Händen. Da ist der innere Keim des Verderbens, wo wenige übermäßig reich, und dagegen viele arm sind."

Am Ende dieses eindrucksvollen, mit innerer Überzeugung vorgetragenen Bekenntnisses zu den liberal-bürgerlichen Grundprinzipien des Code Napoléon zog Feuerbach die Bilanz aus der bisherigen Arbeit der Gesetzeskommission: Beauftragt, nicht die alten Gesetze in veränderter Form zu erneuern, sondern den Code Napoléon für Bayern anwendbar zu machen, habe die Kommission diese Grundideen „in voller Reinheit zu erhalten gesucht". „Ihr Werk ist daher wahrhaft und mußte sein der Code Napoléon, aber so, wie ihn die französischen Gesetzgeber geschrieben haben würden, wenn sie ihn für Deutsche und insbesondere für Bayern hätten schreiben wollen." Feuerbach schloß seine Rechtfertigung mit der herausfordernden Frage an die Gegner: „Betrachtet man ein Gesetzbuch, das auf diese Grundsätze gebaut, in diesem Geiste bearbeitet ist, im allgemeinen für heilsam und auf Bayern anwendbar, oder für schädlich und unanwendbar?"

Wie wohl von Feuerbach nicht anders erwartet, entfesselte dieser Vortrag einen Sturm der Entrüstung. In schriftlichen, dem Staatsrat eingereichten Gegenvoten warf Törring Feuerbach „ein revolutionäres Vorurteil gegen den Feudalismus" vor; Arco sprach von einer „lex agraria"; Preysing nannte die dargelegten Grundideen „demokratisch" und gefährlich für einen monarchisch regierten Staat[42]. Mit einer Deutlichkeit, die nichts zu wünschen übrig ließ, wurde die Prinzipienfrage Feuerbachs beantwortet: Die Grundsätze des Code Napoléon, erläuterte Törring, seien „nicht ohne Verwirrung, nicht ohne Störung, nicht ohne Beraubung dort anwendbar, wo bei ihrer Einführung (die) bestehende Ordnung aufgehoben, geschlossene Verbindlichkeiten aufgelöst, und rechtliches Eigentum aufgeopfert werden müssen", d. h. für Bayern „eigentlich nicht anwendbar". Gemeinsam mit Preysing plädierte er für die Beibehaltung der altbayerischen Gesetze. Es sei „weit rühmlicher und patriotischer", meinte Preysing, den Kodex Kreittmayrs zu revidieren, als sich „fremden, vielleicht unpassenden Gesetzen zu assimilieren". Und Törring unterstützte diese Ansicht mit einem patriotischen Bekenntnis zur altbayerischen Tradition und Geschichte, die beweise, wie sehr sich die „unerschütterliche Treue" dieser auch von Napoleon „hochgeehrten Nation" zu ihrem Monarchen bewährt habe. Dieses Land, beteuerte er, „bleibt immer der Kern des Königreichs, das Beispiel der zugewachsenen oder zuwachsenden Teile, die wenigstens moralische Festung des Staats, und verdient nicht allein, sondern fordert die erste und größte Rücksicht bei neuer Gesetzgebung". Arco, der Schwiegervater von Montgelas, versuchte wenigstens den Schein zu wahren, um den immer noch gültigen königlichen Beschluß, daß der Code Napoléon die Grundlage des neuen bürgerlichen Gesetzbuches bilde, nicht völlig umzustoßen. Er schlug vor, die Grundsätze der Gesetzeskommission zu „modifizieren" — freilich in einer den materiellen Interessen des Adels entgegenkommenden Interpretation. Seine Ausführungen beweisen einmal mehr, wie leicht es möglich war, die liberalen Ideen im Dienste privater und staatlicher Interessen verwendbar zu machen. Arcos Grundsätze lauten bezeichnenderweise:

1. „Jeder Untertan ist ein freier Mensch. Dienstverträge zwischen Untertanen unter sich, auf bestimmte oder unbestimmte (!) Zeit werden dadurch nicht als rechtsungültig ausgeschlossen." 2. „Alle Untertanen sind zur Befolgung der für sie bestehenden Gesetze verpflichtet" (so die „Modifikation" des Prinzips der Gleichheit vor dem Gesetz!). 3. „Der Staat schützt die Gewissensfreiheit aller Religionen." (Keine Trennung der Kirche vom Staat.) 4. „Freiheit und Sicherheit des Eigentums soll beschützt" (nicht „befördert") werden. 5. „Der freie Umtausch des Eigentums soll mit Vorbehalt der aus höhern politischen oder staatswirtschaftlich eintreten könnenden Beschränkungen befördert werden." 5. „Dem rechtlichen Erwerbe des Eigentums sollen keine Schranken gesetzt sein" zur Sicherung der „vollen Erwerbsfreiheit" des „Landeigentümers".

Der sechste Grundsatz wurde ausführlich erläutert. Sichtlich hatte Feuerbachs

Angriff auf den Reichtum des Großgrundbesitzers am meisten Ärgernis erregt[43]. Wenn schon „übermäßiger Reichtum" gefährlich werden könnte, hielt Arco Feuerbach entgegen, so weit mehr der des „Kapitalisten" als der des „Landeigentümers". „Warum soll also der Spiritus rector der künftigen Gesetzgebung zu dem Landeigentümer sagen können und sollen, du sollst nicht über z. B. 2 Millionen Landeigentum erwerben können, während er zu dem Bankier sagt, deiner Erwerbsfähigkeit sind keine Schranken gesetzt." Die Ungleichheit des Vermögensstandes durch Verteilung des Eigentums beseitigen wollen, heiße „einen idealistischen Zustand" für möglich halten, der höchstens auf einer „primitiven" Kulturstufe in „kleinen Republiken" annähernd verwirklicht werden könnte. Die Anspielung nicht nur auf antike Vorbilder, sondern vor allem auf Rousseau und der kaum verhüllte Vorwurf des „Jakobinertums" wurden im Kreis der Staatsratsmitglieder natürlich sofort verstanden. In einer schriftlichen Stellungnahme zu den Voten Arcos und Törrings verwahrte sich Feuerbach vor derartigen Beschuldigungen: Die Grundsätze über die Freiheit des Eigentums seien längst vor der Französischen Revolution von Adam Smith aufgestellt worden: „War denn Adam Smith ein Jakobiner?"[44]

Die Kluft zwischen Programm und Gegenprogramm war durch einen Kompromiß kaum noch überbrückbar. Andererseits hatte Feuerbach wohl gehofft, mit seinem Standpunkt des Alles oder Nichts, Montgelas und die gemäßigte Reformpartei um Zentner zu einer Entscheidung zu zwingen. Der Zeitpunkt war nicht ungünstig gewählt. Die Gießener Konferenz, die gerade erst seit zwei Monaten ihre Arbeit begonnen hatte, wurde in Bayern aufmerksam beobachtet[45]. In Baden und Berg stand die Einführung des Code Napoléon unmittelbar bevor; der Fürstprimas hatte soeben das Einführungsedikt vom 15. September 1809 erlassen. Nicht umsonst brachte Feuerbach in seinem Vortrag noch einmal mit Nachdruck die „außenpolitischen Rücksichten" zur Sprache, indem er seinen Gegnern vorwarf, sie lebten in der Illusion, daß es möglich sei, auch außerhalb des Rheinbundes und des neuen europäischen Staatensystems „selbständig zu bestehen". „In dem Bunde sein und sich in den Grundsätzen isolieren", sei ein Widerspruch in sich. Über die Absicht Napoleons, den Code als „europäisches Gesetzbuch" einzuführen, könne niemand mehr im Zweifel sein, und darüber einfach hinwegsehen, käme einer Vogel-Strauß-Politik gleich[46]. Feuerbach wußte so gut wie Montgelas, daß es in diesem Moment höchst auffallend und politisch unklug gewesen wäre, die schon erschienenen beiden ersten Bücher des bayerischen Code wieder zurückzuziehen zugunsten einer Revision des Kreittmayrschen Kodex.

Trotzdem ging Feuerbachs Kalkül nicht auf. Denn Montgelas dachte ebensowenig daran, den innenpolitischen Kampf durch die Einführung eines Zivilgesetzbuches zu verschärfen, dessen Bedeutung er selbst eher herunterspielte[47]. Er zog es in dieser Situation vor, auf seine schon oft bewährte „Methode des Temporierens" zurückzugreifen, des Hinausziehens von Entscheidungen, die ihm noch nicht reif erschienen und von denen er glaubte, daß sie durch bevorstehende neue Ereignisse überflüssig oder abänderungsbedürftig gemacht werden könnten[48]. Schon im September 1809, als sich die Gegensätze bei der Hypothekendebatte zuspitzen, hatte Montgelas die Entscheidung mit dem — wohl kaum ernst gemeinten — Vorschlag hinausgezögert, die Zivilgesetzentwürfe, wie es auch das Justizministerium schon einmal beantragt habe, nach den konstitutionellen Erfordernissen der Reichsversammlung vorzulegen — sobald die Zeitumstände deren Einberufung erlaubten[49]! Auf Feuerbachs Vortrag reagierte er einfach mit der Vertagung der Sitzung[50]. Es dauerte fast ein Jahr, bis im September 1810 die Gegenvoten überhaupt im Staatsrat zur Diskussion gestellt wurden!

Durch die konservative Wende der napoleonischen Politik hatte sich aber inzwischen die außenpolitische Lage tatsächlich so weitgehend geklärt, daß Montgelas nunmehr versichern konnte, politische Rücksichten spielten bei der Rezeption gar keine Rolle[51]. Es ist immerhin bemerkenswert, daß er es in seiner eigenen Stellungnahme zum Vortrag Feuerbachs dennoch vermied, die Grundsätze der Gesetzeskommission umzustoßen. Man sei „von beiden Seiten sehr weit" gegangen, stellte er lediglich fest, und er selbst könne die „als demokratisch hingestellten 6 Grundsätze" weder im Code Napoléon noch in den bayerischen Zivilgesetzentwürfen auffinden. Montgelas lehnte die Revision des Kreittmayrschen Kodex auch jetzt noch ab. Der Maximilianische Kodex, „so viel Vorzügliches er auch enthalte", passe nicht mehr „auf die gegenwärtigen Staatsverhältnisse" und manche Kapitel, z. B. die über Zehnten und Fronden (!), seien veraltet und unanwendbar. Er gab allerdings sofort die beruhigende Versicherung, daß durch „Abänderungen" des Code Napoléon die „persönlichen Vorzüge" des Adels, soweit sie „der Eigenschaft als Staatsbürger" nicht widersprechen, bewahrt werden müßten, insbesondere die Prinzipien der neuen Majoratsverfassung, die den reichen Güteradel unterstütze, der allein imstande sei, seinen Titel „mit Würde zu führen"[52]. Montgelas' Vorschlag sah vor: das neue Gesetzbuch auf der Grundlage des Code Napoléon, der Konstitution und der organischen Edikte zu revidieren und zwar nicht durch die Gesetzeskommission, sondern durch den Staatsrat selbst oder eine aus den verschiedenen Sektionen zusammengesetzte Kommission. Das war eine Lösung, in der sich taktische und prinzipielle Erwägungen verknüpften. Montgelas gab in der Sache nicht nach — da ja doch die Grundsätze des Code Napoléon den Grundsätzen der organischen Edikte gleichgestellt wurden[53] —, aber zugleich beseitigte er die vor allem von Arco scharf kritisierte „Abhängigkeit" des Staatsrats von der Gesetzeskommission und berücksichtigte durch Zugeständnisse an die Majoratsherren die materiellen Interessen der politisch einflußreichen Adligen. Zentner kam dann der Adelspartei noch einen Schritt weiter entgegen. Er lehnte zwar die Diskussion der Grundsätze, wie Arco sie ausgetragen hatte, ab, meinte aber, es ließe sich nichts dagegen einwenden, auch Kreittmayrs Kodex und eventuell noch das — in Ansbach geltende — Allgemeine Preußische Landrecht und das österreichische Gesetzbuch der Revisionsarbeit zugrunde zu legen[54].

Dieser Kompromißvorschlag setzte sich schließlich durch — gegen die Voten der Staatsratsmitglieder aus der Justizsektion, Feuerbachs, Effners und des Justizministers Reigersberg. Der König beschloß: der Zivilgesetzentwurf solle von einer gemischten Kommission revidiert und dann dem Plenum des Staatsrats noch einmal vorgelegt werden. Als Grundlagen wurden festgesetzt: die Konstitution, die organischen Edikte, der Code Napoléon, und „rücksichtlich der besonderen Verhältnisse des Königreichs" der Maximilianische Kodex sowie „andere bewährte Gesetzbücher"[55].

Offensichtlich betrachtete Feuerbach diesen Beschluß als Niederlage der Gesetzeskommission, obgleich ihm Zentner vorsichtig zu verstehen gab, daß doch immer noch die Möglichkeit bestand, die Grundsätze des Code Napoléon beizubehalten, gerade auch dann, wenn man die organischen Edikte nicht restriktiv, sondern fortschrittlich interpretierte[56]. Aber Feuerbach war alles andere als ein politischer Taktiker, der diese Chance zu nutzen gewußt hätte. Er resignierte und trat bereits vier Monate später dafür ein, wenn schon dann nur das Kreittmayrsche Gesetzbuch zu revidieren und ohne weiteren Zeitverlust im gesamten Königreich einzuführen[57]. Um nach außen den Schein zu wahren, beschloß man in der Staatsratssitzung vom 17. Januar 1811, auch weiterhin ein „neues Gesetzbuch" zu proklamieren, aber eben nicht mehr auf der Grundlage des Code Napoléon, sondern des „Codicis Maximiliani bavarici civilis".

Die Redaktion dieses „allgemeinen bürgerlichen Gesetzbuches" wurde nicht mehr von Feuerbach, sondern von seinem persönlichen Rivalen Nikolaus Thadäus Gönner ausgeführt, der die Sitzungen der Kommission der Geheimen Ratssektionen leitete[58]. Der Entwurf wurde erst im Juli 1814 fertiggestellt, also zu einem Zeitpunkt, als an seine gesetzliche Sanktionierung nicht mehr zu denken war. Die Kommissionsprotokolle und die im zweiten und dritten Teil noch erhaltenen Entwürfe des „neuen" Gesetzbuches beweisen immerhin, daß Feuerbachs Vorarbeiten nicht unberücksichtigt blieben[59]. Der Kreittmayrsche Kodex wurde gründlich revidiert und in zahlreichen Titeln auf die Lehren des Code Napoléon umgestellt.

Als Feuerbach 1812 seine „Betrachtungen über den Geist des Code Napoleon" veröffentlichte, hat er in einem Nachtrag rückblickend das Reformjahr 1808 als Höhepunkt der Rezeptionsgeschichte hervorgehoben und die Einführung einer Konstitution, die Aufhebung der Edelmannsfreiheit und der Siegelmäßigkeit, die Beseitigung der Leibeigenschaft, das Edikt über gutsherrliche Rechte und die Reform der Niedergerichtsbarkeit als unmittelbare Folgen der bürgerlichen Gesetzgebung dargestellt[60]. Man wird ihm zustimmen, daß bis zu diesem Zeitpunkt die Montgelas-Ära in Bayern direkt am französischen Vorbild orientiert war. Danach setzte wie überall in den Rheinbundstaaten die „réaction seigneuriale" ein, die Napoleon selbst durch seine Adelspolitik gefördert hatte. Die innen- wie außenpolitisch motivierte Wende wurde bereits damals klar erkannt: Bei der Beratung über eine neue Zivilgerichtsordnung im Jahre 1811 stellte der Referent im Staatsrat fest, daß die Regierung „nicht gesinnt sei, in der Nachahmung fremder Verfassungen fortzuschreiten und daß sie die Bedürfnisse der Untertanen, ihre Sitten und Gewohnheiten beratend, lieber ihr Gebäude diesen gemäß aufführen will". Die Einführung der Gesetze Frankreichs oder doch die Versuche, „durch organische Edikte jenem Staate sich so viel [wie] möglich zu nähern", seien auf „unüberwindliche Schwierigkeiten" gestoßen. „Seit dieser

Epoche", fuhr der Referent fort, "sind Schritte geschehen, welche uns vielleicht weiter als wir es vorhin waren, davon zu entfernen scheinen."[61] Die Gründe, die er anführte, gelten für die rheinbündische Politik überhaupt: die Rücksicht auf „die Bedürfnisse der Untertanen", d. h. derjenigen, die Einfluß besaßen, die hohen Kosten, mit denen die Justizreform verbunden war, der gleichzeitige Niedergang der Wirtschaft durch die Kontinentalsperre, wodurch „alle Belebungsmittel der Industrie" nach Frankreich „strömten", während den Rheinbundstaaten „unermeßliche Summen an Vorräten und Kapitalien" entzogen wurden, die Folge der „verheerendsten Kriege". Außerdem lebe man in der dauernden Ungewißheit, daß niemand voraussagen könne, welche Änderungen Frankreich selbst an seiner Gesetzgebung noch vornehmen werde...

Am Beispiel Bayerns zeigt sich vielleicht am deutlichsten, wie eng die rheinbündischen Reformen an die Wandlungen der napoleonischen Politik gekettet waren. Die einander widerstreitenden Tendenzen, die Richtungskämpfe und die Kurswechsel der Politik beweisen aber auch, welche politischen und gesellschaftlichen Spannungen in dieser Epoche ausgetragen wurden. Der Höhepunkt des aufgeklärten Absolutismus war längst überschritten.

V. Zusammenfassung und Ausblick

Vom politischen Ergebnis her gesehen, endete der Kampf um die Einführung des Code Napoléon in den Rheinbundstaaten zunächst mit einer Niederlage. Außer in Baden und im Kerngebiet des Großherzogtums Berg[1] setzte sich die Rezeption nirgends durch. Anders als in den linksrheinischen französischen Annexionsgebieten, den „Ländern des rheinischen Rechts"[2], die nach Napoleons Sturz an Preußen, Bayern und Hessen-Darmstadt fielen, wurde die Rechtsreform in Westphalen, in den ländlichen Gebieten Bergs und in Frankfurt wieder rückgängig gemacht. Wie die Stein-Hardenbergschen Reformen in Preußen blieben auch die Rheinbundreformen in vielerlei Hinsicht ein Torso. Zwar erhielten die mittel- und süddeutschen Staaten im Laufe des Vormärz eine Verfassung, aber die Zerstörung der Grundherrschaft — der soziale und wirtschaftliche Teil des Reformprogramms — ist erst durch die Revolution von 1848/49 durchgeführt worden.

Die Priorität der Verfassungsforderung im Programm des vormärzlichen Liberalismus hing nicht zuletzt mit den Erfahrungen der napoleonischen Zeit zusammen. Solange verfassungsrechtliche Garantien fehlten, waren die liberalen Prinzipien des Code im Dienste machtpolitischer und sozialkonservativer Interessen instrumentalisierbar. Für Napoleon war der Code ein Herrschaftsinstrument, um die feudal-ständische Gesellschaft in den eroberten Ländern der nachrevolutionären Gesellschaftsordnung Frankreichs zu „assimilieren" — eine hegemonialpolitische Konzeption, die erstmalig die Gesellschaftspolitik dazu benutzte, ein staatenübergreifendes Herrschaftssystem auch sozial abzusichern. Aber diese Konzeption blieb doch zugleich der traditionellen Vorstellung verhaftet, daß die Stabilisierung monarchischer Herrschaft von der sozialen Führungsschicht eines grundbesitzenden Adels abhing, der als Ordnungsfaktor die bestehenden Machtverhältnisse konsolidierte. Der Code Napoléon erfüllte deshalb eine doppelte Funktion. Seine antifeudalen Bestimmungen — die Zerschlagung des Großgrundbesitzes durch die Erbteilung, das Verbot der Personalfronden und „ewigen" Grundrenten sowie die Einführung eines bürgerlichen Eigentumsbegriffs, der die ältere Rechtsfigur des geteilten und durch Rechte anderer eingeschränkten Eigentums ablöste — zielten darauf ab, die grundherrlichen Verhältnisse zu zerstören und eine liberalisierte Eigentümergesellschaft zu schaffen, die fähiger sein sollte, die zum Ausbau des Empire erforderlichen militärischen und finanziellen Leistungen zu erbringen, als die Gesellschaft des Ancien Régime. Die Ideologisierung des Reformprogramms zum Zweck „moralischer Eroberungen" täuschte nicht darüber hinweg, daß die Reformabsicht machtpolitisch motiviert war. Andererseits lieferte das in den Code eingebaute Majoratsrecht die Grundlagen für die Adelspolitik des Kaisers. Mit diesem Rechtsinstrument schuf sich Napoleon ein Mittel, den sozialen Wandlungsprozeß so zu lenken, daß eine aristokratische, wirtschaftlich privilegierte Elite aus der übrigen Gesellschaft herausgelöst wurde: die vom Kaiser nobilitierten und mit Majoratsbesitz ausgestatteten Herzöge, Grafen, Barone und Ritter, die sich im militärischen und zivilen Dienst ausgezeichnet hatten. Die enge Verbindung von Adelshierarchie und Ämterhierarchie, die staatliche Genehmigung der Majorate und das Heimfallrecht der Krone garantierten, daß die aristokratische Elite auswechselbar blieb und aus dem Bürgertum immer wieder ergänzt werden konnte. Hierin unterschied sich der neue Verdienstadel vom alten geburtsständischen Adel. Im Widerspruch zu allen anderen Bestimmungen des Code wurde jedoch das privilegierte Eigentum an Grund und Boden aufrechterhalten. Der Majoratsbesitz war unveräußerbar, unverschuldbar und nach dem Primogeniturrecht in männlicher Linie erblich. Der französische Majoratsadel, der aus dem staatlichen Domänenbesitz der eroberten Länder dotiert wurde, behielt seine Einkünfte aus Grundrenten, Feudalgefällen, Fronden und Bannrechten. Vom Code profitierten demnach nur jene Bauern, die landsässigen Grundherren unterstanden, was deutlich genug beweist, wie gering die „Doktrin" des Code veranschlagt wurde.

Aber auch in den süddeutschen Rheinbundstaaten hat Napoleon versucht, eine Spitzengruppe des Adels von den Gleichheitsprinzipien des Code auszunehmen. In der Rheinbundakte garantierte er den Standesherren ausdrücklich ihre „seigneurialen und feudalen" Privilegien. Das Majoratsrecht begünstigte auch hier die Sonderstellung des reichen Güteradels. Dennoch ließ sich die französische Adelspolitik nicht ohne weiteres auf die Rheinbundstaaten übertragen. Anders als in Frankreich gelang es nicht, den Majoratsadel aus dem Bürgertum zu rekrutieren, das politisch noch unbedeutend und an Landbesitz nicht interessiert war. Es fehlte jene soziale Schicht der propriétaires und rentiers, mithin die für die bürgerliche Gesellschaft Frankreichs so charakteristische Rentnerbourgeoisie, auf die das Programm des Code zugeschnitten war. Ein Austausch von Eliten fand gar nicht mehr statt. Mit der Privilegierung der Standesherren befestigte Napoleon vielmehr die Adelshierarchie des Alten Reiches, und die Majoratsverfassung bestätigte die Vorrangstellung einer schon längst etablierten Führungsschicht, die vorerst nicht ersetzbar war. Auf diese Weise wurde jedoch das Gegenteil von dem erreicht, was der Code propagierte. Das Fortbestehen eines grundherrlichen Adels, der seine eigenen politischen Vorstellungen gegen die Rezeptionspläne auszuspielen wußte, blockierte fortab die Reformpolitik. Immer wieder berief man sich auf die Rheinbundakte und die französischen Majoratsstatuten, die zu beweisen schienen, daß der Code durchaus mit dem Feudalsystem vereinbar sei.

Die Folge war eine restriktive Auslegung des Gesetzbuches im Interesse der Grundherren, die den Eigentumsschutz und die Entschädigungsklauseln des Code für sich reklamierten. Feudalabgaben galten zwar nunmehr als ablösbare „Grundrenten", aber die Ablösbarkeit wurde von der Einwilligung des Grundherrn abhängig gemacht. Die Fronden ließen sich als „Grunddienstbarkeiten" interpretieren, die „nicht einer Person" oder „zum Vorteile einer Person" auferlegt waren, sondern auf Grund und Boden lasteten.

Hinzu kam, daß die untere Beamtenschicht traditionell konservativ gesinnt war. In den meisten Fällen wurden die neuen Rechtsfunktionen wegen Geld- und Personalmangel den alten Behörden übertragen. Wo die französische Gerichtsverfassung eingeführt wurde, gelangte das freiwerdende Personal der alten Patrimonialgerichte an die neuen Friedensgerichte und Tribunale, Justizbeamte also, die kaum daran gewöhnt waren, auch die bäuerlichen Interessen zu berücksichtigen. Da die Gerichte die zahlreichen Streitfälle zwischen Grundherren und Grundholden zu schlichten hatten, hing das Gelingen der Agrarreform auch und nicht zuletzt von einer unparteiischen Justiz ab. Das fortschrittlichste Agrargesetz der Rheinbundzeit, das bergische Septemberdekret von 1811 scheiterte, weil nicht allein die Grundherren, sondern auch die Gerichte seine Bestimmungen nicht beachteten, so daß schließlich alle schwebenden Prozesse von der Regierung annuliert werden mußten.

Im Widerstreit der immer noch ständisch eingebundenen Interessen blieb es einer kleinen Gruppe von Zivilrechtsreformern aus dem aufgeklärten Beamtentum überlassen, die neuen Rechtsvorstellungen des Code publizistisch zu verbreiten, in den Gesetzeskommissionen zu vertreten und so weit wie möglich in die Reformgesetzgebung einzubringen. Die Rivalitäten innerhalb der Bürokratie zwischen Justiz- und Verwaltungsbeamten, die gegensätzlichen Konzeptionen von Brauer und Reitzenstein, Almendingen und Marschall, Feuerbach und Montgelas, trugen dazu bei, daß das gesellschafts- und verfassungspolitische Programm des Code auch in den internen Auseinandersetzungen gegen den „Ministerialdespotismus" und „bürokratischen Absolutismus" ausgespielt wurde. Die programmatischen Schriften Feuerbachs und Almendingens, die Diskussionen auf der Gießener Konferenz, das badische bürgerliche Gesetzbuch, die Entwürfe zu einem bayerischen Zivilgesetzbuch, die bergischen und westphälischen Reformgesetze zeigen nicht nur die Grenzen, sondern auch die Möglichkeiten der Kodifikation.

Was unter den gegebenen Verhältnissen erreichbar war, hat Brauer in Baden durchgesetzt: Das badische Gesetzbuch schuf die Rechtseinheit und beseitigte alle Partikularrechte; es vereinfachte die Besitzrechte und regelte die „Vertragsarten" der Grundleihe und Erbpacht; es verlangte die Eintragung der „Grundrenten" in die Lagerbücher, um die chaotische Vielfalt des Abgabenwesens zu ordnen; es gestattete die Ablösbarkeit der Bodenlasten im Falle der „gütlichen Übereinkunft" der Parteien; es egalisierte das Anerbenrecht und ließ nur noch staatlich genehmigte Majorate zu. Über diese schwachen Reformansätze hinaus, stiftete das Gesetzbuch lediglich potentielles Recht. Während die vielkritisierten „Zusätze" über Zehnten, Gülten, Grundabgaben, Fronden, Lehen, Stammgüter, Patronats- und Patrimonialrechte des Adels nicht viel mehr als eine rechtliche Bestandsaufnahme enthielten, postulierten die unveränderten Originalartikel des Code Napoléon ein in die Zukunft weisendes Programm. Das „Rechtsideal" und die „Vernunftgesetze" des Code wurden prinzipiell anerkannt. Die kontrastierende Gegenüberstellung von „Zusätzen", die überkommenes Recht bewahrten, und Originalartikeln, die zukünftiges Recht vorwegnahmen, deutete an, daß es keineswegs in der Absicht des Gesetzgebers lag, den Status quo festzuschreiben. Aus ähnlichen Erwägungen stellte Almendingen auf der Gießener Konferenz den Plan zur Diskussion, das französische Gesetzbuch ohne „Modifikationen" zu rezipieren, jedoch jene Teile zu „suspendieren", die mit Rücksicht auf die politischen und sozialen Verhältnisse nicht sofort realisierbar waren.

Die Bemühungen der Zivilrechtsreformer liefen darauf hinaus, unter Schonung der bestehenden Agrarverfassung die neuen Rechtsprinzipien allmählich durchzusetzen. Die Grundherrschaft wurde nicht beseitigt, wohl aber einer veränderten Rechtsauffassung zugeordnet. Die feudalen Eigentumstitel verloren ihren Privilegiencharakter und konnten nur aufgrund der zivilrechtlich-vertragsrechtlichen Bestimmungen des Code geltend gemacht werden. An die Stelle des patrimonialen Verhältnisses trat die schuldrechtliche Beziehung des Bauern zum Grundherrn, der seinerseits ein „bürgerliches" Eigentum an kapitalisierten Grundrenten besaß, deren Rechtswirksamkeit von der Inskription in die Hypothekenbücher abhing. Mit dem Besitz verknüpfte politische und soziale Standesvorrechte, auch die Steuerprivilegien, erloschen. Die Patrimonialgerichtsbarkeit wurde der staatlichen Aufsicht unterstellt. Formell und von der juristischen Interpretation her gesehen war so die Rechtsgleichheit konsequenter hergestellt als im Preußen der Reformzeit, wo der Fortbestand der Privilegien damit begründet wurde, daß die rechtliche Gleichheit der Chancen gewahrt sei, weil jeder Bürger ein Rittergut und die mit seinem Besitz verbundenen Vorrechte erwerben könne.

Welche Vorteile die privatrechtliche Auslegung der feudalen Besitzrechte auch den Bauern bot, zeigt das bergische Septemberdekret von 1811. Alle nicht privatrechtlich begründbaren Eigentumsansprüche wurden entschädigungslos aufgehoben: steuerähnliche Einkünfte, gerichtsherrliche Gelder und sonstige vom Adel „usurpierte" Abgaben öffentlich-rechtlichen Charakters, alle Fronden, die nicht auf zeitlich bemessenen „Dienstverträgen" beruhten, Bannrechte, die die wirtschaftliche Betätigungsfreiheit einschränkten. Die ständigen und unständigen Abgaben wurden in eine jährlich zu zahlende und zum zwanzigfachen Betrag ablösbare Grundrente umgewandelt. Sie galt als hypothekarische Schuld, die den Bauern nicht daran hinderte, über Grund und Boden bei Erbteilungen, Kauf-, Tausch- oder sonstigen bürgerlichen Rechtsgeschäften frei zu disponieren. Die ehemaligen Erbpächter, Zeitpächter und Leibeigenen erhielten unterschiedslos das volle und unbeschränkte Besitzrecht: „la propriété pleine et entière". Im Großherzogtum Berg wurde das geteilte Eigentum auf gesetzlichem Wege und mit Berufung auf den Code Napoléon abgeschafft. Die Mißachtung des Septemberdekrets durch die Grundherren bewies allerdings auch, daß eine dem Code adäquate Reform, die weit über das hinausging, was Brauer in Baden erreichte, gegen den Widerstand des Adels nicht durchsetzbar war.

Aus diesem Grunde haben einige Zivilrechtsreformer versucht, die Sozialreform mit der Verfassungsreform zu verbinden. Es galt, die machtpolitischen Absichten des Staates zu kontrollieren und die noch verbliebenen Privilegien mit verfassungsmäßigen Mitteln zurückzudrängen. Die Konstitution, d. h. ein Repräsentativsystem mit Gewaltenteilung, Unabhängigkeit der Justiz und „Teilnahme" der Repräsentanten an der Gesetzgebung, sollte den Schutz der bürgerlichen Freiheitsrechte garantieren. Feuerbach nannte das bürgerliche Zivilrecht einen „Stütz- und Strebepfeiler" für die Reform des öffentlichen Rechts, und Almendingen sah im Code „das Vehikel einer Verfassung". Der Code Napoléon wurde als Gesetzbuch eines konstitutionellen Rechtsstaats interpretiert, dessen Rezeption notwendig eine Assimilation an die französische Staatsverfassung voraussetze. Es entstand ein Reformkonzept, das erstmalig die isolierende Trennung zwischen öffentlichem und privatem Recht, politischen und bürgerlichen Freiheitsrechten überwand. Mit dem Postulat einer gleichförmigen politischen und sozialen Entwicklung in den Mitgliedstaaten des Rheinbundes verfolgten die Anhänger des Code, vor allem die Teilnehmer der Gießener Konferenz und der Mitarbeiterkreis um Winkopps Zeitschrift „Der Rheinische Bund", zugleich ein föderalistisches nationalpolitisches Programm, das an die alte reichspatriotische Tradition anknüpfte und die Losung „Reichsreform durch Rechtsreform" mit den neuen zeitgemäßen Vorstellungen über Sozial- und Verfassungsreform verband.

Almendingen hat die von ihm vertretene Richtung einen „konservatorischen Liberalismus"[3] genannt, eine Begriffsprägung, die zugleich das zwiespältige und doppeldeutige Programm einer Übergangsperiode charakterisiert. Liberal war der Vertretungsgedanke, d. h. die Unterscheidung von Feudalständen und echt repräsentativen Landständen; liberal war die Forderung nach Pressefreiheit, Publizität der Gesetzgebung, Gleichstellung aller Bürger vor dem Gesetz und Unabhängigkeit der Justiz; liberal war die Ablehnung der Feudalrechte und die Ersetzung des feudalen durch einen privatrechtlich-kapitalistischen Eigentumsbegriff. Konservatorisch war die Einschränkung der politischen Rechte der Volksvertretung auf Steuerbewilligung und Gesetzesberatung; konservatorisch war der Gedanke, mit Hilfe einer aufgeklärten Bürokratie die Verhältnisse umzugestalten und die Gesellschaft zu emanzipieren, konservatorisch war die „gouvernementale" Reform. Das Vorbild blieb die napoleonische Staatsverfassung, der die französischen Liberalen gerade vorwarfen, daß sie die politischen Freiheitsrechte weitgehend beschnitt. Aber dieses Programm entsprach, auf Deutschland übertragen, der sozialen Wirklichkeit und einer Gesellschaft, in der ein einflußreicher dritter Stand noch gar nicht existierte. Die Reform der bürgerlichen Verhältnisse sollte die neue Gesellschaft überhaupt erst schaffen. Das Programm war evolutionär, auf lange Sicht hin angelegt, was deutlich macht, wie sehr der Umschwung zur Restauration die Anhänger des Code getroffen haben muß. In der Restaurationszeit ließ sich die Synthese vom Aufgeklärtem Absolutismus und Frühliberalismus nicht mehr verwirklichen. Die nationalkonservative Gegenrichtung, aber auch die norddeutsche Befreiungsideologie, negierten und ignorierten den Einfluß der französischen Revolution und des napoleonischen Zeitalters auf die Geschichte der Reformzeit vor 1815. Die Verbindung zur westeuropäischen politischen Aufklärung zerbrach.

Dennoch ist es kein Zufall, daß die liberale Bewegung des Vormärz in den ehemaligen Rheinbundstaaten und in den Ländern des „rheinischen Rechts" — preußische Rheinprovinz, Rheinbayern und Rheinhessen — entstand. Vor allem der süddeutsche und rheinische Beamten- und „Geheimratsliberalismus"[4] wäre nicht denkbar ohne die Vermittlung jener Ideen, die der Code Napoléon verbreitet hatte. Die Bestrebungen der rheinbündischen Zivilrechtsreformer wurden nach 1814 im Kampf um das „rheinische Recht" fortgesetzt, der zur Ausbreitung rechtsstaatlicher Prinzipien in Deutschland entscheidend beitrug[5]. Der Fortbestand der französischen Rechts- und Gerichtsverfassung am Rhein hielt die allgemeine Erfahrung der Übergangszeit wach: gerade das Nebeneinander zweier Rechtsordnungen in Preußen, Bayern und Hessen ließ die Konfrontation zwischen vor- und nachrevolutionärer Rechts- und Sozialverfassung noch krasser als in der Rheinbundzeit hervortreten[6]. Die Verteidiger des rheinischen Rechts erhoben weiterhin die Forderung nach der Durchsetzung der bürgerlichen und politischen Freiheitsrechte in der Offensive gegen den alten absolutistischen Obrigkeitsstaat. In den Parlamenten von Bayern und Hessen, im politischen Leben des Rheinlandes und schließlich in der Frankfurter Nationalversammlung hat der rheinische Richter, der rheinische Notar und der rheinische Advokat eine führende Position eingenommen. Die rheinbündische Diskussion über den Code Napoléon hat vorbereitend gewirkt und über die Grenzen des Rheinlandes hinaus das Interesse am rheinischen und französischen Recht geweckt. Der bayerische und hessische Justizbeamte wußte, worum es ging, wenn seine rheinischen Kollegen in den Parlamenten von München und Darmstadt für die Vereinheitlichung des Rechts, Öffentlichkeit und Mündlichkeit des Verfahrens, Geschworenengerichte, die Trennung von Justiz und Verwaltung und die Gleichheit vor dem Gesetz eintraten[7]. In Baden zählte nicht zuletzt das „badische Landrecht" zu den liberalen Errungenschaften eines Staates, der dann im Laufe des Vormärz zur Hochburg der liberal-konstitutionellen Bewegung in Deutschland geworden ist. Trotz Savigny und der Gegenrichtung der historischen Rechtsschule wurde auch die wissenschaftliche Beschäftigung mit dem französischen Recht nicht abgebrochen. An den im französischen Rechtsgebiet liegenden Universitäten — in Bonn, Heidelberg und Freiburg — lasen rheinische Juristen über französisches Zivil-, Straf- und Prozeßrecht. Josef Mittermaier und Karl Theodor Welcker veröffentlichten ihre programmatischen Artikel über französische Rechtsanstalten in dem berühmten „Staats-Lexikon" von Rotteck und Welcker, dem Hauptwerk des frühen süd- und westdeutschen Liberalismus[8]. In den juristischen Zeitschriften der Jahrzehnte vor 1848 erschien eine — gemessen am Anteil der französischrechtlichen Gebiete am Deutschen Bund — überraschend große Zahl von Aufsätzen, die sich mit dem rheinischen Recht befaßten[9].

So gesehen hat auch der rheinbündische Reformstaat eine politische und soziale Bewegung entfesselt, die zugleich über ihn hinauswies[10]. Die zentralistische Verwaltungsreform, die bisher als das Kernstück der „absolutistischen" Rheinbundreformen angesehen worden ist, wurde ergänzt durch ein verfassungs-, gesellschafts- und nationalpolitisches Programm, dessen Impulse im vormärzlichen Liberalismus weiterwirkten. Wenngleich die einschneidende Zäsur von 1815 eine geradlinige Entwicklung der deutschen Geschichte im 19. Jahrhundert verhinderte, so hat doch die Rheinbundzeit die Grundlagen für eine Neugestaltung von Staat und Gesellschaft gelegt, die eine enge, auf Preußen konzentrierte Geschichtsschreibung lange Zeit unberechtigt als zukunftslos abgetan hat.

VI. Anhang

1. Abkürzungsverzeichnis

AHGA	= Archiv für hessische Geschichte u. Altertumskunde
CN	= Correspondance de Napoléon Ier
Eng. HR	= English Historical Review
Fs	= Festschrift
GLA	= Generallandesarchiv Karlsruhe
Grht.	= Großherzogtum
GStA	= Bayerisches Hauptstaatsarchiv, Abt. II, Geheimes Staatsarchiv, München
GWU	= Geschichte in Wissenschaft u. Unterricht
HStA München	= Bayerisches Hauptstaatsarchiv, Abt. I, Allgemeines Staatsarchiv
HV	= Historische Vierteljahresschrift
HZ	= Historische Zeitschrift
Nass. Ann.	= Nassauische Annalen
PJ	= Preußische Jahrbücher
RH	= Revue Historique
RHMC	= Revue d'histoire moderne et contemporaine
StA Würzburg MRA L	= Staatsarchiv Würzburg, Mainzer Regierungsarchiv Lade
VSWG	= Vierteljahresschrift für Sozial- u. Wirtschaftsgeschichte
ZBL	= Zeitschrift für bayerische Landesgeschichte
ZGO	= Zeitschrift für die Geschichte des Oberrheins
ZRG GA	= Zeitschrift der Savigny-Stiftung für Rechtsgeschichte, Germanische Abteilung

2. Anmerkungen

Anmerkungen zu Seite 9—10

1.

[1] Es gibt lediglich einige ältere Spezialdarstellungen über die Rezeption in Baden. Vgl. vor allem: W. Andreas, Die Einführung des Code Napoléon in Baden, ZRG GA 31. 1910, 182 ff.; außerdem: C. Barazetti, Einführung in das französische Civilrecht (Code Napoléon) u. das Badische Landrecht (sowie in das Rheinische Recht überhaupt), Heidelberg ²1894; J. Federer, Beiträge zur Geschichte des Badischen Landrechts, in: Baden im 19. und 20. Jahrhundert, I, Karlsruhe 1948, 82 ff. Vgl. die unten 160 Anm. 44 angegebene juristische Literatur.

[2] Vgl. besonders die bekannte Kontroverse zwischen Max Lehmann (Freiherr vom Stein, 3 Bde, Leipzig 1902/05; ders., Die preußische Reform u. die französische Revolution, PJ 132. 1908, 211 ff.) und E. v. Meier (Die Reform der Verwaltungsorganisation unter Stein u. Hardenberg, München ²1912; ders., Französische Einflüsse auf die Staats- und Rechtsentwicklung Preußens im 19. Jahrhundert, 2 Bde, Leipzig 1907/08). Die These Meiers von der Eigenständigkeit der preußischen Reformen wirkt nach in der berühmten Steinbiographie von Gerhard Ritter (Stein, Stuttgart ³1958) und in der Verfassungsgeschichte Ernst Rudolf Hubers (Deutsche Verfassungsgeschichte seit 1789, I, Stuttgart 1957, 95 ff.). Das Gebhardtsche „Handbuch der deutschen Geschichte" vermerkt, daß von Ritter die „Unhaltbarkeit" der Auffassung Lehmanns erwiesen wurde (III, Stuttgart ⁹1970, 73). Dagegen hat die französische Forschung den Einfluß der französischen Revolution auf die preußischen Reformen betont: G. Cavaignac, La formation de la Prusse contemporaine, 2 Bde, Paris 1891/98; Ch. Lesage, Napoléon Iᵉʳ, Créancier de la Prusse, Paris 1924; H. Brunschwig, La crise de l'Etat prussien à la fin du XVIIIᵉ siècle, Paris 1947. In seiner Geschichte der deutschen Selbstverwaltung hat Heffter kritisch auf „die merkwürdige Art" der deutschen Geschichtsschreibung hingewiesen, „den geistigen Gegensatz zum demokratischen Frankreich am schärfsten zu betonen, dagegen England als germanisch-verwandt und sogar als vorbildlich gelten zu lassen". (H. Heffter, Die deutsche Selbstverwaltung im 19. Jahrhundert, Stuttgart 1950, 6, vgl. auch 81 ff.)

[3] So L. Häusser, Deutsche Geschichte vom Tode Friedrichs des Großen bis zur Gründung des deutschen Bundes, II, Berlin ³1862, 697 u. 699.

[4] H. v. Treitschke, Deutsche Geschichte im 19. Jahrhundert, I, Leipzig 1879, 238 u. 356.

[5] Vgl. besonders: E. Hölzle, Das napoleonische Staatensystem in Deutschland, HZ 148. 1933, 277—93; F. Schnabel, Deutsche Geschichte im 19. Jahrhundert, I, Freiburg ⁵1959, 132 ff., und K. v. Raumer, Deutschland um 1800. Krise u. Neugestaltung. 1789—1815, in: Handbuch der deutschen Geschichte, Hg. L. Just, III, Abschn. 1, Teil 3, Konstanz (1965), 265—350; ders., Zur Beurteilung der Preußischen Reformen, GWU 18. 1967, bes. 347.

[6] Hölzle, 278 u. 287; Schnabel, 147; Huber, 90 f.; Gebhardt, III, 53; H. O. Sieburg, Die Auswirkung des napoleonischen Herrschaftssystems auf die Verfassungsentwicklung in Deutschland, in: ders. Hg., Napoleon u. Europa, Köln 1971, 204 u. passim. Vor allem ist es üblich, von einem „Staatsabsolutismus" in Bayern zu sprechen: Vgl. L. Doeberl, Maximilian v. Montgelas u. das Prinzip der Staatssouveränität, München 1925. Auch der jüngst erschienene erste Band der Montgelasbiographie von Eberhard Weis vermerkt in der Einleitung: „Die Reformen in Süddeutschland waren stark von Frankreich beeinflußt. Aber in keinem Fall stellen sie eine bloße Kopie der französischen Vorbilder dar." Weis definiert Montgelas' Herrschaftssystem als „rechtsstaatlich begrenzten Staatsabsolutismus". (E. Weis, Montgelas, 1759—1799. Zwischen Reform u. Revolution, München 1971, 310.) Vom marxistischen wissenschaftstheoretischen Ansatz aus kommt die

DDR-Historie zu dem Schluß, daß die Rheinbundreformen nur „Institutionen des Überbaus", vor allem der Staatsverwaltung, des Justiz- und Steuerwesens berührt hätten. (H. Heitzer, Der Rheinbund — Kern des napoleonischen Unterdrückungssystems in Deutschland, in: Der Befreiungskrieg 1813, Berlin 1967, 87 f.)

[7] Huber, 90.

[8] Hölzle, 287.

[9] Vor allem Fritz Hartung hat darauf hingewiesen, daß das Herrschaftssystem des Aufgeklärten Absolutismus immer noch in eine ständische Gesellschaftsordnung und das merkantilistische Wirtschaftssystem eingebunden blieb. Nicht die soziale, sondern die politische Egalisierungstendenz ist charakteristisch für das absolutistische Regime (F. Hartung, Die Epochen der absoluten Monarchie in der neueren Geschichte, HZ 145. 1932, 46—52; R. Mousnier u. F. Hartung, Quelques problèmes concernant la monarchie absolue, in: 10. Internationaler Historikerkongreß, Rom, IV, 1955). Der französische Begriff „despotisme éclairé" ist weiter gefaßt. Er meint bereits das Verfassungsmodell Voltaires, Diderots und Turgots nach dem Prinzip: „Le roi règne et la loi gouverne." (Vgl. etwa: J. Touchard, Histoire des idées politiques, II, ^{5}1970, 418 ff.) Der despotisme éclairé war zugleich verknüpft mit den physiokratischen Ideen. Es ist sehr bezeichnend, daß Lefebvre in Napoleon sowohl den „letzten und erlauchtesten Vertreter" des „despotisme éclairé" und den „Mann der Revolution" sehen kann: „Soldat parvenu, élève des philosophes, il a détesté féodalité, l'inégalité civile, l'intolérance religieuse; voyant dans le despotisme éclairé une conciliation de l'autorité et de la réforme politique et sociale, il s'en est fait le dernier et le plus illustre des représentants; en ce sens, il fut l'homme de la Révolution." (G. Lefebvre, Napoléon, Paris ^{6}1969, 71.)

[10] Hierzu vor allem: R. Koselleck, Preußen zwischen Reform u. Revolution. Allgemeines Landrecht, Verwaltung u. soziale Bewegung, Stuttgart 1967, 23 ff.

[11] Vgl. hierzu: G. Birtsch, Zum konstitutionellen Charakter des preußischen Allgemeinen Landrechts, in: Fs. T. Schieder, München 1968, 97 ff.

[12] Häusser nannte den Rheinbund eine „große Napoleonische Präfektur". Raumer hat nachgewiesen, daß der Ausdruck „préfecture française" bereits von den Zeitgenossen zur Beurteilung der napoleonischen Rheinbundpolitik verwendet wurde. (K. v. Raumer, „Préfecture Française". Montgelas u. die Beurteilung der napoleonischen Rheinbundpolitik, in: Fs. M. Braubach, Münster 1964, 635—61.)

[13] Vgl. hierzu das Forschungsprogramm, das von der vergleichenden Sozialwissenschaft im Hinblick auf die Probleme der Entwicklungsländer konzipiert worden ist: St. Rokkan, Vergleichende Sozialwissenschaft, hg. v. d. Unesco, Frankfurt 1972, 29 ff.

[14] Vgl. das Schema Rokkans (Verteilungskrise, Penetrationskrise, Identitätskrise, politische Mitwirkungskrise), ebd., 60 f.

[15] Die neueste Untersuchung über den französischen Majoratsadel im Königreich Westphalen erschien nach Abschluß des Manuskripts der vorliegenden Arbeit: H. Berding, Napoleonische Herrschafts- und Gesellschaftspolitik im Königreich Westfalen 1807—1813, Göttingen 1973. Berding analysiert eingehend die konservative Herrschafts- und Gesellschaftspolitik der napoleonischen Landschenkungen und ihre Folgen für die Agrarreformen. Die Ergebnisse der Arbeit werden so weit wie möglich noch im Anmerkungsapparat berücksichtigt. Eine Habilitationsschrift über die Stellung des westphälischen Adels und seine Einstellung zu den napoleonischen Reformen wird vorbereitet: M. Bullik, Sozialstrukturen und sozialer Wandel im Königreich Westfalen, phil. Habil., München.

[16] Vgl. vor allem die in der Reihe „Quellen und Forschungen zur Agrargeschichte" (Hg. F. Lütge u. a.) erschienenen Arbeiten: D. Saalfeld, Bauernwirtschaft u. Gutsbetriebe in der vorindustriellen Zeit, Stuttgart 1960; E. Schremmer, Die Bauernbefreiung in Hohenlohe, ebd. 1963; H. Winkel, Die Ablösungskapitalien aus der Bauernbefreiung

in West- u. Süddeutschland. Höhe u. Verwendung bei Standes- und Grundherren, ebd. 1968; F. W. Henning, Dienste u. Abgaben der Bauern im 18. Jahrhundert, ebd. 1969.

[17] Auch in der Spezialuntersuchung von Marcel Dunan (Napoléon et l'Allemagne. Le Système Continental et les débuts du royaume de Bavière 1806—1810, Paris 1942) fehlen genaue Angaben über die Folgen der Kontinentalsperre für die Landwirtschaft.

[18] Die Lücke füllte eine zwar für unsere Fragestellung wenig ergiebige aber materialreiche juristische Dissertation: T. Chroust, Die Einführung des Code Napoléon im Großherzogtum Würzburg, Diss. Erlangen 1929.

[19] Nach freundlicher Auskunft des Württembergischen Hauptstaatsarchivs Stuttgart.

[20] Rezipiert wurde der Code von Westphalen, Berg, Frankfurt, Baden und den Kleinstaaten Aremberg und Anhalt-Koethen. Seine Einführung wurde vorbereitet in Bayern, Hessen-Darmstadt, Nassau, Würzburg, Waldeck und Lippe-Detmold.

II.

[1] An Champagny, 31. Okt. 1807: „Je désire que vous écriviez également à M. Otto à Munich, à mes chargés d'affaires près le Prince Primat et les Grands-Ducs de Hesse-Darmstadt et de Bade pour leur prescrire de faire des insinuations légères et non écrites pour que le Code Napoléon soit adopté comme loi civile de leurs Etats en supprimant toutes les coutumes et se bornant au seul Code Napoléon." (CN, XVI, 126.)

[2] Eine Monographie des Rheinbundes fehlt bisher. Theodor Bitteraufs Gesamtdarstellung reicht nur bis zur Gründung des Rheinbundes (Geschichte des Rheinbundes, I: Die Gründung des Rheinbundes u. der Untergang des alten Reiches, München 1905). Zur Rheinbundpolitik Napoleons vgl. die im Kap. I., Anm. 5—9 zitierten Darstellungen von Hölzle, Schnabel, Raumer, Huber, Heitzer, Lefebvre sowie besonders die von Sieburg herausgegebene Aufsatzsammlung: Napoleon und Europa. Ferner die Aufsatzsammlungen in: Napoléon et l'Europe, Hg. Commission Internationale pour l'Enseignement de l'Histoire, Paris 1961 und: Napoleon I. u. die Staatenwelt seiner Zeit, Hg. W. v. Groote, Freiburg 1968, hier besonders der Beitrag von R. Wohlfeil, Napoleonische Modellstaaten, 33 ff. Guter Überblick: O. Connelly, Napoleon's Satellite Kingdoms, New York 1965.

[2a] Raumer, Deutschland, 271.

[3] Hölzle, 278.

[4] Zum Widerstand Bayerns und Württembergs: M. Doeberl, Rheinbundverfassung u. bayerische Konstitution, in: Sitzungsber. d. Bayer. Akademie d. Wiss. Philos.-philolog. u. hist. Kl. 5. Abh., München 1924, 1—92; E. Hölzle, Württemberg im Zeitalter Napoleons u. der deutschen Erhebung, Stuttgart 1937; Raumer, „Préfecture française", 635 ff. Weniger bekannt und bei Hölzle gar nicht erwähnt ist der Widerstand Badens. Wie Montgelas entwickelte auch Reitzenstein eigene Richtlinien für ein Fundamentalstatut, die den Ausbauplänen des Kaisers widersprachen. Hierüber und über den von Reitzenstein mit anderen süddeutschen Gesandten ausgearbeiteten Pariser Entwurf: H. Ebling, Die hessische Politik in der Rheinbundzeit 1806—1813, AHGA NF 24. 1952/53, 217 f. Der Entwurf vom 5. August 1806 enthielt vor allem eine Aufzählung der — sehr eng beschnittenen — Kompetenzen des Frankfurter Bundestages, vgl. GLA 48/57.

[5] R. Wohlfeil, Untersuchungen zur Geschichte des Rheinbundes 1806—1813. Das Verhältnis Dalbergs zu Napoleon, ZGO 108. 1960, 85 ff., bes. 95 ff.

[6] Ebd., 96 f. Vgl. auch die Zusammenstellung der Dalbergbibliographie, ebd., 87 Anm. 3. Wichtig: H. Becher, Der deutsche Primas, Kolmar 1943, u. K. Frhr. v. Beaulieu-Marconnay, Karl v. Dalberg u. seine Zeit, 2 Bde, Weimar 1879. Zum Bundesstatutsentwurf auch die ältere Arbeit: K. Beck, Zur Verfassungsgeschichte des Rheinbundes, Mainz 1890. Über die Kontinuitätsvorstellungen des Dalbergkreises vgl. bes. die Aufsätze in

Winkopps Zeitschrift: Der Rheinische Bund, z. B. W. J. Behr, Das teutsche Reich u. der rheinische Bund. Eine politisch-publizistische Parallele, 6, 418 ff. und der anonyme, wohl von Winkopp verfaßte Aufsatz: Gedanken über das künftige Fundamentalstatut des rheinischen Bundes, 3, 451 ff.; vgl. E. Ziehen, Winkopps „Rheinischer Bund" (1806—1813) u. der Reichsgedanke, AHGA NF 18. 1934, 292—326; M. Bernath, Napoleon u. der Rheinbund im Spiegel der Zeit, in: Neue Mitteilungsblätter des Rheinischen Kulturinstituts, Mainz 1953, H. 2, 1—25, bes. 4—7.

[7] Wohlfeil, Untersuchungen, 102 ff.

[8] Huber, 83.

[9] Besonders zahlreich waren Napoleons Interventionen in die badische Innenpolitik. Vgl. W. Andreas, Geschichte der badischen Verwaltungsorganisation u. Verfassung in den Jahren 1802—1818, I: Der Aufbau des Staates im Zusammenhang der allgemeinen Politik, Leipzig 1913, 97 ff., 106, 289 f. u. passim. Am wenigsten hat sich Napoleon in das von König Friedrich absolutistisch regierte Württemberg eingemischt. Hölzle, Staatensystem, 285.

[10] Doeberl, Rheinbundverfassung, 23 ff.

[11] CN, XVI, 196 f.; Wohlfeil, Modellstaaten, 48 f.

[12] Beste Interpretation der Ideen des Code bei: Schnabel, Geschichte, I, 137 ff.

[13] Aux Français, 15. Dez. 1799, CN, VI, 25.

[14] Lefebvre, Napoléon, 141 ff.

[15] Zum Art. 27 der Rheinbundakte siehe unten 158, Anm. 30. Auf die Paradoxie des Bündnisses „der französischen Großbourgeoisie", als deren Repräsentant Napoleon angesehen wird, mit den deutschen Fürsten hat vor allem die marxistische Geschichtsschreibung aufmerksam gemacht, allerdings ganz im Sinne einer dogmatisch verengten Geschichtskonzeption, die vor allem die marxistisch-leninistische Lehre von der wachsenden Macht der Volksmassen in der Geschichte nachzuweisen sucht: „Im gleichen Maße jedoch, in dem die französische Großbourgeoisie ihre Klassenherrschaft im Innern stabilisierte und an den Fronten militärische Siege errang, entzog sie den Volksbewegungen in den anderen Ländern, darunter den revolutionären und republikanischen Bewegungen in West- und Südwestdeutschland, die ohnehin nur halb und inkonsequent gewährte Unterstützung. Gleichzeitig sah sie sich nach anderen Verbündeten um, die geeignet schienen, die von außen drohende Gefahr zu paralysieren, ohne daß ein Appell an die Massen notwendig war. In Deutschland waren die Fürsten geeignet, solche Verbündete abzugeben." (H. Heitzer, Insurrektionen zwischen Weser u. Elbe, Berlin 1967, 32.)

[16] G. Beyerhaus, Das napoleonische Europa, Breslau 1941, 23.

[17] J. E. de Las Cases, Mémorial de Sainte-Hélène, III, Paris 1823, 298 u. IV, 152 f. u. 297.

[18] 13. Nov. 1807, CN, XVI, 161.

[19] Vgl. hierzu Huber, 84.

[20] Beide Reden sind in der deutschen zeitgenössischen Zivilrechtsliteratur immer wieder zitiert worden, vgl. L. Harscher v. Almendingen, Ansichten über die Bedingungen u. Voraussetzungen der Einführung des Kodex Napoleon in den Staaten des Rheinbundes, in: Allgemeine Bibliothek für Staatskunst, Rechtswissenschaft u. Critik, hg. v. den angesehensten Gelehrten Deutschlands, I, H. 2, Gießen 1808, 82 f.

[21] Alleruntertänigster Einleitungsvortrag das bürgerliche Gesetzbuch für das Königreich Bayern oder die Frage betreffend: Was ist Bayerns Absicht bei seiner neuen Gesetzgebung? 8. Nov. 1809, GStA MA 99501. Teildruck: Anselm Ritter v. Feuerbachs Leben und Wirken, Hg. L. Feuerbach, I, Leipzig 1852, 162 ff.; die zitierte Stelle ebd., 163 f. Auf diesen Vortrag hat zum ersten Mal M. Doeberl hingewiesen. (Rheinbundverfassung, 24.) Feuerbachs Interpretation des Rheinbundes als „wahres Staatensystem, das zugleich innerlich verknüpft ist", ist dann in der Rheinbundforschung immer wieder

angeführt worden (z. B. bei Hölzle, Staatensystem, 278), aber ohne Zusammenhang mit dem Kontext oft als Beispiel für die Napoleonbewunderung der Utopisten, was auch schon bei Doeberl anklang. Vgl. etwa: Bernath, 17. Zum Einleitungsvortrag, siehe weiter unten 139 ff.

[22] Vgl. die Voten Zentners und Törrings vom Dezember 1809 gegen den Einleitungsvortrag, HStA München, Staatsrat 191.

[23] Nachträge des Geheimen Rats Feuerbach zu seinem Vortrag, 14. Dez. 1809, HStA München, Staatsrat 191.

[24] Typisches Beispiel: die anonyme, dem Fürstprimas gewidmete Aschaffenburger Flugschrift von 1809: „Blick auf den Code Napoléon in Deutschland", die von dem europäischen Gesetzbuch Napoleons die Erfüllung des Traums des Abbé St. Pierre vom ewigen Frieden erwartet. Die Aschaffenburger Gesetzeskommission legte die Flugschrift ohne Kommentar zu den Akten. GStA MA 70024.

[25] Stellungnahme Brauers zum Fundamentalstatut, 24. Juli 1806, GLA 48/57; vgl. Andreas, Einführung, 193 f.

[26] Gutachten, die Einführung des Code Napoléon betreffend vom 29. Febr. 1808, GLA 234, 10045.

[27] 1. Bericht Almendingens an das Staatsministerium 6. Jan. 1808, HStA Wiesbaden 151/828 e—h.

[28] Die beiden ersten Pläne behandeln die staatsrechtliche Stellung der süddeutschen Fürsten und die territoriale Verteilung der vorderösterreichischen Lande. Der Kern der späteren Rheinbundakte vom 12. Juli 1806 — Art. 1 (Ewige Trennung vom Reich), Art. 2 (Unabhängigkeit von den Reichsgesetzen), Art. 35 (militärische Allianz mit Frankreich) — ist bereits in den Novemberprojekten bis zu wörtlichen Übereinstimmungen enthalten. R. v. Oer, Der Friede von Preßburg, Münster 1965, 50 ff.; die beiden ersten Projekte über den Rheinbund wurden schon von K. Obser veröffentlicht, allerdings, worauf v. Oer aufmerksam gemacht hat, um ein Jahr zu spät datiert. K. Obser, Politische Correspondenz Karl Friedrichs v. Baden, V, Heidelberg 1901, 378 ff.

[29] Das dritte Projekt wurde von v. Oer kommentiert herausgegeben: Talleyrand u. die gesellschaftliche Neuordnung des Empire, Tijdschrift voor Rechtsgeschiedenis 36. 1968, 401 ff., in der Beilage: Projekt eines Dekrets über die Neukonstituierung eines erblichen Adels vom 26. November 1805, 425—28.

[30] Vgl. Artikel 27 der Rheinbundakte: „Les Princes ou Comtes actuellement regnans conserveront chacun comme propriété patrimoniale et privée tous les domaines sans exception qu'Ils possèdent maintenant, ainsi que tous les droits seigneuriaux et féodaux nonessentiellement inhérens à la souveraineté, et notamment les droits de basse et moyenne jurisdiction, en matière civile et criminelle, de jurisdiction et de police forestière, de chasse, de pêche, de mines, d'usines, de dîmes et prestations féodales, de patronage et autres semblables et les revenus provenans des dits domaines et droits. Leurs domaines et biens seront assimilés quant à l'impôt aux domaines et biens des princes de la maison sous la souveraineté de laquelle ils doivent passer en vertu du présent traité; ou, si aucun des princes de la dite maison, ne possédait d'immeubles, aux domaines et biens de classe la plus privilégiée. Ne pourront lesdits domaines et droits être vendus à un souverain étranger à la confédération, ni autrement aliénés, sans avoir été préalablement offerts au prince sous la souveraineté duquel ils sont placés." (Huber, Dokumente zur deutschen Verfassungsgeschichte, I, 30.)

[31] Zu den Dotations-Domänen vgl. unten 21 f.; 53 f.; 101.

[32] Vgl. Montesquieu, De l'Esprit des lois, liv. 2, chap. 4: „Le pouvoir intermédiaire subordonné le plus naturel est celui de la noblesse. Elle entre en quelque façon dans l'essence de la monarchie, dont la maxime fondamentale est: point de monarque, point de noblesse; point de noblesse, point de monarque. Mais on a un despote."

33 „Il me fallait une aristocratie ... c'est le vrai, le seul soutien d'une monarchie, son modérateur, son levier, son point résistant ..." (Zit. nach Oer, 410.)

34 Talleyrand schlug drei in direkter männlicher Linie erbliche Klassen vor: ducs, chevaliers und écuyers. (Oer, 411.) Die Statuten vom März 1808 errichteten später 4 Adelsklassen: Herzöge, Grafen, Barone und Ritter.

34a D. Geyer, „Gesellschaft" als staatliche Veranstaltung. Bemerkungen zur Sozialgeschichte der russischen Staatsverwaltung im 18. Jahrhundert, Jahrbücher für die Geschichte Osteuropas 14, 1966, 21 ff.

35 „Ce que j'ai inséré dans le troisième (projet) relativement aux membres de l'ordre de la noblesse à l'assemblée constituante m'a paru nécessaire pour empêcher qu'il n'y eût en France deux noblesses, l'une créée par les lois, l'autre reconnue par l'opinion. Je me suis assuré que tout ce qu'il y avait anciennement de grands noms en France se retrouve parmi les membres de l'ordre de la noblesse à l'assemblée constituante." (P. Bertrand, Lettres inédites de Talleyrand à Napoléon, Paris ²1889, 195 f.; zit. bei Oer, 416.)

36 Talleyrand hat den Zusammenhang selbst hervorgehoben: „les trois projets forment un tout et demandent conséquemment à être lus de suite." (An Napoleon, Wien 27. Nov. 1805, Bertrand, 198.) Zu den beiden anderen Projekten siehe Anm. 28.

37 M. Senkowska-Gluck: Les donataires de Napoléon, in: La France à l'Epoque napoléonienne, RHMC 17. 1970, 680—93. A. Fournier, Napoleon I., II, Leipzig ⁴1922, 118 u. 205 f.; Berding, 53 ff.

38 Senkowska-Gluck, 682.

39 Nach den Verfügungen des Artikels 2 der Konstitution und nach der Berliner Konvention vom 22. April 1808. Nach dem Generaletat für 1809 belief sich die Gesamtsumme aller Dotationen im Grand Empire auf 15 165 000 Francs, verteilt auf 4035 Donatare. Senkowska-Gluck, 683; Berding, 65 f. mit Hinweis auf die Schwierigkeit der statistischen Auswertung der Dotationsverzeichnisse. Zu den langwierigen Verhandlungen über die Berliner Konvention und den französisch-westphälischen Streit um den Anteil des Kaisers an den westphälischen Domänen, ebd., 31 ff.

40 Bericht an den König über die Verwaltung der direkten Steuern während des Rechnungsjahres 1808 im Königreich Westphalen. Veröffentlicht in Winkopps Zeitschrift „Der Rheinische Bund" 16, 414 ff. Die Gesamteinnahmen beliefen sich etwa auf 35 Mill. Francs.

41 Talleyrand an d'Hauterive, 27. Okt. 1805; Talleyrand, nach wie vor ein Verteidiger der Politik der natürlichen Grenzen, war ein Gegner der Landschenkungen außerhalb Frankreichs. (Oer, Talleyrand, 405 f.)

42 Senkowska-Gluck, 685 f., 693.

43 Gutachten und Vorschläge zur gesetzlichen Vorschrift und Instruktion über die praktische Anwendung des Code Napoleon in den Fürstl. primatischen Staaten, auf höchsten Befehl gefertigt von Director von Mulzer (Okt. 1809), StA Würzburg, MRA L 1637. Auch der bayerische Minister Montgelas berief sich bei der Verteidigung von Majoraten auf Napoleon: In der französischen Revolution seien zwar die Adelsgüter vernichtet worden, „allein bei der aus der Revolution hervorgegangenen gemäßigten Monarchie habe man die Lücke in der Stufenordnung wahrgenommen, und der Kaiser Napoleon habe einen neuen Adel errichtet, der zwar noch von dem alten unterschieden, indem er gar keine Privilegien besitze ..." (Staatsratsprotokoll v. 20. Sept. 1810, HStA München, Staatsrat 193.)

Ebenso der nassauische Minister Gagern: „Auch das Lehenrecht wird nicht verworfen, da wir Feuda behalten." Auch Napoleon habe die Politik zu „Belehnungen" zurückgeführt. (Untertänigster Bericht, die Gesetzgebung betr., 22. Jan. 1808, HStA Wiesbaden 151/828a.)

⁴⁴ Eine historisch-politische Monographie über den Code Napoléon fehlt auch in der französischen Literatur. Beste rechtsgeschichtliche Darstellung: M. Garaud, Histoire générale du droit privé français (de 1789 à 1804), 2 Bde, Paris 1953/59, ebd. weitere Literatur. Wichtigste ältere Darstellung: Ph. Sagnac, La législation civile de la Révolution française, Paris 1898. Immer noch grundlegend: Le Code civil 1804—1904, Livre du centenaire, publié par la Société d'études législatives, 2 Bde, Paris 1904. Für die deutsche zivilrechtliche Literatur vgl. besonders: F. Wieacker, Privatrechtsgeschichte der Neuzeit, Göttingen ²1967, ebd. weitere Literatur, und G. Wesenberg: Neuere deutsche Privatrechtsgeschichte, Lahr/Schwarzw. ²1969. Gute Zusammenfassung: G. Boehmer, Der Einfluß des Code civil auf die Rechtsentwicklung in Deutschland, Archiv f. civilistische Praxis 151. 1950/51, 289 ff. Grundlegend und materialreich J. W. Hedemann, Die Fortschritte des Zivilrechts im 19. Jahrhundert, 3 Bde, Berlin 1910/35 (Neudruck Frankfurt 1968).

⁴⁵ Lefebvre, Napoléon, 142.

⁴⁶ Grundsatz, mit dem die Generaldebatte über das Hypothekenwesen schloß. (Locré, La législation civile, commerciale et criminelle de la France etc., XVI, Paris 1829, 95 ff.)

⁴⁷ Ebd., 191. Vgl. zur Hypothekendebatte Hedemann, 79 ff.

⁴⁸ Locré, XVI, 138 f.

⁴⁹ „La terre, à cette époque, prend une espèce de personnalité: c'est elle qui classe son possesseur et fixe sa hiérarchie sociale. Elle a donc une tout autre importance que le bien mobilier." (B. Terrat, Du régime de la propriété dans le Code civil, in: Le Code civil, 339 f.) Das Gesetzbuch der Bourgeoisie, „le Code de l'individualisme bourgeois et capitaliste" (nach E. Picard, L'évolution historique du droit civil, Paris 1898, 68) blieb daher zugleich das Gesetzbuch eines agrarisch strukturierten Landes: „La loi d'un pays agricole où la propriété est morcelée." (Nach A. Sorel, Introduction, in: Le Code civil, XXX.) Ähnlich: J. Tulard, Problèmes sociaux de la France napoléonienne, RHMC 17. 1970, 640. Das Festhalten am Grundbesitzkriterium widerspricht der These Lefebvres, der Code Napoléon habe die Bourgeoisie „erzeugt" und zur Macht gebracht, so daß die napoleonische Sozialpolitik bereits die Grundlage zur Julimonarchie gelegt habe. (Lefebvre, Napoléon, 143 ff.)

⁵⁰ Art. 544 des Code.

⁵¹ Hervorhebung v. Vf. Beide Artikel sind später oft kritisiert worden. Vgl. Lefebvre, 144; A. Boisel, Le Code civil et la philosophie du droit, in: Le Code civil, 48. Vgl. auch ebd. Terrat, 329 ff.

⁵² Locré, VIII, 169.

⁵³ Ebd., 152.

⁵⁴ Hedemann, II/1, 123.

⁵⁵ Artikel 723 des Code Napoléon.

⁵⁶ Hedemann, II/1, 75. Vgl. zur Erbrechtsdebatte, ebd. 82 ff. und Terrat, 337 ff.

⁵⁷ Locré, XI, 155 u. 159.

⁵⁸ Locré, I, 314. (Hervorhebung v. Vf.)

⁵⁹ CN, XII, 432 f.

⁶⁰ Im bayerischen Edikt über Majorate v. 22. Dez. 1811 war das Minimum auf einen Reinertrag von 4000 Gulden jährlich berechnet, im westphälischen Dekret vom 4. Sept. 1811 auf 3000 Franken. Der Betrag war sehr hoch veranschlagt.

⁶¹ Schon vor 1789 besaß das Bürgertum in Frankreich ca. 30 % aller Güter in Eigenbewirtschaftung. Bei den sehr belastenden Pachtbedingungen stammten oft auch die Grundholden aus dem kapitalkräftigen Bürgertum. In Deutschland spielte der Bürger als Grundherr gar keine, als Grundholde nur eine sehr geringe Rolle. E. Weis, Ergebnisse eines Vergleichs der grundherrschaftlichen Strukturen Deutschlands und Frankreichs

vom 13. bis zum Ausgang des 18. Jahrhunderts, VSWG 57. 1970, 10 f. Hierzu auch unten 80.

[62] Lefebvre, 73, 153.

[62a] CN, XX, 269, vgl. Hölzle, Staatensystem, 283 f.

[63] Erkundigung der großherzogl. hessischen Regierung durch die Pariser Gesandtschaft; darüber Lichtenberg an Almendingen: Das Resultat gehe dahin, „daß der Kaiser, auch was die Einführung seines Code betrifft, sich nicht in das Innere der Administration in den rh. Bundesstaaten mischen wolle". (4. Mai 1810, HStA Wiesbaden 151/828a.) Ähnlich ein Schreiben aus Darmstadt an Gagern v. 1. Okt. 1812: Napoleon habe auf eine Anfrage Sachsens geantwortet, die deutschen Fürsten täten vorerst gut daran, „wenn sie es beim Alten ließen ..., weil er selbst schon bemerkt zu haben glaube, daß die Einrichtung Frankreichs sich nicht so ganz für Teutschland schicke". (HStA Wiesbaden 210/2942.)

[64] Das Edikt über die Einführung des Code Napoléon in den Herzoglich Arembergischen Staaten war in Paris von dem Prokurator des Pariser Kassations-Gerichtshofes Daniels entworfen worden. (Vgl. Der Rheinische Bund 16, 93.) Das Einführungspatent für Anhalt-Köthen begann mit den devoten Worten: „Die Weisheit Unsers erhabensten Protektors, Sr. Majestät des Kaisers von Frankreich und Königs von Italien, Napoleon des Großen, als Gesetzgebers hat nicht weniger die Bewunderung der Welt erregt, als Seine glorreichen Taten Ihn der spätesten Nachwelt, als Helden, in einer unerreichbaren Größe darstellen werden..." (30. Juli 1808; Der Rheinische Bund 8, 108.)

[65] Hessen-Darmstadt legte im Edikt vom 1. August 1808, das die Einführung des Code ankündigte, keinen Termin fest. Zur Verzögerung der Rezeption vgl. Anm. 63 und unten 127.

[66] In Nassau war zunächst als Einführungstermin der 1. Juli 1809 vorgesehen (Almendingen an das Staatsministerium, 19. Jan. 1809, HStA Wiesbaden 151/828d). Das Landesherrliche Edikt vom 4. Februar 1811 verschob die Einführung auf den 1. Januar 1812, das Edikt vom 15. Dezember 1812 auf den 1. Januar 1813.

[67] In Würzburg wurden zunächst nur Vorlesungen an der Universität angeordnet. Erst 1812 entschied man sich für die Einführung, deren Termin auf den 1. April 1813 festgesetzt wurde. (Chroust, 36 ff.)

[68] Vgl. unten 143 f. Feuerbach, der Vorsitzende der bayerischen Gesetzeskommission, begründete das Scheitern der Zivilgesetzgebung damit, „daß die Politik im Verhältnis gegen Frankreich eine andere Wendung genommen" habe. (G. Radbruch, Paul Johann Anselm Feuerbach, Göttingen ³1957, 79.)

[69] Vom Beruf unserer Zeit für Gesetzgebung u. Rechtswissenschaft, in: J. Stern Hg., Thibaut u. Savigny. Ein programmatischer Rechtsstreit auf Grund ihrer Schriften, Darmstadt 1959, 104.

III. 1

[1] Vgl. oben 13; E. Hölzle, Württemberg im Zeitalter Napoleons u. der deutschen Erhebung, Stuttgart 1937.

[2] Verordnung vom 9. Aug. 1808. Vgl. hierzu Bericht Almendingens vom 14. Sept. 1808, HStA Wiesbaden 210/2942.

[3] W. Kloppenburg, Der Rheinbund vom 12. Juli 1806 u. das Fürstentum Waldeck, Geschichtsblätter für Waldeck 46. 1954, 21 ff. Die Kommission wurde nach längeren Diskussionen im Geheimen Rat des Fürsten erst 1811 eingesetzt. Als Termin für die Einführung war der 1. Juli 1813 vorgesehen.

[4] Ziehen, 292—326.

[5] F. Ruof, Johann Wilhelm Archenholtz, Berlin 1915.

[6] Einführungspatente, Staatsratsgutachten, Gesetzestexte etc. wurden vor allem im „Rheinischen Bund" publiziert und über die Ländergrenzen der einzelnen Bundesstaaten hinweg einem breiteren Publikum bekannt gemacht.

[7] Z. B. die „Annalen der Gesetzgebung Napoleons" 1808 ff., hg. v. F. von Lassaulx.

[8] Gerade die Flugschriftenliteratur unterlag allerdings einer ziemlich scharfen Pressezensur, obgleich die Zensurpflichtigkeit oft umgangen wurde. Dauerhafte Regelungen zum Zensurwesen bestanden anders als in Frankreich in den Rheinbundstaaten nicht (R. Busch, Die Aufsicht über das Bücher- u. Pressewesen in den Rheinbundstaaten Berg, Westphalen u. Frankfurt, Karlsruhe 1970). Die westphälische Konstitution schwieg sich über die Frage der Pressefreiheit aus. In einem Literaturbericht des Präfekten des Werra-Departements hieß es, die Flugschriften über den Code würden überwacht „trotz des Prinzips der Pressefreiheit" (StA Marburg 75, 3, 20). Zu den bekanntesten Flugschriften zählen: Coup d'œil sur le Code Napoléon, Marburg 1808; Einleitung in das Gesetzbuch Napoleons. Oder Bemerkungen deutscher Gelehrten über die neue französische Gesetzgebung, zu mehrerer Verständlichkeit für die Bewohner der Rheinischen Bundes-Staaten aus einigen Gelehrten Zeitschriften besonders abgedruckt, Düsseldorf 1808; Blick auf den Code Napoléon, Aschaffenburg 1809; [J. Ch. Frhr. v. Aretin], Die Plane Napoleon's und seiner Gegner besonders in Teutschland und Oesterreich, München 1809 (zum Code Napoléon, 25 ff.). Frhr. v. Eggers, Deutschlands Erwartungen vom Rheinischen Bunde, o. O. 1808; J. F. Reitemeier, Das Napoleonsrecht, als allgemeines Recht in Europa, insbesondere in Deutschland betrachtet, Frankfurt 1809; K. E. Schmid, Deutschlands Wiedergeburt, Hildburghausen 1814.

[9] Wie etwa K. G. Faber angibt. (Die Rheinlande zwischen Restauration u. Revolution, Wiesbaden 1966, 119.) Faber meint, daß erst der Flugschriftenstreit über das rheinische Recht nach 1815 das aus der Revolution hervorgegangene Recht mit der vorrevolutionären Rechtsordnung konfrontiert habe. Bisher sei diese Diskussion nur auf „akademischer Ebene" ausgetragen worden.

[10] J. G. Locré, Esprit du Code Napoléon, 1805, ins Deutsche übersetzt v. Stickel, Gladbach u. Floret, Hg. L. Harscher v. Almendingen, 5 Bde, Gießen 1808—13; J. Malleville, Analyse raisonnée de la discussion du Code civil au Conseil d'Etat, ins Deutsche übersetzt v. W. Blanchardt, 4 Bde, 1808/09.

[11] F. v. Lassaulx, Die Gesetzgebung Napoleons. I. Abt. Privatrecht: Codex Napoleon, 4 Bde, Koblenz 1808—15.

[12] Vgl. die Auswahl, die Brauer in seinem Kommentar zum badischen Gesetzbuch empfahl: J. N. F. Brauer, Erläuterungen über den Code Napoléon u. die Großherzoglich Badische bürgerliche Gesetzgebung, IV, Karlsruhe 1810, 543 ff. und die Literaturübersicht für die „Geschäftsmänner" Nassaus, die Almendingen 1811 zusammenstellte: HStA Wiesbaden 210/2942.

[13] J. A. L. Seidensticker, Einleitung in den Codex Napoleon, Tübingen 1808.

[14] K. E. Schmid, Kritische Einleitung in das gesamte Recht des französischen Reichs, 2 Bde, Hildburghausen 1808/09.

[15] K. L. W. Grolman, Ausführliches Handbuch über den Code Napoleon. Zum Gebrauch wissenschaftlich gebildeter deutscher Geschäftsmänner entworfen, 2 Bde, Giessen 1810/11.

[16] A. Bauer, Lehrbuch des Napoleonischen Civilrechts, Marburg 1809; ders., Beiträge zur Charakteristik u. Kritik des Codex Napoleon, Marburg 1810.

[17] Ch. Dabelow, Materialien zur Geschichte, Literatur, Beurteilung, Erklärung u. Anwendung des Code Napoleon, Halle 1808.

[18] 6 Bde, Karlsruhe 1809—12.

[19] K. S. Zachariä, Zusätze u. Veränderungen, die der Code Napoléon als Landrecht für das Großherzogtum Baden erhalten, Heidelberg 1809.

[20] Handbuch des französischen Civilrechts, 2 Bde, Freiburg ³1827/28. Vgl. hierzu: Wieacker, 346.
[21] Feuerbachs „Einleitungsvortrag" über das bürgerliche Gesetzbuch, 8. Nov. 1809, GStA MA 99 501.
[22] Vgl. die Übersetzungen von Brauer, Lassaulx, Daniels und Ehrhardt; Brauer hielt im badischen Staatsrat einen längeren Vortrag zum Problem der „Verdeutschung". Das Resultat lautete, wie das Protokoll vermerkt: „man sei sowohl der Brauchbarkeit des Werkes als dem Geist und der Ehre unserer Sprache schuldig, durchaus deutsche Rechtswörter anstatt der latinisierenden in die Übersetzung aufzunehmen ..." Brauer wollte damit erreichen, daß der „gebildete Staatsbürger in den Stand gesetzt werden sollte, das Wesentliche seines Vaterländischen Rechtes kennen zu lernen". (Staatsratsprotokoll v. 12. Nov. 1808, GLA 234/10045.)
[23] Vgl. z. B. Mackeldey, Über die Gültigkeit älterer positiver Gesetze neben dem Gesetzbuche Napoleons im Königreich Westphalen, in: Osterley u. Spangenberg, Magazin für das Civil- u. Kriminalrecht im Königreich Westphalen, II, 490 ff. und F. v. Strombeck, Rechtswissenschaft des Gesetzbuchs Napoleon u. der übrigen bürgerlichen Gesetzgebung des Königreichs Westphalen, ebd., I, Vorrede. Hierzu: F. Thimme, Die inneren Zustände des Kurfürstentums Hannover unter der französisch-westfälischen Herrschaft 1806—1813, Hannover, II, 1895, 196 f.
[24] P. Darmstaedter, Das Großherzogtum Frankfurt, Frankfurt a. M. 1901, 140.
[25] Moniteur 1807, Nr. 289; vgl. das Verzeichnis bei Seidensticker, 494.
[26] Darstellung der Lage des Königreichs Westphalen, Rede des Ministers des Innern Herrn Grafen von Wolffrath, gehalten in der öffentlichen Sitzung der Stände des Reichs am 2. Febr. 1810, Der Rheinische Bund 14, 368.
[27] J. L. Klüber, Staatsrecht des Rheinbundes, Tübingen 1808. Vgl. hierzu Ch. Schmidt, Le Grand-Duché de Berg 1806—1813, Paris 1905, 213.
[28] K. S. Zachariä, Das Staatsrecht der rheinischen Bundesstaaten u. das rheinische Bundesrecht, Heidelberg 1810.
[29] W. J. Behr, Das teutsche Reich u. der rheinische Bund, Frankfurt 1808 (Abdruck auch in: Der Rheinische Bund, Bd. 6, 418 ff., Bd. 7, 99 ff., Bd. 8, 3 ff.); ders., Systematische Darstellung des rheinischen Bundes aus dem Standpunkt des öffentlichen Rechts, Frankfurt 1808.
[30] In Westphalen wurde der Code ohne Vorbereitung durch eine Kommission bereits am 1. Januar 1808 eingeführt. Die Kommissionen der Kleinstaaten haben kaum zur Diskussion beigetragen, zu Anhalt-Koethen und Aremberg vgl. oben 27, 161. In Anhalt war die Einführung des Code in erster Linie das Werk des Staatsministers Dabelow, vgl. oben 30. Die Kommission für das Großherzogtum Würzburg trat erst 1812 zusammen, vgl. oben 27.
[31] Vgl. hierüber den Brief Almendingens an Gagern 13. Jan. 1809, HStA Wiesbaden 151/828a, ebd. auch Briefwechsel Nesselrode—Almendingen. A. Merker, Ludwig Harscher v. Almendingen. Ein Rechtsgelehrter, Schriftsteller u. Staatsmann des beginnenden 19. Jahrhunderts, Nass. Ann. 43. 1915, 300.
[32] Gagern an Marschall, 7. März 1808, HStA Wiesbaden 210/2942.
[33] Radbruch, 47; über Grolman vgl. K. Esselborn, Karl Ludwig Wilhelm v. Grolman in Giessen, AHGA NF 5. 1907, 406—61.
[34] Almendingen an Gagern, 13. Jan. 1809, HStA Wiesbaden 151/828a; über den Briefwechsel vgl. auch Merker, 369.
[35] Almendingen an Gagern 13. Jan. 1809, über Korrespondenzen Almendingens mit Locré und Cambacérès, 7. Bericht an das Staatsministerium, 26. Sept. 1808; zur Pariser Reise Gagerns: Gagern an Almendingen 25. Nov. 1809, HStA Wiesbaden 151/828a

und Gagern an Almendingen, 29. März 1810, 210/2942. Zu den Verhandlungen des Fürstprimas: Notandum v. 9. Sept. 1809, HStA Wiesbaden 371/873.

³⁶ Schreiben des Staatsrats von Gruben aus Aschaffenburg an Almendingen, 3. Aug. 1808: Man habe eine neue bestimmte Erklärung von Napoleon, „nach welcher er niemandem den Code aufdringen ... will, sondern jedem der Souveräne frei beläßt, das Zugemessene sich selbst zu wählen". Eine Reise Cambacérès nach Deutschland sei deshalb nicht mehr nötig. (HStA Wiesbaden 151/828a.)

³⁷ Zur Propagierung des Konferenzplanes in der Presse: Vgl. Harscher v. Almendingen, Über die Notwendigkeit eines Einverständnisses deutscher Ministerien bei der Einführung des Code Napoléon u. bei der Abfassung der auf die Staaten des Rheinbundes berechneten Modifikationen desselben, Der Rheinische Bund 10, 306 ff. Über Lassaulx: Almendingen an Gagern 13. Jan. 1809 und an das Staatsmin. vom selben Tag, HStA Wiesbaden 151/828a u. 828d. Zur Zusammenarbeit mit linksrheinischen Schriftstellern, 7. Bericht Almendingens, 26. Sept. 1809, ebd. 151/828c. Über eine Informationsreise nach Mainz, 1. Bericht Almendingens, 6. Jan. 1808, ebd. 151/828e—h. Vgl. L. Just, Franz v. Lassaulx. Ein Stück rheinischer Lebens- u. Bildungsgeschichte im Zeitalter der großen Revolution u. Napoleons, Bonn 1926.

³⁸ Einladungsschreiben des nassauischen Ministers Gagern, 24. Nov. 1808 und Erwiderung Brauers (Entwurf) GLA 234/10045; Stellungnahmen Almendingens und Dalwigks, des Präsidenten des Oberappellationsgerichts von Hadamar, HStA Wiesbaden 151/828c.

³⁹ An das Staatsministerium 13. Jan. 1809, ebd.

⁴⁰ Auszug des Großherzogl. Badischen Geheimen Ratsprotokolls, 29. März 1808, GLA 234/10045 u. Bericht des badischen Gesandten aus München GLA 49/84 (ohne Datum).

⁴¹ Bd. 4, 548 ff.

⁴² An das Staatsministerium aus Darmstadt, 27. April 1810, HStA Wiesbaden 151/828a.

⁴³ Vgl. unten 96.

⁴⁴ Roederer an Beugnot, 12. Nov. 1809, HStA Düsseldorf, Grht. Berg 221.

⁴⁵ Ch. Schmidt, Le Grand-Duché de Berg (1806—1813), Paris 1905, 178 ff. Vgl. auch: Mémoires du Comte Beugnot 1779—1815, Hg. R. Lacour-Gayet, Paris 1959.

⁴⁶ Vgl. auch Raumer, Deutschland, 331 f. Über Siméon: Thimme, II, 193 ff.

⁴⁷ Andreas, Einführung, 201.

⁴⁸ F. Schnabel, Sigismund von Reitzenstein, der Begründer des Badischen Staates, Heidelberg 1927; L. Gall, Der Liberalismus als regierende Partei. Das Großherzogtum Baden zwischen Restauration u. Reichsgründung, Wiesbaden 1968, 15 ff.

⁴⁹ W. Fischer, Staat u. Gesellschaft Badens im Vormärz, in: Staat u. Gesellschaft im deutschen Vormärz 1815—1848, Hg. W. Conze, Stuttgart 1962, 161 f.

⁵⁰ Landrecht für das Großherzogtum Baden nebst Handelsgesetzen. Amtliche Ausgabe, Karlsruhe 1846, V.

⁵¹ Vgl. die anschauliche Charakterisierung Ricarda Huchs: „Will man sich ausmalen, wie Feuerbach aus der Werkstatt des menschenschaffenden Gottes hervorging, so sieht man etwa die Hände des Herrn in Lehm und Feuer wühlen, einen ungestalten feuchten Flammenkloß eilig mit dem Namen Anselm bezeichnen und auf die Erde werfen." Zit. nach Radbruch, 19. Vgl. auch E. Wolf, Paul Johann Anselm v. Feuerbach, in: ders., Große Rechtsdenker der deutschen Geistesgeschichte, Tübingen ³1951, 536 ff.

⁵² Vgl. unten 136, 139 ff.

⁵³ Radbruch, 24 ff.

⁵⁴ Zit. nach Radbruch, 100.

⁵⁵ Nach dem Urteil Michael Doeberls.

Anmerkungen zu Seite 33—35

⁵⁶ E. Weis, Montgelas. 1759—1799. Zwischen Revolution u. Reform, München 1971. Siehe unten 133 ff.

⁵⁷ H. Brandt, Landständische Repräsentation im deutschen Vormärz, Neuwied 1968, 190. Vgl. auch die Würdigung, ebd. 196: „Ernst Fraenkels Bemerkung, unter den deutschen politischen Denkern befände sich kein theoretischer Wegbereiter des Repräsentationssystems, der Burke, Fox, Hamilton, Mirabeau und Sieyès ebenbürtig zur Seite gestellt werden könnte, möchte ich in diesem Zusammenhang doch mit einer vorsichtigen Einschränkung versehen: Harscher von Almendingen hält einem solchen Vergleich durchaus stand." Außer der oben Anm. 31 erwähnten älteren Arbeit von Merker vgl. auch die Interpretation der „Politischen Ansichten" bei Faber, Rheinlande, 70 ff. Faber spricht von der bedeutendsten Publikation dieser Jahre aus den Kreisen der Rheinbundanhänger. Ders., „Konservatorischer Liberalismus" „Umstürzender Liberalismus" „Konservatorischer Obskurantismus". Aus dem Briefwechsel zwischen Marschall u. Almendingen, in: Nass. Ann. 78. 1967, 177 ff.

⁵⁸ Vgl. unten 66 ff.

⁵⁹ So in dem oben Anm. 38 zitierten Einladungsschreiben Gagerns an Baden und in dem oben Anm. 37 angegebenen programmatischen Aufsatz Almendingens im „Rheinischen Bund".

⁶⁰ Vgl. bes. die Verwendung der Gießener Konferenzprotokolle in den Spezialkommissionen des Großherzogtums Frankfurt; GStA 70024 u. StA Würzburg MRA L 1637.

⁶¹ Die wichtigsten Vorträge Almendingens wurden in der „Allgemeinen Bibliothek für Staatskunst, Rechtswissenschaft u. Critik", 3 Bde, Giessen 1808—11 veröffentlicht.

⁶² A. J. Mulzer, Kurze Darstellung der Napoleonischen Civilgesetzgebung in Beziehung auf die Rezeption des Code Napoleon in teutschen Landen, in: Allgemeine Bibliothek für Staatskunst, Rechtswissenschaft u. Critik, II, Giessen 1809, 3 ff.

⁶³ P. A. Feuerbach, Betrachtungen über den Geist des Code Napoleon u. dessen Verhältnis zur Gesetzgebung u. Verfassung teutscher Staaten überhaupt u. Baierns insbesondere, in: ders., Themis oder Beiträge zur Gesetzgebung, Landshut 1812, 3—73.

⁶⁴ N. Th. Gönner, Zur Geschichte des Code Napoléon, Archiv für die Gesetzgebung u. Reform des juristischen Studiums 3. 1810, 45, 48. Vgl. auch den Vortrag des Geheimen Rats Effner im bayerischen Staatsrat: „Die öffentliche Bekanntmachung der Motive und die Diskussion über die neue Legislation" sei unter anderem ein „Sicherungsmittel" gegen falsche Interpretationen des Gesetzbuches. (HStA München, Staatsrat 1909.)

⁶⁵ An die Geschäftsmänner des Herzogtums Nassau, Über die Frage, ob und welche Ausgabe des Code Napoléon ... beizulegen sein möchte und über die Literatur der französischen Civilgesetzgebung, März 1811, HStA Wiesbaden 210/2942.

⁶⁶ Erster Bericht Almendingens an das Staatsministerium, 6. Jan. 1808, ebd., 151/828e—h.

⁶⁷ Brauer, Erläuterungen, IV, 559.

⁶⁸ 10. Bericht Almendingens, „Über die Beurkundungen des bürgerlichen Rechtszustandes oder der Geburten, Heiraten u. Sterbefälle", 26. März 1808, HStA Wiesbaden 151/828e—h.

⁶⁹ Aus Almendingens Einleitungsvortrag auf der Gießener Konferenz: „Vorerinnerung", HStA Wiesbaden 151/828c, ähnlich der 1. Bericht an das Staatsministerium v. 6. Jan. 1808, ebd., 151/828e—h; die fehlende Popularität des Gesetzbuches beklagte in Gießen auch der Vertreter Hessen-Darmstadts, Grolman, der deshalb die Verbreitung einer „populären Volksschrift" vorschlug. (Bemerkungen der Großherzoglich Hessischen Kommission ... HStA Wiesbaden 371/873.) Ebenso gab Feuerbach im bayerischen Staatsrat an, der Code habe „keine Popularität für sich". (6. Sept. 1810, HStA München, Staatsrat 191.)

⁷⁰ Zur Umwandlung der altständischen in eine neuständische Gesellschaft vgl. das Kapitel „Ständische Gesellschaft und Staatsbürgertum" bei Koselleck, 57 ff.

⁷¹ In Bayern wünschte die Stadt Nürnberg von sich aus in einer Eingabe an das Justizministerium die Einführung des Code de Commerce. Die Umfrage des Justizministeriums bei den übrigen Handelsstädten stieß dann aber offensichtlich auf kein günstiges Echo. (Feuerbachs Staatsratsvortrag v. 27. Okt. 1808, HStA München, Staatsrat 8.)

⁷² Zit. nach Koselleck, 201

⁷³ Hegel, Rechtsphilosophie, § 287 ff.; für die preußischen Verhältnisse hat Koselleck die sozialen und rechtlichen Voraussetzungen für die Sonderstellung der „beamteten Schicht der Intelligenz" eingehend analysiert. Er machte vor allem auf die Bedeutung der Exemtionen aufmerksam, auf die Privilegien im Gerichtsstand, auf Steuerbefreiungen, Erleichterungen im Militärdienst und die Aufhebung der Eheschranken zwischen Adel und „eximiertem Bürgertum" — Exemtionen, die das Beamtentum und die Akademikerschichten aus der ständischen Hierarchie herauslösten (ebd., 78 ff.).

⁷⁴ Die Rollen waren hier vertauscht: Die Verwaltungsbehörden opponierten gegen die Justiz, d. h. gegen die Vertreter des Allgemeinen Landrechts, Koselleck, 157 f.

⁷⁵ Über den Gegensatz zu profilierten Vertretern der zentralistischen Verwaltungsreform vgl. unten 111 f., 131 f., 136.

⁷⁶ Darüber zuletzt die zusammenfassende Darstellung von F. L. Knemeyer, Regierungs- u. Verwaltungsreformen in Deutschland zu Beginn des 19. Jahrhunderts, Köln 1970.

⁷⁷ So Huber, 317.

⁷⁸ Man hat in diesem Zusammenhang — am Beispiel der preußischen Reformen — mit einigem Recht auf ein Methodenproblem aufmerksam gemacht und an die Grenzen sozialgeschichtlicher Fragestellungen erinnert — so wichtig und notwendig es ist, die einseitige „Spiritualisierung" der Reformzeit zu überwinden: K. v. Raumer, Zur Beurteilung der preußischen Reform, GWU 18. 1967, bes. 337 u. 344 f.

III. 2

¹ Die Probleme von Handel und Gewerbe wurden meist im Zusammenhang mit dem Code de Commerce diskutiert. Diese Thematik, die vor allem die Einführung der Gewerbefreiheit betrifft, wird hier ausgeklammert, so lohnend es wäre, auch diese Auseinandersetzung einmal zu untersuchen.

² Scharfe Kritik der mangelhaften Agrarreform vor allem in der marxistischen Geschichtsschreibung: Heitzer, Rheinbund, 83—93; ders., Insurrektionen, 85 ff. u. passim. Vgl. auch oben 157 Anm. 15. Heitzer sieht darin eine Folge des Bündnisses zwischen der französischen Großbourgeoisie und den deutschen Fürsten, deren ökonomische Grundlage nicht ohne Gefährdung dieses Bündnisses angetastet werden konnte. Damit ist allerdings noch nicht die Tatsache erklärt, daß französische Politiker wie Beugnot, Siméon oder Bacher die Agrarreformen zumindest intendierten.

³ Unter Zwangsdiensten verstand man vor allem die Gesindezwangsdienste, die Verpflichtung z. B. der Kinder des Bauern, im Hause des Grundherrn zu dienen.

⁴ Vgl. unten 85 f. In Bayern wurde nur für die staatlichen Domänen ein fester Ablösungspreis vorgeschrieben (Königlich Bayerische Verordnung die Ablösung der Korn- u. Geldbodenzinse betreffend, 18. Sept. 1810, Der Rheinische Bund 17, 131—36), in Hessen-Darmstadt lediglich für die Ablösung der Leibeigenschaftsprästationen. (Aufhebung der Leibeigenschaft in den Großherzoglich-Hessischen Provinzen Starkenburg u. Hessen, 25. Mai 1811, Der Rheinische Bund 19, 134—203.)

⁵ In der eigenbewirtschafteten Gutsherrschaft des deutschen Ostens war der Gutsherr, wie das Beispiel der preußischen Bauernbefreiung zeigt, an der „Entschädigung" durch Landabtretung sehr viel stärker interessiert. In den Rheinbundstaaten haben zunächst die französischen Politiker, vor allem Beugnot in Berg, eine Entschädigung durch Landabtretung vorgeschlagen, aber der bergische Staatsrat hielt ihm vor, daß diese Lösung bei den Besitzverhältnissen der Grundherrschaft „unpraktikabel" sei, da der Grundherr, mehr oder weniger ein Rentenempfänger, das Land doch wieder in Pacht ausgeben würde. (Beugnot an Graf Merveld, 1. Juni 1808, HStA Düsseldorf, Grht. Berg 279.)

⁶ 11. Juni 1811, zit. nach Hölzle, Staatensystem, 288.

⁷ F. Lütge, Die bayerische Grundherrschaft, Stuttgart 1949, 73 ff.; ders., Die mitteldeutsche Grundherrschaft u. ihre Auflösung, Stuttgart ²1957, 39 ff., 291 ff.

⁸ Vgl. z. B. den Überblick über die soziale Gliederung der bäuerlichen Bevölkerung bei: Schremmer, 9 ff.

⁹ Henning, 84 f.; Saalfeld, 46.

¹⁰ In Altbayern wurde bis zu 20 % des Vermögenswertes gefordert; Henning, 95; Lütge, Bayerische Grundherrschaft, 137 ff.

¹¹ Nach den Preisen von 1781—1790, Henning, 82.

¹² Ebd., 77.

¹³ Ebd., 76 f.

¹⁴ Ebd., 90 ff.

¹⁵ W. Abel, Geschichte der deutschen Landwirtschaft, Stuttgart 1962, 230 ff.

¹⁶ Vgl. die Tabelle bei Abel, 232. Es handelt sich um einen Bauernhof im niedersächsischen Dorf Petze bei Hildesheim.

¹⁷ Schremmer, 86 f.

¹⁸ Henning, 94.

¹⁹ Ebd., 166 ff.

²⁰ Betrachtungen über den Geist des Code Napoleon, 11.

²¹ Vgl. vor allem die Revolutionsdekrete v. 25./28. Aug. 1792 und vom 17. Juli 1793: J. B. Duvergier, Collection complète des lois, décrets, ordonnances, règlements, avis du Conseil d'état (de 1789 à 1830), Paris 1834 ff., IV, 355 u. VI, 19.

²² Ebd., I, 33.

²³ Ähnlich der Artikel 1911: „La rente constituée en perpétuel est essentiellement rachetable."

²⁴ Hedemann, II/1, 28.

²⁵ Die Begriffe „Feudalsystem" und „Feudalismus" werden hier im Sprachgebrauch des Ancien Régime benutzt. Wer in der Revolution von „féodalité" sprach, meinte in erster Linie die Grundherrschaft. Zur Genesis des Begriffs als polemisches Schlagwort von einer naturrechtlich-aufgeklärten oder einer „staatsbürgerlichen" Wertung her: O. Brunner, „Feudalismus". Ein Beitrag zur Begriffsgeschichte. Akademie der Wissenschaften u. der Literatur, Abhandl. d. geistes- u. sozialwissenschaftl. Kl., X, Wiesbaden 1959. In der modernen sozial- und wirtschaftsgeschichtlichen Forschung und in der marxistischen Feudalismusdiskussion wird mit diesem Begriff das ganze System der vorkapitalistischen Produktionsverhältnisse gekennzeichnet. Vgl. hierzu: R. Boutruche, Seigneurie et féodalité. Le premier âge des liens d'homme à homme, Paris ²1968, 20 ff.; zum marxistischen Feudalismusbegriff: A. Soboul, La révolution française et la „féodalité", RH 240. 1968, 35—56. Zuletzt hierzu: R. Hinrichs, Die Ablösung von Eigentumsrechten. Zur Diskussion über die droits féodaux in Frankreich am Ende des Ancien Régime u. in der Revolution, in: R. Vierhaus Hg., Eigentum u. Verfassung. Zur Eigentumsdiskussion im ausgehenden 18. Jahrhundert, Göttingen 1972, 112 ff., bes. 119.

²⁶ Vgl. unten 85 ff.

[27] „Königliches Dekret vom 23. Jan. 1808, welches eine Erläuterung des dreizehnten Artikels der Konstitution des Königreichs Westphalen enthält, der die Leibeigenschaft aufhebt", Der Rheinische Bund 6, 463.

[28] „Unständige Abgaben", d. h. keine jährlichen, sondern bei bestimmten Anlässen, hier bei Besitzwechsel, zu zahlende Abgaben. Als Besitzwechsel galt jeder Veränderungsfall wie Kauf, Tausch, Übernahme des Hofes durch den Erben, Abtreten von Erbanteilen an den Miterben usw. Auffahrtsgeld hieß ein Laudemium, das der neue Besitzer zahlte, Abfahrtsgeld war die Abgabe, die vom ehemaligen Besitzer entrichtet wurde. Das Sterbfallsgeld beim Tode des Hofinhabers war in manchen Gegenden mit der Besitzwechselabgabe bei Übernahme des Hofes durch den Erben identisch. Die Bezeichnung Laudemium war dann auch für das Sterbfallsgeld gebräuchlich und umgekehrt.

[29] Gesetz-Bulletin des Großherzogtums Berg, I, 38.

[30] Art. 2 des Kaiserlichen Dekrets v. 12. Dez. 1808, Der Rheinische Bund, 10, 482 f.

[31] Die bayerischen „organischen Edikte" berücksichtigen bereits den Code Napoléon. Das Edikt über die gutsherrlichen Rechte vom 28. Juli 1808 erwähnt im 2. Abschnitt über die „Rechte der Gutsherren, welche sich auf das Eigentum beziehen", ausdrücklich das neue bürgerliche Gesetzbuch. (Der Rheinische Bund 8, 149.)

[32] Edikt über die Aufhebung der Leibeigenschaft im Königreich Bayern, 31. Aug. 1808, Der Rheinische Bund 8, 299.

[33] Aufhebung aller Leibeigenschaft und des sogenannten Besthaupt im ganzen Umfange des Herzogtums Nassau, 1. Jan. 1808, Der Rheinische Bund 5, 335 f. Bereits auf die Manumissionsgelder bei Freilassung bzw. Weggang des Bauern von seinem Gut glaubte man nicht verzichten zu können. Man änderte hier lediglich den Namen in „Überzugsscheine", um die Reminiszenzen an die Leibeigenschaft zu tilgen. Vgl. die Gutachten der Regierungen zu Wiesbaden und Weilburg vom 17. Febr. 1808 und 24. Aug. 1808, HStA Wiesbaden 210/8514, hierzu auch unten 129 f.

[34] Die Aufhebung der Leibesherrschaft u. ihrer Ausflüsse in der Pfalzgrafschaft und in den mediatisierten Landen, Geh. Ratsprotokoll, 11. Febr. 1807, GLA 274/465. In den badischen Kernladen war die Leibeigenschaft schon 1783 aufgehoben worden.

[35] Aufhebung der Leibeigenschaft in den Großherzoglich Hessischen Provinzen Starkenburg u. Hessen, 25. Mai 1811, Der Rheinische Bund 19, 195.

[36] Königl. Dekret die Allodifikation der Lehen im Königreich Westphalen betr., 28. März 1809, Der Rheinische Bund 11, 314 ff.

[37] Dekret die Abschaffung der Lehnsherrschaft betr., 11. Jan. 1809, Gesetz-Bulletin des Großherzogtums Berg, IX, 228 u. 230.

[38] Art. 13, Der Rheinische Bund 10, 446.

[39] So die Formulierung des Artikels 9 des westphälischen Dekrets vom 23. Jan. 1808; vgl. für Bayern Art. 9 des Edikts über die Aufhebung der Leibeigenschaft v. 31. Aug. 1808: „Die bedungenen Dienste werden wie andere Gilt- oder Grundabgaben beurteilt..." (Der Rheinische Bund 8, 300); für Nassau vgl. das Reskript der Fürsten zum Leibeigenschaftsdekret vom 1. Jan. 1808: Das System der Fronden könne bestehen bleiben, „welches sich ebenso gut aus dem Untertanen-Nexu ableiten oder durch Kontrakte begründen läßt". (HStA Wiesbaden 210/8514.) Ähnlich Grolman, der Vertreter Hessen-Darmstadts, auf der Gießener Konferenz: Mit dem Code Napoléon würden nur die Fronden der Leibeigenen, „welche sie für ihre Person oder ein Vorteil ihres Leibherrn zu leisten haben", zu Grabe getragen. (Bemerkungen der Großherzoglich Hessischen Kommission über die Vorfragen, welche deutsche Regierungen bei einer beabsichtigten Einführung des Code Napoléon zu entscheiden haben, HStA Wiesbaden 371/873.)

[40] Königl. Dekret, die Eintragung der Grundabgaben und Prästationen in die Register der Hypotheken-Aufseher betr., 16. Okt. 1812, Bulletin des lois du royaume de

Westphalie, 1812, II, 281. (Hervorh. v. Vf.) Vgl. auch den oben 42 zitierten Artikel des Lehendekrets für Berg vom 11. Jan. 1809, der die Dienstleistungen aufrechterhält, „die weder einer Person noch zu Gunsten einer Person auferlegt sind". Ebenso Beugnots Rundschreiben an die Präfekten vom 26. Juli 1810, gleichfalls mit wörtlicher Anlehnung an den Artikel 686 des Code: „... il ne faut pas perdre de vue que l'art. 2 de ce décret (Lehendekret) conserve les rentes et les redevances de quelque nature qu'elles soient et les services qui seraient imposés ni à la personne ni en faveur de la personne". (HStA Düsseldorf, Grht. Berg 7340.)

[41] Vgl. Brauer, Erläuterungen, 563 ff.

[42] Begleitschreiben der Staatsräte zum Entwurf eines Dekrets über die Aufhebung der Leibeigenschaft (1808) an Napoleon, HStA Düsseldorf, Grht. Berg 279.

[43] Urteil des Stadt- u. Landgerichts zu Bentheim in Sachen des Grafen Emil Friedrich zu Bentheim-Tecklenburg, 27. Nov. 1810, HStA Düsseldorf, Grht. Berg 6315. Zur Überprüfung des Urteils in Paris, Roederer an Nesselrode, 8. Juni 1811 (ebd.).

[44] Z. B. in der Eingabe der Eigenbehörigen der Rhedaischen Lande, 7. Jan. 1811, an den Justizminister (ebd.). Zu diesem Musterprozeß auch unten 91 ff.

[45] 7. Juni 1810, StA Marburg 77a, 7.

[46] § 7, Der Rheinische Bund 8, 299.

[47] Bericht einer Kommission des Staatsrats, die Einführung des Code Napoléon im Großherzogtum Berg betreffend, Der Rheinische Bund 10, 147 f. (Hervorh. v. Vf.)

[48] Anzeige einer die Einführung des Kodex Napoleon in den Staaten des Rheinbundes vorbereitenden Zeitschrift, Der Rheinische Bund 8, 366. Vgl. Über Schwierigkeiten u. Gefahren der übereilten u. unvorbereiteten Einführung des Kodex Napoleon ..., Allgemeine Bibliothek für Staatskunst, Rechtswissenschaft u. Critik, 1808, 30.

[49] Vortrag der Herzogl. Nassauischen Kommission über die Bemerkungen der Großherzogl. Hessischen Kommission, StA Würzburg, MRA L 1635. Vgl. dagegen die oben Anm. 39 erwähnten Ansichten Grolmans.

[50] An Fuchsius, 15. März 1811, HStA Düsseldorf, Grht. Berg 281.

[51] Gutachten des Staatsrats über die Hand- und Spanndienste HStA Düsseldorf, Grht. Berg 276; vgl. Staatsratsprotokoll v. 24. Aug. 1811 und Beilage: Observations du Conseil d'Etat sur les points, ou il ne se trouve pas d'accord avec MM. Merlin et Daniels, ebd., Grht. Berg 281, vgl. unten 99.

[52] Art. 21, Gesetz-Bulletin des Großherzogtums Berg, II, 256.

[53] „On ne peut engager ses services qu'à temps, ou pour une entreprise déterminée."

[54] „Toute obligation de faire ou de ne pas faire se résout en dommages et intérêts, en cas d'inexécution de la part du débiteur."

[55] Der Unterpräfekt von Mühlheim an den Präfekten des Rheindepartements, 28. Nov. 1809, HStA Düsseldorf, Grht. Berg 10756.

[56] Staatsratsprotokoll, 24. April 1808, HStA Düsseldorf, Grht. Berg 279.

[57] Vgl. etwa die programmatische Schrift des späteren westphälischen Präfekten Friedrich Ludwig von Berlepsch: Über das Königreich Westphalen rücksichtlich eines gewagten Blicks in die Zukunft, Der Rheinische Bund 6, 138: „An die Veränderung der Spann- und Handdienste in ein leidliches Dienstgeld, wird gewiß gedacht werden. Sie ist dem Dienstpflichtigen so vorteilhaft, als demjenigen, dem gedient werden muß, weil die Bestellung aus eigenen Kräften oder mit Taglöhnern, einen großen Vorzug vor derjenigen hat, die durch Dienstpflichtige bewirkt wird." Auch Brauer erklärte, daß „eine sehr mäßige Vergütung dem Frondherrn mehr nützen würde, als die gebotene Dienstverrichtung". „Wenn man daher eine durchaus neue Staatsgründung zu beschäftigen gehabt hätte, so würde man die Fronde als bürgerliches Rechtsverhältnis darin nie aufgenommen haben." (Erläuterungen, I, 572.) Vgl. ferner Art. 88 des bayerischen Edikts über gutsherrliche Rechte, Der Rheinische Bund 8, 152.

[58] Siehe auch unten 79.
[59] Art. 9 des Dekrets vom 13. Sept. 1811, Gesetz-Bulletin, II, 248.
[60] Der Rheinische Bund 10, 482.
[61] So im Begleitschreiben des Staatsrats zum Dekretentwurf an Napoleon, vgl. auch das Staatsratsprotokoll v. 24. April 1808, HStA Düsseldorf, Grht. Berg 279.
[62] An Graf Merveld, 1. Juni 1808, HStA Düsseldorf, Grht. Berg 279 (Abschrift, ohne Unterschrift, dem Inhalt nach aber zweifellos von Beugnot); vgl. zu den drei „Fundamentalideen" auch Schmidt, Grand-Duché, 182 f. Schmidt zitiert ähnliche Passagen aus Berichten Beugnots an Napoleon und das Pariser Staatssekretariat unter Roederer.
[63] Königl. Dekret v. 23. Jan. 1808, Art. 7 u. 5, Der Rheinische Bund 6, 463; vgl. etwa auch die Rede des Innenministers v. Wolffradt in der Ständeversammlung vom 2. Febr. 1810: „Eine wohlgeordnete und weise Staatswirtschaft hat längst über den entschiedenen Wert einer freien Benutzung des Grundeigentums zur Vervollkommnung des Ackerbaues, des wichtigsten Gewerbezweigs von Westphalen, entschieden ... Das Gesetzbuch Napoleons erklärt alle Belastungen des Grundeigentums abkäuflich ... Jedem, der die Früchte des Grund und Bodens, den er anbaut, durch Leistungen und Abgaben mancher Art mit einem andern teilen muß, ist die Aussicht eröffnet, sich davon auf gerechte Weise zu befreien." (Der Rheinische Bund 15, 361.)
[64] Art. 81 u. 84 des organischen Edikts über gutsherrliche Rechte. (Der Rheinische Bund 8, 152.) Das Heimfallsrecht (Kaduzität) bestand darin, daß das Nutzeigentum, falls der Bauer ohne Erben starb, erlosch und an den Obereigentümer „heimfiel". Das Madrider Dekret für Berg hatte das Heimfallsrecht nur gegen Entschädigung aufgehoben. Das Heimfallsrecht hatte allerdings nur geringe praktische Bedeutung. Das Einstands- oder Vorkaufsrecht (ius retractus) gestattete dem Obereigentümer, in einen Kaufvertrag einzutreten, bzw. bei Erbanfall vor dem nächsten Erben einen Vorrang zu behaupten. (Lütge, Bayerische Grundherrschaft, 45 ff.)
[65] Betrachtungen über den Geist des Code Napoleon (geschrieben als Staatsratsvortrag im Januar 1808), 15 u. 29. Feuerbach verlangte, daß der Staat für die Ablösung der Renten Ablösungskapitalien zur Verfügung stellen solle.
[66] Brauer, Erläuterungen, I, 563 ff.
[67] Für Westphalen erstmalig im „Königl. Dekret vom 18. Aug. 1809, welches die Art und Weise bestimmt, wie nicht aufgehobene Dienste und Grundabgaben im Königreich Westphalen sollen abgelöst werden", Art. 17, Der Rheinische Bund 15, 389. Der Termin für die Eintragung wurde dann allerdings in weiteren Dekreten immer wieder hinausgeschoben, vgl. das Dekret vom 26. März 1812, wodurch die zur Eintragung der Grundabgaben gestattete Frist verlängert wird (Bulletin des lois du royaume de Westphalie, 1812, I). Schließlich wurde die Bestimmung wieder durchlöchert im Dekret vom 16. Okt. 1812, die Eintragung der Grundabgaben und Prästationen in die Register der Hypotheken-Aufseher betreffend. (Bulletin des lois, 1812, II, 281 ff.) In Berg wurde die Eintragung der Grundrenten in die Hypothekenbücher bereits im Madrider Dekret verfügt, dann aber gleichfalls verzögert: Vgl. noch das Kaiserliche Dekret vom 19. März 1813, die rechtliche Eigenschaft der Zehnten, deren Löse und Eintragung in die Hypothekenbücher betreffend, Gesetz-Bulletin des Großherzogtums Berg, VIII, 506 ff. Zur Auseinandersetzung, ob die Erbpächte als Grundrenten in die Hypothekenbücher einzutragen seien, vgl. die Anfrage der Domänendirektion und den Schriftwechsel zwischen Beugnot und Nesselrode, HStA Düsseldorf, Grht. Berg 691 u. 6334, hierzu unten 88.
[68] § 16 des Lehenedikts, Der Rheinische Bund 10, 446.
[69] Staatsratsprotokoll vom 18. Aug. 1808, HStA München, Staatsrat 8.
[70] Antrag der Mannheimer Regierung vom 4. März 1807. Diskutiert und abgelehnt im Geheimen Rat am 23. Dez. 1807, GLA 234/465.

[71] Zu den wichtigsten Besitzrechten der Bauern, vgl. oben 37 f. Von der Vielzahl der Bezeichnungen geben die Ablösungsdekrete in Berg und Westphalen ein anschauliches Beispiel: Das Kaiserliche Dekret über die im Großherzogtum Berg abgeschafften Rechte und Abgaben vom 13. Sept. 1811 kennt Erbpachtgüter, Emphyteutische Güter, Leib- oder Erbleihgewinngüter, Erbbehändigungsgüter, Hobs- und Behändigungsgüter, Erbzinsgüter, Lathengüter, Kurmudgüter, Sattelgüter, Freigüter, Stuhlfreie Güter, Erblehen, Herrengüter, Zeitgewinngüter. (Gesetz-Bulletin, II, 248.) Manche dieser Bezeichnungen richten sich nach den Abgaben, die zu entrichten waren: Von Kurmudgütern wurden Sterbfallsgelder eingezogen. Freigüter waren überhaupt lastenfrei oder von bestimmten Abgaben befreit, oder sie gehörten keinem Grundherrschaftsverband an, sondern unterstanden nur dem Vogt- oder Gerichtsherrn (stuhlfreie Güter). Das Sattelgut war zu Lehnrecht ausgegeben und der Inhaber ursprünglich mit bespannten Wagen kriegsdienstpflichtig. Das gleiche gilt für die Behändigungsgüter (meist Fallehen). Die Lathengüter oder Laßgüter waren ursprünglich zu Laßrecht ausgetan, d. h. der Lassit oder Laßbauer konnte sein Gut gegen Stellung eines Nachfolgers verlassen. Meist handelte es sich um kleine Ackerstücke, die unter dieses Recht fallen und die im Gegensatz zum geschlossenen Hofbesitz als sog. „Wandeläcker" oder „walzende" Äcker veräußerbar und vertauschbar waren.

[72] Über das königlich westphälische Dekret, die Leibeigenschaft u. gutsherrlichen Rechte betreffend, Archiv für die Gesetzgebung u. Reform des juristischen Studiums, I, 198 ff.

[73] 7. Juli 1808, HStA München, Staatsrat 8. Vgl. auch zu dem Antrag Feuerbachs Einleitungsvortrag über das bürgerliche Gesetzbuch vom 8. Nov. 1809, GStA MA 99 501. Der Antrag setzte sich zunächst nicht durch, wurde aber noch in der Staatsratssitzung vom 6. Sept. 1810 diskutiert (Staatsrat 191). Gönner berücksichtigte dann die Vorschläge bei der von ihm redigierten Revision des Kreittmayrschen Kodex. (Originalprotokolle der Kommission d. Geh. Ratssektionen zur Prüfung des revidierten Codex max. bav. civ., HStA München, Staatsrat 2846—2848.)

[74] Brauer, Erläuterungen, I, 579 f.

[75] Vgl. zu den Prinzipien der Spezialität und Publizität oben 24.

[76] Im zeitgenössischen Sprachgebrauch wurden alle diejenigen, die über mobiles Kapitalvermögen verfügten, als „Kapitalisten" bezeichnet. Kapitalisten waren auch die Staatsgläubiger und solche, die ihr Einkommen teilweise aus Zinsen, Darlehensgeschäften und dergl. bezogen. Dem adligen Standesbewußtsein entsprach weit eher die Immobilisierung des Kapitals. Die Feudalgefälle und Grundzinsen galten als unbewegliche Abgaben, die höchstens verpfändet, aber nicht verkauft wurden. Als die Ablösungsgesetzgebung im Laufe des Vormärz und nach 1848 tatsächlich in Gang kam, legte die Mehrzahl der Adligen das Entschädigungskapital wieder in Grundbesitz an. Vgl. Winkel, 151 ff.

[77] So etwa das Gegenvotum des Regierungsrats Hert vom Justizsenat Ehrenbreitstein zum Bericht Almendingens über das französische Hypothekenwesen. An das nassauische Staatsministerium zu Weilburg, 30. Jan. 1808, HStA Wiesbaden 151/828c.

[78] Almendingen behandelte deshalb das Hypothekenwesen bereits in seinem zweiten Bericht über den Code Napoléon, den er in Mainz in enger Zusammenarbeit mit dem französischen Juristen Desquiron ausarbeitete. Der sehr umfangreiche Bericht wurde am 11. Januar 1808 dem Staatsministerium in Weilburg übersandt. HStA Wiesbaden 151/828e—h.

[79] Das Gutachten über die Hypothekenbücher des Gerichtsschreibers Franck wurde der Frankfurter Spezialkommission zur Einführung des Code Napoléon vorgelegt, 11. Febr. 1810, StA Würzburg MRA L 1637.

[80] Für die preußischen Verhältnisse vgl. Koselleck, Preußen, 83 ff., 487 ff.

[81] Votum Törrings v. Dez. 1809, HStA München, Staatsrat 191. Staatsratssitzung v. 29. März 1809, HStA München, Staatsrat 162; es wurde daraufhin eine eigene Kommission für Hypothekenwesen eingesetzt.

[82] Vortrag Feuerbachs in der Kommission für Hypothekenwesen, datiert vom 5. April 1809, verlesen am 10. April; ebd. Staatsrat 2035.

[83] Zustimmung in der Staatsratssitzung vom 20. April 1809; allerdings war in dieser Sitzung — Montgelas und der König befanden sich im Hauptquartier bei der Armee — nur Hompesch von den Ministern anwesend. Die Diskussion wurde später wieder aufgenommen, vgl. dazu unten 139. Immerhin wurde auch in das revidierte Kreittmayrsche Gesetzbuch das Hypothekensystem des Code, wenn auch mit Korrekturen vor allem an den Legal- und Generalhypotheken, eingebaut (Originalprotokolle der Kommission d. Geh. Rats-Sektionen zur Prüfung des revid. Codex. max. bar. civ., Sitzung v. 20. April 1813, HStA München, Staatsrat 2846). Eine ähnliche, wenn auch keineswegs mit derselben Schärfe geführte Debatte über das Hypothekenwesen entspann sich in der Aschaffenburger Spezialkommission zur Einführung des Code im Großherzogtum Frankfurt. Landesgerichtsdirektor Wagner plädierte für die Beibehaltung der bisherigen hypothekarischen Verfassung, damit „die Sicherheit des Privateigentümers nicht wie in Frankreich auf das Spiel gesetzt werden möge". Dagegen wandte Appellationsrat Asmut ein, daß die Publizität des Hypothekenwesens lediglich dem Kredit „einzelner Individuen" schade, nicht aber dem „Kredit im allgemeinen". (Sitzung vom 12. Juli 1810, GStA MA 70024.)

[84] Vor allem die Zehnten wurden meist im Zusammenhang mit Vorschlägen zur Verbesserung des Ackerbaus kritisiert. Da der zehnte Teil vom Rohertrag der Ernte ohne Rücksicht auf Saat- und Aufwandkosten abgerechnet wurde, wirkte sich dies besonders nachteilig für kostspielige Anbauarten aus. (Vgl. etwa die Diskussionen im Frankfurter Staatsrat vom Juli/Aug. 1811. HStA Wiesbaden 371/34 und 371/1092, 1100; auch im nassauischen Hauptbericht der Gießener Konferenz, Allgemeine Bibliothek f. Staatskunst, Rechtswissenschaft u. Critik, III, 24 f. und an vielen anderen Stellen.) Vgl. auch etwa die Kritik der Zugzehnten bei Berlepsch in seiner Schrift „Über das Königreich Westphalen rücksichtlich eines gewagten Blicks in die Zukunft": „Nichts ist der Kultur der Ländereien, und der davon abhängenden stärkeren Produktion der Körner schädlicher als der Zugzehnte, wodurch dem Lande das erzielte Stroh, mithin eine bessere Düngung entzogen wird. Wenn daher die Zehntpflichtigen den Zehntrecht entweder mit Geld ablösen wollen, oder sich durch Veränderung des Zugzehnten in einen Sackzehnten, d. h. zur Leistung ausgedroschener Frucht, auf eine billige Art verstehen, so müßten die Zehntherren, zur Annahme des einen oder des anderen Surrogats für den Zugzehnten, durch ein Landesgesetz verpflichtet werden." Berlepsch weist mit Recht darauf hin, daß diese Bemühungen bereits in der Zeit vor 1806 eingesetzt hatten. (Der Rheinische Bund 6, 138.)

[85] Der Rheinische Bund 12, 255.

[86] Ähnliche Stellen lassen sich fast in jeder Schrift über den Code anführen. Die Formulierung über das Fideikommiß bei Gönner, Unter welchen Bedingungen können alle bestehenden Familienfidei-Kommisse aufgehoben werden?, Archiv ..., I, 163. Auch Montgelas hat trotz der Verteidigung der Majorate immer wieder darauf hingewiesen, daß man andererseits auf die „Zirkulation der Güter" achten müsse (vgl. seinen Vortrag im Staatsrat vom 20. Sept. 1810, HStA München, Staatsrat 193). Typisch und alle Schlagworte der Zeit aufzählend, besonders häufig auch die Rücksicht auf den „Geist der Zeit": der Gießener Vortrag der hessen-darmstädtischen Kommission, verfaßt von Grolman; HStA Wiesbaden 371/873.

[87] Zitiert im Gutachten Mulzers vom Okt. 1809, HStA Würzburg MRA L 1637; vgl. auch die oben 23 zitierte Bemerkung Mulzers. Kritisch auch die Parole Brauers, „mög-

Anmerkungen zu Seite 50—52

lichst das Alte, und wo es verschieden ist, aus ihm das Beste beizubehalten, es aber in seinen Benennungen und Formen dem Zeitgeist anzupassen, der nicht mehr alles tragen kann, was er sonst trug, aber gar leicht sich mit Worten statt mit Sachen sättigen läßt" (zit. nach Andreas, Verwaltungsorganisation, 170).

[88] Motive zu einem Gesetzesvorschlag über allgemeine Ablösung der Feudalverhältnisse (März 1809), HStA Düsseldorf, Grht. Berg 279.

[89] Brauers 4. Vortrag, Über die Vorteilsgerechtigkeit im Erbrecht, 5. Okt. 1808. Die Erblehnverhältnisse, heißt es einschränkend, könnten vielleicht „nie ganz beseitigt werden . . ., wenn der Staat eigentumsberechtigte Körperschaften und Magnaten hat, für welche diese Benutzungsart diejenige ist, welche die Unabhängigkeit des Landbauers mit dem Interesse des Gutseigentümers noch am besten sichert, da sie jenen nicht wie (bei) der Zeitpacht einer beständigen Gefahr vertrieben oder gesteigert zu werden aussetzt". (GLA 236/5961.) Vgl. Erläuterungen, II, 266.

[90] Vgl. Montgelas' Stellungnahme zu den in Feuerbachs „Einleitungsvortrag" entwickelten „Hauptideen" über den Code. Montgelas lehnte zunächst die Revision des Kreittmayrschen Kodex ab, da dieses Gesetzbuch etwa in der Lehre von den Fronden und Zehnten veraltet sei und „auf die gegenwärtigen Zeitverhältnisse" nicht passe. Hierzu auch unten 143. Staatsratsprotokoll vom 6. Sept. 1810, HStA München, Staatsrat 191.)

[91] Grolman in den „Bemerkungen der Großherzoglich Hessischen Kommission . . ." auf der Gießener Konferenz, HStA Wiesbaden 371/873. Grolman fügte als Vorbild das Madrider Edikt für Berg seinem Vortrag bei; Almendingen: im Gießener Hauptbericht der nassauischen Kommission, allerdings mit Einschränkungen, vgl. hierzu unten 130. (Text des Hauptberichtes in der „Allgemeinen Bibliothek", III, 23); Dalwigk: Kritische Beurteilung der offiziellen Vorträge des Herrn Geheimrats von Almendingen an das Herzoglich Nassauische Staatsministerium über die Art der Einführung des Codex Napoleon . . ., Der Rheinische Bund 21, 195.

[92] Vgl. oben 20; H. Gollwitzer, Die Standesherren. Die politische u. gesellschaftliche Stellung der Mediatisierten 1815—1848, Göttingen ²1964, 10.

[93] Im Vergleich zu den Ablösungssummen betrugen die Ausgaben des württembergischen Staatshaushalts im Durchschnitt der Jahre 1848—52 rund 11 Mill. Gulden. — Es versteht sich von selbst, daß die Zahlen nicht einfach auf die Rheinbundzeit übertragen werden können. Sie wurden angeführt, um ein Bild von den Einnahmen der Standesherren zu vermitteln. Winkel, 50, 54 u. 69; Schremmer, 130.

[94] Nach Schremmer, 89 f.

[95] Organisationspatent, 16. Aug. 1810, Der Rheinische Bund 16, 261 f.

[96] An Danz, 2. Aug. 1809, HStA Wiesbaden 371/873.

[97] Erster Vortrag Brauers, 2. Sept. 1808, GLA 234/338. Vgl. Staatsratsprotokoll vom 16. Nov. 1808, GLA 234/10045; ferner: Erläuterungen, I, 520.

[98] Ansichten über die Art der Aufnahme des napoleonischen Gesetzbuches in den Fürstlich Primatischen, Großherzoglich Hessischen und Herzoglich Nassauischen Staaten, 1. Sept. 1809 (Entwurf), HStA Wiesbaden 151/828c. Vgl. den 9. Bericht aus Gießen an das Staatsministerium 1. Okt. 1809, ebd., 151/828c; auf den Artikel 27 wird dann in fast allen längeren Ausführungen Almendingens hingewiesen.

[99] Vgl. den Hauptbericht auf der Gießener Konferenz, Allgemeine Bibliothek . . ., III, 83.

[100] Zweiter Nachtrag der Großherzoglich Hessischen Kommission, HStA Wiesbaden 371/873, vgl. hierzu Almendingens Stellungnahme im 9. Bericht an das Staatsministerium, ebd., 151/828c.

[101] K. S. Zachariä, Das Staatsrecht der Rheinischen Bundesstaaten u. das Rheinische Bundesrecht, Heidelberg 1810, 3 ff., bes. 24—32 u. 39 f.

[102] Das Problem der standesherrlichen Privilegien zählt wohl zu den am häufigsten diskutierten Themen der Rheinbundpublizistik und Staatsrechtsliteratur. Fast jedes Heft des „Rheinischen Bundes" enthielt hierzu einen Artikel; die Mehrzahl ergriff Partei für die Standesherren.

[103] Über die Stellungnahme der Fürstlich-Primatischen Kommission vgl. Almendingens 9. Bericht aus Gießen, HStA Wiesbaden 151/828c. Ebd. auch Auszug aus dem Gießener Konferenzprotokoll v. 30. Sept. 1809. Vgl. ferner die Marginalien Dalbergs zum Bericht von Danz, 1. Okt. 1809, ebd. 371/874.

[104] Vgl. oben 21 f.

[105] Vgl. den Bericht des Generaldirektors der staatlichen Domänen, v. Witzleben: Im ganzen Reich seien „fast sämtliche Domänengüter, die Mühlen, Erbzinsen und Hauptzehnten zu dem Los Sr. Majestät des Kaisers gefallen". „Es sind im Grunde nur einige Zehnten und Geldzinsen und die hier und da zu entrichtenden Dienstgelder, besonders aber in verschiedenen Departements: Fruchtgefälle und Naturalprästationen, welche den Ertrag der Staatsdomänen noch einigermaßen bedeutend machen." (Der Rheinische Bund 16, 328.) Zu den Auseinandersetzungen über den Berliner Vertrag vgl. Berding, 31 ff.

[106] Die Patentsteuer war eine Gewerbesteuer.

[107] Vgl. etwa die Kritik Zachariäs, Staatsrecht, 183 ff. Die Kaiserliche Domänenbehörde, deren Ausbau 1810 mit der Gründung des „Domaine extraordinaire de Couronne" ihren Abschluß fand, war der westphälischen Regierung nicht unterstellt, was zu endlosen Auseinandersetzungen führte; hierzu Berding, 50 ff. u. 62 ff.

[108] Königl. Dekret v. 26. Juli 1811, Bulletin des lois du royaume de Westphalie, 1811, I, 421—23. Vgl. Berding, 43 f.

[109] Gutachten des Staatsrats, 3.—12. Juni 1812, ebd., 1812, I, 455, 421—23; Berding, 43 f.

[110] § 7 des Organisationspatents: „Die Donatarien genießen diese Güter als wahres Eigentum, welches binnen 10 Jahren mit keiner neuen Auflage beschwert werden kann; auch können sie diese ihnen eigentümlich zugehörigen Güter verkaufen, ohne daß sie von diesem Verkauf eine Abgabe entrichten." (Der Rheinische Bund 16, 261.)

[111] Staatsratsprotokoll vom 13. Juli 1811, HStA Wiesbaden 371/34.

[112] Vgl. etwa: „Mémoire en réclamation d'indemnités et autres sommes" des Grafen von Ornano, 14. Juni 1812, HStA Düsseldorf, Grht. Berg 7396. Der Kaiser habe feste Einkünfte garantiert, die der Gesetzgeber nicht einfach durch neue Gesetze aufheben könne, heißt es in der an Beugnot gerichteten Beschwerdeschrift.

[113] Über Entschädigungsansprüche der westphälischen Donatare, Berding, 81.

[114] Nach der Übersicht bei P. Darmstaedter, Das Großherzogtum Frankfurt, Frankfurt 1901. Das Fürstentum Aschaffenburg nahm im Durchschnitt der Jahre 1801—1810 106 000 Gulden aus Eigenbetrieb und Forsten, 31 500 Gulden aus grundherrlichen Domanialabgaben, 16 400 Gulden aus gerichtsherrlichen Abgaben (einschließlich der Frongelder, Mühlenzinsen und Beden) sowie 123 000 Gulden aus Regalien ein, insgesamt 560 400 Gulden. Das Landessimplum, der feste Maßstab für die Schatzung (eine kombinierte Grund-, Gebäude- und Kopfsteuer), betrug 1809 7669 Gulden. Jährlich wurden etwa 20 bis 30 Landessimplen ausgeschrieben. In Fulda betrugen zu Beginn der französischen Herrschaft die Kammereinkünfte des letzten Fürstbischofs 564 944 Francs, die des Domkapitels 231 497 Francs. Die Steuersumme belief sich auf 204 885 Francs. „Was heute die Eisenbahnen", schrieb Darmstaedter 1901, „das bedeuteten im achtzehnten Jahrhundert die Forsten, Domänen, Grundzinsen und Salinen für die südwestdeutschen Territorien. Erst in zweiter Linie wurde die Steuerkraft herangezogen." (Ebd., 172.)

[115] Allgemeine Bibliothek, III, 21.

¹¹⁶ Replik der Herzoglich Nassauischen Kommission auf den Vortrag der Großherzoglich Hessischen Kommission, StA Würzburg MRA L 1635. Vgl. auch unten 62, 130.
¹¹⁷ So die Formulierung im Organisationsentwurf vom Juni 1812, HStA Wiesbaden 210/2942.
¹¹⁸ Der „Enregistrement" besteht in dem mit bedeutenden Gebühren verbundenen Zwang, Urkunden über Rechtsgeschäfte in öffentliche Register eintragen zu lassen. Daneben bestand noch eine Stempelgebühr.
¹¹⁹ So die Formulierung im Kaiserlichen Dekret, „wodurch das Eheverbot zwischen Adeligen und Personen aus dem Bauern- oder geringern Bürgerstande aufgehoben wird" — neben dem Madrider Dekret über die Aufhebung der Leibeigenschaft im Großherzogtum Berg eines der vorbereitenden Gesetze für die Einführung des Code Napoléon. (Gesetz-Bulletin des Großherzogtums Berg, IX, 338.)

III. 3

¹ Brauer, I, 68. (Hervorhebung v. Vf.)
² 9. Bericht an das Staatsministerium über Genuß und Verlust bürgerlicher Rechte, Code Napoléon Artikel 7—33, 17. Febr. 1808, HStA Wiesbaden 151/828e—h.
³ Erläuterungen, I, 97.
⁴ Ebd., 368. Der in Klammern gesetzte Zusatz „politische" stammt von Brauer!
⁵ Zit. nach Andreas, Verwaltungsorganisation, 170 f. Es ist zu beachten, daß Brauer mit der Aufrechterhaltung der Stände nicht etwa für eine ständische Verfassung eintrat; unter Brauer wurde 1806 die breisgauische Ständevertretung aufgelöst.
⁶ So der Katalog der bürgerlichen Rechte im Staatsratsprotokoll vom 19. Jan. 1811, HStA Wiesbaden 371/34.
⁷ Vgl. oben 52 f.
⁸ Gutachten und Vorschläge zur gesetzlichen Vorschrift und Instruktion über die praktische Anwendung des Code Napoléon (Okt. 1809), StA Würzburg, MRA L 1637. Bezeichnend ist etwa die Aufhebung des privilegierten Forums nur im privatrechtlichen Bereich. Auf eine Anfrage des Justizsenats Aschaffenburg, ob eigene Zivilstandsregister für Privilegierte geführt werden müßten, antwortete der Staatsminister Albini: „Die Vorrichtungen der Zivilstandsbeamten erstrecken sich ohne Unterschied auf alle im Staat lebende Personen. Ein Forum priviligiatum kommt hier gar nicht in Betracht." Dasselbe gelte für Ehescheidungsverfahren: „Das besondere forum honoratiorum muß jetzt schon möglichst eingeschränkt, ja nicht erweitert werden." (16. Dez. 1810, HStA Wiesbaden 371/916.)
⁹ Vgl. den Staatsratsvortrag vom Okt. 1812 über „Ausfertigungen der Unterbehörden an Personen von einem ansehnlichen Amte oder Stande". Gerade in einem monarchischen Staate, hieß es in dem Vortrag, lasse sich mit der „rechtlichen Gleichheit" eine „politische Ungleichheit" der Stände vollkommen vereinbaren. (HStA München, Staatsrat 1908.)
¹⁰ Zit. nach G. Birtsch, Zum konstitutionellen Charakter des Preußischen Allgemeinen Landrechts von 1794, in: Fs. T. Schieder, München 1968, 109.
¹¹ H. Maier, Ältere deutsche Staatslehre u. westliche politische Tradition, Tübingen 1966, 15 f.
¹² Zum Allgemeinen Landrecht vgl. auch: W. Conze, Das Spannungsfeld von Staat u. Gesellschaft im Vormärz, in: ders. Hg., Staat u. Gesellschaft im deutschen Vormärz 1815—1848, Stuttgart 1962, 213 ff. Im selben Band: R. Koselleck, Staat u. Gesellschaft in Preußen 1815—1848, 80 ff.; ders., Preußen, 52 ff.

[13] Zur Interpretation als „Ersatzverfassung" Koselleck, Staat, 80 ff., u. Preußen, 25 ff. Einschränkend zum Verfassungscharakter: Birtsch, 95 ff.

[14] So: N. Th. Gönner, Über die Einführung des Code Napoleon in den deutschen Staaten der rheinischen Konföderation, in: Archiv f. d. Gesetzgebung u. Reform des juristischen Studiums, I, 1808, 177. Lobend erwähnt wird das Allgemeine Landrecht auch im Frankfurter Edikt über die Einführung des Code Napoléon; „Das Gesetzbuch des Kaisers Napoleon hat unterdessen eigene besondere Vorzüge", heißt es dann allerdings weiter. (15. Sept. 1809, Der Rheinische Bund 12, 439.) Der nassauische Staatsminister Gagern, der zunächst sehr skeptisch über den Code urteilte — er sei nur „ein Resumé des Römischen Rechts" —, gab in seinem Bericht zur Einführung des neuen Gesetzbuches an, er habe seit langem den Wunsch gehabt, ein Zivilgesetzbuch „gleich dem Codex Fridericianus" für Nassau einzuführen: „Das Erscheinen und das politische Verhältnis des Code Napoléon kommen dazwischen und befördern nun jenes Vorhaben." (Berichte vom 3. Dez. 1807 und Untertäniger Bericht die Gesetzgebung betreffend, 22. Jan. 1808, HStA Wiesbaden 151/828a.) Zum Teil hing die Zustimmung zum Allgemeinen Landrecht noch mit der Hoffnung auf die Kodifikation eines deutschen Zivilgesetzbuches zusammen, die bis ins 17. Jahrhundert zurückreicht und nach Erscheinen der ersten Entwürfe zum Landrecht allenthalben im Reich aufgekommen war. Vgl. unten 73.

[15] Seidensticker, 331 f. Vgl. etwa auch die Ablehnung des Landrechts durch Beugnot: „Il passait pour un chef d'œuvre de législation; on est revenu de cette opinion erronnée; on commence à être convaincu que le législateur prussien a méconnu les premiers principes de la législation; qu'il lui est échappé que les lois civiles ne sont pas fondées sur la volonté du législateur mais qu'elles doivent toutes découler de principes à priori, c'est-à-dire de la raison et d'une saine philosophie." (Zit. nach Schmidt, Grand-Duché, 209 f.)

[16] Gedanken über die Einführung des Code Napoléon in den Staaten des Rheinbundes, Der Rheinische Bund 3, 474 ff. (Der Vf., Kamptz, nach 7, 195.) Dem zustimmend: Über die Einführung des Code Napoléon, Europäische Annalen 1807, St. 12, Nr. 1, 227 ff. Im Oktoberheft der „Minerva" erschien 1807 ein weiterer Artikel von Kamptz: Welche Grundsätze befolgte man in der Preussischen bei der Aufnahme des Allgemeinen Landrechts? Zur Erinnerung bei der Aufnahme des Code Napoléon. (78 ff.) Zu den biographischen Daten über Kamptz, der 1811 erneut in den preußischen Justizdienst eintrat, Huber, I, 142.

[17] Vgl. hierzu das Urteil der Jenaischen Literaturzeitung: Das Landrecht sei hin und wieder gewürdigt worden, „so viel wir aber bemerkt haben, ist das Resultat der Diskussionen nie für das Preußische Landrecht ausgefallen". (Abdruck des Artikels von 1807 in: Einleitung in das Gesetzbuch Napoleons. Oder: Bemerkungen deutscher Gelehrten über die neue französische Gesetzgebung, Düsseldorf 1808, 73.)

[18] Quasi-Prüfung der im neunten Heft dieser Zeitschrift ... abgedruckten Gedanken über die Einführung des Code Napoleon in den Staaten des Rheinbundes, Der Rheinische Bund 6, 3 ff. (Zitat: 9.)

[19] Erläuterungen, IV, 543 f.

[20] Einleitung in das Gesetzbuch Napoleons, 43 f. und: Hallische Literaturzeitung 1807, Nr. 241—44.

[21] Ebd., III ff.

[22] Feuerbach, Betrachtungen, 5—9.

[23] Koselleck, Preußen, 36 f.; einschränkend hierzu Birtsch, 100 f.

[24] Betrachtungen, 61.

[25] Ebd., 63—70; zur „Publizität" der Gesetzgebung vgl. oben 34 f.

[26] Siehe unten 142 f.

[27] K. S. Zachariä, Das Staatsrecht der Rheinischen Bundesstaaten u. das Rheinische Bundesrecht, Heidelberg 1810, 45, 85 f.
[28] Vgl. etwa Almendingens Lob auf Mulzer, mit dem er nun völlig übereinstimme, 16. Bericht, 21. Nov. 1809, HStA Wiesbaden 151/828c, oder die Erklärungen der Großherzogl. Hessischen Kommission, die „das wesentlich übereinstimmende Denken" hervorhob, StA Würzburg MRA L 1635.
[29] Anzeige einer die Einführung des Kodex Napoleon in den Staaten des Rheinbundes vorbereitenden Zeitschrift, Der Rheinische Bund 8, 365 f. Vgl. ferner gegen Gönner gerichtet: Gesichtspunkte für die von teutschen Regenten zur Bearbeitung des Kodex Napoleon niedergesetzten Kommissionen, ebd., 12, 142 ff., bes. 145; Erwiderung Gönners: Mein letztes Wort über die Rezeption des Code Napoléon als Antwort auf den Aufsatz des Herrn v. Almendingen, ebd., 12, 47 ff. und die Replik Almendingens: Noch ein Wort über die Aufnahme des Napoleonischen Zivilgesetzbuches in den Staaten der rheinischen Konföderation, als Replik..., ebd., 12, 232 ff.
[30] Die Frage der Gerichtsorganisation wurde in fast allen Kommentaren zum Code (vgl. die Literaturangaben oben 162 f. Anm. 10 bis Anm. 20) diskutiert. Ausführliche Übersicht über das französische Justizwesen bei K. L. W. Grolman, Ausführliches Handbuch über den Code Napoleon, Giessen, I, 1810, XIX ff.
[31] Vgl. das Kapitel in Zachariäs Staatsrecht: Über die Einführung des öffentlichen mündlichen Verfahrens in den Gerichten der Rheinischen Bundesstaaten, 100 ff. (Zitat: 119.)
[32] Anzeige einer die Einführung des Kodex Napoleon in den Staaten des Rheinbundes vorbereitenden Zeitschrift, Der Rheinische Bund 8, 368; vgl. auch den Aufsatz der Jenaischen Literaturzeitung: Der Code Napoléon „zeigt sich als die Legislation, bei der es darauf ankam, den Privatzustand mehr in rechtliche Harmonie mit der jetzigen Verfassung und Regierung zu bringen..." (Einleitung in das Gesetzbuch Napoleons, 87). Ähnlich die Hallische Literaturzeitung: Der Plan eines französischen bürgerlichen Gesetzbuches war besonders wichtig „für eine Nation, die ihre bisherige Regierungsform ganz verändert". (Ebd., 137.)
[33] Anzeige, 367; zur Gewaltenteilung auch der 1. Bericht Almendingens an das Staatsministerium, 6. Jan. 1808, HStA Wiesbaden 151/828e—h. Ähnlich Grolman, Ausführliches Handbuch, XIX—XXI; grundsätzlich zur Gewaltenteilung auch Behr, Das teutsche Reich u. der rheinische Bund, Der Rheinische Bund 7, 99 ff.
[34] Vgl. auch den Gießener Vortrag: Über die Schwierigkeiten u. Gefahren der übereilten und unvorbereiteten Einführung des Kodex Napoleon in den Staaten des Rheibundes, Allgemeine Bibliothek, I, 25 f.
[35] Noch ein Wort über die Aufnahme des Napoleonischen Zivilgesetzbuches, 254 f. Vgl. auch die Reverenz vor Montesquieu in Almendingens Erwiderung auf den Hauptvortrag der Hessischen Kommission in Gießen: Um den Zusammenhang zwischen Code civil und französischer Grundverfassung zu erkennen, sei ein „philosophischer Blick [notwendig], welcher alle Wechselwirkungen der Sitten und Gesetze, alle oft dem Gesetzgeber selbst verborgenen Beziehungen der Doktrin und der Einrichtungen, der Grundverfassung, der Regierungsmaximen, des Abgabensystems, in ihren feinsten Verbindungen überhaupt [durchschaut], dem es nicht verborgen bleibt, wie Eins durch das Andere gestaltet wird, wie Alles Einzelne aus dem Ganzen hervorgeht, und in das Ganze zurückwirkt, wie durch eine große unsichtbare Kette in der Zeit wie im Raum, das Aufeinanderfolgende, wie das zusammen Existierende, auch ein Gebilde der Staaten wechselseitig bedingt und zusammengehalten ist... Eine solche Aufgabe würde die Lebensjahre eines Montesquieu würdig beschäftigen." (StA Würzburg MRA L 1635.)
[36] Die Erwiderungen Almendingens auf die Frankfurter und hessischen Hauptvorträge gehören zu seinen interessantesten Konferenzbeiträgen: „Unvorschreibliche Be-

merkungen der Herzoglich Nassauischen Kommission über die Eröffnungen u. Mitteilungen der verehrten Fürstlich Primatischen Kommission", 17. Sept. 1809, und „Vortrag der Herzoglich Nassauischen Kommission über die Bemerkungen der Großherzoglich Hessischen Kommission, über die Vorfragen, welche deutsche Regierungen bei einer beabsichtigten Einführung des Code Napoléon zu entscheiden haben". (StA Würzburg MRA L 1635.)

[37] Vgl. vor allem den in der vorigen Anmerkung zitierten Vortrag zu den Bemerkungen der hessischen Kommission und das Grundsatzreferat: Über den organischen Charakter des Kodex Napoleon oder über das Eingreifen desselben in Staatsgrundverfassung, religiöse Gesetzgebung, Gerichtsverfassung, Finanzsystem, Administration, Staatswirtschaft, Volkssitten u. Kultur der Wissenschaft, Allgemeine Bibliothek, II, 32 ff.

[38] Über den organischen Charakter, 76.

[39] Vortrag zu den Bemerkungen der hessischen Kommission.

[40] Über den organischen Charakter, 74.

[41] Vortrag zu den Bemerkungen der hessischen Kommission.

[42] Über den organischen Charakter, 63 f.

[43] Vgl. Stickels Bericht aus Gießen an Dalberg, 1. Okt. 1809, HStA Wiesbaden 371/874. Vgl. ferner das Konferenzprotokoll vom 30. Sept. 1809 über die konstitutionellen Pläne Dalbergs, ferner Almendingen 9. Bericht aus Gießen, 1. Okt. 1809, ebd., 151/828c und Mulzers „Gutachten und Vorschläge", Okt. 1809, StA Würzburg, MRA L 1637, vgl. unten 116 f.

[44] Ministerialreskript v. 2. Aug. 1811; vgl. hierzu Almendingen an das Staatsministerium, 28. Nov. 1812, HStA Wiesbaden 210/2942.

[45] Frhr. v. Dalwigk, Auch etwas über die Rezeption des Code Napoleon in den rheinischen Bundesstaaten, Der Rheinische Bund 7, 301; über Art und Weise der Rezeption des Code war Dalwigk allerdings anderer Ansicht als Almendingen, vgl. unten 132.

[46] Ausführliches Handbuch über den Code Napoleon, XI f.

[47] Vgl. Ziechen, 308 ff.

[48] Der Rheinische Bund 1, 5; vgl.: Aufhebung der Landständischen Verfassung im ganzen Umfange des Großherzogtums Hessen, 381 ff. mit ausführlichem Überblick zum Flugschriftenstreit, ob die neue Souveränität mit den Landständen vereinbar sei.

[49] J. H. Z., Ideen zu einem Staatsrecht des Rheinischen Bundes, 14, 9 f. Ähnlich: Über deutsche Landstände vom Herrn Geh. Rat u. Konsistorialpräsidenten Gruner in Koburg, 22, 112 ff. Gruner betont, daß man alte und neue Verfassung nicht miteinander verschmelzen könne: „Auf den Fürsten kommt es immer hauptsächlich an, wie das Land regiert werden soll." Und: „Nur ein Wille soll im Staate sein, der die verschiedenen Kräfte gleichmäßig zum großen Zwecke hinleitet." (Ebd., 142, 149.) Die Forderung nach Pressefreiheit auch in zahlreichen anderen Aufsätzen, vgl. bes.: Betrachtungen über die Souveränität der Rheinischen Bundesgenossen, 2, 458; Gedanken über das künftige Fundamentalstatut des rheinischen Bundes, 3, 471; noch einige Gedanken über den Rheinischen Bund ..., 4, 232; vgl. auch Häberlins „Staats-Archiv": das Zeitalter bedürfe der „monarchischen Regierungsform"; das Repräsentativsystem bedeute „Anarchie"; die „Freiheit der Länder beruht danach wesentlich auf der Freiheit des Geistes, die nicht möglich ist ohne Freiheit der Presse". (Von den höchsten Interessen des teutschen Reiches, mit einigen Anmerkungen des Herausgebers, in: Häberlin, Staats-Archiv, 15, 1806, 376 ff.)

[50] Die Auffassung vom Gesetzesstaat, in dem sich der souveräne Monarch an „Fundamentalgesetze" bindet, wurde auch von Brauer im neunten badischen Konstitutionsedikt vertreten, vgl. Andreas, Verwaltungsorganisation, 184 f.

⁵¹ Winkopp, Über die Nationalrepräsentation in den Staaten des Rheinischen Bundes, 19, 470. Vgl. Fragmentarische Gedanken über verschiedene Gegenstände, 6, 267 ff. u. 7, 27 ff.

⁵² Zweiter Reichstag des Königreichs Westphalen, 14, 301 ff.

⁵³ Über den organischen Charakter des Kodex Napoleon, Allgemeine Bibliothek, II, 61.

⁵⁴ HStA Wiesbaden 210/2942; die klassische Formulierung über die Weisungsfreiheit findet sich in den „Politischen Ansichten über Deutschlands Vergangenheit, Gegenwart und Zukunft": „Die Gewählten erhalten weder eine geheime noch eine offene Instruktion. Es wird ihnen nicht vorgeschrieben, wohin, oder wie sie wirken, oder wie sie votieren sollen. Sie versprechen nicht, diesen oder jenen Lieblingswunsch durchzusetzen. Es wird weder ihre Einsicht, noch ihre Eigenliebe bestochen." (Politische Ansichten, 405.)

⁵⁵ Die Stände wurden von den Departements-Kollegien gewählt, den Vertretungskörperschaften der einzelnen Verwaltungsbezirke des Landes. Die Mitglieder der Departements-Kollegien wurden aus Vorschlagslisten der Präfekten vom Monarchen ernannt (Art. 41 u. 44 der westphälischen Verfassung).

⁵⁶ Es stand dem Monarchen frei, die Stände zusammenzuberufen, zu vertagen oder aufzulösen (Art. 32 der westphälischen Verfassung).

⁵⁷ Raumer, Deutschland, 318; Huber, I, 88.

⁵⁸ Koselleck, Preußen, 194 ff.

⁵⁹ Huber, I, 317.

⁶⁰ H. Brandt, Landständische Repräsentation im deutschen Vormärz. Politisches Denken im Einflußfeld des monarchischen Prinzips, Neuwied 1968, 193. Vgl. u. a.: J. Ch. Frhr. v. Aretin, Abhandlungen über wichtige Gegenstände der Staatsverfassung u. Staatsverwaltung mit besonderer Rücksicht auf Bayern, München 1816; W. J. Behr, Staatswissenschaftliche Betrachtungen über Entstehung u. Hauptmomente der neuen Verfassung des baierischen Staates, Würzburg 1818; ders., Bedürfnisse u. Wünsche der Bayern, begründet durch freimüthige Reflexionen über die Verfassung, die Gesetzgebung u. Verwaltung des bayerischen Staates, Stuttgart 1830; K. H. L. Pölitz, Die Staatswissenschaften im Lichte unsrer Zeit, 5 Bde, Leipzig 1823/24; ders., Staatswissenschaftliche Vorlesungen für die gebildeten Stände in konstitutionellen Staaten, 3 Bde, Leipzig 1831—33; J. L. Klüber, Öffentliches Recht des Teutschen Bundes u. der Bundesstaaten, Frankfurt a. M. 1817; K. S. Zachariä, Über die erbliche Einherrschaft mit einer Volksvertretung, Allgem. polit. Annalen, IX, 1823, 201—248. Ders., Vierzig Bücher vom Staate, 5 Bde, Stuttgart 1830—32; P. A. Feuerbach, Über teutsche Freiheit und Vertretung teutscher Völker durch Landstände, in: Kleine Schriften vermischten Inhalts, Neudr. d. Ausg. v. 1833, Osnabrück 1966, 73 ff.; [L. Harscher v. Almendingen], Politische Ansichten über Deutschlands Vergangenheit, Gegenwart und Zukunft, Wiesbaden 1814.

⁶¹ Gehorsamster Bericht auf das Ministerialresolut vom 2. August 1811; 1. Teil: Administrative und gerichtliche Organisation des Herzogtums Nassau nach dem Muster der französischen Staatsverwaltung, 2. Teil: Zu den Abweichungen zwischen dem nassauischen und dem französischen Staatsorganismus, 3. Teil: Begutachtung der Frage, ob die Einführung einer repräsentativen Konstitution im Herzogtum Nassau rätlich sei. HStA Wiesbaden 210/2942.

⁶² Eine aus der französischen Staatstheorie der Enzyklopädisten stammende Bezeichnung, die von bayerischen Staatsmännern gern benutzt wurde, z. B. auch von dem eher konservativen Grafen Arco, dem Schwiegervater Montgelas', im Gegenvotum zu Feuerbachs Einleitungsvortrag über den Code Napoléon, HStA München, Staatsrat 191.

⁶³ So der Ausdruck Zentners, ebd. Der bayerische Publizist Johann Christ. Frhr. von

Aretin sprach von einem „konstitutionellen Monarchismus" im Gegensatz zu den „Feudal-Monarchien". (Die Plane Napoleon's u. seiner Gegner besonders in Teutschland u. Oesterreich, München 1809, 11.)

[64] Almendingen spricht auch von einer „publizistischen" Verfassung.

[65] Politische Ansichten, 422; vgl. Brandt, 194 f.

[66] Ebd., 424.

[67] Vgl. Politische Ansichten, 407: Der Intelligenz ohne Vermögen dürfe kein staatspolitischer Einfluß eingeräumt werden, weil „das in die größern Schwungräder des Staatsorganismus hineingeflochtene Talent" gefährlich sei, da es „beim Untergang der gegenwärtigen gesellschaftlichen Ordnung nur gewinnen, beim Fortbestand derselben nur verlieren kann".

[68] „... für Staatsmänner entscheidet nicht mehr Geburt, sondern Verdienst, und der zahlreichere, durch die Art seiner Erziehung, durch Übung mannigfaltiger Talente, durch Kunst und Wissenschaft übermächtige Bürgerstand, muß in diesem Wettstreite einen bedeutenden Vorsprung gewinnen". (Betrachtungen über den Geist des Code Napoleon, 41.)

[69] Politische Ansichten, 372.

[70] Ebd., 407. Vgl. auch das Begleitschreiben Almendingens zur Übersendung des Organisationsentwurfs vom 28. November 1812, in dem er über die „großen Schwierigkeiten" klagt „in der Anpassung dieses Modells [der französischen Staatsverfassung] auf ein kleines Land, dem der Raum der Bevölkerung, die Umgebung und die Selbständigkeit fehlt, ohne welche Frankreichs jetzige Staatsverfassung, Verwaltung und Justizorganisation nicht hätten entstehen können".

III. 4

[1] Vgl. gegen die „Verfechter der Teutschheit": [Joh. Chr. Frhr. v. Aretin], Die Plane Napoleon's u. seiner Gegner besonders in Teutschland u. Oesterreich, München 1809, 58; offene Angriffe gegen den Code sind allerdings wegen der Pressezensur in der Flugschriftenliteratur kaum zu finden, sie sind lediglich indirekt zu erschließen. Über die weit verbreitete Ablehnung gegen „ausländische Einrichtungen" auch N. Th. Gönner, Über die Constitution des Königreichs Baiern vom 1. Mai 1808 u. die mit derselben verbundenen Edikte, Archiv f. d. Gesetzgebung u. Reform des juristischen Studiums, III, Landshut 1810, 345.

[2] Bericht Gagerns v. 3. Dez. 1807, HStA Wiesbaden 151/828a.

[3] Untertänigster Bericht die Gesetzgebung betreffend, 22. Jan. 1808, ebd.

[4] Vgl. die Kontroverse zwischen Kamptz und seinen Gegnern im „Rheinischen Bund", oben 58. Von der Rücksicht auf „vaterländische" oder „teutsche" Institute, worunter stets die Lehen, Privilegien des Adels oder die alte Gerichtsverfassung verstanden wurden, sprechen auch einige Einführungsedikte zum Code Napoléon, z. B. im Großherzogtum Frankfurt, vgl. unten 117.

[5] Erster Nachtrag der Großherzoglich Hessischen Kommission zum Vortrag der Fürstlich-Primatischen Kommission, HStA Wiesbaden 371/873.

[6] Über die Einführung des Code Napoleon in den Staaten der rheinischen Conföderation, Archiv f. d. Gesetzgebung u. Reform des juristischen Studiums, I, 1808, 186.

[7] Die Plane Napoleon's, 26.

[8] Vgl. etwa das Lob auf die Verfassung des alten Reichs und auf das „alte Ständewesen". „Nicht eine mangelhafte Staatsverfassung, nicht der Abgang heilsamer Gesetze, sondern Stolz und Eroberungssucht haben die Furien der Zwietracht im Schoße des Röm. Reiches genährt." Gerade die Verteilung in Kleinstaaten „war der Nation

an sich nie in ihrem Wohlstande hinderlich. Das Gegenteil davon liegt sonnenklar am Tage. Keine unumschränkte Monarchie hatte so viele wohlhabende glückliche Einwohner als Deutschland bisher aufzuweisen." An anderer Stelle erscheint wiederum der Josephinismus als Vorbild. (M. Riegel, Der Buchhändler Johann Philipp Palm, mit einem vollständigen Abdruck der Schrift „Deutschland in seiner tiefsten Erniedrigung", Hamburg 1938, 138 u. 183.)

[9] So K. S. Zachariä, Das Staatsrecht der Rheinischen Bundesstaaten u. das Rheinische Bundesrecht, Heidelberg 1810, 61 f. u. 63; ähnlich: Die Plane Napoleon's, 28.

[10] Gönner, Über die Einführung des Code Napoleon, 191. Ähnlich auch Mulzer, Kurze Darstellung der Napoleonischen Gesetzgebung in Beziehung auf die Rezeption des Code Napoleon in teutschen Landen, HStA Wiesbaden 371/873. Der Ausdruck „droit écrit" meint das im Süden Frankreichs geltende geschriebene römische Recht im Gegensatz zum Gewohnheitsrecht, dem „droit coutumier", im Norden.

[11] Gönner, 193.

[12] In dem gegen Kamptz gerichteten Artikel: Quasiprüfung der im neunten Heft dieser Zeitschrift abgedruckten Gedanken über die Einführung des Code Napoléon in den Staaten des Rheinbundes, Der Rheinische Bund 6, 19: Der Code habe „allgemeine, aus der Natur nicht des Franzosen, sondern des Menschen, aus dem innern Wesen des Geschäftes, der mutmaßlichen Absicht des Kontrahenten, hervorgehende humane, möglichst kurze und faßliche Grundsätze aufgestellt". „In der Regel wenigstens ist es wahr, daß das, was einen Staat glücklich macht, auch deren mehrere glücklich machen kann. Weise Gesetze für einen Staat sind es also auch in der Regel für mehrere."

[13] „Die Vernunftgesetze (des Code Napoléon) passen für alle Zonen." (Versuch eines Beweises einer Skizze, daß die Hoffnung auf einen ewigen Frieden eine Chimäre, die Hoffnung auf einen langen Frieden, auf den Rheinischen Bund gegründet, Realität sei. V. Geh. Regierungsrat Schue, Der Rheinische Bund 15, 372.)

[14] G. D. Arnold u. F. v. Lassaulx, Ansichten über die Einführung des Codex Napoleon in teutschen Landen, Der Rheinische Bund 16, 3.

[15] Frhr. v. Dalwigk, Auch etwas über die Rezeption des Code Napoléon in den rheinischen Bundesstaaten, Der Rheinische Bund 7, 296.

[16] Der Rheinische Bund 10, 147 f. Zur Doppeldeutigkeit des Begriffs „wohlerworbene Rechte" in diesem Gutachten vgl. oben 43.

[17] Vgl. oben 61.

[18] So Almendingen in Gießen, „Vorerinnerung", HStA Wiesbaden 151/828c.

[19] Vgl. De l'Esprit des lois, liv. 19, chap. 12, 14, 27.

[20] Über den organischen Charakter des Kodex Napoleon, Allgemeine Bibliothek, II, 51.

[21] J. G. Pahl, Über das Einheitsprinzip in dem Systeme des Rheinischen Bundes, Nördlingen 1808, 32 f u. 69.

[22] Dr. Schmidt, Kurze Betrachtung über die Einführung des Code Napoléon in den rheinischen Bundesstaaten, Der Rheinische Bund 13, 63 ff. Auch Almendingen stellte in seinem ersten Bericht an das Staatsministerium noch die subsidiäre Geltung des Code zur Diskussion; ebenso Mulzer in seiner „Kurzen Darstellung der Napoleonischen Gesetzgebung", Allgemeine Bibliothek, II, 5 ff. Beide glaubten aus politischen Rücksichten den Plan ablehnen zu müssen.

[23] „Das Völkerrecht mißbilligt den Zwang, dessen der Eroberer zur Einführung fremder Gesetze im eroberten Staat sich bedient. Un état, qui en a conquis un autre, sagt Montesquieu, continue à le gouverner selon les lois et ne prend pour lui l'exercice du gouvernement politique et civil." (Auch etwas über die Rezeption des Code Napoléon, 294.)

[24] Ebd., 301; ähnlich etwa auch Frhr. v. Eggers, Deutschlands Erwartungen vom

Anmerkungen zu Seite 72—74

Rheinischen Bunde, o. O. 1808, 41 f.: „Wollen die Bundesfürsten Einen Staat ausmachen, sollen die Deutschen Eine Nation sein, so müssen alle Ein Gesetz haben, wie Eine Sprache." „Die Verschiedenheit der Sitten, der Länder, der Kulturen ist keineswegs von der Art, daß sie dieser Einheit im Wege stehn." Eggers schlägt dann gleichfalls auf die jeweiligen Verhältnisse passende Modifikationen vor.

[25] Erläuterungen, I, 7 f. u. 9.

[26] Vortrag der Herzoglich Nassauischen Kommission, Allgemeine Bibliothek, II, 3.

[27] Zum Modifikationsproblem, vgl. unten 125 f.

[28] Vgl. z. B. Behr, Das teutsche Reich, 126: Vor der Unterdrückung der kleineren durch mächtigere Staaten schütze die „Garantie" einer dritten Macht: das Protektorat.

[29] Anzeige einer die Einführung des Kodex Napoleon in den Staaten des Rheinbundes vorbereitenden Zeitschrift, Der Rheinische Bund 8, 361 f.

[30] Text in der Beilage III bei K. Frhr. v. Beaulieu-Marconnay, Karl v. Dalberg u. seine Zeit, I, Weimar 1879, 253—63.

[31] E. Schwartz, Die Geschichte der privatrechtlichen Kodifikationsbestrebungen in Deutschland u. die Entstehungsgeschichte des Entwurfs eines bürgerlichen Gesetzbuchs für das Deutsche Reich, Archiv f. Bürgerliches Recht 1. 1889, 1 ff. (Zu Conring und Leibniz, 40 ff.)

[32] Göttingische Gelehrte Anzeigen v. 1. Juli 1784, Schwartz, 46.

[33] J. F. Reitemeier, Über die Redaktion eines Deutschen Gesetzbuches, Frankfurt 1800. Vgl. später: Das Napoleonsrecht, als allgemeines Recht, insbesondere in Deutschland betrachtet, Frankfurt 1809.

[34] Kurze Darstellung der Napoleonischen Civilgesetzgebung in Beziehung auf die Rezeption des Code Napoléon in teutschen Landen, Allgemeine Bibliothek, II, 3.

[35] Quasiprüfung, Bd. 6, 20. Die Stelle wurde oft zitiert, z. B. in Brauers Erläuterungen über den Code Napoléon, IV, 545.

[36] Seidensticker, 482, vgl. auch die Jenaische Allgemeine Literaturzeitung von 1807: Die Rezeption sei eine „gemeinschaftliche Angelegenheit des gesamten Bundes". (Textausschnitt: Einleitung in das Gesetzbuch Napoleons, Düsseldorf 1808, 58.)

[37] Vgl. zu den Widerständen der größeren Rheinbundstaaten gegen die Pläne zum Ausbau des Rheinbundes oben 14.

[38] Bericht vom 13. Jan. 1809 an das Staatsministerium, HStA Wiesbaden 151/828d; auch Mulzer hielt ein „Bundesgesetzbuch" für kaum realisierbar (Darstellung, 5 ff.); Gönner nannte das bürgerliche Gesetzbuch zwar „ein großes National-Bedürfnis der Teutschen" (Einführung, 183), wandte sich aber im „Rheinischen Bund" gegen ein gemeinsames Vorgehen der Einzelstaaten. Jeder Einzelstaat und nicht der Bund sei für die Rezeption verantwortlich. (Mein letztes Wort über die Rezeption des Code Napoléon, Der Rheinische Bund 12, 49.)

[39] Vgl. Gagerns Memoiren „Mein Antheil an der Politik", 3 Bde, Stuttgart 1823—30, über die norddeutschen Kleinstaaten und die Besprechungen mit Talleyrand im Warschauer Hauptquartier; ebd. I, 156 ff. H. Rößler, Zwischen Revolution u. Reaktion. Ein Lebensbild des Reichsfreiherrn Hans Christoph v. Gagern, Göttingen 1958, 110; M. Bernath, Die auswärtige Politik Nassaus 1805—1812, Nass. Ann. 63. 1952, 106 ff., bes. 132 ff.

[40] Vgl. Almendingens Entwürfe zu einem „Ministeriellen Zirkularschreiben an die sämtlichen Ministerien der zum Fürstenkollegium gehörenden Souveräne", Anlage 4 zum Bericht vom 13. Januar 1809. Hierzu auch die Bemerkungen Dalwigks vom 31. Dez. 1808 zur Gegennote der badischen Regierung, die eine Teilnahme an der Gießener Konferenz ablehnte: Nassau solle als Präsidium der Fürstenbank sämtliche Herzöge, Fürsten und Kommissarien zu gemeinschaftlichem Vorgehen „drängen". HStA Wiesbaden 151/828d.

Anmerkungen zu Seite 74—75

[41] Bericht Gagerns vom 3. Dez. 1807, ebd. 151/828a.
[42] Quasiprüfung, Der Rheinische Bund 6, 20; Schmidt, ebd. 13, 68; Almendingen lehnte in seinem Artikel: Noch ein Wort über die Aufnahme des Napoleonischen Civilgesetzbuches, ebd. 12, 258, eine „Bundesgesetzgebungskommission" ab. Eine Gesetzgebungskommission könne nur von den einzelnen souveränen Regierungen eingesetzt werden. Dann wäre die Souveränität „gerettet" und dennoch „die Nationaleinheit hergestellt".
[43] Den Ausdruck „Kongreß" übernahm Almendingen von Lassaulx; vgl. seinen Bericht vom 12. Jan. 1809, außerdem Lassaulx' und Arnolds Aufsatz im Rheinischen Bund 16, 20 f.
[44] Zur Diskussion über das Bundesgericht vgl. besonders: Der Rheinische Bund 6, 33 ff. u. 14, 104 ff.; außerdem die von Crome und Jaup hg. Zeitschrift „Germanien", Bd. 3, Heft 2, Nr. 8. Die Frage wurde fast in allen staatsrechtlichen Schriften erörtert, vgl. J. Zintel. Entwurf eines Staatsrechts für den rheinischen Bund, [München] 1807, 25 ff. und Behr, Das Teutsche Reich und der rheinische Bund, Der Rheinische Bund 7, 112 ff. In Niklas Vogts „Europäischen Staatsrelationen" wurde die Frage offen gelassen. (Was ist und kann in dem Rheinischen Bunde von der alten deutschen Reichsverfassung übernommen werden, Europäische Staatsrelationen 3. 1808, 45 ff.) Bernath, Napoleon, 1 ff., zur Bundesgerichtsfrage 8 f.
[45] Behr, 114.
[46] Mulzer, 22, und Almendingen, Ansichten, Allgemeine Bibliothek, I, 155; ders., Hauptbericht über die die Einführung des Code Napoléon betreffenden Konferenzen in Giessen und über die Resultate derselben, ebd., III, 95 f.; für einen gemeinsamen Kassationshof traten auch Seidensticker, 423, u. Lassaulx, 10 f., ein.
[47] Ansichten, 170.
[48] Insgesamt wurden acht primatische Aufsätze eingereicht, darunter „Bemerkungen über Kassationsgerichte u. Vorschlag eines gemeinsamen Revisionsgerichts", HStA Wiesbaden 151/828c, hierzu Almendingens 4. Bericht aus Gießen an das Staatsministerium v. 15. Sept. 1808. Noch auf einer Unterredung mit Almendingen im Frühjahr 1810 kam Dalberg auf die Schiedsgerichtspläne zurück. Er setzte eine zweitägige Konferenz an, zu der er auch seine Staatsminister Eberstein und Albini sowie den Weihbischof Kolborn zuzog. Hierzu Almendingens Bericht v. 27. April 1810 (ebd. 151/828d) und die dem Fürstprimas eingereichten Denkschriften Almendingens zu dieser Frage v. 18. und 20. April 1810 (ebd. 151/828d).
[49] Vgl. z. B. den 2. Bericht aus Gießen vom 6. Sept. 1809, dem Almendingen einige „Reflexionen und Bemerkungen" anfügte, die er nicht verschweigen könne. Sie enthalten eine sehr kritische Beurteilung der Persönlichkeit Dalbergs. „So wünschenswürdig es ist", schrieb Almendingen, „daß Fürsten bei wichtigen Geschäften selbst denken, so bedenklich ist es, wenn sie selbst ausführen, handeln und sogar schreiben." „Der Fürst-Primas hat jeweils die besten Absichten, allein das Geschäft kennt er nicht; er scheint sich selbst nicht zu trauen, daher das Geheimnis, mit dem er seine Vorschläge umgibt." Im 5. Gießener Bericht heißt es anläßlich des Einführungsedikts den Code Napoléon betreffend: „Dieser gutdenkende, aber die Sache nicht logisch und klar durchschauende Regent hat eine Handlung vorgenommen, deren Folgen er höchst wahrscheinlich bitter zu seiner Zeit bereuen wird." (HStA Wiesbaden 151/828c.) Es ist immerhin auffallend, wie offen sich Almendingen in offiziellen Berichten an das Staatsministerium über die Politik Dalbergs äußert. Die „politischen Fehler" Dalbergs in der Rheinbundpolitik werden auch von seinem eigenen Staatsminister Eberstein sehr scharf kritisiert. Dalberg sei „nur Dilettant" gewesen! (K. Beck, Zur Verfassungsgeschichte des Rheinbundes, Mainz 1890, 27.) Vgl. auch die folgende Anmerkung. Das in der jüngeren Forschung sehr positive Dalbergbild wird zumindest für den Dalberg der Rheinbund-

ära nicht bestätigt. (W. Hertel, Karl Theodor v. Dalberg zwischen Reich u. Rheinbund, Diss. Mainz 1952; K. O. Frhr. v. Aretin, Heiliges Römisches Reich 1776—1806, Wiesbaden 1967, 448 ff. Kritische Einschränkungen zum Dalbergbild Hertels bei: Wohlfeil, Untersuchungen, 80 ff. Wohlfeil spricht von dem „Treuekomplex" Dalbergs gegenüber Napoleon.)

[50] Sowohl Stickel wie von Gruben, berichtete Almendingen am 11. Sept. 1809 an das Staatsministerium, hätten ihm vertraulich mitgeteilt, daß sie die Ansichten Dalbergs gar nicht teilten. Die Räte hätten die Unausführbarkeit der Vorschläge Dalberg vorgehalten, aber der Fürstprimas habe auf seiner Ansicht bestanden. (151/828c.)

[51] 4. Bericht Almendingens, 151/828c.

[52] Vgl. Behr, Der Rheinische Bund 7, 109 u. 8, 19.

[53] Ebd., 436; Klagen über die fortlaufende Isolierung im Rheinbund, welche die gemeinsame Rezeption des Code verhindere, auch bei Mulzer, 3 f. Die Notwendigkeit einer „Volksrepräsentation" und die Einrichtung eines Kassationshofs zur Wahrung der Rechtseinheit im Rheinbund, auch bei Seidensticker, 417 u. 423. Die Jenaische Literaturzeitung proklamierte „die Erreichung möglichster Rechtseinheit, worin ohne Zweifel eines der stärksten und solidesten Verbindungsmittel des ganzen föderativen Systems besteht". (Einleitung in das Gesetzbuch Napoleons, Düsseldorf 1808, 57.)

[54] Vgl. den Entwurf eines Einführungsedikts vom Januar 1809, HStA Wiesbaden 151/828d.

[55] Ebd., 151/828c.

[56] Der Rheinische Bund 7, 302. Skeptischer äußerte sich Grolman in Gießen über die Realisierbarkeit des Programms: „Man muß aber nicht übersehen, daß die große Idee einer Einheit des Rechts und der Verfassung in dem ganzen großen Föderativsystem immer nur als Idee betrachtet werden kann, der man sich nur annähern, welche man aber nie in der Wirklichkeit und Endlichkeit vollständig darstellen kann." (Schließliche Erklärungen der Großherzoglich Hessischen Kommission, StA Würzburg MRA L 1635.) Die Anhänger des Code in den größeren Rheinbundstaaten hüteten sich natürlich davor, Almendingens Programm zu unterstützen. Brauer hielt Almendingens Ziel, die Assimilation an französische Organisation und Staatsverfassung, für ebenso „unerreichbar" wie „das Wiederfinden des verlorenen Paradieses oder des ewigen Friedens". (Erläuterungen, IV, 552.) Wenn Feuerbach von „National-Sinn, National-Patriotismus und Gleichheit der Gesetze sprach", oder auch Montgelas von dem Nutzen des neuen Zivilgesetzbuches für eine „gleichförmige Ausbildung der Nation und des Nationalcharakters", so meinten sie allein die bayerische Nation. (Vgl. etwa das Staatsratsprotokoll v. 17. Jan. 1811, HStA München, Staatsrat 207.)

[57] Vgl. vor allem die Einleitung zum ersten Band des Archivs des rheinischen Bundes von 1806. Das Reich Karls des Großen sei das Vaterland der Franken gewesen, „welche einstens auszogen, um in Gallien ein Reich sich zu gründen". Die Wiederherstellung dieses Reiches sei ein „Wiederherstellen dessen, was schon war. Die Geschichte des teutschen Reichs ist die Geschichte eines Kreislaufs von Begebenheiten, der uns zurückführt, woher wir ausgegangen waren." (5 f.) Ähnlich K. H. Pölitz, Handbuch der Geschichte der souveränen Staaten des Rheinbundes, I, Leipzig 1811, V ff.

[58] Vgl. Bernath, Napoleon, 7 ff.; H. J. Peters, Niklas Vogt u. das rheinische Geistesleben 1792—1836, Mainz 1960, 47 ff.

[59] K. Schib, Johannes v. Müller 1752—1809, Schaffhausen 1967, 242 ff. u. 282 ff.

[60] Vgl. über Reinhard, den Gesandten Napoleons in Kassel, und über seinen Briefwechsel mit Johannes v. Müller und Goethe, auch Bernath, 2 ff.

[61] So im Schlußkapitel seines Abrisses der deutschen Geschichte von 1810, Bernath, 14; vgl. auch seine Aufsatzsammlung: „Die deutsche Nation u. ihre Schicksale", Frankfurt a. M. 1810, 430 f.: Einem jeden aufgeklärten Patrioten müsse es eine frohe Aus-

Anmerkungen zu Seite 76—79

sicht gewähren, daß mit der Zerstörung der alten Verfassung auch jede „Feudalanarchie" und „privilegierte Religionszwietracht" aufgehört habe zu bestehen. Vgl. Peters, 73.

[62] Über die Tendenz der jetzigen Zeitereignisse, Der Rheinische Bund 20, 361 f.

[63] Der Rheinische Bund 16, 8 u. 18.

[64] Vortrag der Herzoglich Nassauischen Kommission über die Art der Aufnahme des Napoleonischen Gesetzbuches, Allgemeine Bibliothek, II, 5 f., und: Ansichten über die Bedingungen u. Voraussetzungen des Kodex Napoleon in den Staaten des Rheinbundes, HStA Wiesbaden 151/828c.

[65] Über die Einführung des Code Napoléon, 188 u. 189 f.

[66] In der Staatsrechtsliteratur war der bundesstaatliche Charakter des Rheinbundes umstritten. Berg, Zintel und Behr nannten den Rheinbund einen Staatenbund bzw. einen Völkerbund. Als Vertreter der „unitarischen" Richtung (vgl. Bernath, 10 ff. u. 16) gilt Winkopp, der aber immer noch von einem „Föderativstaat" sprach (Der Rheinische Bund 14, 144 ff., u. 3, 462). Auch die Befürworter eines „teutschen" oder „germanischen" Bundes (Zachariä, Pahl) behielten den Ausdruck „Föderativsystem" bei. Schon die Einordnung des rheinbündischen in ein europäisches „Föderativsystem" ließ eine eigentlich „unitarische" Richtung nicht zu. Vgl. zu dieser Diskussion besonders: G. H. Berg, Abhandlung zur Erläuterung der rheinischen Bundesakte, Hannover 1808, 2 ff.

[67] Das teutsche Reich und der rheinische Bund, Der Rheinische Bund 7, 112.

[68] Ebd., 8, 23; Pahl, Über das Einheitsprinzip, 72—74; Eggers, Deutschlands Erwartungen vom Rheinischen Bunde, 19 f.; Gedanken über das künftige Fundamentalstatut, Der Rheinische Bund 3, 462; Aphorismen über deutsche Nationaleinheit als Zweck des rheinischen Bundes, ebd. 5, 371 ff. und in vielen anderen Aufsätzen des Rheinischen Bundes. Vgl. Bernath, 10 ff.

[69] 16. Jan. 1814, HStA Wiesbaden 371/897.

[70] Unter „Nationalität" versteht Almendingen die „Lebensweise eines Volkes", der „Zeitgeist" „geht aus den Veränderungen hervor". In den „Politischen Ansichten" stellt er gegen die „nationalen" Verteidiger der alten Ordnung die Maxime auf: „Nie darf man der Nationalität wegen am Zeitgeist verzweifeln, aber auch nie des Zeitgeistes wegen die Nationalität unterdrücken." (Politische Ansichten, 189 f.)

[71] A. W. Rehberg, Über den Code Napoleon u. dessen Einführung in Deutschland, Hannover 1814, 91.

[72] J. Stern Hg., Thibaut u. Savigny. Ein programmatischer Rechtsstreit aufgrund ihrer Schriften, Nachdruck: Darmstadt 1959.

IV. 1

[1] Vgl. oben 14 ff., bes. 26 f.

[2] Wohlfeil, Modellstaaten, 52.

[3] Siehe oben 40.

[4] Zuerst hat Georges Lefebvre auf die Beziehung zwischen Ablösung und agrarischer Modernisierung hingewiesen: La Révolution française et les paysans, in: Ders., Etudes sur la Révolution française, Paris ²1963, 351 f. Vgl. die bekannte These Cobbans, daß die Triebkraft der Revolution keineswegs ein den gesamten Tiers Etat einigender Klassenkampf gewesen sei. Cobban hat die These aufgestellt, daß die Konstituante das Abgabenwesen selbst gar nicht beseitigen wollte. (A. Cobban, The social interpretation of the French Revolution, Cambridge 1965, 91 ff.) Vgl. ferner: M. Garaud, La Révolution et la propriété foncière, Paris 1958. Allgemein zu dieser Diskussion zuletzt: Hinrichs, 112—78.

[5] Vgl. die der französischen Feudalitätskommission eingereichten Petitionen. Viele Bauern weigerten sich, ihre Abgaben abzulösen, weil sie dazu nicht in der Lage waren. (Garaud, 161 ff.; Hinrichs, 175 f.) Hinrichs zitiert die Stellungnahme des Publizisten Boudin, der die Politik der Konstituante kritisierte. Boudin schildert die Ratlosigkeit eines kleinen censitaire, der schon seine jährliche Zinsleistung von 40 Sous nur mit Mühe aufbringen konnte und kaum davon zu überzeugen war, daß er „reicher als vorher" werde, wenn er jetzt 60 Pfund als Ablösung zahlen muß: „Et s'il ne se rachette pas, en quoi le Régime féodal se trouvera-t-il aboli en son égard?"

[6] Vgl. Hinrichs, 129 ff. mit Überblick über die städtischen cahiers des Jahres 1789.

[7] Schon Lefebvre sprach davon, daß der „Kapitalismus zum Teil unter der Decke der Feudalrechte in die Landwirtschaft eindrang", was die droits féodaux noch drückender für den Bauern machte. (Etudes, 352.) Zur ganz anderen Situation in Deutschland vgl. E. Weis, Ergebnisse eines Vergleichs der grundherrschaftlichen Strukturen Deutschlands u. Frankreichs vom 13. bis zum Ausgang des 18. Jahrhunderts, VSWG 57. 1970, 1—14. Die folgende Analyse stützt sich auf diese grundlegende und ganz neue Aspekte eröffnende Studie.

[8] Auch die Ablösungskapitalien aus der Bauernbefreiung im Laufe des Vormärz und nach 1848 wurden meist wieder in Grundbesitz angelegt. Die Investition in Industriebetrieben galt als zu gewagt. Vgl. Winkel, 27 f.

[9] A. Kleinschmidt, Geschichte des Königreichs Westfalen, Gotha 1893, 152 f.

[10] Zitiert ebd., 153 f.

[11] Vgl. den Aktenbestand: Ernennung von Richtern, StA Marburg, für das Werradepartement 75, 3, 9—20; für das Fuldadepartement 75, 3, 11. Über Aufhebung der Patrimonialjurisdiktion, ebd. 77a, 464. Schreiben des Unterpräfekten an den Präfekten des Werradepartements v. 6. März 1808 mit einer Liste der von den Patrimonialgerichten an die neuen Gerichte überwiesenen Beamten: Die Beamten des Grafen von Rotenburg, dessen Patrimonialgericht vorerst provisorisch bestehen blieb, habe man „auf die Hoheitsrechte" verpflichtet.

[12] Die Ernennung der Maires für das Fuldadepartement, StA Marburg 75, 5, 5; für das Werradepartement 75, 5, 4; ebd. mehrere Berichte des Präfekten über die Schwierigkeiten der Stellenbesetzung. Die Friedensrichter waren oft gleichzeitig Auditeurs oder Assessoren an den Tribunalen; ebd. 75, 3, 10.

[13] Beschwerdeschriften der Friedensrichter und die Vorschläge des Präfekten des Werradepartements zur Verbesserung der Lage der Friedensrichter, 30. Sept. 1808, StA Marburg 75, 3, 12. In der Eingabe der Mitglieder des Tribunals von Eschwege heißt es etwa über die Gehaltssumme nach Abzug der Bürokosten „il nous reste donc de notre appointement de 1800 francs que 828 francs 76 cent. pour tout autre necessaire de la vie. Jugez, Monsieur le Président, et supposez une famille de sept personnes et la somme ne fait pas trente deux centimes par jour — si nous nous privons aussi de manger de la viande, cette somme ne suffit pas pour apaiser la faim — et il n'y a pas à penser à des habillements, à l'éducation des enfants, et à l'achat des livres..." Ähnliche Gesuche um bessere Bezahlung auch: 77a, 484.

[14] Vgl. das Dekret v. 21. Juli 1809 und das Ministerialreskript v. 29. Nov. 1809 gegen übermäßig erhöhte Sporteln der Friedensrichter; bezeichnend etwa die Schilderung des Procureurs am Tribunal in Marburg: Die Untertanen auf dem platten Land hätten gar keine Kenntnis von den neuen Verfügungen. Sie „erstaunten" z. B., als er ihnen gesagt habe, daß der Friedensrichter für einen Rechtshandel, der 20 Francs betrage, nie mehr als 1 Franc 50 Centimes 9 Sous Gebühren erheben dürfe ... (An den Präfekten des Werradepartements, ohne Datum, ca. 1810.) Vgl. auch den Schriftwechsel des Präfekten mit dem Unterpräfekt von Eschwege zum selben Thema; StA Marburg 77a, 483

[15] Instruktion Siméons v. 24. Juli 1808 an die Friedensrichter, ebd., 77a, 472.

[16] Ebd.

[17] Im Rundschreiben an die Präfekten v. 5. Juli 1809 kritisierte Siméon scharf die „Vorurteile" der Friedensrichter und Tribunale gegen die Agrargesetzgebung. (StA Marburg 77a, 129.)

[18] Thimme, II, 110 ff.

[19] Rundschreiben Siméons an die Präfekten v. 1. April 1810 und v. 31. Mai 1810, StA Marburg 77a, 7. Nach Erscheinen der ersten Dekrete und auf Meldungen der Präfekten über entstehende Bauernunruhen hatte Siméon noch den „gerichtlichen Weg" als ultima ratio empfohlen. (Siméon an den Präfekten des Werradepartements 12. Mai und 7. Sept. 1808, ebd. 77a, 129.)

[20] Arrêté die Verrichtung der Friedensgerichte, Bezirkstribunale und Appellationshöfe betr. v. 26. Dez. 1809; Kaiserliches Dekret in Betreff der Hypotheken Verwaltung vom 9. Nov. 1809; Arrêté über Vormundschaftswesen v. 26. Dez. 1809; weitere Regelungen im Kaiserlichen Dekret in Betreff der Anwendung des Gesetzbuches Napoleons v. 12. Nov. 1809.

[21] Bis zur Installierung der neuen Gerichte verstrich noch einmal einige Zeit. Die Eröffnung des Tribunals im Siegdepartement fand erst im Februar 1812 statt. Noch bis 1813 zieht sich der Schriftwechsel zwischen Innenministerium und Präfektur über Kosten der Einrichtung, die Errichtung eines Archivgebäudes, die Ausstattung der Bibliothek usw. hin. Am 6. Februar 1812 wurde der Appellations-Gerichtshof in Düsseldorf feierlich eröffnet. (HStA Wiesbaden 370/958 und 370/2713.)

[22] Die Vorschrift, daß wenigstens in jedem Arrondissement ein Tribunal errichtet werden sollte, wurde nicht eingehalten. Elberfeld und Düsseldorf erhielten lediglich ein „gemeinsames Tribunal", im Siegdepartement wurde nur ein Tribunal in Dillenburg errichtet. Vgl. das Kaiserliche Dekret über die Organisation der Justiz v. 17. Dez. 1811, Gesetz-Bulletin des Großherzogtums Berg, II, 316, Art. 19/20.

[23] Vgl. den Aktenbestand: Errichtung von Friedensgerichten im Siegdepartement, HStA Wiesbaden 370/955. Ebd. mehrere Eingaben der Gemeinden. Vgl. z. B. die Eingabe der Stadt Westerburg an den Präfekten v. 20. Febr. 1812: Durch Zusammenfassung mit dem Amt Rennerod sei die Stadt nicht mehr Sitz eines Friedensgerichtes, dessen Verlegung „Handwerk und Verkehr mit seinen Mitbürgern in häufige Irrungen gezogen". Dabei sei Westerburg der „volkreichste Ort" des Bezirks. (HStA Wiesbaden 370/955.)

[24] Vgl. etwa die anschauliche Schilderung über die Schwierigkeiten der Stellenbesetzung in der Munizipalität Essen bei: J. Brand, Geschichte der ehemaligen Stifter Essen u. Werden, während der Übergangszeit von 1806—1813 unter besonderer Berücksichtigung der großherzoglich bergischen Justiz u. Verwaltung, Beiträge zur Geschichte von Stadt u. Stift Essen 86. 1971, 68 ff. Da die Maires in Berg gar nicht oder nur gering besoldet wurden, schränkte sich der Kreis der Kandidaten auf pensionierte Beamte und vermögende Bürger oder Großgrundbesitzer ein: „An Männern, die sich zum Stadtdirektor schicken", schrieb der Präfekt an Nesselrode, „ist die Stadt Essen sehr arm und noch ärmer an solchen, die sich mit diesem Posten befassen wollen." (Ebd., 69.) Die einberufene Munizipalversammlung mußte gleich beim ersten Mal ausfallen, weil die Erschienenen nicht die vorgeschriebene Mindestzahl von zwei Drittel der Mitglieder ausmachten. Die meisten Mitglieder versuchten, wieder von ihrem Posten zurückzutreten.

[25] Rundschreiben Nesselrodes v. 31. Jan. 1810 und Eingaben der Ämter des Siegdepartementes, HStA Wiesbaden 370/920.

[26] Anfragen, ob „Landschreiber" weiterhin das Notariatsamt ausüben könnten, ebd. Die Justizkanzlei aus Ellar meldete im Februar 1810, daß in der Umgebung gar kein Notar bekannt sei. Das Amt Dillenburg klagte, daß die vorhandenen Notare nicht für

kompetent erklärt werden könnten, da sie gar nicht das vorstellten, „was die französischen, die das Gesetz allenthalben im Auge hat, sind". Bisher habe der Landschreiber die Beurkundungen vorgenommen. (Bericht v. 15. Febr. 1810 ebd.) Über die Notare im Rheindepartement, meist Gerichtsschreiber, HStA Düsseldorf, Grht. Berg 10344; im Verzeichnis der ernannten Notare vom März 1811 tauchen ferner ehemalige Landräte, Advokaten oder auch Sekretäre der Unterpräfekturen auf. (Nesselrode an den Präfekten, 6. März 1811, ebd.)

[27] Reskript Nesselrodes an die Justizkanzleien v. 24. Sept. 1810 und an die Notare v. 16. Febr. 1811, ebd. Über das „ungesetzliche" Sportelwesen: Schriftwechsel des Procureurs des Tribunals von Dillenburg mit den Friedensrichtern, HStA Wiesbaden 370/2713.

[28] 4. Jan. 1810, HStA Wiesbaden 151/828c.

[29] Der Rheinische Bund 7, 331.

[30] Unter Anerbenrecht versteht man die Weitergabe eines geschlossenen Gutes an einen von mehreren Miterben, den sogen. Anerben. Die Anerben haben ein Recht auf Abfindung. Nur in einigen Teilen Hessens, in der Gegend von Kassel, im Diemelstromland, in den Kreisen Schmalkalden, Gelnhausen und Hanau war auch das Vererbungssystem der Realteilung üblich. (Heitzer, Insurrectionen, 46.)

[31] Heitzer, 119; Thimme, II, 204 f.

[32] Gesuche um Konsens zur Veräußerung geschlossener Hofgüter, StA Marburg 75, 14, 205—07.

[33] Rundschreiben der Generaldomänendirektion v. 22. Juli 1809, ebd. 75, 24, 205.

[34] Gutachten des Receveur Hauß; der Generaldirektor der staatlichen Domänen v. Witzleben leitete das Gutachten am 10. Febr. 1810 an den Finanzminister weiter, mit der Bitte, auf Mittel zu sinnen, wie man diese „Schädigung des Allerhöchsten Domänen-Interesses" abstellen könne. Der Domänendirektor des Werradepartements fragte um die gleiche Zeit an, ob eine Verordnung von 1786, die bestimmte, daß kein Gut unter 20 Hektar geteilt werden dürfe, noch gültig sei! Ebd. 75, 24, 205; ähnliche Anfragen 75, 24, 207.

[35] Tantiemen der Domäneneinnehmer, ebd., 75, 24, 220.

[36] Als Vorbereitungsgesetze zum Code Napoléon galten das Madrider Dekret vom 12. Dezember 1808, das „Dekret, wodurch das Eheverbot zwischen Adeligen und Personen aus dem Bauern- oder geringern Bürgerstande aufgehoben wird" vom 31. März 1809 und das Lehendekret v. 11. Jan. 1809, das sich im Einleitungspassus direkt auf den Code Napoléon berief („In Erwägung, daß das Lehns-System in dem gegenwärtigen gesellschaftlichen Zustande keinen Zweck mehr hat, und mit Napoleons Gesetzbuch, das wir den Wünschen unserer Untertanen des Großherzogtums Berg unverzüglich zu gewähren gesonnen sind, unvereinbarlich ist ..."). Das Ehedekret bezog sich auf einen konkreten Antrag, den der ehemalige großherzoglich-bergische Kommissar der „Interims-Verwaltungskommission", von Buggenhagen, vor Besitznahme des Großherzogtums gestellt hatte, um einen Heiratsdispens zu erlangen. Buggenhagen hatte sich noch an die Verfügung des Allgemeinen preußischen Landrechts gehalten, das Ehen zwischen Adligen und nicht eximierten Bürgerlichen verbot. Der Einleitungspassus des Gesetzes setzte zugleich die Bestimmungen des Landrechts außer Kraft, ebenfalls mit Bezug auf den Code Napoléon: „Wir sind vorhabens, nächstens den Einwohnern des Großherzogtums Berg durch die Einführung unseres Civilgesetzbuches statt der verworrenen, unzusammenhängenden und den Zeitumständen nicht mehr angemessenen Gesetze, eine klare einförmige und der gegenwärtigen Verfassung anpassende Gesetzgebung zu schenken ... In dieser Hinsicht haben wir schon durch unsere Verordnung vom 12. Dezember 1808 die Leibeigenschaft aufgehoben und alle Individuen ohne Unterschied in den vollen und gänzlichen Genuß der bürgerlichen Rechte eingesetzt, und ebenso hat auch

die Verordnung des Preußischen Landrechtes, 2ter Teil, 1ster Titel § 30 und 31, welche die Ehe zwischen einem Adeligen und einer Person aus dem Bauern- oder geringern Bürgerstande verbietet, unsere Aufmerksamkeit erreget ..." Über den Zusammenhang zwischen Sozialreform und Rezeption des Code, auch Schmidt, Grand-Duché, 179 ff. Zu Buggenhagen vgl. Brand, 138.

[37] Vgl. oben 45 f.

[38] In Berg klagte man bereits über die Nachteile der Realteilung: die Zerstückelung und Parzellierung des Bodens. Vgl. etwa das Begleitschreiben des Staatsrats zur Übersendung des Gesetzentwurfs über die Hypothekenordnung, HStA Düsseldorf, Grht. Berg 2052. Der Artikel 9 des Madrider Dekrets verfügte, daß Grundstücke nicht ohne Genehmigung des „Gutsherrn" in Stücke verteilt werden dürften, die weniger als 10 Morgen enthalten — eine Bestimmung, die zwar den Bauern durchaus zugute kam, die aber eigentlich der Aufhebung des geteilten Eigentums widersprach, da dem Gutsherrn für diesen Fall doch wieder ein Konsensrecht eingeräumt wurde.

[39] Vgl. die Eingabe der Grundherren der Provinz Münster v. 8. Febr. 1809 (HStA Düsseldorf, Grht. Berg 6315), und Beugnot an Graf Merveld, 1. Juni 1808. (Grht. Berg 279.)

[40] Thimme, II, 203; Siméon nennt an dieser Stelle allerdings Italien als Beispiel.

[41] Rundschreiben Siméons vom 1. April 1810; Reskript der Präfekten vom 31. Mai 1810, StA Marburg 77a, 7.

[42] Siehe auch oben 45. Bisher ist merkwürdigerweise die Bedeutung der Aufhebung des geteilten Eigentums im Madrider Dekret von der Literatur gar nicht beachtet worden, wohl deshalb, weil die einzelnen Länderdarstellungen — darunter die sonst vorzüglichen Arbeiten von Charles Schmidt und Friedrich Thimme — selten einen Vergleich mit den Agrarreformen anderer Rheinbundstaaten anstellen.

[43] Zum Hypothekenproblem vgl. die oben Anm. 39 erwähnte Münstersche Beschwerdeschrift. Die Grundherren klagten, daß sie nun, nach der Aufhebung des geteilten Eigentums, von ihren Gläubigern bedrängt würden. Der Art. 12 des Madrider Dekrets, der nur noch die Hypotheken auf die Abgaben und Leistungen der Bauern aufrechterhielt, sei sehr belastend; denn die Gläubiger weigerten sich, die Hypotheken auf Renten auszustellen.

[44] Art. 46 des Dekrets; Gesetz-Bulletin, II, 270.

[45] Hinrichs, 152 ff.

[46] Art. 58—61 des bergischen Einführungsdekrets, Gesetz-Bulletin, I, 38—41; Art. 2 u. 3 des „Königlichen Dekrets vom 18. August 1809, welches die Art und Weise bestimmt, wie nicht aufgehobene Dienste und Grundabgaben im Königreich Westphalen sollen abgelöst werden können", Der Rheinische Bund 15, 383. Die Ablösungsmaßstäbe waren nur für den Fall vorgeschrieben, daß eine gütliche Vereinbarung nicht zustande kam.

[47] Vorgesehen war nach Art. 7 eine Erhöhung der Pacht für Colonate unter 50 Morgen um ein Zehntel, von 50—150 Morgen um ein Neuntel und darüber um ein Achtel der Grundzinsen.

[48] Dekret über die Ablösung der Veränderungs- und Laudemial-Gebühren, Bulletin des lois du royaume de Westphalie, 1811, 399—405.

[49] Vgl. etwa Heitzer, Insurrectionen, 95, genaue Zahlenangaben fehlen.

[50] Über Gerüchte in Berg, der Zehnt sei aufgehoben, vgl. etwa die Berichte der Maires an den Präfekten des Siegdepartements und den Schriftwechsel des Präfekten mit der Domänendirektion, HStA Wiesbaden 370/1733; zahlreiche Beschwerden über Verweigerung von Zehnten auch HStA Düsseldorf, Grht. Berg 695 u. 10657.

[51] Vgl. etwa die Petition der Bauern von Spellen (Rheindepartement) v. 17. Juli 1810; hierzu das Schreiben des Präfekten an den Unterpräfekten v. 14. Jan. 1811:

mehrere Gemeinden glaubten, die Einführung des Code habe den Zehnten aufgehoben. Besagte Gemeinden hätten die entsprechenden Artikel — neben Art. 546 auch die Entschädigungsartikel 544/545 (als Entschädigung für die neu eingeführte Grundsteuer!) — zusammengestellt, wahrscheinlich mit Hilfe französischer Beamten. (HStA Düsseldorf, Grht. Berg 10657.)

[52] Auch gesetzlich fixiert im Kaiserlichen Dekret, die rechtliche Eigenschaft der Zehnten, deren Löse und Eintragung in die Hypothekenbücher betreffend v. 19. März 1811, Gesetz-Bulletin, VIII, 506—27.

[53] Arrêté Beugnots v. 30. Juli 1810, HStA Düsseldorf, Grht. Berg 695; Artikel 9 des westphälischen Augustdekrets von 1809, Der Rheinische Bund 15, 368 f.

[54] Vgl. die Gesuche um Zehntablösungen der Gemeinden des Werradepartements, StA Marburg 77a, 1790; 77a, 260; für das bergische Rheindepartement, HStA Düsseldorf, Grht. Berg 10658. In Berg versuchte man dies allerdings abzustoppen. Noch am 6. Juli 1813 gab der Präfekt des Rheindepartements dem Unterpräfekten von Mühlheim die Anweisung, er solle seine Maires belehren, daß der Loskauf der Zehnten „reine Privatangelegenheit zwischen den Zehntpflichtigen und Zehntberechtigten" sei. (Grht. Berg 10658.) Anders in Westphalen. Siméon, der wie oben 82 bereits dargelegt, sich bei der Agrarreform stärker auf die Administrationsbehörden stützte, förderte die Initiativen der Gemeinden, vgl. auch unten 101.

[55] Im westphälischen Augustdekret von 1809 war noch verfügt worden, daß die Majorität der Zehntpflichtigen entscheiden solle, ohne daß gesagt wurde, wie die fehlenden Gelder für die anderen beschafft werden könnten. Im Dekret über die Ablösung der Zehnten vom 7. Juli 1810 erfolgte dann die Korrektur. Berg regelte die Zehntablösung erst 1813 in dem in Anm. 52 zitierten Märzdekret.

[56] Die bergischen Präfekten gaben deshalb auch Anweisung an Unterpräfekten und Maires — sichtlich im Auftrag der Domänenverwaltung —, die Zehntabkäufe nicht zu fördern. Abgesehen von allen Komplikationen, sei es auch schwierig, die Kapitalien zu verzinsen und wieder neu anzulegen. (Rundschreiben des Präfekten des Rheindepartements, 6. Juli 1813, HStA Düsseldorf, Grht. Berg 10658.)

[57] Die Schätzungskosten fielen den Pflichtigen zur Last, es sei denn, sie hatten bereits vor der Abschätzung dem Gutsherrn ein Angebot gemacht, das dieser ausschlug und das dann später dem Vorschlag der Kommission entsprach.

[58] Die Reklamationen der Rentämter über das Fehlen der Tabellen waren zahlreich, vgl. Die Ablösung der Domänenprästationen im Werradepartement 1810—13, StA Marburg 75, 24, 230. Für die Erstellung der Tabellen war die Präfekturverwaltung zuständig. Eine Bekanntmachung der Durchschnittspreise für Körner, Stroh und Vieh datiert z. B. vom 6. Februar 1813! (StA Marburg 77a, 261.)

[59] Vgl. z. B. den umfangreichen Schriftwechsel zwischen der Domänendirektion, dem Rentamt zu Hersfeld und dem Ablösungskomitee des Werradepartements über das Gesuch eines Domänenbauern aus Ziegenhain, der die Fruchtzinsen seiner Leinäcker ablösen wollte. Für Lein gab es keinen festen Marktpreis. (StA Marburg 75, 24, 30.)

[60] Erst das bergische Zehntdekret von 1813 verfügte, daß für diesen Fall ein relativer Abzug von der Ablösungssumme erlaubt sei.

[61] Mehrere Beispiele, u. a. etwa das Gesuch der Gemeinde Amoeneburg, die sich an die alte Herrschaft gewandt hatte, StA Marburg 77a, 1790. In Berg sah erst das Zehntdekret von 1813 eine genaue Regelung für diesen Fall vor.

[62] Vgl. den Titel 4 des bergischen Zehntdekrets von 1813: Von der Löse der den Zehnten anklebigen Lasten, Art. 24—35, Gesetz-Bulletin, 518—25.

[63] Vgl. hierzu etwa das Kapitel „Die Entmündigung der Munizipalitäten" bei Brand, 88 ff.; Brand nennt die Folgen „grotesk". Er schildert den Fall der Veräußerung eines Pachthofes durch die Munizipalität Essen. Der Maire suchte zunächst um Genehmigung

zur Einberufung des Munizipalrats über den Unterpräfekten beim Präfekten nach; der Munizipalrat entwarf ein Gutachten zu dem Projekt, das über den Unterpräfekten an den Präfekten gelangte. Dieser erstellte ein zweites Gutachten und reichte die Unterlagen über den Innenminister dem Staatsrat ein. Der Staatsrat untersuchte das Projekt, beriet und faßte seinen Beschluß in Dekretform. Den Dekretentwurf sandte der Innenminister nach Paris an den Secrétaire d'état. Das Staatssekretariat legte schließlich den Entwurf Napoleon zur Unterschrift vor. — Außer den Verträgen waren auch alle Prozesse, in denen die Munizipalität als Kläger oder Beklagter auftrat, genehmigungspflichtig.

[64] Schriftwechsel v. Juni 1812, StA Marburg 75, 5, 6, 9; der Finanzminister schlug schließlich vor, der Staat möge für die Entschädigung der Kaiserlichen Domänenregie sorgen (25. Juni 1812) — ein Vorschlag, der schon wegen der zahlreichen ähnlich gelagerten Fälle nicht realisierbar war. Vgl. die Streitigkeiten zwischen Präfektur und staatlicher Domänenverwaltung einerseits und Kaiserlicher Domänenregie andererseits um Laudemialgelder: ebd., 75, 24, 230.

[65] Bericht des Kantonmaire von Marburg an den Präfekten, 6. Febr. 1810, StA Marburg 77a, 7.

[66] Artikel 55 lautete: „man kann die auf einem Gute haftenden zufälligen Rechte nicht ablösen, ohne zu gleicher Zeit die ständigen oder jährlichen Rechte, denen es unterworfen ist, abzulösen; und ebenso kann man die ständigen oder jährlichen Rechte nicht ablösen, ohne zugleich die zufälligen Rechte abzulösen." (Gesetz-Bulletin, II, 274.) Geplant war diese Regelung bereits im ersten Projekt zu diesem Gesetz, das der Staatsrat Hazzi im Frühjahr 1809 entwarf. Hazzi trat dafür ein, die Verhältnisse auf diese Weise zu „purifizieren". (Plan eines Dekrets über allgemeine Ablösung der Feudal-Verhältnisse, HStA Düsseldorf, Grht. Berg 279.) In Westphalen ließ man später die stückweise Ablösung zu, um die Ablösung überhaupt in Gang zu bringen. Vgl. den Bericht des Domänendirektors Schenck vom Oktober 1811: Der stückweisen Ablösung stehe wohl nichts im Wege... (StA Marburg 75, 24, 230.)

[67] Gesuch v. 20. März 1812; noch im Mai 1813 legte die Generaldirektion den Fall erneut dem Finanzminister zur Entscheidung vor. Schließlich wurde die Summe auf 95 Francs abgeschätzt, die gesamte Reluitionssumme betrug 409 Francs. (StA Marburg 75, 24, 230.)

[68] Vgl. oben 46.

[69] Beschwerden, StA Marburg 77a, 342; erst im Hypothekendekret vom 16. Oktober 1812 wurden alle Abgaben unter 50 Francs von der Eintragung ausgenommen; ebenso die Zehnten und Dienstgelder. (Bulletin des lois, 1812, II, 283.)

[70] Siméon an die Präfekten, 25. Dez. 1809, weitere Reskripte v. 23. Jan. u. 1. April 1810, StA Marburg 77a, 7.

[71] Zitiert nach den Berichten der Kantonmaires von Amoeneburg (4. Febr. 1810) und Frankenbergen (26. Febr. 1810), ebd.

[72] Vgl. Hinrichs, 118 ff.; Garaud, 15 ff.

[73] Vgl. zur feudalrechtlichen Terminologie Boutruche, 20 ff.: Boutruche unterscheidet die droits domaniaux (cens, champart, droits de mutation oder droits casuels) von den reinen droits seigneuriaux, die im Mittelalter Ausdruck der Hoheitsrechte der Grundherren waren.

[74] Die „Bede" (Bitte, Bittsteuer) oder der „Schatz" war eine etwa seit dem 12. Jahrhundert von allen deutschen Territorien eingeführte Steuer. Sie wurde vom Landesherrn erhoben als eine ursprünglich freiwillige Leistung. Die Bede geriet teilweise auch in die Hände der Grundherren. Außerdem erhoben die Grundherren gleichfalls Abgaben, die Beden genannt wurden, z. B. Bedehafer, Kuhbede, Schafbede, Schweineschatz usf.

⁷⁵ Nach der Aufzählung der Abgaben im bergischen Septemberdekret von 1811.
⁷⁶ Henning, 70 f.
⁷⁷ Die Benutzung der Herrendienste und die Aufhebung der persönlichen Dienste betreffend 1810—12, StA Marburg 75, 24, 228; die Dienste im Werradepartement betreffend 1808—11, ebd., 77a, 129. Ebd. Schreiben Siméons an die Präfekten v. 5. Juli 1809. Über die Befragung in Berg vgl. etwa das Reskript der Präfekten v. 22. Aug. 1809. Der Präfekt des Rheindepartements stellte als Resultat fest, daß aus den gesammelten Unterlagen „nirgends etwas Gründliches" zu entnehmen sei. Die meisten Mairien entschuldigten sich wegen Nichtbesitz von Akten. (HStA Düsseldorf, Grht. Berg 10756.) Der Präfekt des Ruhrdepartements meldete am 24. August 1809, daß der Unterschied „zwischen persönlichen Zwangsdiensten und den statt der Pacht zu zahlenden Diensten" den „Untertanen" gar nicht klar zu machen sei. (Ebd., Grht. Berg 6315.)
⁷⁸ Schmidt, 187 ff., Thimme, 198 ff.
⁷⁹ Vgl. unten 90 f. Das Julidekret von 1809 verfügte die Beschlagnahme von Gütern bei Dienstverweigerungen. Im Zirkularschreiben vom 7. Juni 1810 drohte Siméon dann militärische Exekutionen an. (StA Marburg 77a, 7.)
⁸⁰ Art. 1 des Dekrets, Der Rheinische Bund 6, 462.
⁸¹ Sogen. Latengüter oder Laßgüter. Die Laßbauern erhielten hauptsächlich gegen Fronden das Gut zur Nutzung. Vgl. etwa auch die Beschwerde der Untertanen des Amts Frankenberg wegen Fuhrdiensten zum Bergwerk. Früher hätten sie hierfür als Gegenleistung das Holz zu billigen Preisen aus den Wäldern bezogen. Jetzt falle dieses Äquivalent weg. (StA Marburg 75, 5, 6, 7.) Beschwerden über Laßbauern in Berg auch HStA Düsseldorf, Grht. Berg 6315.
⁸² Erst im Augustdekret von 1809 wurde festgelegt, daß die Dienstgelder zum 25fachen Betrag ablösbar seien. Die Umwandlung der noch bestehenden Dienste in Dienstgelder sollte durch Sachverständige abgeschätzt werden. Es war dann eine Abzahlung durch verzinste Renten möglich. (Art. 5 des Dekrets v. 18. Aug. 1809, Der Rheinische Bund 15, 384.)
⁸³ Vgl. z. B. den Bericht des Präfekten des Fuldadepartements an Siméon über verweigerte Gemeindedienste, StA Marburg 75, 5, 6, 6.
⁸⁴ Selbst den Städten wurden nun Gemeindefronden auferlegt, und zwar mit der logisch richtigen aber den sogenannten „liberalen Ideen" Hohn sprechenden Begründung, daß die Konstitution die Privilegien abgeschafft habe. Vgl. den Bericht des Präfekten des Werradepartements an Siméon vom 30. April 1811. Zahlreiche Beschwerden waren die Folge. StA Marburg 75, 5, 6, 7; z. B. die Beschwerde der Einwohner der Stadt Marburg wegen der ihnen zugeteilten Dienste zum Bellnhauser Wasserbau.
⁸⁵ Königl. Dekret, wodurch das die Leibeigenschaft aufhebende Dekret vom 23. Januar 1808 erklärt wird, 27. Juli 1809, Der Rheinische Bund 12, 373.
⁸⁶ Königl. Dekret vom 14. August 1812, welches teils den Urkunden der zu Zehnten, Diensten und anderen Prästationen, insofern sie nicht aufgehoben sind, Berechtigten die Kraft eines exekutiven Titels beilegt, teils den Schutz im Besitze solcher Berechtigten betrifft, Bulletin des lois, 1812, II, 164—69.
⁸⁷ So Heitzer, Insurrektionen, 96: „In dem Klassenkampf der Bauern gegen die Großgrundbesitzer ergriff das westfälische Regime Partei für die letzteren. Es verriet damit, daß die französische Großbourgeoisie längst konterrevolutionär geworden war, konterrevolutionär gegenüber allen bürgerlich-demokratischen Bestrebungen."
⁸⁸ Der Rheinische Bund 12, 375.
⁸⁹ Der Rheinische Bund 10, 483.
⁹⁰ Rechtliche Ausführung in Sachen des Grafen Emil Friedrich zu Bentheim-Tecklenburg an das Stadt- u. Landgericht von seiten des Klägers, 25. Mai 1810. Vgl. auch die

Eingabe des Grafen an den Unterpräfekten v. 22. April 1809, HStA Düsseldorf, Grht. Berg 6315.

⁹¹ Mémoire der Grundbesitzer der Provinz Münster, ebd., vgl. hierzu auch Schmidt, 189 f.

⁹¹ᵃ In der Gegend um Münster betrugen um 1800 die Naturalabgaben der Eigenbehörigen 4 Taler pro Hektar Land, während Höfe mit Meierrecht oder Erbzinsrecht kaum 2 Taler je Hektar leisteten. (Henning, 82.)

⁹² Eingabe der Eigenbehörigen der Rhedaischen Lande (Bentheim-Tecklenburg) an den Justizminister, 7. Jan. 1811, ebd., Grht. Berg 6315.

⁹³ Z. B. die Definition der Leibeigenschaft nach Titel I, § 1: „Sie ist eine Personaldienstbarkeit [!] und rechtliche Verbindung, vermöge welcher jemand, seinem freien Stande zum Nachteil, einem andern in Absicht auf einen gewissen Hof, Erbe oder Kotten mit Gut und Blut zugetan und zu Abstellung sicherer Pflichten, nebendem auch wenn er einen Hof, Erbe oder Kotten nach Eigentumsrecht wirklich unter hat, gegen den Genuß und Erbzinsbrauch seinem Gutsherrn die hergebrachten oder vereinbarte jährliche Praestanda abzutragen schuldig ist."

⁹⁴ Die umfangreiche Rhedaische Eingabe gehört m. E. zu den interessantesten Bauernpetitionen der Zeit. Wer sie eigentlich verfaßt hat — ohne Mithilfe eines wohlmeinenden Richters oder Advokaten ist sie wohl kaum entstanden — konnte nicht ausgemacht werden.

⁹⁵ Der „Vorläufige Entwurf" zu einer Verordnung wegen Aufhebung der Leibeigenschaft vom 19. April 1808, ausgearbeitet von Forckenbeck und Sethe, wurde am 24. April zunächst im Staatsrat diskutiert. Erst in dieser Staatsratssitzung wurde der Artikel konzipiert, der die Aufhebung des geteilten Eigentums vorsah. Die Kommission begab sich dann nach Münster, um dort den Entwurf mit Mitgliedern der Verwaltungsbehörden und einigen Grundbesitzern, darunter Graf Merveld, zu beraten. (HStA Düsseldorf, Grht. Berg 279, ebd. auch die Berichte der Kommission aus Münster an Beugnot v. Juli 1808.) Am 5. Juli 1808 übersandte Forckenbeck aus Münster den Gesetzentwurf und das Exposé des Motifs (ebd.).

⁹⁶ Schmidt, 201 f.; vgl. das bergische Staatsratsgutachten zu dem französischen Gutachten von Merlin und Daniels „Observations du Conseil d'Etat sur les points, ou il ne se trouve pas d'accord avec MM. Merlin et Daniels". Daniels war ein bekannter Jurist im linksrheinischen Köln; wie Franz von Lassaulx, sein Mainzer Kollege, gab er eine Übersetzung und einen Kommentar zum Code heraus. Daniels war eine Zeitlang Procureur beim Kassationsgerichtshof in Paris.

⁹⁷ Vgl. die Antwortschreiben u. Vermerke zu den zahlreichen Anfragen im Aktenbestand Grht. Berg 6315; z. B. das Antwortschreiben Nesselrodes auf die Reklamationen des Dortmunder Präfekturrats Mallinckrodt v. 2. Juli 1809: „Suchen Sie Gerechtigkeit wegen Beeinträchtigung der Rechte, finden Sie oder diejenigen, für welche Sie reklamieren, Schutz in den Gesetzen und bei denen zur Handhabung derselben angeordneten Tribunälen." Auf die Bitte des Hofgerichts von Bentheim um eine Erklärung des Gesetzes erwiderte Nesselrode, daß das Gericht dazu verpflichtet sei, „in diesen Sachen" zu urteilen. Ähnlich an das Rellinghausen-Steel'sche Landgericht zu Essen.

⁹⁸ Die Unabhängigkeit der Tribunale, meinte Beugnot, sei die „erste und beste Garantie für das Eigentum und die bürgerliche Freiheit" (An den Präfekten des Rheindepartements, 28. Mai 1809, Grht. Berg 9706) — eine Ansicht, die allerdings in der Praxis nicht bestätigt wurde. Vgl. unten 100.

⁹⁹ Schreiben des Direktors und der Räte des Hofgerichts Bentheim an den Kaiser vom 17. 8. 1809 (im Prozeß des adligen Hauses Stapel gegen den Schulten Althoff wegen verweigerter Spanndienste), HStA Düsseldorf, Grht. Berg 6315.

¹⁰⁰ Zur Urteilsbegründung (ebd.) siehe auch oben 43.

Anmerkungen zu Seite 93—94

¹⁰¹ HStA Düsseldorf, Grht. Berg 7340.

¹⁰² Art. 19: „Die durch Vereinbarung mit ihrem Herren freigelassenen Colonen, die als Erbpächter oder unter was immer für einem andern Titel zu Besitze des Colonats gelangt sind, sollen ebenfalls alle bürgerlichen Rechte genießen in Gemäßheit des Artikels 1 des gegenwärtigen Dekrets." (Der Rheinische Bund 10, 486.)

¹⁰³ Sethes Gutachten sprach sich gegen die Ablösbarkeit der Erbpacht aus. Dagegen stimmte der Staatsrat dem Gutachten von Fuchsius zu, der mit Berufung auf Art. 530 und Art. 1911 des Code für die Nichtperpetuität der Renten eintrat. Nesselrode erhob gegen den Staatsratsbeschluß Einspruch. Vgl. hierzu den Briefwechsel zwischen Beugnot u. Nesselrode vom August 1810. Der Staatsrat, schrieb Nesselrode am 8. August 1810 an Beugnot, sei zu weit gegangen, indem er Erbpächte und Grundzinsen als bloße Grundrenten ansehe. Nesselrode schlug ein Transformationsgesetz vor, damit das Eigentum auf die Person des erblichen Nutznießers überführt würde. (HStA Düsseldorf, Grht. Berg 6334.)

¹⁰⁴ Vgl. das Staatsratsgutachten über die Leibgewinngüter, HStA Düsseldorf, Grht. Berg 276; Schmidt, 200 ff.

¹⁰⁵ Vgl. auch die Eingabe Mallinckrodts an das Innenministerium im Auftrag des Dortmunder Präfekturrats v. 14. Juni 1809; in der Anlage die Artikel aus dem Westfälischen Anzeiger, ebd., Grht. Berg 6315 und 280; über Mallinckrodt auch: Schmidt, 192, u. Brand, 147.

¹⁰⁶ Vgl. die Schreiben des Präfekten des Rheindepartements an Nesselrode, 17. Mai und 24. Mai 1809, HStA Düsseldorf, Grht. Berg 6315; und den Bericht des Präfekten des Ruhrdepartements an Beugnot v. 6. Mai 1809, ebd.

¹⁰⁷ Im Schreiben vom 17. Mai 1809 an Nesselrode tadelte der Präfekt die Dienstverweigerungen im Arrondissement Essen und erklärte etwa zu dem gerade laufenden Prozeß gegen die Ringenbergischen Bauern, die 400 Hand- und Spanndienste jährlich ohne weitere Abgaben ihrem Gerichtsherrn zu leisten hatten: „Auf jeden Fall aber verdient das Verfahren der Ringenbergischen Einsassen geahndet zu werden, indem das Kaiserliche Dekret ihnen nicht einmal verkündet worden ist ..." (ebd.). In einer Eingabe vom 6. Oktober 1809 klagten die Ringenbergischen Bauern bezeichnenderweise, daß die Dienste viel zu hoch bemessen wären, da nun der frühere Vorteil — die Abgabenfreiheit als Äquivalent — durch die zahlreichen neuen Steuern weggefallen sei.

¹⁰⁸ Schilderung bei Schmidt, 193 ff. Einem der Bauern, Gisbert Alef, gelang es nach sechsmonatiger Wartezeit Napoleon die Petition zuzustecken, als der Kaiser mit Marie Louise den Palast von St. Cloud verließ. Napoleon fragte tatsächlich nach, worum es sich denn handle. Da Alef die französische Sprache nicht beherrschte, mußte die Kaiserin dolmetschen. Das Gespräch dauerte immerhin eine halbe Stunde und führte drei Tage später zu einer Audienz. Der Kaiser ordnete eine Untersuchung durch Merlin an und verwies die Angelegenheit an den bergischen Staatsrat. In Düsseldorf empfand man den Vorfall als ziemlich peinlich und versuchte dem Kaiser gegenüber, Alef als Intriganten und Aufrührer darzustellen. „Je crains que ce ne soit un agent d'intrigues", schrieb Beugnot an Roederer. Als Alef zurückkehrte, wurde er sofort vom Maire seines Dorfes, der zugleich sein Gutsherr war, unter polizeiliche Überwachung gestellt!

¹⁰⁹ Vgl. die Güterklassifizierung des Septemberdekrets von 1811, Gesetz-Bulletin, II, 248. Unter „Behandigung" verstand man die Ausgabe eines Guts zu „zwei Handen", zu einer „Manns und einer Frauen Hand". Nach dem Tode des Mannes war die Frau erbberechtigt. Die „lebende Hand mußte die tote erwecken". (Brand, 142 f.)

¹¹⁰ Die Hobsgüter waren in einem Hofverband zusammengeschlossen, der den Namen des Oberhofes trug. Die Hintersassen versammelten sich jährlich auf dem Hofgeding des Oberhofs. Vgl. etwa die Weigerung der Werdener Hobs- und Behandigungsbauern, Eingabe v. 27. April 1809, Grht. Berg 6406; dazu auch Brand, 142 ff.

[111] Bericht des Präfekten an das Innenministerium, 9. Okt. 1809, Grht. Berg 6406; Brand, 144.
[112] An den Präfekten, 26. Okt. 1810, Grht. Berg 10753.
[113] Bescheid Nesselrodes v. 15. Mai 1809, Grht. Berg 10753.
[114] Eingabe an Nesselrode, 27. April 1809, Grht. Berg 6406, zitiert auch bei Brand, 144.
[115] Vgl. das bergische Staatsratsgutachten über den Mühlenzwang und das Staatsratsprotokoll v. 24. April 1810, HStA Düsseldorf, Grht. Berg 276 u. 281.
[116] So auch die Argumentation von Merlin und Daniels (Observations du Conseil d'Etat sur les points, où il ne se trouve pas d'accord avec MM. Merlin et Daniels, ohne Datum, behandelt in der Staatsratssitzung vom 24. August 1811, HStA Düsseldorf, Grht. Berg 281).
[117] Das in Anm. 115 zitierte Staatsratsgutachten über den Mühlenzwang berief sich auf die Artikel 544: „La propriété est le droit de jouir et disposer des choses de la manière la plus absolue..." und 552: „La propriété de sol emporte la propriété du dessus et du dessous. Le propriétaire peut faire au-dessus toutes les plantations et constructions qu'il juge à propos, sauf des exceptions établies au titre des servitudes ou services fonciers"; außerdem auf das Verbot der Personalservitute im Artikel 686 und der ungemessenen Dienste im Artikel 1780.
[118] Vgl. das in Anm. 116 zitierte Gutachten; zu den Auseinandersetzungen über den Mühlenzwang mit der Kaiserlichen Domänenregie in Westphalen, Heitzer, Insurrectionen, 104, vgl. unten Anm. 150.
[119] Dekret, wodurch eine allgemeine Patentsteuer eingeführt wird, 31. März 1809, Art. 8, Gesetz-Bulletin, IX, 346. Das westphälische Patentsteuerdekret datiert vom 5. August 1808.
[120] Vgl. das Schreiben des Präfekten an Beugnot v. 5. April 1810, HStA Düsseldorf, Grht. Berg 281; der Generaldirektor der Domänen, Ceillier, an Beugnot, 31. März 1810, ebd. Grht. Berg 694; Ceillier riet, die Aufhebung des Mühlenbanns nicht öffentlich bekanntzugeben, weil es sich um „un revenu très considérable" handle. Ebenso Nesselrode an Fuchsius, den Präsidenten des Staatsrats: Es sei wichtig, beim Mühlenbann „in der Sache durchaus nichts sei dem Domanial-Interesse sei jenem der Privaten nachteiliges zu bestimmen". (Grht. Berg 281.)
[121] Eingang der Etats aus dem Mühlenbann, Grht. Berg 694; vgl. Anweisung zu ihrer Einsendung v. 7. April 1810, Grht. Berg 7340.
[122] Das Gutachten des Präfekten wurde in der Staatsratssitzung vom 10. April 1810 verlesen, Grht. Berg 281.
[123] Beschwerde der Werdener Mühlenpächter, 22. April 1811, Grht. Berg 9287.
[124] Staatsratssitzung v. 24. April 1810, Grht. Berg 276.
[125] Vgl. über die Widerstände in Paris: Beugnot an Fuchsius, 14. August 1811, und an Nesselrode, 4. Juli 1811 (Grht. Berg 281 u. 6244). Über Streitigkeiten zwischen Domänenverwaltung und Müllern im Siegdepartement, Staatsratsgutachten v. 22. Juli 1811 u. 29. Juli 1811 (Grht. Berg 284). Vgl. Beugnot an Fuchsius, 29. Okt. 1811, die Frage müsse noch untersucht werden „si c'est à titre de concessions de fonds ou comme droit de souveraineté que les canons stipulés au profit du Domaine du Prince sont dûs." (Ebd.)
[126] Art. 18 des Septemberdekrets von 1811, Gesetz-Bulletin, II, 254.
[127] Bescheid auf die Anfrage der Generaldirektion der Domänen, 5. Juli 1809 und 2. Sept. 1810, StA Marburg 75, 24, 219; Finanzminister an Innenminister, 25. Juni 1812, 75, 5, 6, 9.
[128] Vgl. etwa die Eingabe des Müllers Valentin Fleischhauer: der Receveur Zoll aus Ziegenhain habe jedes Jahr den Mühlenzins bei Androhung von Exekution eingezogen.

Nun aber sei er nicht mehr in der Lage, das Geld aufzubringen und nehme Zuflucht zur „Weisheit des Präfekten". (StA Marburg 75, 5, 6, 9.)

[129] Über Prozesse wegen Zahlung der Mühlenzinsen an die Kaiserliche Domänenverwaltung: Heitzer, Insurrectionen, 104; Berding, 89 ff.

[130] Der Finanzminister an den Innenminister, 25. Juni 1812, StA Marburg 75, 5, 6, 9.

[131] Entwurf des Gesetzes und Motive zu einem Gesetzesvorschlag über allgemeine Ablösung der Feudalverhältnisse, HStA Düsseldorf, Grht. Berg 279.

[132] Zu der im Verlauf der französischen Revolution auf alle Feudalrechte ausgedehnten „Theorie der Usurpation" vgl. auch Hinrichs, 120 f.

[133] Schon der Einleitungspassus des Dekretentwurfs bezieht sich auf den Code Napoléon: „In Erwägung, daß die Feudalverhältnisse mit dem Code Napoléon und der neuen Ordnung der Dinge nicht verträglich sind, ..." Artikel I bestimmte dann: „Alle auf den Bauerngütern und ihren Besitzern haftenden Feudalverhältnisse sind aufgehoben." Die Formulierungen des Septemberdekrets gaben sich allerdings zurückhaltender: „Um die Rechte und Abgaben zu bestimmen, welche in unserm Großherzogtum Berg nach dessen neuer Organisation als abgeschafft betrachtet werden müssen, um die Beschwernisse zu heben, zu welchen unser Kaiserliches Dekret vom 12. Dezember 1808 Veranlassung gegeben hat, und um daselbst die Art des Besitzes der Güter, sowie die Ausübung der auf denselben haftenden Gerechtsame und rechtmäßigen Abgaben mit den Grundsätzen des Gesetzbuches Napoleons in Übereinstimmung [en harmonie avec les principes du Code Nopoléon] zu bringen ... haben wir verordnet und verordnen folgendes..."

[134] Vgl. hierzu oben 44.

[135] Zitiert nach Schmidt, 196 f.

[136] Vgl. Sethes Gutachten „Über einige unter den Domanialgefällen stehenden alten Abgaben und Dienste", HStA Düsseldorf, Grht. Berg 281; verlesen im Staatsrat am 2. April 1811, ebd., Grht. Berg 283.

[137] Fuchsius' umfangreiches Gutachten über den Herren- und Renteihafer v. März 1812, Grht. Berg 276; über das Schneid- und Hammelgeld Schriftwechsel Beugnots mit Fuchsius vom Januar 1812, Bislingers Gutachten und Staatsratsprotokoll vom 2. März 1812, Grht. Berg 281.

[138] Vgl. etwa den Aktenbestand „Das Kaiserliche Dekret vom 13. September 1811" in den Präfekturakten des Rheindepartements, HStA Düsseldorf, Grht. Berg 10755; ebd. Beschwerden zahlreicher Gemeinden, daß die Domäneneinnehmer die Abgaben weiter einziehen.

[139] HStA Düsseldorf, Grht. Berg 276.

[140] Das Staatsratsgutachten über Hand- und Spanndienste zitierte z. B. dieselben Passagen aus der Münsterschen Eigentums- und Erbpachtordnung wie die Rhedaische Bauernpetition, um zu belegen, daß alle Dienste zugleich als persönliche und als Realverbindlichkeiten anzusehen sind.

[141] Vgl. die Zitate der Artikel oben 169, Anm. 53/54. Vgl. zur Auseinandersetzung über den Grunddienstbarkeitsbegriff vor allem auch das Gegenvotum des bergischen Staatsrats zum Gutachten von Merlin und Daniels: Observations du Conseil d'Etat, Grht. Berg 281. Merlin hatte weiterhin an der Unterscheidung zwischen Personalfronden und Realservituten, die auf Grund und Boden haften, festgehalten. Die zuletzt zitierte Stelle nach Art. 22 des Septemberdekrets, Gesetz-Bulletin, II, 256.

[142] Die Einschränkung entsprach einer Anregung Merlins; der Staatsrat hatte zunächst alle Leib- und Zeitgewinngüter den Erbpachtgütern gleichgestellt. Staatsratsprotokoll v. 24. Aug. 1811, Grht. Berg 281.

[143] Hazzi, Fuchsius, Bislinger, Rappard. Auf dem rechten Flügel vor allem Sethe. Vgl. oben 93, auch Anm. 103.

¹⁴⁴ Vortrag im Staatsrat über die Frage, ob die Erbpächte und Erbzinsen ablösbar sind, von Fuchsius, Bislinger und Rappard, Grht. Berg 6334. Es heißt dort: „Die Unteilbarkeit des Eigentums und die Nichtperpetuität der Renten sind die wesentlichen und Hauptgrundlagen dieser Gesetze, und wie man überhaupt die persönliche Freiheit hergestellet, und alle persönliche Dienstbarkeiten ohne Entschädigung abgeschafft hat, so wollte man die Befreiung der Güter von den ewigen Renten und Zinsen durch die Ablösbarkeit derselben wirken."

¹⁴⁵ Gesetz-Bulletin, II, 246 u. 248.

¹⁴⁶ Allerdings blieb dem Verpachter die Klage auf Mißbilligung oder Abänderung „gegen diejenigen Anerkenntnisse, welche nicht schon die Präskription für sich haben, vorbehalten, wenn derselbe weder in Person noch durch einen Bevollmächtigten darin als Partei aufgetreten ist". (Gesetz-Bulletin, II, 266.)

¹⁴⁷ Vgl. oben 87 f.

¹⁴⁸ Zu Bislingers Enquete, Schmidt, 203.

¹⁴⁸ᵃ Lefebvre, Napoléon, 392 ff. (Zitat 394.)

¹⁴⁹ Nach einem offiziellen Verzeichnis ohne Datum (nach Juni 1809). Die genaue Summe belief sich auf 7 163 275 Francs, Heitzer, Insurrectionen, 103.

¹⁵⁰ Heitzer bemerkt mit einigem Recht, daß die Dotations-Domänen für die Entwicklung des Königreichs „von großer, um nicht zu sagen, entscheidender Bedeutung" gewesen seien. „Man geht sicher nicht fehl, sie als einen Todeskeim der neuen Schöpfung zu bezeichnen, als eine wesentliche Ursache für die permanente Schwäche des westfälischen Staates." Heitzer weist dann allerdings in erster Linie auf die finanziellen Probleme hin, da mit den Domänen die wichtigste Einnahmequelle wegfiel, was wiederum zur Folge hatte, daß die Steuerschraube dauernd angezogen wurde. (Insurrectionen, 104.) Zum Widerstand des französischen Majoratsadels vgl. jetzt Berdings Untersuchung der napoleonischen Politik der Schenkungen. Vor allem um Mühlenbannrechte und Laudemien, die größtenteils den französischen Donataren zufielen, kam es zu heftigen Auseinandersetzungen, bei denen der deutsche Grundadel sich bezeichnenderweise auf die Seite der Regierung schlug. (Berding, 89 ff.)

¹⁵¹ Siméon hatte anders als Beugnot keine verläßliche Stütze im Staatsrat. Vgl. etwa seine Klagen hierüber in einem Brief an den Präfekten des Werradepartements, v. Berlepsch, 5. Juli 1809, StA Marburg 77a, 129. Die adligen Minister, besonders Bülow und Wolffradt, opponierten gegen die Agrarreform.

¹⁵² Reskript v. 31. Dez. 1809; vgl. Rundschreiben Siméons an die Präfekten v. 25. Dez. 1809, StA Marburg 77a, 7.

¹⁵³ Bericht des Kantonsmaire von Marburg auf das Reskript vom 31. Dez. 1809 hin, dem Präfekten am 6. Febr. 1810 eingereicht, ebd. 77a, 7.

¹⁵⁴ An die Präfekten, 7. Juni 1810, ebd.

¹⁵⁵ An die Präfekten, 1. April 1810, und Reskript der Präfekten vom 31. Mai 1810, ebd.

¹⁵⁶ Thimme, II, 14. Die hohe Summe kam vor allem durch die erzwungene Übernahme der Kriegsschulden der alten Regierungen von Hessen-Kassel, Braunschweig usw. zustande, vgl. auch Heitzer, Insurrectionen, 105 ff.

¹⁵⁷ Nach den Angaben, die Heitzer aus einer Aufstellung Berlepschs errechnete. (Insurrectionen, 106.)

¹⁵⁸ Ebd., 108 ff., vgl. 53 u. 119; vgl. auch Abel, Agrarkrisen, 207 ff. Zur wirtschaftlichen Lage der Bauern im Fürstentum Paderborn: Henning, 168 f. Über Belastungsverhältnisse in Hessen: 90 ff. Zur Berufstätigkeit der Bauern in den Dörfern um Braunschweig: Saalfeld, 35 ff.

¹⁵⁹ Heitzer, 110.

¹⁶⁰ Eingabe an den Finanzminister, 18. April 1809, StA Marburg 75, 24, 211; vgl.

Anmerkungen zu Seite 103—104

auch die übrigen Eingaben wegen „rückständiger Fruchtgefälle", ebd. Die Herrenbreitunger Bauern gehörten offensichtlich zu den Kaiserlichen Domänen. Vgl. das Schreiben des Finanzministers an den Innenminister, 20. Mai 1809, ebd.

[161] Zitiert nach Heitzer, 110.

[162] Artikel 3 des Dekrets „besondere Verfügungen wegen der Ablösung oder des Kaufes der den Staatsdomänen zustehenden Prästationen und Grundabgaben enthaltend", Bulletin des lois, III, 1810, 353.

[163] Der Finanzminister an den Präfekten des Werradepartements, 7. Juni 1811, u. an die Generaldirektion der staatlichen Domänen, 17. Febr. 1811, StA Marburg 77a, 7.

[164] Vgl. z. B. den Aktenbestand: Die Ablösung der Domänenprästationen im Werradepartement, ebd., 75, 24, 230. Genaue Zahlen über die Ablösung fehlen. Lütge, der das Ergebnis der Ablösungen in der Grafschaft Wernigerode untersuchte, nennt das Resultat insgesamt „kläglich". Nach einem Generaletat über die im Jahre 1811 verkauften Domänengrundstücke und abgelösten Domanialprästationen ergibt die folgende Tabelle für die einzelnen Departements:
Elbe ein Haus und ein Erbenzins
Saale für 24 000 Francs Häuser/Zehnte u. Gefälle
Oker für 3 500 Francs Häuser/Zehnte u. Gefälle
Fulda für 1 000 Francs Häuser/Zehnte u. Gefälle
Werra für 8 500 Francs Häuser/Zehnte u. Gefälle
Leine für 5 000 Francs Häuser/Zehnte u. Gefälle
Weser für 30 000 Francs meist Häuser
(F. Lütge, Die Bauernbefreiung in der Grafschaft Wernigerode, Zeitschr. d. Harz-Vereins für Geschichte u. Altertumskunde 56/57. 1923/24, 35.) Insgesamt hat man die Summe aus Domänenverkäufen auf zwei Mill. Francs geschätzt. (E. Sakai, Der kurhessische Bauer im 19. Jahrhundert u. die Grundlastenablösung, Melsungen 1967, 52.)

[165] Dekret v. 17. Mai 1811, Art. 10, Bulletin des lois, 1811, 245.

[166] Lefebvre, Etudes, 352.

[167] Protokoll über die Befragung von Rüdesheimer Censiten, 30. März 1812, StA Marburg 75, 24, 230; ebd. eine Reihe weiterer Protokolle.

[168] Nach der Typologie von G. V. Taylor, Types of Capitalism in Eighteenth-Century France, Eng. HR 79. 1964, 472 f.

[169] Vgl. auch Furets Kritik an der Ablösungsgesetzgebung der Konstituante: „Indem sie die Ablösung der meisten seigneurialen Abgaben und der Gerichtsämter" vorsah, setzte „die große bürgerliche Versammlung in Wirklichkeit nur ihr eigenes Zivilrecht an die Stelle desjenigen der Grundherrn". F. Furet u. D. Richet, La Révolution, I, Paris 1965, 121.

[170] A. Wald, Die Bauernbefreiung u. die Ablösung des Obereigentums — eine Befreiung der Herren? HV 28. 1934, 795—811. Zu der ganz anderen Agrarstruktur in Preußen vgl. oben 167, Anm. 5. Die preußischen Adligen, die eine selbstbewirtschaftete Gutsherrschaft besaßen, waren von vornherein viel stärker an einer Modernisierung und „Kapitalisierung" ihrer Betriebe interessiert, d. h. auch an einer Auflösung der alten Agrarverhältnisse, vor allem der Bauernschutzverpflichtungen. Die Entschädigung durch Landabtretung eröffnete zugleich die Möglichkeit, die eigenen Betriebe zu vergrößern.

IV. 2

[1] Der Ausdruck fällt z. B. schon im Schreiben des badischen Gesandten in Paris, Emmerich von Dalberg (ein Neffe des Fürstprimas), an den Minister des Äußern, von Edelsheim, vom 22. Dez. 1807. In demselben Schreiben berichtet Dalberg, daß der französische Gesandte Massias die Rezeption in Baden angeregt habe. Dalberg, zunächst

Anmerkungen zu Seite 104—106

ein Gegner der Rezeption, schrieb hierzu: „L'introduction d'un nouveau Code de loix est une mesure d'une si grande importance, qu'on ne saurait assez y réfléchir." (GLA 48/1999.) Vgl. zur Vorgeschichte und diplomatischen Vorbereitung der Rezeption in Baden: Andreas, Einführung, 193 ff. Zur Zusammensetzung der Gesetzeskommission auch oben 32.

[2] Feuerbach, Betrachtungen über den Geist des Code Napoleon, 14 f.: „In der Modifikationsretorte, auf welcher der unbequeme spiritus rector verflüchtigt werden sollte, bliebe zuletzt mehr nicht als ein Caput mortuum zurück, welches kaum des Aufhebens wert sein dürfte. Gerade diejenigen Teile der französischen Gesetzgebung, welche unsern bestehenden teutschen Grundsätzen widersprechen, sind dessen glänzendste Punkte." Siehe auch unten 139 f.

[3] Vgl. etwa auch die Kritik des Frankfurter Referenten Mulzer unten 116. In Baden hat Thibaut von Anfang an das Brauersche Werk kritisch beurteilt. Thibaut war, wie sein Heidelberger Universitätskollege Gambsjäger, zu einem Gutachten über die Einführung des Code aufgefordert worden, das jedoch ganz ohne Einfluß blieb. 1814, in den Streitschriften gegen Savigny, hat dann Thibaut Brauers Gesetzgebung als „schief und despotisch" verurteilt: „Und da erfolgte dann ein Rechtsjammer, worunter das ganze Land tief gebeugt ward. Ewige Neuerungen und Umwälzungen; reine Unwahrheiten in sogenannten authentischen Auslegungen; Erklärungen, welche als Muster der Dunkelheit gelten können, sowie, der ungehinderten Kühnheit wegen, eine Menge ganz verkehrter Ansichten und Grundsätze." (Zit. nach Andreas, 230.)

[4] W. Fischer, Staat u. Gesellschaft Badens im Vormärz, in: Staat u. Gesellschaft im deutschen Vormärz 1815—1848, Hg. W. Conze, Stuttgart 1962, 161.

[5] So bei Andreas, 192 f., 206 u. 218 mit spürbarer Sympathie für die vom „historischen Denken" geprägte Vorstellungswelt Brauers. Vgl. etwa 218: „Wies doch das 18. Jahrhundert, aus dem die badischen Staatsmänner herauswuchsen, neben den Lobrednern der reinen Vernunft ein stattliches Gegenlager führender Geister auf, deren Denken mit historischen Säften getränkt war."

[6] L. Gall, Der Liberalismus als regierende Partei, Wiesbaden 1968, 15 f. Bei Andreas die entgegengesetzte Wertung: „Jede zerstörende Absicht, alles Gewaltsame, dem so mancher Staatsbaumeister im Drang des Neuen zu verfallen drohte, war ihm verhaßt." (Ebd., 192.)

[7] Andreas, 185.
[8] GLA 234/59; Andreas, 188 ff.
[9] GLA 234/10045; Andreas, 196 ff.
[9a] Winkel, 49.
[10] Vgl. bes. den ersten Vortrag Brauers in der Gesetzeskommission v. 2. Sept. 1808, GLA 234/338; ähnlich: Erläuterungen über den Code Napoléon und die Großherzoglich Badische bürgerliche Gesetzgebung, I, 520. Nach späteren Berechnungen aus dem Vormärz entfielen von 5751 Zehntberechtigungen 1592 an das Domänen- und Forstärar oder an Mitglieder des großherzoglichen Hauses, 108 an Gemeinden, 311 an Schulen und 1808 an Pfarreien. Nur 493 Zehntberechtigungen standen den Standesherren und 722 den übrigen Grundherren oder Privatpersonen zu. (Winkel, 50.) Die übrigen Zehnten wurden von Stiftungen oder von benachbarten Staaten eingezogen.
[11] Erläuterungen, I, 546 f.
[12] Zusätze 710 fe u. 710 fm; Erläuterungen, I, 442.
[13] Ebd., I, 561.
[14] Vgl. dagegen den Antrag der Mannheimer Provinzialregierung, einen Maßstab für die Ablösung gesetzlich vorzuschreiben, und die Grundherren bei Weigerung zu zwingen, diesen Maßstab einzuhalten; hierzu 46 f. oben. Brauer zu dieser Frage: Erläuterungen, I, 562.

[15] Vgl. auch die oben 46 zitierte Stelle aus den Erläuterungen, I, 564 f.
[16] Zusatz 1831 aa u. 1831 be; Erläuterungen, I, 579 f. u. III, 631 ff. Abgeschafft wurden z. B. das Neustift (erlischt mit dem Tode des Ausgebers) und das Freistift (das als Zeitlehen nur auf ein Jahr ausgegeben wurde); allerdings mit der Klausel: „wo sie nicht auf besonderen Bedingen beruhen". (Erläuterungen, III, 632; Zusatz 1831 bi.)
[17] 3. Vortrag in der Gesetzeskommission GLA 234/338; Erläuterungen, I, 447 ff.; Andreas, 219 f. (Die prinzipielle Zustimmung zum Substitutionenverbot wird bei Andreas gar nicht erwähnt.)
[18] Regierungsblatt XI.
[19] Zur Umfrage: Protokoll des Polizeidepartements v. 23. Jan. 1808, GLA 236/5961.
[20] Kommissarischer Bericht über die geschlossenen Güter im Odenwald, 10. Okt. 1807, ebd.
[21] Bericht v. 4. Jan. 1808, ebd.
[22] Die Fürstenbergische Justizkanzlei kritisierte die Verordnung vom 17. April 1808 als „Zerstückelungsgesetz"!
[23] 4. Vortrag Brauers über die Intestaterbfolge v. 5. Okt. 1808, GLA 234/338. (Hervorhebung v. Vf.) Vgl. zu diesem Passus auch oben 50.
[24] Vgl. etwa die Eingabe des Innenministeriums v. 12. Okt. 1808 über Zehntsachen, GLA 234/338, u. die Anfragen der Mannheimer Regierung über Schupflehen (Zeitlehen) sowie der Freiburger Regierung über Erbbestände (ebd.). Die Regierungen waren offensichtlich der Meinung, daß der Code hier Änderungen bringen werde. Sie erkundigten sich genau, ob der Pächter nunmehr ein volles Eigentum besitze, ob Erbteilungen, Eheverschreibungen, Verkauf und Verpfändung gestattet seien, usf.
[25] Die Zusätze waren durch Buchstabenbezeichnungen und Kursivdruck hervorgehoben. Über die Art und Weise der Modifikationen ist lange diskutiert worden. Vgl. Geheim. Ratsprotokoll v. 29. März 1808, Brauers Gutachten v. 29. Febr. 1808 (GLA 234/10045) und sein 1. Vortrag in der Gesetzeskommission (234/338). Zyllenhard hatte der Kommission vorgeschlagen, die Zusätze nicht weiter zu kennzeichnen, sondern einfach in den Kontext der Originalartikel einzurücken. Die Zusätze, gab er an, wären ja „Gesetz" wie die Bestimmungen des Code. Brauer lehnte diesen Vorschlag ebenso ab wie die Anregung, die Zusätze erst in einem Nachtragsband zu veröffentlichen. Man würde dann einen „gotischen Anbau um einen zierlichen griechischen Tempel bauen", meinte er. Es gehe darum, „das neue Gebäude der Napoleonischen Gesetzgebung *unvermischt*" zu erhalten und zugleich die „für die Verfassung des Großherzogtums nötigen *Nebenbestimmungen*" an Ort und Stelle und nicht in einem getrennten Zusatzband aufzunehmen. (1. Vortrag, Hervorhebung v. Vf.) Über die „Vernunftgesetze" des Code vgl. den 2. Vortrag Brauers in der Gesetzeskommission v. 2. Sept. 1808 (GLA 234/338).
[26] 2. Vortrag (Hervorhebung v. Vf.).
[26a] Svarez verstand manche Paragraphen als einen „Wink für die Zukunft", so etwa die Kann-Bestimmung zur Abmessung der Fronden oder die Regel „so viel als möglich" die Gemeinländereien aufzuteilen. Hierzu Koselleck, Preußen, 43 ff.
[27] Zusatz 4a. Das „natürliche Recht" wird als die im äußersten Fall geltende Rechtsquelle genannt, falls den Richter alle übrigen Rechtsquellen und Interpretationshilfen verlassen. Andreas erwähnt diese Stelle bezeichnenderweise nur in einer Anmerkung (219, Anm. 1).
[28] So die Formulierung im 2. Vortrag; direkte Kritik an der „Philosophie der Ideale" Almendingens in den „Erläuterungen", IV, 552.
[29] Erläuterungen, I, 441.
[30] So ein rheinhessischer Abgeordneter zu den Personenrechtsentwürfen Hessen-

Anmerkungen zu Seite 110—112

Darmstadts in der 2. Kammer. Zitiert nach: W. Schubert, Der Code civil u. die Personenrechtsentwürfe des Großherzogtums Hessen-Darmstadt von 1842—1847, in: ZRG GA 28. 1971, 157.

[31] Antragspunkte, die Bearbeitung des Code Napoléon betreffend, 15. Juli 1808, GLA 234/10045; ferner 1. Vortrag Brauers in der Gesetzeskommission, ebd. 234/338. Zusammenfassung: Großherzogl. Staatsratsprotokoll v. 12. Nov. 1808, ebd., 234/10045.

[32] Man wird hier kaum Andreas zustimmen, der über Brauers Ausführungen über die französische Gerichtsverfassung bemerkt: „Hier gewann das einheimische unvermischt die Oberhand über das fremde Wesen." (Einführung, 208.)

[33] Antragspunkte, GLA 234/10045; 1. Vortrag, ebd. 234/338; vgl. Andreas, 210 f.

[34] 1. Vortrag u. Staatsratsprotokoll v. 12. Nov. 1808, GLA 234/10045.

[35] Die Gesetzeskommission legte am 11. April 1809 folgende Entwürfe zu „organischen Gesetzen" vor: 1. Vorschlag des Gesetzes über Beamte des bürgerlichen Standes; 2. Vorschlag des Gesetzes über Kronanwaltschaften; 3. Generale, die künftige Gerichtsverwaltung der Grundherren betr.; 4. Generale an die Justizkanzleien der Standesherren wegen der Staatsschreiberei; 5. Vorschlag des Gesetzes über die Staatsschreiberei; 6. Generale an die Provinzialregierungen wegen der für die Anwendbarkeit des Code Napoléon besonderen Anstalten. (GLA 234/10045.) Die Verordnung, die Kronanwaltschaften betr. und die Verordnung, die Beamten des bürgerlichen Standes betr. wurden am 30. Mai 1809 (Regierungsblatt XII), die Verordnung, die künftige Gerichtsverfassung der Grundherren betr., am 7. Juni 1809 (Regierungsblatt XXV) erlassen.

[36] Daß der „Verzicht" der Grundherren durchaus im Bereich des Möglichen lag, beweist die Vorstellung der Mannheimer Regierung, die einwandte, daß man mit dieser Verordnung nicht so sehr die Grundherren treffe, die „wahrscheinlich" die ihnen offen gelassene Alternative ergriffen, sondern die grundherrlichen Beamten, die von den Sporteln lebten. (Die „gehorsamsten Bemerkungen" der Mannheimer Regierung, GLA 331/957.) Die Verordnung vom 7. Juni 1809 gestattete dann, auf „Vorstellung der Umstände", eine Dispensation einzuholen — jedenfalls für eine Übergangsphase bis zum 23. August des Jahres.

[37] 1. Vortrag Brauers, GLA 234/338.

[38] Einführungsedikt v. 22. Dez. 1809, Regierungsblatt L III. Begründet wurde die Suspension mit der finanziellen Belastung des Krieges, die eine kostspielige neue Gerichtsorganisation verhindere. Inzwischen hatten die zu Kronanwälten vorgesehenen Beamten protestiert: die „außerordentliche Verantwortung" und „die Menge heterogener Geschäfte" könne ihnen nicht ohne Gehaltsaufbesserung aufgebürdet werden. (Gehorsamster Vortrag der Mannheimer Regierung, 30. Juni 1809, GLA 313/957.)

[39] Vgl. das berühmte Organisationsedikt v. 26. Nov. 1809, mit 6 Beilagen, Regierungsblatt IL—LII; Andreas, Verwaltungsorganisation, 258 ff.; F. Schnabel, Sigismund von Reitzenstein, der Begründer des Badischen Staates, Heidelberg 1927, 128 ff.

[40] So die Interpretation der Mannheimer Regierung, GLA 313/957.

[41] Umfrage 1811/1812; Berichte der Hofgerichte aus Mannheim u. Freiburg, GLA 234/338.

[42] Hierzu Andreas, Einführung, 212 f. u. 221 f.

[43] Protokoll v. 16. Nov. 1808, GLA 234/10045.

[44] Vgl. etwa das Schreiben des Bischöflichen Wormsischen Generalvikariats zu Lampertsheim v. 4. Dez. 1807: Man finde noch vieles in der Eheordnung, „was der Kirchengewalt und den Kanonischen Satzungen entgegenstehet". Die kirchliche Gültigkeit der Ehe könne nach keiner anderen „Direktionsnorm" und Rechtsbelehrung entschieden werden „als welche von dem apostolischen Stuhle ausfließt oder gut geheißen werden". Allerdings erkenne man an, daß es die „gute Absicht" des Gesetzgebers gewesen sei, „eingetretene Mißverständnisse zu heben". Man unterstütze das Streben,

Anmerkungen zu Seite 112—115

die „Einigkeit zwischen geistlicher und weltlicher Macht zu halten". GLA 236, 8010; ebd. ähnlich lautende Schreiben auch aus anderen Vikariaten.

[45] Regierungsblatt XXVI; die Eheordnung datiert vom 1. August 1807. Vgl. im übrigen den Aktenbestand GLA 236/8010.

[46] Bemerkungen über die im Code Napoléon in Beziehung auf die Auflösbarkeit der Ehe enthaltenen Bestimmungen, GLA 234/338, vgl. Andreas, Einführung, 221 f.

[47] Votum zum Gesetz wegen der Beamten des bürgerlichen Standes; Beilage zum Beschluß des Kabinettsministeriums v. 16. März 1809, GLA 234/10045; Andreas, 212 f.

[48] In seinem Votum vom 16. Nov. 1808 erklärte Brauer zum Schluß: daß er sich, falls gegen seine Meinung entschieden werde, vorbehalte, sich von dem Zusatzartikel „in öffentlichen Schriften loszusagen". (GLA 234/338.)

[49] Marginalien zu Gulats Votum (vgl. Anm. 46).

[50] Votum vom 16. Nov. 1808; GLA 234/338.

[51] Brauers Bemerkungen zu den Voten Hofers u. Benzel-Sternaus, GLA 234/10045.

[52] Bemerkungen zu der Gesetzesvorlage über Beamte des bürgerlichen Standes v. 7. März 1809, GLA 234/10045 (Hervorhebung v. Vf.).

[53] Erläuterungen, IV, 555. Brauer korrigiert an dieser Stelle Almendingens Ansicht, daß der Code die „gänzliche" Trennung von Kirche und Staat voraussetzte. Diese Ansicht sei zugleich „richtig und unrichtig".

[54] Brauers Bemerkungen zu den Voten Hofers u. Benzel-Sternaus (vgl. Anm. 51).

[55] Der Streit drehte sich z. B. um die Bestimmung des Code, daß bei der Schließung der Zivilehe den Brautleuten das 6. Kapitel des Gesetzbuches von den wechselseitigen Rechten und Pflichten der Eheleute vorzulegen sei. Natürlich weigerten sich die Pfarrer, dieser Bestimmung zu folgen. Ebenso hielten sich die Pfarrer nicht an das im Code vorgeschriebene zweimalige Aufgebot. Überdies divergierte der Eheunterricht der Kirche mit den weltlichen Gesetzen über die Gültigkeit der Ehe und über Dispensationen. Die Mahnung, Mischehen zu vermeiden, nannte das katholische kirchliche Departement im Innenministerium „unklug, anstößig, intolerant, folglich von staatswegen nicht zu gestatten". „Die Kirche habe „mit der Ehe als Kontrakt betrachtet, schlechterdings nichts zu schaffen, sondern sich einzig mit dem Ehesakramente zu befassen". (Vortrag Haeberlins v. 4. Febr. 1812.) Die beschöflichen Vikariate beriefen sich dagegen auf die Eheordnung des Trienter Konzils! (GLA 234/1335.)

[56] Bis zur Gründung des Großherzogtums Frankfurt 1810 zerfiel das Land noch in die einzelnen, territorial unzusammenhängenden „primatischen Staaten": das Fürstentum Aschaffenburg, das Fürstentum Regensburg, das Fürstentum Frankfurt und die Grafschaft Wetzlar. Erst nach dem Wiener Frieden schloß Dalberg mit Frankreich den Pariser Vertrag vom 16. Februar 1810, in dem Regensburg an Bayern abgetreten wurde. Dafür erhielt das „Großherzogtum Frankfurt" die bisher dem Kaiser reservierten Fürstentümer Hanau und Fulda. Bis auf die Exklave Wetzlar bildete das Großherzogtum erst jetzt ein zusammenhängendes Territorium. Die Entwicklung vom Primatialstaat zum Großherzogtum war, wie sich zeigen wird, nicht ohne Einfluß auf den Rezeptionsvorgang. Vgl. die vorzügliche Darstellung v. P. Darmstaedter, Das Großherzogtum Frankfurt, Frankfurt a. M. 1901.

[57] Vorträge Kolborns in der Aschaffenburger Konferenz v. 21. Aug. 1809: „Über die Ehe" u. „Über die Beurkundungen des bürgerlichen Zustandes". Beilagen zum Konferenzprotokoll, HStA Wiesbaden 371/873.

[58] Reskript v. 7. Dez. 1811; ebd., 371/34.

[59] Der Rheinische Bund 16, 258 ff. Vgl. auch oben 52.

[60] Darmstaedter, 49 u. 76.

[61] Staatsratsprotokoll v. 19. Jan. 1811, HStA Wiesbaden 371/34.

[62] Darmstaedter, 246 ff. Nach der „Neue(n) Stättigkeits- und Schutzordnung der

Judenschaft zu Frankfurt am Main" vom 30. Nov. 1807 durften die Juden auch weiterhin nur in bestimmten Stadtbezirken wohnen und mußten ein Schutzgeld von 22 000 Gulden zahlen. Allerdings wurde nun den Juden erlaubt, wenigstens in ihrem Wohnbezirk Grundeigentum und Hypotheken zu erwerben und mit jüdischem Personal auch Landwirtschaft auf gepachteten Äckern sowie Manufakturen und Fabriken zu betreiben. Mit Rücksicht auf die Frankfurter Kaufleute blieben ihnen aber viele Handelszweige verschlossen. (Darmstaedter, 250 ff.)

[63] Darmstaedter, 259 f.

[64] Art. 13: Der Rheinische Bund 16, 261.

[65] Bericht des Präfekten Will auf der Versammlung des Departementsrats v. 29. Mai 1811, StA Würzburg MRA L 1642; Darmstaedter, 246.

[66] Vortrag Büchners in der Frankfurter Kommission, StA Würzburg MRA L 1637.

[67] Instruktion v. 25. Sept. 1809, StA Würzburg MRA L 1637; Notanda, die weitere Ausführung betr., Beilage zum Protokoll der Aschaffenburger Konferenz v. 21. Aug. 1809, HStA Wiesbaden 371/873.

[68] Protokoll der Frankfurter Spezialkommission, StA Würzburg MRA L 1637.

[69] Vorträge der für das Fürstentum Aschaffenburg ernannten Spezialkommission, GStA München MA 70024.

[70] Gutachten u. Vorschläge zur gesetzlichen Vorschrift und Instruktion über die praktische Anwendung des Code Napoléon (Okt. 1809), StA Würzburg MRA L 1637.

[71] Kurze Darstellung der französischen Zivilgesetzgebung in Hinsicht auf die Rezeption des Code Napoléon in teutschen Landen, HStA Wiesbaden 371/873.

[72] Vgl. hierzu oben 53 u. 57.

[73] Der Rheinische Bund 16, 258.

[74] HStA Wiesbaden 371/872.

[75] Bericht des Direktors der Einregistrierstelle, von Bilderbeck: „Die Beobachtung des Code Napoléon im Großherzogtum Frankfurt, in specie dessen Vorschriften bei Erbfolge und Güterabtretungen", 25. Aug. 1812, HStA Wiesbaden 371/888; Bilderbeck beklagte in seiner Beschwerde die fehlenden Einnahmen seiner Kasse!

[76] Anfrage des Stadt- u. Landgerichts Frankfurt v. 24. Jan. 1811; gleichzeitig Anfrage des Frankfurter Konsistoriums; Antwortschreiben des Staatsministers Albini, HStA Wiesbaden 371/916.

[77] Staatsratsgutachten zu einer Anfrage Bilderbecks v. 25. Aug. 1812; ebd. 371/888. (Hervorhebung v. Vf.)

[78] Die Anfrage wurde an den Staatsrat weitergeleitet; Gutachten über Hypothekenbücher, 21. Sept. 1811, ebd., 371/34 u. 371/918.

[79] Darmstaedter, 99 ff.

[80] Zur Rolle des 1817 errichteten Staatsrats in Preußen und seine Tendenz zur „inneradministrativen Konstitutionalisierung": Koselleck, 265 ff.

[81] W. Bilz, Die Großherzogtümer Würzburg u. Frankfurt, Diss. Würzburg 1969, 284 ff.; Darmstaedter, 153 ff.

[82] Staatsratsprotokoll v. 4. Dez. 1811, HStA Wiesbaden 371/34.

[83] HStA Wiesbaden 371/999; ähnlich der Bericht des Departementsgerichts zu Aschaffenburg: Die Kollegien hätten „nur einen französischen Namen erhalten". Die sehr positive Beurteilung der Rechtsreform bei Darmstaedter, 158, muß doch wohl mit einem Fragezeichen versehen werden: „Auf keinem Gebiet ist der Erfolg der großherzoglichen Gesetzgebung ein so vollständiger gewesen, wie in der Rechtspflege, und zwar in doppelter Weise. Ein bürgerliches Recht, ein Strafrecht, ein Prozeßrecht galten im Großherzogtum, die Organisation der Gerichte war nach den gleichen Grundsätzen im ganzen Land durchgeführt worden. Aber die Regierung konnte sich nicht nur schmeicheln, der Staatseinheit zum Siege verholfen zu haben, in allen Zweigen der Justiz

waren bedeutende Verbesserungen erzielt. Allerdings fehlten noch manche der großen Errungenschaften der modernen Rechtspflege. Aber wie bedeutend waren die erreichten Fortschritte!"

[84] Darmstaedter, 115 f.
[85] Ebd., 113.
[86] Protokoll der Departementsversammlung v. 1. Juni 1812; StA Würzburg MRA L 1642.
[87] Berichte über geschlossene Güter im Departement Aschaffenburg 1812/13, HStA Wiesbaden 371/1097.
[88] Vgl. auch Naus Gutachten über die Ablösbarkeit der Zehnten, das an den Staatsrat weitergeleitet wurde. (Aug. 1811; HStA Wiesbaden 371/1092.)
[89] Eingaben über Ablösung des Zehnten, HStA Wiesbaden 371/1092.
[90] 13. Juli 1811, HStA Wiesbaden 371/34.
[91] 29. Aug. 1811; ebd., 371/35.
[92] Reskript v. 12. Juni 1813; ebd., 371/35.
[93] Fast alle Sitzungen des Staatsrats drehten sich in den Jahren 1812/13 um Finanzprobleme. Vgl. Darmstaedter, 188 ff.
[94] Dalberg an Albini, 10. Jan. 1813; HStA Wiesbaden 371/1097.
[95] Schreiben v. 20. Jan. 1814 an den Frhr. von Hügel; HStA Wiesbaden 371/895.
[96] Fischer, 162.

IV. 3

[1] Vgl. zur Gießener Konferenz auch das Kapitel III, 1: Zentren der Diskussion in den Rheinbundstaaten, bes. 33 f., ebd. auch die Literaturangaben 163, Anm. 31 u. 165, Anm. 57. Über die sieben Mainzer Ministerialberichte: Merker, 296 ff. u. HStA Wiesbaden 151/828e—h.
[2] 8. Bericht Almendingens v. 12. Febr. 1808, HStA Wiesbaden, ebd., vgl. auch oben 74.
[3] Zum nationalpolitischen Programm des Code vgl. oben 71 ff.
[4] An das Staatsministerium, 13. Jan. 1809, HStA Wiesbaden 151/828c.
[5] Über die Notwendigkeit eines Einverständnisses deutscher Ministerien bei der Einführung des Code Napoléon und bei der Abfassung der auf die Staaten des Rheinbundes berechneten Modifikationen desselben, Der Rheinische Bund 10, 306 ff.
[6] Zur Instruktion v. 30. Okt. 1807 Almendingens erster Ministerialbericht v. 6. Jan. 1808, HStA Wiesbaden 151/828e—h; Gagerns „Untertänigster Bericht, die Gesetzgebung betr." v. 22. Jan. 1808, ebd. 151/828a. Vgl. hierzu auch oben 70.
[7] Berichte an Gagern v. 13. Jan., 6. Sept. u. 23. Juli 1809, ebd. 151/828c; 151/828d.
[8] Vgl. hierzu Merker, 304 f. Zur Absage Badens auch oben 32.
[9] Zum Verlauf der Gießener Konferenz: Almendingens Ministerialberichte, HStA Wiesbaden 151/828c; Merker, 307 ff.
[10] Vgl. oben 74 f.
[11] Der Rheinische Bund, Bd. 8, 360 ff.; Bd. 10, 306 ff.; Bd. 12, 47 ff., 142 ff., 232 ff.; Bd. 13, 143 ff.; Bd. 14, 96 ff.; Bd. 15, 83 ff.; Bd. 16, 3 ff.; Bd. 21, 111 ff.
[12] So schon im 1. Bericht v. 6. Jan. 1808 (HStA Wiesbaden 151/828e—h); dann in seinem Gießener Vortrag: Ansichten über die Art der Aufnahme des Napoleonischen Gesetzbuches (151/828c) und in den Bemerkungen zu den Eröffnungen u. Mitteilungen der Fürstlich-Primatischen Kommission (StA Würzburg MRA L 1635).
[13] 1. Bericht und 10. Bericht „Über die Beurkundungen des bürgerlichen Rechtszustandes oder der Geburten, Heiraten u. Sterbefälle". HStA Wiesbaden 151/828e—h.

Anmerkungen zu Seite 125—127

¹⁴ Es ist sicherlich ein Irrtum anzunehmen, daß die Rücksicht auf die „öffentliche Meinung" bei den Rheinbundreformen keine Rolle gespielt habe. Schon die genauen Polizeiberichte über die Volksstimmung beweisen das Gegenteil. Die Notwendigkeit einer aktiven Mitarbeit der Bürger und die Forderung, das Staatsvolk mit einem „Gemeinsinn" zu erfüllen, wurden durchaus von den Rheinbundreformern, auch etwa von Montgelas in Bayern, anerkannt. (Vgl. Weis, Montgelas, 344, 385 u. 443.)

¹⁵ Bemerkungen zu den Eröffnungen u. Mitteilungen der Fürstl. Primatischen Kommission, StA Würzburg MRA L 1635.

¹⁶ Ebd.

¹⁷ Vgl. hierzu auch den 19. Bericht aus Gießen v. 10. Jan. 1810: Die Einführung des Code solle „der im Königreich Westphalen und im Großherzogtum Berg gleich sein", nur müsse man vorerst die alte Gerichtsverfassung beibehalten.

¹⁸ Anzeige einer die Einführung des Kodex Napoleon in den Staaten des Rheinbundes vorbereitenden Zeitschrift, Der Rheinische Bund 8, 368; Ansichten über die Bedingungen u. Voraussetzungen der Einführung des Kodex Napoleon in den Staaten des Rheinbundes, Allgemeine Bibliothek f. Staatskunst, Rechtswissenschaft u. Critik, I, 1808, 79, und: „Hauptbericht über die die Einführung des Code Napoléon betreffenden Konferenzen in Gießen u. über die Resultate derselben", ebd., III, 1811, 136.

¹⁹ Almendingen entwickelte diesen Suspensionsplan zuerst in seiner Beilage zum Bericht v. 19. Aug. 1808. „Darstellung des Hauptinhalts des Kodex Napoleon." (HStA Wiesbaden 210/2942.) Am 19. März 1808 schrieb er in einem Privatbrief an Gagern, „das Wort Modifikation" habe einen „zu weiten Umfang". (Ebd., 151/828a.) Im Bericht vom 24. Dez. 1808 empfahl er die sukzessive Einführung des Code mit Rücksicht auf die Öffentlichkeit, da das neue Gesetzbuch keine „populäre Unternehmung" sei, und zur „Schonung der bisherigen Einrichtungen". Es sei notwendig, daß einige Artikel „suspendiert bleiben, bis der Drang der Umstände zu weiteren Schritten und zur Umänderung der Organisation Herzogliches Staatsministerium nötigen wird". (Ebd., 151/828d.)

²⁰ Bemerkungen zu den Eröffnungen u. Mitteilungen der Fürstlich-Primatischen Kommission, StA Würzburg MRA L 1635; Hauptbericht über die die Einführung des Code Napoléon betreffenden Konferenzen in Gießen, Allgemeine Bibliothek, III, 121. Ganz ähnlich haben die preußischen Reformer argumentiert. Auch viele Gesetze der preußischen Reformzeit hatten „Plancharakter". „Das Aussprechen selbst zwingt, vorerst eine klare Idee darüber zu fassen", erklärte Altenstein: Die Idee habe dann eine unwiderstehliche Kraft, alles wird sich fortzureißen. (Koselleck, Preußen, 160.)

²¹ 4. Bericht aus Gießen v. 15. Sept. 1809 (HStA Wiesbaden 151/828c); im Bericht v. 21. Nov. 1809 äußerte sich Almendingen sehr positiv über die „praktischen Kenntnisse" und die gute Mitarbeit Mulzers. Mulzer habe ihm für seine Person seine Zustimmung versichert. Leider habe der Primas aber seine eigenen Ansichten ... Vgl. auch oben 183, Anm. 49.

²² Bemerkungen der Großherzoglich Hessischen Kommission über die Vorfragen, welche deutsche Regierungen bei einer beabsichtigten Einführung des Code Napoléon zu entscheiden haben. HStA Wiesbaden 371/873. Ebd. auch die beiden „Nachträge" der hessischen Kommission zu den Vorträgen der fürstprimatischen und der nassauischen Kommission.

²³ Die hessisch-darmstädtische Instruktion in der Beilage zu Almendingens Bericht v. 14. März 1810. Stellungnahme Almendingens im Bericht v. 19. März 1810 (HStA Wiesbaden 151/828a). Almendingen hatte sich im Frühjahr 1810 selbst nach Darmstadt begeben, um bei Lichtenberg zu intervenieren. Lichtenberg ließ daraufhin über

die Pariser Gesandtschaft Erkundigungen einziehen. Das Ergebnis teilte er am 4. Mai 1810 Almendingen mit. (Ebd. 151/828a.)

[24] Erläuterungen, IV, 548.

[25] 1. Bericht v. 6. Jan. 1808, HStA Wiesbaden 151/828e—h.

[26] An Gagern, 13. Jan. 1809, ebd. 151/828a.

[27] 10. Bericht über die actes de l'état civil, 26. März 1808, ebd., 151/828e—h.

[28] Ebd.

[29] Gießener Vortrag über das Eherecht des Code, StA Würzburg MRA L 1635.

[30] Marschalls Ministerialreskript v. 5. Febr. 1811 wurde zunächst gar nicht beachtet. Es folgte eine Mahnung am 26. Nov. 1811. Erst Ende November traf dann das Gutachten des Wiesbadener Hofgerichts ein. (HStA Wiesbaden 293/27.) Gagern hatte bereits zu den ersten Berichten Almendingens Gutachten des Justizsenats zu Ehrenbreitstein eingeholt. Vgl. seine Korrespondenz mit Regierungsrat Hert v. Jan./Febr. 1808 (ebd.; 151/828c).

[31] Vor allem in Herts Gutachten zu Almendingens Bericht über das Hypothekenwesen (151/828c).

[32] 29. März 1811, HStA Wiesbaden 210/2942.

[33] So in einer Stellungnahme zu den Bemerkungen der hessischen Kommission. Grolmans Vorschlag, die Einführung des Code noch auf drei Jahre hinauszuschieben, erschien Almendingen gerade unter diesem Gesichtspunkt undurchführbar.

[34] Verordnung des Staatsministeriums v. 19. Dez. 1812, HStA Wiesbaden 152/828.

[35] Organisationsentwurf, HStA Wiesbaden 210/2942. Siehe zum verfassungspolitischen Programm Almendingens oben 66 ff. Über den Zusammenhang zwischen Agrarreform und Aufhebung des Domanialsystems oben 54, 62 f.

[36] Hierzu das Reskript der beiden Fürsten von Nassau-Usingen und Nassau-Weilburg zum Leibeigenschaftsdekret v. 1. Jan. 1808, HStA Wiesbaden 210/8514.

[37] Bericht des Amtes Weilburg, 29. Febr. 1808, ebd.

[38] Gutachten der Herzogl. Nassauischen Regierung in Wiesbaden, 17. Febr. 1808, ebd.

[39] Gutachten der Herzogl. Nassauischen Regierung in Weilburg, 24. Aug. 1808, ebd.

[40] Bericht der Herzogl. Nassauischen Hofkammer in Weilburg, 30. Juli 1808, ebd.

[41] Landesherrliche Verordnung die Gleichheit der Abgaben und die Einführung eines neuen direkten Steuersystems im vereinigten Herzogtum Nassau betreffend, 10./14. Febr. 1809, Verordnungsblatt des Herzogtums Nassau I, 1809, 1—42. (Art. 21 enthielt die Ablösungsvorschläge.)

[42] Von 650 Familien im Gebiet um Dillenburg hatten nur etwa 10 % 3 Hektar Nutzfläche, während 90 % 2 bis 2,5 Hektar Land besaßen. Im Gebiet der Standesherrschaft Solms Braunfels waren von 316 Familien insgesamt 5250 Gulden von etwa 950 Hektar Land zu leisten, umgerechnet von jedem Hektar 3 Taler. (Henning, 90 f.)

[43] Artikel 530 über die Nichtperpetuität der Renten: Zitat oben 40 und Art. 686 über das Verbot der „Personalfronden": Zitat oben 42. Vor der sofortigen Einführung des Artikels 686 hatte Almendingen besonders nachdrücklich gewarnt. Er gleiche einer „Schlange", die „unter dem Grase lausche", hieß es in seinem Abschlußbericht vor Beginn der Gießener Konferenz v. 19. Aug. 1808. (HStA Wiesbaden 210/2942.)

[44] HStA Wiesbaden 210/2942.

[45] Vortrag der Herzogl. Nassauischen Kommission zu den Bemerkungen der Großherzogl. Hessischen Kommission, StA Würzburg MRA L 1635.

[46] Vgl. oben 111.

[47] 10. Bericht an das Staatsministerium aus Gießen, 10. Jan. 1810, HStA Wiesbaden 151/828c.

[48] Raumer, 328.

Anmerkungen zu Seite 131—134

⁴⁹ W. Kloppenburg, Der Rheinbund vom 12. Juli 1806 u. das Fürstentum Waldeck, Geschichtsblätter für Waldeck 46. 1945, 9 ff. Trotzdem setzte der Fürst von Waldeck, ängstlich bemüht, jedem Wink aus Paris zu folgen, den Einführungstermin auf den 1. Juli 1813 fest.

⁵⁰ Es wurde oben 69 gezeigt, daß hierin einer der Gründe liegt, weshalb Amendingen für ein nationalpolitisches Programm eintrat.

⁵¹ So Almendingen in seinem Bericht an das Staatsministerium v. 28. Nov. 1812, HStA Wiesbaden 210/2942.

⁵² Zum Kurswechsel, der zugleich zu einer Verschlechterung der Beziehungen zwischen den beiden Ministern von Nassau-Usingen und Nassau-Weilburg führte: Rößler, 118; vgl. auch Raumer, 326.

⁵³ Beurteilung der offiziellen Vorträge des Herrn Geheimrats v. Almendingen an das Herzoglich Nassauische Staatsministerium über die Art der Einführung des Kodex Napoleon u. seiner organischen Umgebungen, Der Rheinische Bund 21, 117.

⁵⁴ Einführungsedikt v. 15./21. Dez. 1812, Verordnungsblatt, Nr. 28.

⁵⁵ Ministerialreskript Marschalls v. 2. Aug. 1811, hierzu Schreiben Almendingens an Marschall v. 28. Nov. 1812, HStA Wiesbaden 210/2942.

⁵⁶ An Marschall, 10. Juni 1812, Begleitschreiben zur Übersendung des Organisationsentwurfs, ebd.

⁵⁷ Zum Organisationsentwurf siehe oben 66 ff.

⁵⁸ Politische Ansichten über Deutschlands Vergangenheit, Gegenwart u. Zukunft, Wiesbaden 1814, IX.

⁵⁹ Almendingen hat allerdings in dieser Kontroverse nicht die Partei Thibauts ergriffen: er lehnte — ganz im Sinne seiner föderalistischen Auslegung des nationalen Gedankens — die Forderung Thibauts ab, allen Einzelstaaten von außen ein Gesetzbuch „aufzudrängen". Dies sei mit dem inneren Leben der einzelnen „föderalistischen" Staaten nicht vereinbar. Die Einführung des Code Napoléon sei nie Selbstzweck gewesen, sondern „Vehikel einer Verfassung" nach französischem Vorbild (Politische Ansichten, 554 ff.); J. Stern Hg., Thibaut u. Savigny, Ein programmatischer Rechtsstreit auf Grund ihrer Schriften, Darmstadt 1959, 192 ff.

⁶⁰ Raumer, 327.

⁶¹ So: Savigny, Vom Beruf unserer Zeit für Gesetzgebung u. Rechtswissenschaft, Stern, 103 ff.

⁶² Zur Mitwirkung Marschalls und Ibells: Faber, Rheinlande, 71; Brandt, 190.

⁶³ Politische Ansichten, 372.

IV. 4

¹ Vgl. besonders: Doeberl, Montgelas.

² Der jüngst erschienene erste Band der Montgelasbiographie v. Weis hat in vielerlei Hinsicht das bekannte von Doeberl geprägte Bild von Montgelas als kühlem Machtpolitiker und unbedingten Verfechter der Staatssouveränität verändert. Der Vf. zögert allerdings vor der Schlußfolgerung, daß Montgelas' politisches Denken von den Ideen des vorrevolutionären und revolutionären Frankreich geprägt war. Er bringt das Programm von Montgelas auf den Begriff des „rechtsstaatlich begrenzten Staatsabsolutismus". Weis, Montgelas, 310.

³ Die bisher ganz unbekannte Denkschrift wurde erst von Weis im Nachlaß von Montgelas entdeckt, ebd., 266 ff.; ders., Montgelas' innenpolitisches Reformprogramm. Das Ansbacher Mémoire für den Herzog vom 30. 9. 1796, ZBL 33. 1970, 219—56.

⁴ So in den Briefen an Seinsheim, Weis, 190 ff.

Anmerkungen zu Seite 134—137

⁵ Pläne vom März 1790 in den Briefen an Seinsheim ebd., 191.

⁶ Vgl. Weis' Urteil über die Ansbacher Reformdenkschrift: „Hier zeigt sich, daß hinter dem kühlen Machtpolitiker Montgelas, dem rücksichtslosen Vertreter der Staatssouveränität, ein aufklärerischer Idealist steht, der sich jedoch bemüht, seine Pläne mit den Ergebnissen der Erfahrung und den gegebenen Möglichkeiten abzustimmen." (Ebd., 283.)

⁷ Ebd., 188 f. u. 190.

⁷ᵃ Lütge, Bayerische Grundherrschaft, 182. Vgl. über die einflußreichen Adelsfamilien ebd., 36 ff.

⁸ Denkschrift Maximilian von Montgelas' für den König von Bayern zur Rechtfertigung eines von ihm vorgelegten Entwurfs für die Rheinbundverfassung, undatiert, wohl Jan. 1808, Beilage 6, Doeberl, Rheinbundverfassung, 67, zur Mailänder Konferenz, ebd., 26 ff., vgl. auch oben 15.

⁹ Staatsratsprotokoll v. 20. Jan. 1808; Beilage 7 bei Doeberl, 73 ff.

¹⁰ Staatsratsprotokoll v. 20. Febr. 1808. Der Beschluß lautete: es solle „dem VI. Titel der 6. Paragraph wegen Einführung eines eigenen bürgerlichen und peinlichen Gesetzbuches für das ganze Königreich hinzugefügt, dabei aber von dem Code Napoléon nichts erwähnt werden". HStA München, Staatsrat 8.

¹¹ Bericht des badischen Gesandten aus München, GLA 49, 84; Degenfeld gab an, er habe seine Informationen aus den „Ministerien".

¹² Auch rein formal hielt sich der bayerische Zivilgesetzentwurf nicht mehr an die Artikelfolge des Code. Es wurde allerdings die Anordnung des Stoffes in drei Büchern und die systematische Gliederung der Titel beibehalten.

¹³ Schreiben Almendingens an Gagern, 14. März 1810. Almendingen setzte die „sukzessive" Einführung des Code dem „interpolierten" badischen und dem „reformierten" bayerischen Code gegenüber. Bayern habe auch den Text des Code Napoléon „umgegossen". Vgl. auch den 16. Bericht aus Gießen v. 21. Nov. 1809. (HStA Wiesbaden 151/828a u. 151/828c.)

¹⁴ Siehe oben 58 ff.

¹⁵ Betrachtungen über den Geist des Code Napoleon, 3—73. (Zitat 11 f.)

¹⁶ Der Vortrag, auf den sich Feuerbach später häufiger beruft, datiert vom 28. Jan. 1808. Er wurde dem Staatsrat und den Ministerien eingereicht. Vgl. hierzu den „Einleitungsvortrag" über das bürgerliche Gesetzbuch v. 8. Nov. 1809, GStA MA 99501. In den „Themis" gibt Feuerbach an, er habe die „Betrachtungen" im Januar 1808 „in amtlicher Beziehung geschrieben". (Ebd., 3.)

¹⁷ Zentner war bereits in der Zweibrückener Zeit als Spezialist für innenpolitische Fragen der engste Mitarbeiter von Montgelas. Er war damals Professor in Heidelberg. Am 25. August 1808 wurde er zum Geheimen Rat ernannt. Etwas später erhielt er die Leitung der Schul- und Studiensektion im Innenministerium. Eine Gruppe von Referendaren bildete Zentners „Reformpartei": Hartmann, Stengel, Stichaner und Branca. Zentners Laufbahn ist ein Musterbeispiel für eine Beamtenkarriere, die nicht mehr auf Privilegien und Geburtsstand, sondern allein auf dem neuen Leistungsprinzip beruhte. Er war der Sohn eines einfachen Bauern. (F. Dobmann, Georg Friedrich Freiherr v. Zentner als bayerischer Staatsmann in den Jahren 1799—1821, München 1961; Weis, Montgelas, 367 u. 402.)

¹⁸ Staatsratsprotokoll v. 7. Juli 1808, HStA München, Staatsrat 8.

¹⁹ Staatsratsprotokoll v. 18. Aug. 1808, ebd.

²⁰ Königlich Baierisches organisches Edikt über die gutsherrlichen Rechte v. 28. Juli 1808, Der Rheinische Bund 8, 138 ff.: H. H. Hofmann, Adelige Herrschaft u. souveräner Staat, Studien über Staat u. Gesellschaft in Bayern im 18. u. 19. Jahrhundert, München 1962, 281 ff.

[21] Lütge, Bayerische Grundherrschaft, 33.
[22] Ebd., 116 ff.
[23] Ebd., 40 ff., Weis, 298 f.
[24] Lütge, Bayerische Grundherrschaft, 40 ff.
[25] Ebd., 33, 181; Weis, Ergebnisse, 12. Weis schließt gerade von diesem Umstand her auf eine im Vergleich zum vorrevolutionären Frankreich ungleich günstigere Lage der Landbevölkerung.
[26] Protokoll der gemeinsamen Sitzungen der Gesetzes- und Organisationskommission, HStA München, Staatsrat 1908.
[27] Hofmann, 280 ff.; die Siegelmäßigkeit blieb dann noch bis 1818 erhalten, da ja das Gesetzbuch nicht mehr eingeführt wurde. Die neue Untergerichtsordnung: im organischen Edikt vom 28. Juli 1808.
[28] Doeberl, Montgelas, 50 f.
[29] Vgl. oben 111.
[30] Hofmann, 289; man hat später diese Absicht zugegeben, vgl. den Vortrag von Lutz im Ministerialrat von 1817, Hofmann, ebd.
[31] Etwa im Rekurs des Grafen Törring-Guttenzell an den Geheimen Rat gegen den Entzug der streitigen Gerichtsbarkeit und der Edelmannsfreiheit, Hofmann, 295.
[32] Außerdem berief man sich auf die für die Grundherren sehr viel günstigere Deklaration für die ehemalige Reichsritterschaft v. 31. Dez. 1806, Hofmann, ebd., 292 f.
[33] In Altbayern gab es immerhin 1400 Hofmarken, in denen Grundherrschaft und Gerichtsherrschaft bereits zusammenfielen. (Lütge, Bayerische Grundherrschaft, 57.) Die Mindestzahl eines Gerichtsbezirks sollte nach dem Septemberedikt 50 Familien betragen. Die Höchstgrenze der Entfernung zum nächsten Gericht war auf 4 bayerische Straßenstunden festgesetzt. Die erforderte Familienzahl konnte dann etwa durch Austausch von Grundholden, die entfernter wohnten, mit denen eines anderen Gerichtsherrn, hergestellt werden. Ebenso war der Austausch, ja der Ankauf von Gerichtsrechten möglich. (Hofmann, 287 f.)
[34] Ob man den Kampf um die Patrimonialjurisdiktion allein unter dem Aspekt „Adelige Herrschaft und souveräner Staat" sehen kann, bleibt fraglich. Der Kampf sei geprägt, heißt es bei Hofmann, „von den Gedanken absolutistisch bürokratischer Staatsallmacht". (Ebd., 291.) Und über den Höhepunkt der Auseinandersetzung 1808 schreibt er: „Der verabsolutierte souveräne Staat schien die Eingliederung (des Adels) in den Staatsuntertanenverband erreicht zu haben". Ähnlich schon Doeberl, Montgelas, 33 ff. Die Überbetonung dieses Aspekt verdeckt die Tatsache, daß die Reform, gerade auch bei den Anhängern des Code Napoléon, mit der Forderung nach einer „liberalen" Rechtspflege, der Trennung der Jurisdiktionen und der Unabhängigkeit der Justiz begründet wurde!
[35] Doeberl, 52 f., Hofmann, 300 ff. Der Justizminister, Reigersberg, wandte sich in einem Votum vom 24. Juli 1811 gegen die geplante Verleihung der streitigen Gerichtsbarkeit an Majoratsherren. Gerade die erste Instanz, führte Reigersberg aus, sei für den Untertanen die wichtigste, und es sei Pflicht des Regenten, diese Instanz „unmittelbar zu leiten". Falls der Gerichtsherr gleichzeitig Grundherr sei, werde oft das Interesse des ersteren von dem Interesse des letzteren abhängen. Die erneute Verleihung der Gerichtsbarkeit wäre „das Grab aller bisher erlassenen Verordnungen". Reigersberg weist zugleich auf den Zusammenhang zwischen Justizreform und Sozialreform hin: Ein Hauptgrund gegen die Verleihung der streitigen Zivilgerichtsbarkeit liege in der Ablösbarkeit grundherrlicher Rechte, welche von der Konstitution feierlich ausgesprochen sei. (HStA München, Staatsrat 132.)
[36] Die Gesetzeskommission war nicht nur aus Referendaren der Ministerien zusammengesetzt. Ihr gehörten insgesamt neun Mitglieder an, „Rechtsgelehrte" sowie „Ge-

schäftsleute im Justizfache" und zwar aus verschiedenen Provinzen, aus Schwaben, Ansbach und Bamberg. Die Entwürfe wurden von Feuerbach ausgearbeitet und zur Diskussion gestellt. (Zur Arbeit der Gesetzeskommission vgl. Feuerbachs Einleitungsvortrag v. 8. Nov. 1809, GStA MA 99 501.)

[37] Sitzungsprotokoll v. 25. Aug. 1808, HStA München, Staatsrat 8.

[38] Zur Hypothekendebatte vgl. oben 49, Staatsratssitzungen v. 16. Febr., 23. Febr., 2. u. 29. März 1809, ebd. Staatsrat 156—58, 162. Schließlich wurde eine aus den verschiedenen Staatsratssektionen gemischte Kommission für Hypothekenwesen zur Überprüfung eingesetzt, die im April ihre Arbeit aufnahm, ebd. Staatsrat 2035. Zuspitzung der Debatte nach Feuerbachs abschließendem Vortrag über das Hypothekenwesen, 28. Sept. 1809, ebd. Staatsrat 177.

[39] Der „Einleitungsvortrag" v. 8. Nov. 1809 ist keineswegs identisch mit dem ersten Gutachten Feuerbachs v. 28. Jan. 1808, den „Betrachtungen über den Geist des Code Napoleon". In der Literatur werden beide Vorträge oft in eins gesetzt oder — in der Datierung — miteinander verwechselt. (So bei Radbruch, 77 f.) Der Titel „Einleitungsvortrag" verführte zu dem Irrtum, daß dieser Vortrag zu Beginn der Rezeptionsarbeit gehalten wurde (außer bei Radbruch auch bei M. Doeberl, der zum erstenmal auf diesen Vortrag aufmerksam machte: Rheinbundverfassung, 33). In einigen Passagen wiederholt Feuerbach die Gedanken aus dem ersten Gutachten, z. B. in der Darlegung der Grundideen. Die „Betrachtungen über den Geist des Code Napoleon" gehen im Unterschied zum „Einleitungsvortrag" besonders ausführlich auf den Zusammenhang zwischen privatem und öffentlichem Recht ein: die Einführung der Konstitution stand ja noch bevor. (Vgl. oben 58 ff.) Im „Einleitungsvortrag" überwiegt die Auseinandersetzung mit dem Gegner. Abschrift des „Einleitungsvortrags": GStA MA 99501; Teildruck (der aber gerade die wichtigsten Passagen überschlägt!): Anselm Ritter v. Feuerbach's Leben u. Wirken, Hg. L. Feuerbach, Leipzig 1852, I, 162 ff.

[40] Zu den beiden Artikeln vgl. oben 44.

[41] Zur Formel „Trennung von Staat und Kirche" vgl. oben 113. Die Formulierung traf auch im bayerischen Staatsrat auf Widerspruch. Törring vertrat, wie Brauer in Baden, die Ansicht, daß von einer „gänzlichen Trennung" nicht die Rede sein könne. Kirche und Staat seien vielmehr aufeinander angewiesen. Feuerbach hatte eine Metapher Gregors VII., der Kirche und Staat mit dem Kreislauf von Sonne und Mond verglichen hatte, zur Erläuterung angeführt und die Metapher dahingehend variiert, daß „Sonne und Mond sich in ihrem Lauf nicht stören". Törring setzte die staatskirchenrechtliche Vorstellung dagegen: „Aber der Mond würde ohne die Sonne in seinem Laufe weder bestehen, noch weniger leuchten können." (Votum Törrings, HStA München, Staatsrat 191.)

[42] Der Vortrag wurde in der Staatsratssitzung vom 7. Dez. 1809 verlesen. (HStA München, Staatsrat 181.) Die Gegenvoten datieren gleichfalls vom Dezember 1809. (Ebd., Staatsrat 191.)

[43] Auch Törring sprach von einer „lex agraria", die auf die gleiche Verteilung des Eigentums abziele, ein Ausdruck, den Feuerbach in den Nachträgen zu den Voten Törrings und Arcos zurückwies. Man müsse nur negativ ausdrücken, was er positiv gesagt habe: „Die Verteilung des Eigentums soll nicht verhindert, nicht erschwert werden." Etwas anderes sei nicht gemeint gewesen. (Staatsrat 191.)

[44] Nachtrag zum Votum Arcos. Törrings Einwänden hielt Feuerbach entgegen, daß die Förderung des Güterverkehrs auch vom König als Grundsatz schon anerkannt worden sei. Der Grundsatz sei „kein Nachhall der Revolution, sondern ein Nachhall der geheiligten Aussprüche Seiner Königlichen Majestät". (Staatsrat 191.) Die — recht schwache und ausweichende — Argumentation zeigt, wie gefährlich es war, in den Verdacht des Jakobinertums zu geraten. Es war sehr viel unverfänglicher, die Englän-

der und Adam Smith zu zitieren! Feuerbach hat aber an anderer Stelle oft genug betont, daß der Code ein „Resultat der französischen Revolution" sei.

⁴⁵ Staatsratsprotokoll v. 7. Dez. 1809, HStA München, Staatsrat 181.

⁴⁶ Vgl. auch Nachtrag zum Votum Arcos. Zur Analyse der „größeren politischen Weltverhältnisse" siehe auch oben 17 f.

⁴⁷ Das Zivilgesetzbuch, erklärte Montgelas im Staatsrat, halte er persönlich nicht „von so entscheidender Bedeutung" wie das Strafgesetzbuch. (19. Nov. 1808, ebd., Staatsrat 8.)

⁴⁸ Weis, Montgelas, 416.

⁴⁹ Staatsratsprotokoll vom 28. Sept. 1809. (Staatsrat 177.) Montgelas erinnerte sich meist aus taktischen Gründen an die konstitutionellen Erfordernisse. Bereits im November 1808, als die rasche und selbständige Arbeit der Gesetzeskommission sein Mißtrauen zu erregen begann, hatte Montgelas zu bedenken gegeben, daß eine Überprüfung der „mit großer Schnelligkeit bearbeiteten neuen Gesetzbücher" durch den Staatsrat nicht genüge. Man müsse die Vorschriften der Konstitution über den Gang der Gesetzgebung beachten. Damals hatte sich Feuerbach noch mit dem Hinweis rechtfertigen können, daß er sich bereits jahrelang mit dem Studium des französischen Rechts bzw. mit der Zivil- und Strafgesetzreform beschäftigt habe. Auch der Justizminister lobte die zwar schnelle, aber „mit größter Sorgfalt und Überlegung" verrichtete Arbeit der Gesetzeskommission. (Staatsratsprotokoll v. 19. Nov. 1808, HStA München, Staatsrat 8.)

⁵⁰ In dieser Angelegenheit „von solcher Wichtigkeit" müsse man erst die schriftlichen Voten der übrigen Staatsratsmitglieder einholen. (Protokoll v. 7. Dez. 1809, ebd., Staatsrat 181.)

⁵¹ Es ist ein „irriger Grundsatz", erklärte er, die Rezeption des Code Napoléon aus der Politik herleiten zu wollen. Es handle sich um das zweckmäßigste Gesetzbuch für Bayern, das am besten „mit den politischen Veränderungen" übereinstimme. (6. Sept. 1810, HStA München, Staatsrat 191.)

⁵² Die bayerische Majoratspolitik begünstigte vor allem den sehr reichen Güteradel, da die Bildung von Majoraten nur gestattet wurde, falls die sehr hohe Ertragsrente von 4000 Gulden nachgewiesen werden konnte. Im Majoratsedikt v. 28. Dez. 1811 wurde vorgesehen, die Majoratsherren zu „geborenen Mitgliedern" der Reichsversammlung zu ernennen. (Hofmann, 300 f.) Sichtlich nahm Montgelas Rücksicht auf die persönlichen Interessen der alten einflußreichen Adelsfamilien, zu denen er mittlerweile selber zählte! (GStA MA 74113.)

⁵³ Montgelas selbst hatte diese Gleichstellung nicht ausdrücklich vorgenommen, wohl aber Zentner in seinem Votum v. Dez. 1809 (HStA München, Staatsrat 191), und deutlicher noch das Votum Effners, der Mitglied der Gesetzeskommission war. Effner betonte, die von Feuerbach dargelegten „Hauptideen" entsprächen den Grundsätzen der Konstitution und der organischen Edikte. Hierüber sei deshalb eine erneute Debatte überflüssig (Votum Effners, ebd.). Auch der Justizminister Reigersberg hob in der Staatsratssitzung vom 17. Jan. 1811 hervor, daß die „Maximen" des Code Napoléon bereits in den organischen Edikten enthalten seien. (HStA München, Staatsrat 207.) Vgl. auch das Votum Reigersbergs zum „Einleitungsvortrag" Feuerbachs: Die Diskussion über die Grundsätze, meinte er, sei „höchst überflüssig". Der Code basiere im übrigen auf dem Vernunftrecht, worauf auch Montgelas hingewiesen hatte. (Votum v. 6. Sept. 1810, ebd., Staatsrat 191.)

⁵⁴ Votum Zentners vom Dez. 1809, diskutiert in der Staatsratssitzung vom 6. Sept. 1810. (Ebd., Staatsrat 191.) Es sei eine „weise Maxime" der Politik, erklärte Zentner, „gewissen Idealen sich nur allmählich in dem Verhältnisse zu nähern, in welchem Zeit und Menschen nachgekommen sind". Man könne nicht das bestehende Recht „auf gut Glück gegen neue Theorien" austauschen.

⁵⁵ Beschluß in der Staatsratssitzung v. 6. Sept. 1810. (Ebd., Staatsrat 191.)
⁵⁶ Als sich Feuerbach in der Debatte vom 6. September 1810 ein Schlußwort erbat, in dem er sehr scharf den Vorschlag Zentners kritisierte — es sei unmöglich, zugleich den Code Napoléon und Kreittmayrs Kodex der Revisionsarbeit zugrunde zu legen —, versuchte ihm Zentner in einer Replik begreiflich zu machen, daß er „ganz mißverstanden" worden sei. (Ebd., Staatsrat 191.)
⁵⁷ Staatsratssitzung v. 17. Jan. 1811, ebd., Staatsrat 207.
⁵⁸ Originalprotokolle der Geh. Ratssektionen zur Prüfung des revidierten Codex Max. bav. civ. v. 14. Dez. 1812—24. Juli 1814, HStA München, Staatsrat 2846—48. Die Redaktion war zunächst Feuerbach und dem Mitglied der Sektion des Innern, Adam v. Aretin, übertragen worden. Zur persönlichen Animosität zwischen Feuerbach und Gönner, vgl. Radbruch, 78 ff. Persönliche Rivalitäten zwischen Juristen waren an der Tagesordnung. Auch Almendingen und Grolman waren persönlich verfeindet. (Vgl. Almendingens Klagen über Grolman in den Briefen an Gagern, HStA Wiesbaden 151/828c; bes. der Brief v. 16. Okt. 1809.)
⁵⁹ Vgl. die Einleitungsvorträge Gönners zu den einzelnen Büchern in den oben Anm. 58 zitierten Originalprotokollen. Auch die Einteilung in Personenrecht, Sachenrecht und Obligationenrecht wurde beibehalten. Am 20. April 1813 wurde z. B. beschlossen, das vorher so heftig umstrittene Hypothekenrecht des Code in das neue Gesetzbuch aufzunehmen. Der zweite u. dritte Teil des Gesetzentwurfes: HStA München, Staatsrat 2148—49. Gleichzeitig wurde der Judiciarkodex Kreittmayrs überarbeitet. (Ebd., Staatsrat 195/2152—54/2388.)
⁶⁰ Betrachtungen über den Geist des Code Napoleon, 70 ff.
⁶¹ Votum Brancas, HStA München, Staatsrat 2154.

V.

¹ Es wird in der Literatur (Schnabel, Faber, Huber) gemeinhin übersehen, daß der Code nicht nur in Baden, sondern auch im rechtsrheinischen Gebiet des alten Herzogtums Berg, dem industriell am weitesten entwickelten Gebiet des Rheinbundes, bestehen blieb. Kleve und Mark übernahmen dagegen nach 1815 wieder das Allgemeine Landrecht für die Preußischen Staaten. (Schmidt, 225.)
² Franz Schnabel hat in seiner „Deutschen Geschichte im 19. Jahrhundert" die napoleonischen Staaten insgesamt, also auch die rechtsrheinischen Rheinbundstaaten, die „Länder des rheinischen Rechts" genannt. (I, 152 ff.)
³ K. G. Faber, „Konservatorischer Liberalismus", „Umstürzender Liberalismus", „Konservatorischer Obskurantismus". Aus dem Briefwechsel zwischen Marschall u. Almendingen (1823), Nass. Ann. 78. 1967, 177—95.
⁴ Zur Rolle des Geheimratsliberalismus in der Frühgeschichte des Liberalismus: Gall, 22, 35, 47 u. passim.
⁵ Vgl. das Kapitel: Das „Rheinische Recht" bei Faber, Rheinlande, 118—86, und den Vortrag desselben Vf.: Recht u. Verfassung. Die politische Funktion des rheinischen Rechts im 19. Jahrhundert, Köln 1970.
⁶ Faber, Rheinlande, 119.
⁷ Zur Offensive des Rheinischen Rechts durch die pfälzischen und rheinhessischen Abgeordneten, Faber, Rheinlande, 180—82; ders., Recht, 17.
⁸ Vgl. etwa den großen Artikel „Jury, Schwur- oder Geschworenengerichte als Rechtsanstalt und politisches Institut" von Welcker im Staats-Lexikon, IX, 1840, 28—160.
⁹ Faber, Recht, 17.

Anmerkungen zu Seite 151

[10] Für Preußen hat R. Koselleck diese Entwicklung detailliert geschildert (Koselleck, Preußen, 14 u. 337 ff.); für die staatliche Neuordnung Süddeutschlands und den Aufstieg der liberalen Bewegung in Baden hat L. Gall im Einleitungskapitel seines Buches darauf hingewiesen, daß die ersten fünfzehn Jahre des 19. Jahrhunderts „in vieler Hinsicht als die eigentlich revolutionären Jahre der deutschen Geschichte gelten [können]. Hier sind, und das gilt für den Süden noch weit mehr als für den Norden, die Grundlagen gelegt worden für die ganze weitere Entwicklung, und keine Zäsur hat sich bis 1945 als einschneidender erwiesen als diese." (Gall, 3.)

3. Quellen- und Literaturverzeichnis

I. Ungedruckte Quellen

1. Düsseldorf: Hauptstaatsarchiv.
   Abt. Großherzogtum Berg
   Nr. 6242—6287, 6298, 6315/16, 6334 (Ministerium des Innern, Justizwesen)
   Nr. 250—285 (Staatsrat)
   Nr. 112/113, 221—225 (Kaiserl. Kommissariat)
   Nr. 641—696, 2041—2054 (Finanzministerium)
   Nr. 7336—7369, 7396—7398 (Generaldomänendirektion)
   Nr. 9706, 10837—10860 (Präfektur: Rheindepartement, Justizwesen)
   Nr. 10657—10663, 10754—10757 (Präfektur: Rheindepartement, Domänen, Lehen, Dienst- und Bannrechte)

2. Karlsruhe: Generallandesarchiv
   Abt. 234: Justizministerium
   Nr. 338 (Gesetzgebungskommission)
   Nr. 337, 475, 1335/1336, 10045—10047 (Einführung des Code Napoléon)
   Nr. 465 (Aufhebung der Leibeigenschaft in den mediatisierten Ländern)
   Nr. 59 (Breisgauer Konferenz)
   Abt. 236: Innenministerium
   Nr. 5961/5962 (Vorteilsgerechtigkeit)
   Nr. 8010 (Die Eheordnung von 1807)
   Nr. 16822/16823 (Geschlossene Hofgüter)
   Abt. 48/49 Haus- und Staatsarchiv
   Nr. 53—57 (Bündnisse: Rheinbund)
   Nr. 1993—2000 (Diplomatische Korrespondenz: Dalberg—Edelsheim)
   Nr. 84 (Gesandtschaftsarchiv: Erkundigung die Kriminal- u. Zivilgesetzgebung in Bayern betr.)
   Abt. 313: Kreisregierungen
   Nr. 957 (Anfragen den Code Napoléon betreffend)

3. Marburg: Staatsarchiv
   Abt. 75: Westfälische Zentralbehörden
   3: Justizministerium, Nr. 9—20 (Ernennung von Richtern)
   5: Innenministerium, Nr. 6, 6—9 (Hand- und Spanndienste)
   6: Finanzministerium, Nr. 66—77 (Domänen)
   24: Generaldirektion der Domänen, Nr. 11—40 (Fuldadepartement), Nr. 192—242 (Werradepartement)
   Abt. 77: Werradepartement, a: Präfektur
   Nr. 464, 472, 483 (Justiz)
   Nr. 7, 260/261, 1368, 1790 (Ablösung von Grundabgaben)
   Nr. 12, 129, 430 (Dienste)
   Nr. 342, 624 (Hypothekenbücher)
   Abt. 76: Fuldadepartement, a: Präfektur
   Nr. 144, 452, 457 (Dienste)

4. München: Hauptstaatsarchiv
   Abt. Staatsrat
   Nr. 8—10, 156—166, 172, 173, 175, 177, 179, 180/181, 191—195, 199, 207, 232—236, 276—278, 281, 1908, 1909, 2035, 2148, 2149, 2151—2154, 2196, 2388, 2846—2848

Geheimes Staatsarchiv
Abt. MA: Politisches Archiv
Nr. 8 (Mailänder Konferenz)
Nr. 2087 (Gesandtschaft Paris, Diplomatische Berichte 1807)
Nr. 99510 (Staatsrats- und Geheime Ratssitzungsprotokolle 1809)
Nr. 70024 (Vorträge der für das Fürstentum Aschaffenburg ernannten Spezialkommission in Beziehung auf die Einführung des Code Napoléon)
Nr. 74113 (Die Verhältnisse des Adels betreffend)

5. Wiesbaden: Hauptstaatsarchiv
Abt. 151: Nassau-Weilburg, Weilburger Kabinett
Nr. 828 a—k (Code Napoléon)
Nr. 869—874 (Korrespondenz)
Nr. 940 (Aufhebung der Leibeigenschaft)
Abt. 152: Nassau-Weilburg, Regierung Weilburg
Nr. 808 (Justizsachen)
Nr. 845 (Aufhebung der Leibeigenschaft)
Abt. 210: Herzoglich Nassauisches Staatsministerium
Nr. 8512—14 (Aufhebung der Leibeigenschaft)
Nr. 2942, 8641 (Justiz)
Nr. 2398, 2399, 2440 (Finanzen, Steuern, Fronden und Zehnten)
Abt. 291: Justizsenat zu Koblenz, Nr. 52 (Code Napoléon)
Abt. 293: Hofgericht zu Wiesbaden, Nr 27 (Code Napoléon)
Abt. 370: Großherzogtum Berg, Departement Sieg
Nr. 920, 921, 926, 934, 955, 958, 2713, 3389 (Justizwesen)
Nr. 1730—1733 (Zehntsachen und Rentablösung)
Abt. 371: Großherzogtum Frankfurt
Nr. 872—879, 882, 888, 895—908, 914, 916, 918, 935 (Justizwesen, Code Napoléon)
Nr. 1092, 1097, 1100 (Zehnten, geschlossene Güter)
Nr. 33—36 (Beratungsprotokolle des Staatsrats)

6. Würzburg: Staatsarchiv
Abt. Mainzer Regierungsarchiv:
Lade 1635 (Die Konferenz zu Gießen über die Einführung des Code Napoléon)
Lade 1637 (Akten über die Verhandlung der Spezialkommission zu Frankfurt, die Einführung des Code Napoléon in den Fürstprimatischen Staaten betr. 1809/1810)
Lade 1638—1643, 1652 (Neue Organisation des Großherzogtums Frankfurt, in specie das Fürstentum Aschaffenburg betr.)

II. Gedruckte Quellen

L. Harscher v. Almendingen, Metaphysik des Civilprozesses, Gießen 1808.
—, Über die Schwierigkeiten der übereilten u. unvorbereiteten Einführung des Kodex Napoleon in den Staaten des Rheinbundes, in: Allgemeine Bibliothek für Staatskunst, Rechtswissenschaft u. Critik, hg. v. den angesehensten Gelehrten Deutschlands, I, Gießen 1808, 1 ff.
—, Ansichten über die Bedingungen u. Voraussetzungen der Einführung des Kodex Napoleon in den Staaten des Rheinbundes, ebd., I, 77 ff.
—, Vortrag der Herzoglich Nassauischen Kommission über die Art der Aufnahme des Napoleonischen Gesetzbuches — Kritik der französischen Gesetzgebung über Minderjährigkeit, Vormundschaft u. Emanzipation, ebd., II, 3 ff.
—, Über den organischen Charakter des Kodex Napoleon oder über das Eingreifen desselben in Staatsgrundverfassung, Finanzsystem, Administration, Staatswirtschaft, Volkssitten u. Cultur der Wissenschaften, ebd., II, 32 ff.

—, Hauptbericht über die die Einführung des Code Napoléon betreffenden Conferenzen in Gießen u. über die Resultate derselben, ebd., III, 1 ff.
—, Anzeige einer die Einführung des Kodex Napoleon in den Staaten des Rheinbundes vorbereitenden Zeitschrift. Auszug aus zwei darin erschienenen Abhandlungen über die Gefahren der übereilten u. unvorbereiteten Aufnahme der französischen Civilgesetzgebung und über die Mittel, sie zu beseitigen, Der Rheinische Bund 8. 1808, 360 ff.
—, Über die Notwendigkeit eines Einverständnisses deutscher Ministerien bei der Einführung des Code Napoléon u. bei der Abfassung der auf die Staaten des Rheinbundes berechneten Modifikationen desselben, ebd., 10. 1808, 206 ff.
—, Gesichtspunkte für die von teutschen Regenten zur Bearbeitung des Kodex Napoleon niedergesetzten Kommissionen, ebd., 12. 1809, 142 ff.
—, Noch ein Wort über die Aufnahme des Napoleonischen Civilgesetzbuches in den Staaten der rheinischen Konföderation, ebd., 12. 1809, 232 ff.
—, Politische Ansichten über Deutschlands Vergangenheit, Gegenwart u. Zukunft, 2 Teile, Wiesbaden 1814 (1. Teil anonym erschienen).
Europäische Annalen, Tübingen 1806 ff.
J. W. v. Archenholtz (Hg.), Minerva, Ein Journal historischen u. politischen Inhalts, Hamburg 1807/08.
[J. Ch. v. Aretin], Die Plane Napoleon's u. seiner Gegner, besonders in Teutschland u. Oesterreich, München 1809.
G. D. Arnold u. F. v. Lassaulx, Ansichten über die Einführung des Codex Napoleon in teutschen Landen, veranlaßt durch eine von Herrn v. Almendingen in gegenwärtiger Zeitschrift an die Unterzeichneten gerichtete Aufforderung, Der Rheinische Bund 16. 1810, 3 ff.
Aufzeichnungen einiger Bestimmungen des Code Napoléon, die auf Deutschland nicht zu passen scheinen, Allgemeiner Anzeiger der Deutschen 1807, Nr. 333.
A. Bauer, Lehrbuch des Napoleonischen Civilrechts, Marburg 1809.
—, Beiträge zur Charakteristik u. Kritik des Codex Napoleon, Marburg 1810.
K. Frhr. v. Beaulieu-Marconnay, Karl v. Dalberg u. seine Zeit, 2 Bde, Weimar 1879.
W. J. Behr, Das teutsche Reich u. der Rheinische Bund, Frankfurt 1808. (Auch in: Der Rheinische Bund 6. 1807, 418 ff.; 7. 1808, 99 ff.; 8. 1808, 3 ff.)
—, Die Verfassung u. Verwaltung des Staates, dargestellt in einer Reihe von Erörterungen ihrer wichtigsten Momente, 3 Bde, Nürnberg 1811/12.
G. H. v. Berg, Abhandlungen zur Erläuterung der rheinischen Bundesacte, Hannover 1808.
J. C. Beugnot, Mémoires du Comte Beugnot 1779—1815, Hg. R. Lacour-Gayet, Paris 1959.
Allgemeine Bibliothek für Staatskunst, Rechtswissenschaft u. Critik, hg. v. d. angesehensten Gelehrten Deutschlands, 3 Bde, Gießen 1808—11.
Blick auf den Code Napoléon in Deutschland, Aschaffenburg 1808.
J. N. F. Brauer, Erläuterungen über den Code Napoléon u. die Großherzoglich Badische bürgerliche Gesetzgebung, 6 Bde, Karlsruhe 1809—12.
H. R. Brinkmann, Über den Werth des bürgerlichen Gesetzbuches der Franzosen, mit besonderer Rücksicht auf die Schrift des Herrn geheimen Kabinettsraths Rehberg über dasselbe, sowie auf unsere jetzigen Bedürfnisse in der Gesetzgebung, Göttingen 1814.
Bulletin des lois du royaume de Westphalie — Gesetz-Bulletin des Königreichs Westphalen, Cassel 1808—13.
Code Napoléon. Edition seule officielle pour le Grand-Duché de Berg — Napoleons Gesetzbuch. Einzig offizielle Ausgabe für das Großherzogtum Berg, Düsseldorf 1810.
Correspondance de Napoléon Ier, publiée par ordre de l'Empereur Napoléon III, 32 Bde, Paris 1858—70.

Coup d'œil sur le Code Napoléon, Marburg 1808.
A. F. W. Crome u. K. Jaup Hg., Germanien, eine Zeitschrift für Staatsrecht, Politik u. Statistik von Deutschland, 4 Bde, Gießen 1808—09.
Ch. Dabelow, Materialien zur Geschichte, Literatur, Beurteilung, Erklärung u. Anwendung des Code Napoléon, Halle 1808.
—, Frankreichs gegenwärtige Lage, Verfassung u. Verwaltung, Leipzig 1810.
K. F. Frhr. v. Dalwigk, Auch etwas über die Reception des Code Napoléon in den rheinischen Bundesstaaten, Der Rheinische Bund 7. 1808, 293 ff.
—, Etwas über die actes de l'état civil bei der Aufnahme des Napoleonischen Gesetzbuchs in den Rheinischen Bundesstaaten, ebd., 431 ff.
—, Kritische Beurteilung der offiziellen Vorträge des Herrn Geheimraths v. Almendingen an das Herzoglich Nassauische Staatsministerium über die Art der Einführung des Codex Napoleon u. seiner organischen Umgebungen, ebd., 21. 1812, 111 ff.
J. B. Duvergier, Collection complète des lois, décrets, ordonnances, règlements, avis du conseil d'état (de 1789 à 1830), Paris 1834—38.
Frhr. v. Eggers, Deutschlands Erwartungen vom Rheinischen Bund, o. O., 1808.
Über die Einführung des Code Napoléon, Europäische Annalen 12. 1807.
Über die Einführung des Code Napoléon in Deutschland, Jason 1. 1808.
Einleitung in das Gesetzbuch Napoleons. Oder Bemerkungen deutscher Gelehrten über die neue französische Gesetzgebung, zu mehrerer Verständlichkeit für die Bewohner der Rheinischen Bundes-Staaten aus einigen Gelehrten Zeitschriften besonders abgedruckt, Düsseldorf 1808.
Epitre à Messieurs les Commissaires réunis à Giessen pour délibérer sur l'adoption du Code Napoléon, Der Rheinische Bund 13. 1809, 143 ff. (mit d. Pseudonym „Lycurg" unterz.).
Duplik: Antwort eines Deutschen auf die Epitre Lycurg's die Einführung des Code Napoléon . . ., ebd. 14, 96 ff. und: Réplique à la lettre . . ., ebd. 15, 83 ff.
Fenet, Recueil complet des traveaux préparatoires du Code Civil, 15 Bde, Paris 1836. (In den ersten beiden Bänden die Entwürfe zum Code civil.)
P. A. Feuerbach, Vortrag im Geheimen Rat, die Einführung des Code Napoléon in Bayern betreffend, (München 1809), in: Anselm Ritter von Feuerbach's Leben u. Wirken, aus seinen ungedruckten Briefen, Tagebüchern, Vorträgen u. Denkschriften, Hg. L. Feuerbach, I, Leipzig 1852, 162 ff.
—, Betrachtungen über den Geist des Code Napoleon und dessen Verhältnis zur Gesetzgebung u. Verfassung teutscher Staaten überhaupt u. Baierns insbesondere, in: Themis oder Beiträge zur Gesetzgebung, Landshut 1812, 3—73.
—, Kleine Schriften, vermischten Inhalts, Osnabrück 1966. (Neudruck der Ausgabe v. 1833.)
H. Ch. v. Gagern, Mein Antheil an der Politik, 3 Bde, Stuttgart 1823—30.
Gedanken über die Einführung des Code Napoléon in den Staaten des Rheinbundes, Der Rheinische Bund 3. 1807, 474 ff.
Einige Gedanken über die Einführung des Code Napoléon in den deutschen Bundesstaaten, Der Rheinische Bund 10. 1809, 209 ff.
Gesetz-Bulletin des Großherzogtums Berg. Bulletin des lois du Grand-Duché de Berg, 9 Bde, Düsseldorf 1810—13.
[N. Th. Gönner], Über den Umsturz der deutschen Staatsverfassung u. seinen Einfluß auf die Quellen des Privatrechts in den nun souveränen Staaten der rheinischen Konföderation, Landshut 1807.
— Hg., Archiv für die Gesetzgebung u. Reform des juristischen Studiums, 3 Bde, Landshut 1808—10. (Darin: Über die Einführung des Code Napoléon in den Staaten der rheinischen Conföderation, I, 1808, 169 ff.)
—, Mein letztes Wort über die Reception des Code Napoléon in den Staaten der rheinischen Conföderation, als Antwort auf den Aufsatz des Herrn v. Almendingen im Rh. B. Heft 29, S. 306—317, Der Rheinische Bund 12. 1809, 47 ff.

K. L. W. Grolman, Ausführliches Handbuch über den Code Napoléon, zum Gebrauch wissenschaftlich gebildeter deutscher Geschäftsmänner entworfen, 2 Bde, Gießen 1810/11.
K. F. Häberlin Hg., Staats-Archiv 15—17. 1806—08.
E. R. Huber, Dokumente zur deutschen Verfassungsgeschichte, I, Stuttgart 1961.
K. A. v. Kamptz, Welche Grundsätze befolgt man im Preußischen bei Einführung des allgemeinen Landrechts zur Erinnerung bei Aufnahme des Code Napoléon, Minerva 1807, Oktoberheft.
J. L. Klüber, Staatsrecht des Rheinbundes, Tübingen 1808.
Landrecht für das Großherzogtum Baden nebst Handelsgesetzen. Amtliche Ausgabe, Karlsruhe 1846.
J. E. de Las Cases, Mémorial de Sainte-Hélène, 8 Bde, Paris 1822/23.
F. v. Lassaulx, Die Gesetzgebung Napoleons, I. Abt. Privatrecht: Codex Napoleon, dargest. u. kommentiert, 4 Bde, Koblenz 1808—15.
— u. G. D. Arnold, Ansichten über die Einführung des Codex Napoleon ..., siehe unter Arnold.
J. G. Locré, Esprit du Code Napoléon, 1805, ins Deutsche übersetzt von Stickel, Gladbach u. Floret, Hg. L. Harscher v. Almendingen, 4 Bde, Gießen 1808—13.
—, La législation civile, commerciale et criminelle de la France etc., 16 Bde, Paris 1827—29.
J. Malleville, Analyse raisonnée de la discussion du Code civil au Conseil d'Etat, ins Deutsche übers. v. W. Blanchardt, 4 Bde, Gießen 1809/10.
M. J. Graf v. Montgelas, Denkwürdigkeiten des Grafen Maximilian Joseph v. Montgelas über die innere Staatsverwaltung Bayerns (1799—1817), Hg. G. Laubmann u. M. Doeberl, München 1908.
A. J. Mulzer, Kurze Darstellung der Napoleonischen Civilgesetzgebung in Beziehung auf die Rezeption des Code Napoleon in teutschen Landen, in: Allgemeine Bibliothek f. Staatskunst, Rechtswissenschaft u. Critik, II, Gießen 1809, 3 ff.
P. Oesterreicher Hg., Archiv des Rheinischen Bundes 1. 1806/07.
Quasi-Prüfung der im neunten Heft dieser Zeitschrift S. 474 u. f. abgedruckten: Gedanken über die Einführung des Code Napoléon in den Staaten des Rheinbundes, Der Rheinische Bund 6. 1807, 3 ff.
J. G. Pahl, Über das Einheitsprinzip in dem Systeme des Rheinischen Bundes, Nördlingen 1808.
B. W. Pfeiffer, Ideen zu einer neuen Civil-Gesetzgebung für Teutsche Staaten, Göttingen 1813.
K. H. L. Pölitz, Handbuch der Geschichte der souveränen Staaten des Rheinbundes, 2 Bde, Leipzig 1811.
—, Der Rheinbund, historisch u. statistisch dargestellt, Leipzig 1811.
Großherzoglich-Frankfurtisches Regierungsblatt, 3 Bde, Frankfurt 1810—13.
Königlich-Baierisches Regierungsblatt, München 1806—13.
A. W. Rehberg, Über den Code Napoléon u. dessen Einführung in Deutschland, Hannover 1814.
J. F. Reitemeier, Das Napoleonsrecht, als allgemeines Recht in Europa, insbesondere in Deutschland, betrachtet, Frankfurt a. M. 1809.
Vollständige Sammlung der Großherzoglich Badischen Regierungsblätter von deren Entstehung 1803 bis Ende 1925, Karlsruhe 1826.
F. C. v. Savigny, Vom Beruf unserer Zeit für Gesetzgebung u. Rechtswissenschaft (1814), in: J. Stern Hg., Thibaut u. Savigny. Ein programmatischer Rechtsstreit auf Grund ihrer Schriften, Darmstadt 1959.
K. E. Schmid, Kritische Einleitung in das gesamte Recht des französischen Reiches, 2 Bde, Hildburghausen 1808/09.
—, Deutschlands Wiedergeburt, Hildburghausen 1814.

Dr. Schmidt, Kurze Betrachtung, über die Einführung des Code Napoléon in die rheinischen Bundesstaaten, Der Rheinische Bund 13. 1809, 63 ff.
J. A. L. Seidensticker, Einleitung in den Codex Napoleon, Tübingen 1808.
Frhr. v. Stein, Gedanken eines Patrioten über die Einführung des Code Napoléon mit einer Nachschr. v. Prof. Jaup, Germanien, Hg. A. F. W. Crome u. K. Jaup, 1. 1808.
K. F. v. Strombeck, Rechtswissenschaft des Gesetzbuches Napoleon und der übrigen bürgerlichen Gesetzgebung des Königreichs Westphalen, Magazin für das Civil- und Kriminalrecht im Königreich Westphalen 1. 1808.
A. F. J. Thibaut, Über die Notwendigkeit eines allgemeinen Rechts für Deutschland (Heidelberg 1814), in: J. Stern Hg., Thibaut u. Savigny. Ein programmatischer Rechtsstreit auf Grund ihrer Schriften, Darmstadt 1959.
Verordnungsblatt des Herzogthums Nassau, 6 Bde, Wiesbaden 1809—14.
N. Vogt Hg., Europäische Staats-Relationen, 1806 ff.
P. A. Winkopp Hg., Der Rheinische Bund. Eine Zeitschrift historisch-politisch-statistisch-geographischen Inhalts, 23 Bde, Frankfurt a. M. 1806—13.
Noch einige Worte über die Einführung des Code Napoléon in den rheinischen Bundesstaaten, Der Rheinische Bund 19. 1811, 87 ff.
K. S. Zachariä, Das Staatsrecht der rheinischen Bundesstaaten u. das rheinische Bundesrecht, Heidelberg 1810.
—, Zusätze u. Veränderungen, die der Code Napoléon als Landrecht für das Großherzogtum Baden erhalten, Heidelberg 1809.
—, Handbuch des französischen Civilrechts, 2 Bde, Freiburg ³1827/28.
J. Zintel, Entwurf eines Staatsrechts für den rheinischen Bund, München 1807.

III. Darstellungen

W. Abel, Agrarkrisen u. Agrarkonjunktur, Hamburg ²1966.
—, Geschichte der deutschen Landwirtschaft vom frühen Mittelalter bis zum 19. Jahrhundert, Stuttgart ²1967.
W. Andreas, Die Einführung des Code Napoléon in Baden, ZRG GA 31. 1910, 182 ff.
—, Geschichte der badischen Verwaltungsorganisation u. Verfassung 1802—18. I: Der Aufbau des Staates im Zusammenhang der allgemeinen Politik, Leipzig 1913.
K. O. Frhr. v. Aretin, Heiliges Römisches Reich 1776—1806. Reichsverfassung u. Staatssouveränität, 2 Bde, Wiesbaden 1967.
C. Barazetti, Einführung in das Französische Civilrecht (Code Napoléon) u. das Badische Landrecht (sowie in das Rheinische Recht überhaupt), Frankfurt a. M. ²1894.
H. Becher, Der deutsche Primas. Eine Untersuchung zur deutschen Kirchengeschichte in der ersten Hälfte des 19. Jahrhunderts, Kolmar 1944.
K. Beck, Zur Verfassungsgeschichte des Rheinbundes, Mainz 1890.
H. Berding, Napoleonische Herrschafts- u. Gesellschaftspolitik im Königreich Westfalen 1807—1813, Göttingen 1973.
L. Bergeron, L'Episode napoléonien. Aspects intérieurs 1799—1815, Paris 1972 (Nouvelle Histoire de la France Contemporaine 4).
M. Bernath, Die auswärtige Politik Nassaus 1805—1812. Ein Beitrag zur Geschichte des Rheinbundes u. der politischen Ideen am Mittelrhein zur Zeit Napoleons, Nass. Ann. 63. 1952, 106 ff.
—, Napoleon u. der Rheinbund im Spiegel der Zeit, Neue Mitteilungsblätter des Rheinischen Kulturinstituts, H. 2, 1953, 1—25.
G. Beyerhaus, Das napoleonische Europa, Breslau 1941.
F. Beyerle, Receptionsvorgänge in Südwestdeutschland, in: Der Konstanzer Juristentag 1947, Tübingen 1947, 219 ff.
W. Bilz, Die Großherzogtümer Würzburg u. Frankfurt. Eine Studie über die Rheinbundzeit, Diss. Würzburg 1969.

G. Birtsch, Zum konstitutionellen Charakter des preußischen Allgemeinen Landrechts von 1794, in: Politische Ideologien u. nationalstaatliche Ordnung, Fs. T. Schieder, Hg. K. Kluxen u. W. J. Mommsen, München 1968, 97—115.

—, Freiheit u. Eigentum. Zur Erörterung von Verfassungsfragen in der deutschen Publizistik im Zeichen der französischen Revolution, in: Eigentum u. Verfassung. Zur Eigentumsdiskussion im ausgehenden 18. Jahrhundert, Hg. R. Vierhaus, Göttingen 1972. 179—92.

Th. Bitterauf, Geschichte des Rheinbundes, I: Die Gründung des Rheinbundes u. der Untergang des alten Reiches, München 1905.

G. Boehmer, Der Einfluß des Code Civil auf die Rechtsentwicklung in Deutschland. Archiv für civilistische Praxis 151. 1950/51, 289 ff.

R. Boutruche, Seigneurie et féodalité. Le premier âge des liens d'homme à homme, Paris ²1968.

J. Brand, Geschichte der ehemaligen Stifter Essen u. Werden während der Übergangszeit von 1806—1813 unter besonderer Berücksichtigung der großherzoglich bergischen Justiz u. Verwaltung, Beiträge zur Geschichte von Stadt u. Stift Essen 86. 1971, 5—155.

H. Brandt, Landständische Repräsentation im deutschen Vormärz. Politisches Denken im Einflußfeld des monarchischen Prinzips, Neuwied 1968.

O. Brunner, „Feudalismus". Ein Beitrag zur Begriffsgeschichte. Akademie der Wissensch. u. d. Literatur, Abhandlungen der geistes- u. sozialwissenschaftlichen Klasse 10, Wiesbaden 1959.

R. Busch, Die Aufsicht über das Bücher- u. Pressewesen in den Rheinbundstaaten Berg, Westfalen u. Frankfurt, Karlsruhe 1970.

T. Chroust, Die Einführung des Code Napoléon im Großherzogtum Würzburg im Jahre 1812 unter Berücksichtigung der allgemeinen rechtsphilosophischen Grundlagen, Jur. Diss., Erlangen 1929.

A. Cobban, The social interpretation of the French Revolution, Cambridge 1965.

Le Code Civil 1804—1904. Livre du Centenaire, publié par la Société d'études législatives, 2 Bde, Paris 1904.

O. Connelly, Napoleon's Satellite Kingdoms, New York 1965.

H. Conrad, Der Code Civil u. die historische Rechtsschule in Deutschland, in: Deutschland—Frankreich, Vierteljahresschrift des deutschen Instituts Paris 2. 1943, 54—68.

W. Conze, Das Spannungsfeld von Staat u. Gesellschaft im deutschen Vormärz 1815 bis 1848, in: ders. Hg., Staat u. Gesellschaft im deutschen Vormärz 1815—1848, Stuttgart 1962, 207—69.

P. Darmstaedter, Das Großherzogtum Frankfurt. Ein Kulturbild aus der Rheinbundzeit, Frankfurt a. M. 1901.

F. Dobmann, Georg Friedrich Frhr. v. Zentner als bayerischer Staatsmann in den Jahren 1799—1821, München 1961.

L. Doeberl, Maximilian v. Montgelas u. das Prinzip der Staatssouveränität, München 1925.

M. Doeberl, Rheinbundverfassung u. bayerische Konstitution, in: Sitzungsberichte der Bayer. Ak. d. Wissenschaften, philos.-philol. u. histor. Kl. 1924, Abh. 5, 1—92.

M. Dunan, Napoléon et l'Allemagne. Le Système Continental et les débuts du royaume de Bavière 1806—1810, Paris 1942.

H. Ebling, Die hessische Politik in der Rheinbundzeit 1806—1813, AHGA NF 24. 1952/53, 195—261.

K. Esselborn, Karl Ludwig Wilhelm v. Grolman in Gießen AHGA NF 5. 1907, 406—61.

K. G. Faber, Die Rheinlande zwischen Restauration u. Revolution, Probleme der rheinischen Geschichte von 1814—1848 im Spiegel der zeitgenössischen Publizistik, Wiesbaden 1966.

—, „Konservatorischer Liberalismus" „Umstürzender Liberalismus" „Konservatorischer

Obskurantismus". Aus dem Briefwechsel zwischen Marschall u. Almendingen (1823), Nass. Ann. 78. 1967, 177—95.
—, Recht u. Verfassung. Die politische Funktion des rheinischen Rechts im 19. Jahrhundert (Festvortrag anläßlich des 150jährigen Bestehens des Oberlandesgerichts Köln), Köln 1970.
J. Federer, Beiträge zur Geschichte des Badischen Landrechts, in: Baden im 19. u. 20. Jahrhundert, I, Karlsruhe 1948, 82 ff.
E. Fehrenbach, Der Kampf um die Einführung des Code Napoléon in den Rheinbundstaaten, Wiesbaden 1973 (Institut f. Europäische Geschichte Mainz, Vorträge 56).
W. Fischer, Staat u. Gesellschaft in Baden 1815—1848, in: Staat u. Gesellschaft im deutschen Vormärz 1815—1848, Hg. W. Conze, Stuttgart 1962, 143—71.
A. Fournier, Napoleon I., 3 Bde, Leipzig ⁴1922.
La France à l'époque napoléonienne, numéro spécial de la „Revue d'histoire moderne et contemporaine" 17. 1970.
L. Gall, Der Liberalismus als regierende Partei. Das Großherzogtum Baden zwischen Restauration u. Reichsgründung, Wiesbaden 1968.
M. Garaud, Histoire générale du droit privé français (de 1789 à 1804), 2 Bde, Paris 1953 u. 1959.
—, La Révolution et la propriété foncière, Paris 1958.
E. Gaudemet, L'interprétation du Code civil en France depuis 1804, Basel 1935.
H. Gollwitzer, Die Standesherren. Die politische u. gesellschaftliche Stellung der Mediatisierten 1815—1918, Göttingen ²1964.
W. v. Groote Hg., Napoleon I. u. die Staatenwelt seiner Zeit, Freiburg 1969.
J. W. Hedemann, Die Fortschritte des Zivilrechts im 19. Jahrhundert. Ein Überblick über die Entfaltung des Privatrechts in Deutschland, Österreich, Frankreich u. der Schweiz, 3 Bde, Berlin 1910—35 (Nachdruck Frankfurt 1968).
H. Heitzer, Insurrektionen zwischen Weser u. Elbe. Volksbewegungen gegen die französische Fremdherrschaft im Königreich Westfalen (1806—1813), Berlin 1959.
—, Der Rheinbund — Kern des napoleonischen Unterdrückungssystems in Deutschland, in: Der Befreiungskrieg 1813, Berlin 1967, 83—93.
F. W. Henning, Dienste u. Abgaben der Bauern im 18. Jahrhundert, Stuttgart 1969.
W. Hertel, Karl Theodor v. Dalberg zwischen Reich u. Rheinbund. Grundgedanken seiner Politik vom Regierungsantritt bis zur Gründung des Rheinbundes (1802 bis 1806), Diss. Mainz 1952 (Masch.).
E. Hinrichs, Die Ablösung von Eigentumsrechten. Zur Diskussion über die droits féodaux in Frankreich am Ende des Ancien Régime u. in der Revolution, in: Eigentum u. Verfassung. Zur Eigentumsdiskussion im ausgehenden 18. Jahrhundert, Hg. R. Vierhaus, Göttingen 1972, 112—78.
H. H. Hofmann, Adelige Herrschaft u. souveräner Staat. Studien über Staat u. Gesellschaft in Franken u. Bayern im 18. u. 19. Jahrhundert, München 1962.
E. Hölzle, Das Napoleonische Staatensystem in Deutschland, HZ 148. 1933, 277—93.
—, Württemberg im Zeitalter Napoleons u. der Deutschen Erhebung. Eine deutsche Geschichte der Wendezeit im einzelstaatlichen Raum, Stuttgart 1937.
E. R. Huber, Deutsche Verfassungsgeschichte seit 1789, I: Reform u. Restauration 1789—1830, Stuttgart 1957.
J. H. Jäck, Nikolaus Thadäus Gönner, Erlangen 1914.
L. Just, Franz von Lassaulx. Ein Stück rheinischer Lebens- u. Bildungsgeschichte im Zeitalter der großen Revolution u. Napoleons, Bonn 1926.
A. Kleinschmidt, Geschichte des Königreichs Westfalen, Gotha 1893 (Nachdr. Kassel 1970).
W. Kloppenburg, Der Rheinbund vom 12. Juli 1806 u. das Fürstentum Waldeck, Geschichtsblätter für Waldeck 46. 1964, 9 ff.
F. L. Knemeyer, Regierungs- u. Verwaltungsreformen in Deutschland zu Beginn des 19. Jahrhunderts, Köln 1970.

R. Koselleck, Staat u. Gesellschaft in Preußen 1815—1848, in: Staat u. Gesellschaft im deutschen Vormärz 1815—1848, Hg. W. Conze, Stuttgart 1962, 79—112.
—, Preußen zwischen Reform u. Revolution. Allgemeines Landrecht, Verwaltung u. soziale Bewegung von 1791—1848, Stuttgart 1967.
G. Lefebvre, Etudes sur la Révolution française, Paris ²1963.
—, Napoléon, Paris ⁶1969 (Peuples et civilisations 14).
H. Lersch, Hessische Agrargeschichte im 17. u. 18. Jahrhundert, Hersfeld 1926.
F. Lütge, Die Bauernbefreiung in der Grafschaft Wernigerode, Zeitschrift des Harz-Vereins für Geschichte u. Altertumskunde 56/57. 1923/24, 1—58.
—, Die bayerische Grundherrschaft. Untersuchungen über die Agrarverfassung Altbayerns im 16.—18. Jahrhundert, Stuttgart 1949.
—, Die mitteldeutsche Grundherrschaft u. ihre Auflösung, Stuttgart ²1957.
H. Maier, Ältere deutsche Staatslehre u. westliche politische Tradition, Tübingen 1966.
A. Merker, Ludwig Harscher v. Almendingen. Ein Rechtsgelehrter, Schriftsteller u. Staatsmann des beginnenden 19. Jahrhunderts, Nass. Ann. 43. 1915, 266—373.
Napoléon et l'Europe, Hg. Commission Internationale pour l'enseignement de l'histoire, Paris 1961.
E. Landsberg, Die Gutachten der Rheinischen Immediat-Justiz-Kommission u. der Kampf um die rheinische Rechts- u. Gerichtsverfassung 1814—1819, Bonn 1914.
R. Freiin v. Oer, Der Friede von Preßburg. Ein Beitrag zur Diplomatiegeschichte des napoleonischen Zeitalters, Münster 1965.
—, Talleyrand u. die gesellschaftliche Neuordnung des Empire, Tijdschrift voor Rechtsgeschiedenis 36. 1968, 401—28.
H. J. Peters, Niklas Vogt u. das rheinische Geistesleben 1792—1836. Ein Beitrag zur Geschichte des politischen u. historischen Denkens am Mittelrhein, Mainz 1962.
R. Pfeffer, Die Verfassungen der Rheinbundstaaten als Zeugnisse des politischen Denkens in den Anfängen des deutschen Konstitutionalismus, Jur. Diss. Erlangen 1960.
G. Radbruch, Paul Johann Anselm Feuerbach. Ein Juristenleben, Hg. E. Wolf, Göttingen ³1957.
K. v. Raumer, „Préfecture française" — Montgelas u. die Beurteilung der napoleonischen Rheinbundpolitik, in: Spiegel der Geschichte, Fs. M. Braubach, Hg. K. Repken u. St. Skalweit, München 1964, 635—61.
—, Deutschland um 1800. Krise u. Neugestaltung, 1789—1815, Handbuch der deutschen Geschichte, Hg. L. Just, III, Abschn. 1, Konstanz (1965).
M. Reinhard, Elite et noblesse dans la seconde moitié du XVIIIᵉ siècle (1750—1815), RHMC 3. 1956, 5—37.
H. Rössler, Zwischen Revolution u. Reaktion. Ein Lebensbild des Reichsfreiherrn Hans Christoph v. Gagern, 1766—1852, Göttingen 1958.
St. Rokkan, Vergleichende Sozialwissenschaft, hg. v. d. Unesco, Frankfurt 1972.
F. Ruof, Johann Wilhelm v. Archenholtz. Ein deutscher Schriftsteller zur Zeit der Französischen Revolution u. Napoleons (1741—1812), Berlin 1915.
D. Saalfeld, Bauernwirtschaft u. Gutsbetrieb in der vorindustriellen Zeit, Stuttgart 1960.
Ph. Sagnac, La législation civile de la Révolution française, Paris 1898.
E. Sakai, Der kurhessische Bauer im 19. Jahrhundert u. die Grundlastenablösung, Melsungen 1967.
K. Schib, Johannes v. Müller 1752—1809, Schaffhausen 1967.
Ch. Schmidt, Le Grand-Duché de Berg (1806—1813). Etudes sur la domination française en Allemagne sous Napoléon Iᵉʳ, Paris 1905.
F. Schnabel, Sigismund v. Reitzenstein, der Begründer des Badischen Staates, Heidelberg 1927.
—, Deutsche Geschichte im 19. Jahrhundert, I: Die Grundlagen, Freiburg ⁵1959.
E. Schremmer, Die Bauernbefreiung in Hohenlohe, Stuttgart 1963.
W. Schubert, Der Code civil u. die Personenrechtsentwürfe des Großherzogtums Hessen-Darmstadt von 1842—1847, ZRG GA 88. 1971, 110—71.

E. Schwartz, Die Geschichte der privatrechtlichen Kodifikationsbestrebungen in Deutschland u. die Entstehungsgeschichte eines bürgerlichen Gesetzbuchs für das Deutsche Reich, Archiv f. Bürgerliches Recht 1. 1889, 1 ff.
M. Senkowska-Gluck, Les donataires de Napoléon, in: La France à l'époque napoléonienne, RHMC 17. 1970, 680—93.
H. O. Sieburg Hg., Napoleon u. Europa, Köln 1971 (NWB 44) (darin: ders., Die Auswirkungen des napoleonischen Herrschaftssystems auf die Verfassungsentwicklung in Deutschland, 201—20).
A. Soboul, La Révolution française et la féodalité. Notes sur le prélèvement féodal, RH 240. 1968, 33—56.
J. Stern Hg., Thibaut u. Savigny. Ein programmatischer Rechtsstreit auf Grund ihrer Schriften, Darmstadt 1959.
G. V. Taylor, Types of Capitalism in Eighteenth-Century France, Eng. HR 79. 1964, 478—97.
F. Thimme, Die inneren Zustände des Kurfürstentums Hannover unter der französisch-westfälischen Herrschaft 1806—1813, 2 Bde, Hannover 1893/95.
J. Tulard, Problèmes sociaux de la France impériale, in: La France à l'époque napoléonienne, RHMC 17. 1970, 639—63.
F. Valjavec, Die Entstehung der politischen Strömungen in Deutschland, 1770—1815, München 1951.
R. Vierhaus Hg., Eigentum u. Verfassung. Zur Eigentumsdiskussion im ausgehenden 18. Jahrhundert, Göttingen 1972.
H. Wäschke, Anhaltische Geschichte, 3 Bde, Köthen 1912/13.
E. Weis, Maximilian Joseph Graf v. Montgelas 1759—1838, in: Männer der deutschen Verwaltung, Köln 1963, 59—78.
—, Montgelas' innenpolitisches Reformprogramm. Das Ansbacher Mémoire für den Herzog vom 30. 9. 1796, ZBL 33. 1970, 219—56.
—, Montgelas. 1759—1799. Zwischen Revolution u. Reform, München 1971.
—, Ergebnisse eines Vergleichs der grundherrschaftlichen Strukturen Deutschlands u. Frankreichs vom 13. bis zum Ausgang des 18. Jahrhunderts, VSWG 57. 1970, 1—14.
W. Weisweiler, Geschichte des rheinpreußischen Notariates, Essen 1925 (Nachdr. Graz 1966).
G. Wesenberg, Neuere deutsche Privatrechtsgeschichte, Lahr ²1969.
F. Wieacker, Privatrechtsgeschichte der Neuzeit, Göttingen ²1967.
W. Wilhelm, Gesetzgebung u. Kodifikation in Frankreich im 17. u. 18. Jh., in: Jus Commune 1. 1967, 241 ff.
H. Winkel, Die Ablösungskapitalien aus der Bauernbefreiung in West- u. Süddeutschland. Höhe u. Verwendung bei Standes- u. Grundherren, Stuttgart 1968.
W. Wittich, Die Grundherrschaft in Nordwestdeutschland, Leipzig 1896.
R. Wohlfeil, Untersuchungen zur Geschichte des Rheinbundes 1806—1813. Das Verhältnis Dalbergs zu Napoleon, ZGO 108. 1960, 85—108.
—, Napoleonische Modellstaaten, in: Napoleon I. u. die Staatenwelt seiner Zeit, Hg. W. v. Groote, Freiburg 1969, 33—57.
E. Wolf, Paul Johann Anselm v. Feuerbach, in: ders., Große Rechtsdenker der deutschen Geistesgeschichte, Tübingen ³1951, 536 ff.
E. Ziehen, Winkopps „Rheinischer Bund" (1806—13) u. der Reichsgedanke. Ein Beitrag zur Überwindung der Mainlinie, AHGA NF 18. 1934, 292—326.

4. Personenregister

Albini, Franz Josef Frhr. von 120, 175, 183, 203 f.
Alef, Gisbert 194
Almendingen, Ludwig Harscher von 18, 29, 31—35, 43, 47 f., 50, 52, 54, 56, 61—64, 66—69, 71—77, 83, 109, 116, 121—133, 135, 148—150, 158, 161—165, 171, 173 f., 177—185, 200, 204—208, 212
Altenstein, Carl Frhr. v. Stein zum A. 205
Archenholtz, Johann Wilhelm von 29, 58, 161
Arco, Karl Graf von 139, 141—143, 179, 210 f.
Aretin, Johann Adam von 212
Aretin, Johann Christoph von 66, 70, 162, 179 f.
Asmut, Appellationsrat im Ght. Frankfurt 116, 172

Bacher, Theobald 37, 166
Bauer, Anton 30, 162
Beauharnais, Eugen 117
Behr, Wilhelm Joseph 30 f., 66, 74, 77, 163, 177, 179, 182 f., 185
Bentheim-Tecklenburg, Emil Friedrich Graf zu 93, 169, 192 f.
Benzel-Sternau, Christian Ernst Graf von 113, 202
Berg, Günther Heinrich von 185
Berlepsch, Friedrich Ludwig von 169, 172, 197
Beugnot, Jacques Claude comte de 32 f., 43—45, 79 f., 84 f., 89, 93, 95, 97, 128, 133, 164, 166 f., 169 f., 174, 176, 189 f., 193—197
Bigot de Préameneu, Felix Julien Jean comte de 9, 17, 58
Bilderbeck, Direktor der Einregistrierstelle im Ght. Frankfurt 203
Bislinger, Peter Josef 196 f.
Bonaparte, Pauline (Fürstin Borghese) 21
Borghese, Camillo Fürst 21
Boudin, Jacques Antoine 186
Branca, Ludwig Frhr. von 208, 212
Brauer, Johann Nikolaus Friedrich 18, 30, 32, 35, 46 f., 50, 52, 56, 58, 69, 72, 104—114, 127, 138, 148 f., 162—164, 169, 172 f., 175, 178, 182, 184, 199—202, 210
Büchner, Johann Gottfried Sigismund 203

Bülow, Ludwig Friedrich Victor Hans von 197
von Buggenhagen, Landrat 188 f.
Burke, Edmund 165

Cambacérès, Jean Jacques Régis de 9, 24, 31, 163 f.
Ceillier, Generaldirektor der Domänen im Ght. Berg 195
Chabot, Georges-Antoine 17
Champagny, Jean Baptiste Nompère de 14, 37, 156
Chateaubriand, François René vicomte de 14
Conring, Hermann 73, 182
Crome, August Friedrich Wilhelm 29, 183

Dabelow, Christoph Christian Frhr. von 30, 162
Dalberg, Emmerich Joseph von 198
Dalberg, Karl Theodor Frhr. von 14, 29, 31, 50, 52 f., 56 f., 63, 73—75, 114—120, 123, 126, 142, 156, 174, 178, 182—184, 202, 204
Dalwigk, Karl Friedrich August Philipp Frhr. von 50, 63, 72, 75, 132, 164, 173, 178, 181 f.
Daniels, Heinrich Gottfried Wilhelm 161, 163, 169, 193, 195 f.
Danz, Johann Ernst Friedrich 34, 52, 123, 173 f.
Degenfeld-Schomberg, Hans Philipp Christoph Frhr. von 135, 208
Desquiron de Saint-Agnan, Antoine-Toussain 121, 171
Dühnig, Kaspar 32

Eberstein, Josef Karl Theodor Frhr. von 183
Edelsheim, Georg Ludwig von 198
Effner, Johann Nepomuk 143, 165, 211
Eggers, Chr. Ulr. Detlev, Frhr. von 162, 181 f., 185
Ehrhardt, Übersetzer des Code 163

Fein, Karl 32
Feuerbach, Paul Joseph Anselm von 17 f., 30 f., 33 f., 40, 46, 49 f., 58—61, 66, 68 f., 104, 135—144, 148, 150, 157 f., 161, 163—166, 171—173, 179, 184, 199, 208, 210—212

Fichte, Johann Gottlieb 77
Fleischhauer, Valentin 195
Forckenbeck (auch Forkenbeck), Friedrich Christian von 92, 193
Fox, Charles James 165
Franck, Gerichtsschreiber in Frankfurt 171
Friedrich, König von Württemberg 13, 29, 133, 157
Fuchsius, Johann Engelbert von 169, 194—197

Gagern, Hans Christoph Frhr. von 31, 33, 70, 74, 122—124, 127, 132, 159, 161, 163—165, 176, 182, 204—206, 208, 212
Gambsjäger, Franz Wilhelm Anton 199
Gönner, Nikolaus Thadäus 29 f., 34, 47, 61 f., 70, 76, 144, 165, 171 f., 176, 180, 182, 212
Goethe, Johann Wolfgang von 184
Gregor VII., Papst 210
Grolman, Karl Ludwig Wilhelm von 30 f., 34, 50, 52, 63, 70, 123, 126 f., 162 f., 165, 168 f., 172 f., 177, 184, 206, 212
Gruben, Ignaz Friedrich Frhr. von 164, 184
Gruner, Johann Ernst 178
Gulat (von Wellenburg), Daniel 32, 112, 202

Haeberlin, Johann Baptist Ignaz 202
Häberlin, Karl Friedrich 178
Hamilton, Alexander 165
Hardenberg, Karl August Graf von 65, 133, 146
Harscher von Almendingen s. Almendingen
Hassel, Georg 102
Hauß, Domäneneinnehmer im Kgr. Westphalen 188
Hauterive, Alexandre-Maurice comte d' 159
Hazzi, Joseph Ritter von 31, 50, 96 f., 100, 191, 196
Hegel, Georg Wilhelm Friedrich 36, 166
Hert, nassauischer Regierungsrat 171, 206
Hölzle, Erwin 14
Hofer, Johann Baptist von 112 f., 202
Hompesch, Franz Karl Frhr. von 49
Huch, Ricarda 164
Hügel, Joh. Alois Josef Frhr. von 204
Hugo, Gustav 30

Ibell, Karl Friedrich 132, 207

Jaup, Heinrich Karl 29 f., 34, 123, 183
Jérôme Bonaparte, König von Westphalen 16 f.
Justinian 18

Kamptz, Karl Christoph Albert Heinrich von 58, 176, 180 f.
Kant, Immanuel 33, 70
Karl der Große 75, 184
Karl Friedrich, Markgraf (sp. Großherzog) von Baden 158
Klein, Ernst Ferdinand 57
Kleinschrod, Gallus Aloys Kaspar 30
Klüber, Johann Ludwig 30, 66, 163, 179
Kolborn, Joseph Hieronymus Karl Frhr. von 114, 183, 202
Kreittmayr, Wiguläus Frhr. von 28, 139, 141—144, 171—173, 212

Lassaulx, Franz von 29, 31, 58, 76, 121, 162—164, 181, 183, 193
Leibniz, Gottfried Wilhelm 73, 182
Lichtenberg, Friedrich August Frhr. von 127, 161, 205 f.
Locré de Roissy, Jean-Guillaume 27, 29, 31, 162 f.
Lutz, Johann Heinrich Ritter von 209

Mackeldey, Ferdinand M. 30, 163
Malchus, Karl August 22, 103
Malleville (auch Maleville), Jacques marquis de 9, 29, 162
Mallinckrodt (auch Mallinkrodt), Arnold 94, 193 f.
Marie Louise, Kaiserin der Franzosen 194
Marschall, Ernst Franz Frhr. von Bieberstein 63, 132, 148, 163, 165, 206 f., 212
Massias, Nicolas 198
Merlin (de Douai), Philippe Antoine 80, 85, 92 f., 95, 169, 193—196
Merveld (auch Merveldt), Ferdinand August Graf von 45, 167, 170, 189, 193
Mirabeau, Honoré Gabriel Riqueti comte de 165
Mittermaier, Josef 151
Montesquieu, Charles de Secondat 20, 68, 71 f., 109, 158, 177, 181
Montgelas, Maximilian Joseph Frhr. (Graf) von 15, 33, 50, 60, 107, 133—137, 139, 141—144, 148, 156, 159, 165, 172 f., 179, 184, 205, 207—209, 211
Morawitzky, Topor Graf von 47, 136 f.
Müller, Johannes von 76, 184
Mulzer, Adam Josef von 34, 56 f., 73 f.,

116 f., 123, 159, 165, 172, 177 f., 181 f., 184, 199, 205
Murhard, Karl 102

Napoleon I. laufend
Nau, Sebastian 119, 204
Nesselrode-Reichenstein, Karl Joseph Graf von 31, 82 f., 93, 163, 169 f., 187 f., 193—195

Österley, Georg Heinrich 30, 163
Oesterreicher, Paul 76
Otto, Louis Guillaume comte de Moslay 156

Pahl, Johann Gottfried 72, 181, 185
Palm, Johann Philipp 70, 181
Pölitz, Karl Heinz Ludwig 66, 179, 184
Portalis, Jean-Etienne 9, 24 f., 58
Preysing, Maximilian Graf von 139, 141
Pütter, Johann Stephan 73

Rappard, Franz Heinrich Johann von 92, 196 f.
Rehberg, August Wilhelm 77, 109, 185
Reigersberg, Heinrich Alois Graf von 143, 209, 211
Reinhard, Karl Friedrich von 76, 184
Reitemeier, Johann 73, 162, 182
Reitzenstein, Sigismund Karl Johann Frhr. von 32, 104, 111 f., 131, 133, 148, 156, 164, 201
Roederer, Pierre-Louis comte de 31, 97, 164, 169 f., 194
Rotteck, Karl von 151
Rousseau, Jean Jacques 142

Saint-Pierre, Charles-Irénée Castel, Abbé de 158
Savigny, Friedrich Carl von 28, 77, 109, 132, 151, 161, 185, 199, 207
Schenck, Domänendirektor im Kgr. Westphalen 191
Schlarbaum, Pfarrer in Marburg 88
Schmid, Karl Ernst 30, 162
Seidensticker, Johann Anton Ludwig 30, 58, 73, 162, 183 f.

Seinsheim, Maximilian Josef Graf von 207 f.
Sethe, Christoph Wilhelm Heinrich 92, 97, 193 f., 196
Sieyès, Emmanuel Joseph 165
Siméon, Joseph Jérôme 32 f., 43, 79—85, 88 f., 91, 101—104, 107, 128, 133, 164, 166, 186 f., 189—192, 197
Smith, Adam 142, 211
Spangenberg, Ernst Peter Johann 30, 163
Stein, Karl Frhr. vom 132 f., 146
Stengel, Stephan von 208
Stichaner, Franz Joseph Wigand 208
Stickel, Franz Ferdinand Michael 34, 123, 162, 178, 184
Strombeck, Friedrich Karl von 30, 81, 163
Svarez, Carl Gottlieb 57, 60, 200

Talleyrand-Périgord, Charles Maurice de 20—22, 74, 158 f., 182
Thibaut, Anton Friedrich Justus 28, 30, 77, 132, 161, 185, 199, 207
Törring-Guttenzell, Joseph Graf von 49, 139, 141 f., 158, 172, 209 f.
Tronchet, François-Denis 9

Vogt, Niklas 76, 183 f.

Wagner, Landgerichtsdirektor im Ght. Frankfurt 172
Welcker, Karl Theodor 151, 212
Will, Präfekt im Ght. Frankfurt 119, 203
Winkopp, Peter Adolf 29, 33, 58, 61, 64, 71—73, 76, 124, 150, 157, 159, 179, 185
Witzleben, Friedrich Ludwig von 174, 188
Wolffradt, Gustav Anton von 30, 163, 170, 197

Zachariä, Karl Salomon 30 f., 52, 60, 66, 162 f., 174, 177, 179, 181, 185
Zentner, Georg Friedrich Frhr. von 136, 142—144, 158, 179, 208, 211 f.
Zintel, Josef 74, 183, 185
Zoll, Domäneneinnehmer im Kgr. Westphalen 195
Zyllenhard, Karl Philipp Frhr. von 32, 200

Kritische Studien zur Geschichtswissenschaft

1. **Wolfram Fischer · Wirtschaft und Gesellschaft im Zeitalter der Industrialisierung**
   Aufsätze – Studien – Vorträge. 1972. 547 Seiten, kart.

3. **Hans Rosenberg · Politische Denkströmungen im deutschen Vormärz**
   1972. 142 Seiten, kart.

4. **Rolf Engelsing · Zur Sozialgeschichte deutscher Mittel- und Unterschichten**
   2., erweiterte Auflage 1978. 341 Seiten, kart.

5. **Hans Medick · Naturzustand und Naturgeschichte der bürgerlichen Gesellschaft**
   Die Ursprünge der bürgerlichen Sozialtheorie als Geschichtsphilosophie und Sozialwissenschaft bei Samuel Pufendorf, John Locke und Adam Smith. 2. Auflage 1981. 330 Seiten, kart.

7. **Helmut Berding · Napoleonische Herrschafts- und Gesellschaftspolitik im Königreich Westfalen 1807–1813**
   1973. 160 Seiten, kart.

11. **Hans-Ulrich Wehler (Hg.) · Sozialgeschichte Heute**
    Festschrift für Hans Rosenberg zum 70. Geburtstag. 33 Beiträge. 1974. 669 Seiten, kart.

12. **Wolfgang Köllmann · Bevölkerung in der industriellen Revolution**
    Studien zur Bevölkerungsgeschichte Deutschlands im 19. Jahrhundert. 1974. 285 Seiten mit zahlreichen Schaubildern und Tabellen, kart.

19. **Hans H. Gerth · Bürgerliche Intelligenz um 1800**
    Zur Soziologie des deutschen Frühliberalismus. Mit einem Vorwort und einer ergänzenden Bibliographie herausgegeben von Ulrich Herrmann. 1976. 155 Seiten, kart.

20. **Carsten Küther · Räuber und Gauner in Deutschland**
    Das organisierte Bandenwesen im 18. und frühen 19. Jahrhundert. 1976. 197 Seiten und 2 Faltkarten, kart.

22. **Dirk Blasius · Bürgerliche Gesellschaft und Kriminalität**
    Zur Sozialgeschichte Preußens im Vormärz. 1976. 203 Seiten, kart.

31. **Hans Rosenberg · Machteliten und Wirtschaftskonjunkturen**
    Studien zur neueren deutschen Sozial- und Wirtschaftsgeschichte. 1978. 343 Seiten, kart.

33. **Hanna Schissler · Preußische Agrargesellschaft im Wandel**
    Wirtschaftliche, gesellschaftliche und politische Transformationsprozesse von 1763 bis 1847. 1978. 285 Seiten, kart.

35. **Heinz Reif · Westfälischer Adel 1770–1860**
    Vom Herrschaftsstand zur regionalen Elite. 1979. 711 Seiten, kart.

37. **Heinrich Best · Interessenpolitik und nationale Integration 1848/49**
    Handelspolitische Konflikte im frühindustriellen Deutschland. 1980. 433 Seiten, kart.

Vandenhoeck & Ruprecht in Göttingen und Zürich

Kritische Studien zur Geschichtswissenschaft

38. Heinrich August Winkler · Liberalismus und Antiliberalismus
Studien zur politischen Sozialgeschichte des 19. und 20. Jahrhunderts. 1979. 376 Seiten, kart.

41. Richard Tilly
Kapital, Staat und sozialer Protest in der deutschen Industrialisierung
Gesammelte Aufsätze. 1980. 320 Seiten mit zahlr. Tabellen, kart.

46. Barbara Greven-Aschoff
Die bürgerliche Frauenbewegung in Deutschland 1894–1933
1981. 313 Seiten, kart.

48. Neithard Bulst / Joseph Goy / Jochen Hoock (Hg.)
Familie zwischen Tradition und Moderne
Studien zur Geschichte der Familie in Deutschland und Frankreich vom 16. bis zum 20. Jahrhundert. 21 Beiträge. 328 Seiten, kart.

49. Toni Pierenkemper / Richard Tilly (Hg.)
Historische Arbeitsmarktforschung
Entstehung, Entwicklung und Probleme der Vermarktung von Arbeitskraft. 9 Beiträge. 1982. 291 Seiten, kart.

51. Werner K. Blessing · Staat und Kirche in der Gesellschaft
Institutionelle Autorität und mentaler Wandel in Bayern während des 19. Jahrhunderts. 1982. 422 Seiten, kart.

52. Hans-Werner Hahn · Wirtschaftliche Integration im 19. Jahrhundert
Die hessischen Staaten und der Deutsche Zollverein. 1982. 486 Seiten, kart.

53. Norbert Finzsch · Die Goldgräber Kaliforniens
Arbeitsbedingungen, Lebensstandard und politisches System um die Mitte des 19. Jahrhunderts. 1982. 218 Seiten, kart.

54. Hans-Gerhard Husung · Protest und Repression im Vormärz
Norddeutschland zwischen Restauration und Revolution. 1983. 385 Seiten, kart.

55. Hartmut Kaelble
Soziale Mobilität und Chancengleichheit im 19. und 20. Jahrhundert
Deutschland im internationalen Vergleich. 1983. 322 Seiten mit 46 Tabellen und 3 Schaubildern, kart.

56. Carsten Küther · Menschen auf der Straße
Vagierende Unterschichten in Bayern, Franken und Schwaben in der zweiten Hälfte des 18. Jahrhunderts. 1983. 175 Seiten, kart.

57. Barbara Vogel · Allgemeine Gewerbefreiheit
Die Reformpolitik des preußischen Staatskanzlers Hardenberg (1810–1820). 1983. 336 Seiten, kart.

Bitte fordern Sie den Sonderprospekt **Kritische Studien zur Geschichtswissenschaft** an!

Vandenhoeck & Ruprecht in Göttingen und Zürich